主 编 郭 平
副主编 唐大章 肖素芬 程 敏
编 委 熊 艳 张 杰 罗小华 郭晓艳
        高 祥 王春燕 郭 璨 韩蕾蕾

幼儿园教师综合素质与职业发展

YOU'ERYUAN JIAOSHI
ZONGHE SUZHI YU ZHIYE FAZHAN

西南交通大学出版社
·成都·

图书在版编目（CIP）数据

幼儿园教师综合素质与职业发展／郭平主编. 一成都：西南交通大学出版社，2015.12（2017.1 重印）
ISBN 978-7-5643-4488-7

Ⅰ. ①幼… Ⅱ. ①郭… Ⅲ. ①教师素质－幼教人员 Ⅳ. ①G615

中国版本图书馆 CIP 数据核字（2015）第 314375 号

幼儿园教师综合素质与职业发展

主编 郭 平

责 任 编 辑	罗小红
封 面 设 计	刘海东
出 版 发 行	西南交通大学出版社 （四川省成都市二环路北一段 111 号 西南交通大学创新大厦 21 楼）
发 行 部 电 话	028-87600564　028-87600533
邮 政 编 码	610031
网　　　　址	http://www.xnjdcbs.com
印　　　　刷	四川煤田地质制图印刷厂
成 品 尺 寸	185 mm×260 mm
印　　　　张	24
字　　　　数	628 千
版　　　　次	2015 年 12 月第 1 版
印　　　　次	2017 年 1 月第 2 次
书　　　　号	ISBN978-7-5643-4488-7
定　　　　价	58.00 元

图书如有印装质量问题　本社负责退换
版权所有　盗版必究　举报电话：028-87600562

做党和人民满意的好老师

——同北京师范大学师生代表座谈时的讲话

（2014年9月9日）

习近平

各位老师，同学们：

明天是我国第三十个教师节，很高兴来到北京师范大学，同大家共度教师们的节日。首先，我祝在座各位教师和未来的教师节日好！借此机会，我向全国所有教师，致以崇高的节日敬礼！大家辛苦了，党和人民感谢你们！

北京师范大学是百年名校，是我国最早的现代师范教育高等学府，学校"学为人师、行为世范"的校训十分精练地诠释了"师范"的意义。112年来，北师大为国家、为民族培养了一大批优秀老师和各类人才，也曾拥有过李大钊、鲁迅、梁启超这样的一代名师。这是北师大的光荣和骄傲。

刚才，我听了有关教师节和你们学校基本情况的介绍，参观了庆祝教师节30周年展览，考察了心理学院的心理学实验室，观摩了中小学教师国家级培训计划教学现场，同老教授们见了面。这对我来说是一次很好的学习。

见到你们，我就回想起自己的学生时代。教过我的老师很多，至今我都能记得他们的样子，他们教给我知识、教给我做人的道理，让我受益无穷。学生时代是人一生最美好的时光，长身体、长知识、长才干，每天都有新收获，每天都有新期待。我希望在座的同学们，也希望全国2.6亿在校学生，珍惜学习时光，多学知识，多学道理，多学本领，热爱劳动，身心健康，茁壮成长。

各位老师、同学们！

教育是提高人民综合素质、促进人的全面发展的重要途径，是民族振兴、社会进步的重要基石，是对中华民族伟大复兴具有决定性意义的事业。教师是人类历史上最古老的职业之一，也是最伟大、最神圣的职业之一。人们常说："教师是太阳底下最崇高的职业。"自古以来，中华民族就有尊师重教、崇智尚学的优良传统，正所谓"国将兴，必贵师而重傅；贵师而重傅，则法度存"。在古代，孔子被推崇为"大成至圣先师"，被誉为"万世师表"。在中华民族5000多年文明发展史上，英雄辈出，大师荟萃，都与一代又一代教师的辛勤耕耘是分不开的。

新中国成立65年来，党和国家高度重视教育事业，建成了世界最大规模的教育体系，保障了亿万人民群众受教育的权利，极大提高了全民族素质，有力推动了经济社会发展。长期以来，广大教师自觉贯彻党的教育方针，教书育人，呕心沥血，默默奉献，为国家发展和民族振兴做出了巨大贡献，赢得了全社会广泛赞誉和普遍尊重。

当今世界，科技进步日新月异，国际竞争日趋激烈。特别是经历了历史上罕见的国际金融危机，各国纷纷调整发展战略，更加注重科技进步和创新驱动。当今世界的综合国力竞争，说到底是人才竞争，人才越来越成为推动经济社会发展的战略性资源，教育的基础性、先导性、全局性地位和作用更加突显。"两个一百年"奋斗目标的实现、中华民族伟大复兴中国梦的实现，归根到底靠人才、靠教育。源源不断的人才资源是我国在激烈的国际竞争中的重要潜在力量和后发优势。希望广大教师认清肩负的使命和责任，努力为发展具有中国特色、世界水平的现代教育，培养社会主义事业建设者和接班人做出更大贡献！

各位老师、同学们！

邓小平同志曾经指出："一个学校能不能为社会主义建设培养合格的人才，培养德智体全面发展、有社会主义觉悟的有文化的劳动者，关键在教师。"教师重要，就在于教师的工作是塑造灵魂、塑造生命、塑造人的工作。一个人遇到好老师是人生的幸运，一个学校拥有好老师是学校的光荣，一个民族源源不断涌现出一批又一批好老师则是民族的希望。国家繁荣、民族振兴、教育发展，需要我们大力培养造就一支师德高尚、业务精湛、结构合理、充满活力的高素质专业化教师队伍，需要涌现一大批好老师。

那么，怎样才能成为好老师呢？今天，我想就这个问题同大家做个交流。

每个人心目中都有自己好老师的形象。做好老师，是每一个老师应该认真思考和探索的问题，也是每一个老师的理想和追求。我想，好老师没有统一的模式，可以各有千秋、各显身手，但有一些共同的、必不可少的特质。

第一，做好老师，要有理想信念。陶行知先生说，教师是"千教万教，教人求真"，学生是"千学万学，学做真人"。老师肩负着培养下一代的重要责任。正确理想信念是教书育人、播种未来的指路明灯。不能想象一个没有正确理想信念的人能够成为好老师。唐代韩愈说："师者，所以传道授业解惑也。""传道"是第一位的。一个老师，如果只知道"授业""解惑"而不"传道"，不能说这个老师是完全称职的，充其量只能是"经师""句读之师"，而非"人师"了。古人云："经师易求，人师难得。"一个优秀的老师，应该是"经师"和"人师"的统一，既要精于"授业""解惑"，更要以"传道"为责任和使命。好老师心中要有国家和民族，要明确意识到肩负的国家使命和社会责任。

我们的教育是为人民服务、为中国特色社会主义服务、为改革开放和社会主义现代化建设服务的，党和人民需要培养的是社会主义事业建设者和接班人。好老师的理想信念应该以这一要求为基准。广大教师要始终同党和人民站在一起，自觉做中国特色社会主义的坚定信仰者和忠实实践者，忠诚于党和人民的教育事业，自觉把党的教育方针贯彻到教学管理工作全过程，严肃认真对待自己的职责。要注重加强中国特色社会主义理论体系的学习，加深对中国特色社会主义的思想认同、理论认同、情感认同，不断增强道路自信、理论自信、制度自信，积极引导学生热爱祖国、热爱人民、热爱中国共产党。好老师应该做中国特色社会主义共同理想和中华民族伟大复兴中国梦的积极传播者，帮助学生筑梦、追梦、圆梦，让一代又一代年轻人都成为实现我们民族梦想的正能量。

广大教师要用好课堂讲坛，用好校园阵地，用自己的行动倡导社会主义核心价值观，用自己的学识、阅历、经验点燃学生对真善美的向往，使社会主义核心价值观润物细无声地浸润学生们的心田、转化为日常行为，增强学生的价值判断能力、价值选择能力、价值塑造能力，引领学生健康成长。

第二，做好老师，要有道德情操。老师的人格力量和人格魅力是成功教育的重要条件。"师也者，教之以事而喻诸德者也。"老师对学生的影响，离不开老师的学识和能力，更离不开老师为人处世、于国于民、于公于私所持的价值观。一个老师如果在是非、曲直、善恶、义利、得失等方面老出问题，怎么能担起立德树人的责任？广大教师必须率先垂范、以身作则，引导和帮助学生把握好人生方向，特别是引导和帮助青少年学生扣好人生的第一粒扣子。

"师者，人之模范也。"教师的职业特性决定了教师必须是道德高尚的人群。合格的老师首先应该是道德上的合格者，好老师首先应该是以德施教、以德立身的楷模。师者为师亦为范，学高为师，德高为范。老师是学生道德修养的镜子。好老师应该取法乎上、见贤思齐，不断提高道德修养，提升人格品质，并把正确的道德观传授给学生。

师德是深厚的知识修养和文化品位的体现。师德需要教育培养，更需要老师自我修养。做一个高尚的人、纯粹的人、脱离了低级趣味的人，应该是每一个老师的不懈追求和行为常态。好老师要有"捧着一颗心来，不带半根草去"的奉献精神，自觉坚守精神家园、坚守人格底线，带头弘扬社会主义道德和中华传统美德，以自己的模范行为影响和带动学生。

好老师的道德情操最终要体现到对所从事职业的忠诚和热爱上来。好老师应该执着于教书育人。我们常说干一行爱一行，做老师就要热爱教育工作，不能把教育岗位仅仅作为一个养家糊口的职业。有了为事业奋斗的志向，才能在老师这个岗位上干得有滋有味，干出好成绩。如果身在学校却心在商场或心在官场，在金钱、物欲、名利同人格的较量中把握不住自己，那是当不好老师的。

现在，很多地方做老师还比较清苦，特别是农村基层小学老师很辛苦，收入不高，物质生活不是很宽裕，有些家庭负担较重的老师生活还比较困难。各级党委和政府都要关心广大老师特别是生活工作有困难的老师，努力为他们排忧解难。同时，老师要有"衣带渐宽终不悔，为伊消得人憔悴"的精神，兢兢业业做好工作。做老师，最好的回报是学生成人成才，桃李满天下。想想无数孩子在自己的教育下学到知识、学会做人、事业有成、生活幸福，那是何等让人舒心、让人骄傲的成就。

第三，做好老师，要有扎实学识。老师自古就被称为"智者"。俗话说，前人强不如后人强，家庭如此，国家、民族更是如此。只有我们的孩子们学好知识了、学好本领了、懂得更多了，他们才能更强，我们的国家、民族才能更强。

扎实的知识功底、过硬的教学能力、勤勉的教学态度、科学的教学方法是老师的基本素质，其中知识是根本基础。学生往往可以原谅老师严厉刻板，但不能原谅老师学识浅薄。"水之积也不厚，则其负大舟也无力。"知识储备不足、视野不够，教学中必然捉襟见肘，更谈不上游刃有余。

国外有教育家说过："为了使学生获得一点知识的亮光，教师应吸进整个光的海洋。"在信息时代做好老师，自己所知道的必须大大超过要教给学生的范围，不仅要有胜任教学的专业知识，还要有广博的通用知识和宽阔的胸怀视野。好老师还应该是智慧型的老师，具备学习、处世、生活、育人的智慧，既授人以鱼，又授人以渔，能够在各个方面给学生以帮助和指导。

陶行知先生说："出世便是破蒙，进棺材才算毕业。"这就要求老师始终处于学习状态，站在知识发展前沿，刻苦钻研、严谨笃学，不断充实、拓展、提高自己。过去讲，要给学生一碗水，教师要有一桶水，现在看，这个要求已经不够了，应该是要有一潭水。

第四，做好老师，要有仁爱之心。教育是一门"仁而爱人"的事业，爱是教育的灵魂，没有爱就没有教育。好老师应该是仁师，没有爱心的人不可能成为好老师。高尔基说："谁爱孩子，孩子就爱谁。只有爱孩子的人，他才可以教育孩子。"教育风格可以各显身手，但爱是永恒的主题。爱心是学生打开知识之门、启迪心智的开始，爱心能够滋润浇开学生美丽的心灵之花。老师的爱，既包括爱岗位、爱学生，也包括爱一切美好的事物。

有人说，好老师的眼神应该是慈爱、友善、温情的，透着智慧、透着真情。好老师对学生的教育和引导应该是充满爱心和信任的，在严爱相济的前提下晓之以理、动之以情，让学生"亲其师""信其道"。好老师要用爱培育爱、激发爱、传播爱，通过真情、真心、真诚拉近同学生的距离，滋润学生的心田，使自己成为学生的好朋友和贴心人。好老师应该把自己的温暖和情感倾注到每一个学生身上，用欣赏增强学生的信心，用信任树立学生的自尊，让每一个学生都健康成长，让每一个学生都享受成功的喜悦。

有爱才有责任。好老师应该懂得，选择当老师就选择了责任，就要尽到教书育人、立德树人的责任，并把这种责任体现到平凡、普通、细微的教学管理之中。正是因为爱教育、爱学生，我们很多老师才有了用一辈子备一堂课、用一辈子在三尺讲台默默奉献的力量，才有了在学生遇到危难时挺身而出的勇气，才有了敢于攻克新知新学的锐气。老师责任心有多大，人生舞台就有多大。

老师还要具有尊重学生、理解学生、宽容学生的品质。离开了尊重、理解、宽容同样谈不上教育。"学而不厌、诲人不倦"，有教无类，因材施教，教也多术，就是要求老师具有尊重、理解、宽容的品质。这本身就是一种伟大的教育力量。受到尊重、得到理解、得到宽容，是每一个人在人生各阶段都不可缺少的心理需要，儿童和青少年更是如此。一些调查材料反映，尊重学生越来越成为好老师的重要标准。好老师应该懂得既尊重学生，使学生充满自信、昂首挺胸，又通过尊重学生的言传身教教育学生尊重他人。

世界上没有两片完全相同的树叶，老师面对的是一个个性格爱好、脾气秉性、兴趣特长、家庭情况、学习状况不一的学生，必须精心加以引导和培育，不能因为有的学生不讨自己喜欢、不对自己胃口就冷淡、排斥，更不能把学生分为三六九等。对所谓的"差生"甚至问题学生，老师更应该多一些理解和帮助。老师在学生心目中具有重要位置，老师无意间的一句话，可能造就一个天才，也可能毁灭一个天才。好老师一定要平等对待每一个学生，尊重学生的个性，理解学生的情感，包容学生的缺点和不足，善于发现每一个学生的长处和闪光点，让所有学生都成长为有用之才。

我看了不少优秀教师的事迹，很多老师一生中忘了自己、把全部身心扑在学生身上，有的老师把自己有限的工资用来资助贫困学生、深恐学生失学，有的老师把自己的收入用来购买教学用具，有的老师背着学生上学、牵着学生的手过急流、走险路，有的老师拖着残疾之躯坚守在岗位上，很多事迹感人至深、催人泪下。这就是人间大爱。我们要在广大教师中、在全社会大力宣传和弘扬优秀教师的先进事迹和高尚品德。

好老师不是天生的，而是在教学管理实践中、在教育改革发展中锻炼成长起来的。衷心祝愿每个教师都能成为符合党和人民要求、学生喜欢和敬佩的好老师，希望每个孩子都能遇到好老师。

各位老师、同学们！

我国人口多、国土广、地区差异大，有2.6亿学生和1400万教师，搞好教育事业任务艰巨。党和政府高度重视教育，2012年以来我国财政性教育经费支出占当年国内生产总值比例达到 4%，这是很大的一件事。我国经济总量虽然已经是世界第二，但我国还是世界上最大的发展中国家，还处在社会主义初级阶段，各种教育资源历史积累不足，地区之间教育发展不平衡，教育总体条件还不是很理想，教师特别是基层教师收入总体水平不高，办学条件标准不高，教育管理水平亟待提高。这就要求我们坚持科教兴国战略和人才强国战略，坚持把教育放在优先发展的战略位置，继续大力推动教育改革发展，使我国教育越办越好、越办越强。

百年大计，教育为本。教育大计，教师为本。努力培养造就一大批一流教师，不断提高教师队伍整体素质，是当前和今后一段时间我国教育事业发展的紧迫任务。

各级党委和政府要从战略高度来认识教师工作的极端重要性，把加强教师队伍建设作为基础工作来抓，满腔热情关心教师，改善教师待遇，关心教师健康，维护教师权益，充分信任、紧紧依靠广大教师，支持优秀人才长期从教、终身从教，使教师成为最受社会尊重的职业。要制定切实可行的政策措施，鼓励有志青年到农村、到边远地区为国家教育事业建功立业。要加强教师教育体系建设，加大对师范院校的支持力度，找准教师教育中存在的主要问题，寻求深化教师教育改革的突破口和着力点，不断提高教师培养培训的质量。要让全社会广泛了解教师工作的重要性和特殊性，让尊师重教蔚然成风。

这些年，媒体报道了个别老师道德败坏、贪赃枉法的事，对这些害群之马要清除出教师队伍，并依法进行惩处，对侵害学生的行为必须零容忍。

各位老师、同学们！

"三寸粉笔，三尺讲台系国运；一颗丹心，一生秉烛铸民魂。"今天的学生就是未来实现中华民族伟大复兴中国梦的主力军，广大教师就是打造这支中华民族"梦之队"的筑梦人。希望全国广大教师把全部精力和满腔真情献给教育事业，在教书育人的工作中不断创造新业绩。

目 录

第一章 幼儿园教师的职业理念 ... 1
- 第一节 教育观 ... 1
- 第二节 儿童观 ... 8
- 第三节 教师观 ... 15

第二章 幼儿教育法律法规 ... 21
- 第一节 我国教育法律法规的类别与内容 ... 21
- 第二节 教育规章与条约 ... 35
- 第三节 教师资格、权利与义务 ... 51
- 第四节 幼儿权利及保护 ... 56

第三章 幼儿教师职业道德规范 ... 66
- 第一节 幼儿教师职业道德 ... 66
- 第二节 幼儿教师职业道德养成 ... 76

第四章 幼儿园教师文化素养 ... 84
- 第一节 文化常识 ... 85
- 第二节 科技常识 ... 98
- 第三节 文学常识 ... 111

第五章 幼儿园教师基本能力 ... 135
- 第一节 阅读理解能力 ... 135
- 第二节 逻辑思维能力 ... 143
- 第三节 信息处理能力 ... 151
- 第四节 写作能力 ... 157

第六章 幼儿教师专业发展 ... 166
- 第一节 教师专业发展理论 ... 166
- 第二节 教师专业发展政策 ... 173
- 第三节 教师专业发展实践 ... 179

第七章 幼儿园教师专业标准 ... 188
- 第一节 幼儿园教师专业标准概述 ... 188

第二节 《幼儿园教师专业标准（试行）》基本内容解读 ………………………… 196

第八章 幼儿园园长专业标准 217

第一节 《幼儿园园长专业标准》概述 ……………………………………………… 217
第二节 幼儿园园长的办学理念 ……………………………………………………… 221
第三节 幼儿园园长的专业要求 ……………………………………………………… 225

第九章 幼儿园教师职业生涯规划 242

第一节 教师职业生涯规划概述 ……………………………………………………… 242
第二节 幼儿园教师职业生涯规划的设计 …………………………………………… 249
第三节 幼儿园教师职业生涯规划的实施 …………………………………………… 257

附录

中华人民共和国教师法 …………………………………………………………… 265
教育部关于印发《幼儿园教育指导纲要（试行）》的通知 …………………… 270
国务院关于当前发展学前教育的若干意见 ……………………………………… 277
中小学和幼儿园教师资格考试标准（试行） …………………………………… 281
教育部关于大力推进教师教育课程改革的意见 ………………………………… 288
教育部关于印发《幼儿园教师专业标准（试行）》《小学教师专业标准（试行）》和
《中学教师专业标准（试行）》的通知 …………………………………………… 298
幼儿园教师资格考试《综合素质》笔试大纲 …………………………………… 302
《保教知识与能力》笔试大纲 …………………………………………………… 305
幼儿园教师资格考试大纲（试行） ……………………………………………… 309
国务院关于加强教师队伍建设的意见 …………………………………………… 311
教育部 国家发展改革委 财政部关于深化教师教育改革的意见 …………… 316
教育部 中央编办 财政部 人力资源社会保障部 关于加强幼儿园教师队伍建设的意见 …… 318
教育部关于印发《3—6岁儿童学习与发展指南》的通知 ……………………… 320
教育部关于印发《幼儿园教职工配备标准（暂行）》的通知 ………………… 345
教育部关于印发《中小学教师资格考试暂行办法》
《中小学教师资格定期注册暂行办法》的通知 ………………………………… 347
教育部关于建立健全中小学师德建设长效机制的意见 ………………………… 353
教育部关于印发《中小学教师违反职业道德行为处理办法》的通知 ………… 355
教育部办公厅关于印发《中小学教师信息技术应用能力标准（试行）》的通知 …… 357
教育部关于印发《普通高中校长专业标准》《中等职业学校校长专业标准》
《幼儿园园长专业标准》的通知 ………………………………………………… 361
国务院办公厅关于印发乡村教师支持计划（2015—2020年）的通知 ………… 366

参考书目 370

后 记 372

第一章 幼儿园教师的职业理念

📖 内容提要

本章分别从教育观、儿童观、教师观三个方面描述了幼儿园教师的职业理念。教育观主要介绍了素质教育的相关知识,儿童观重点介绍了"人的全面发展"的思想和"育人为本"的价值理念,教师观主要描述了幼儿教师专业素质的基本要求以及终身学习成为发展型幼儿教师的相关内容。

◎ 教与学的目标

1. 理解国家实施素质教育的基本要求。
2. 理解人的全面发展的思想。
3. 了解教师专业发展的要求。

第一节 教育观

教育观是人们对教育所持有的态度和看法,具体来说就是人们对教育者、教育对象、教育内容、教育方法等教育要素的属性和相互关系的认识,以及对教育与其他事物之间相互作用而产生的教育功能、目的和意义等的看法。

教育观中最本质、最核心的内容体现为"教育为了什么""为谁培养人""培养什么人"和"如何培养人",即"教育目的"问题。教育目的是教育要达到的预期结果,反映了教育在人的培养规格标准、努力方向和社会倾向性等方面的要求。

教育观与一定的社会政治、经济和文化制度有关。在阶级社会中,教育是为培养统治者服务的,是少数人的教育;在社会主义社会里,教育是为人民普遍的教育需要服务的,是人民的教育。各教育要素在一定的社会历史条件下形成各种关系,也会导致教育观的不同,如强调以道德教育为教育之首就会形成德育中心的教育观,强调以教育者为中心开展教育活动则会形成教师中心的教育观。教育观在人类社会中的存在状态是多样的和发展的,它的形成既受客观物质和社会条件的制约,也受人们对教育、社会和个人相互关系认识的影响。

当代中国逐步树立了素质教育观,认为教育活动应当指向人的整体的、全面的素质发展,使人的整体品质、全面素质得到提升。这是当今每位教育工作者都应树立的科学的教育观。

一、素质教育概述

（一）素质教育的概念

素质教育是指依据人的发展和社会发展的实际需要，以全面提高全体学生的基本素质为根本目的，以尊重学生主体性和主动精神，注重开发人的智慧潜能，注重形成人的健全个性为根本特征的教育。

1997年《关于当前积极推进中小学实施素质教育的若干意见》中指出：素质教育是"依据《教育法》规定的国家教育方针，着眼于受教育者及社会长远发展的要求，以面向全体学生、全面提高学生的素质为根本宗旨，以注重培养受教育者态度、能力，促进他们在德智体等方面生动、活泼、主动地发展为基本特征的教育"。

（二）素质教育的内涵

1999年6月《中共中央、国务院关于深化教育改革全面推进素质教育的决定》中明确了素质教育的内涵："实施素质教育，就是全面贯彻党的教育方针，以提高国民素质为根本宗旨，以培养学生的创新精神和实践能力为重点，造就'有理想、有道德、有文化、有纪律'的德智体全面发展的社会主义事业建设者和接班人。"

具体来看，素质教育的内涵包括以下几个方面：

1. 全面贯彻党的教育方针

教育方针是党和国家对教育的根本要求，素质教育则是教育方针在教育实践中的具体体现。贯彻党的教育方针使当代中国实施的素质教育区别于其他国家的各种教育活动，也为素质教育确立了应遵循的根本原则。正如《中华人民共和国教育法》规定："教育必须为社会主义现代化建设服务，必须与生产劳动相结合，培养德、智、体等方面全面发展的社会主义事业的建设者和接班人。"

2. 以提高国民素质为根本宗旨

素质教育是以提高整个中华人民共和国公民素质为根本宗旨的教育。我国把教育、科技摆在优先发展的战略地位，发展教育对提高中华民族素质、促进经济和社会发展具有战略性、全局性、先导性的作用。实施素质教育能够提高整个民族的国际竞争力，实现我国从人口大国向人力资源强国的转变。

3. 面向全体学生

素质教育面向全体学生而不是少数学生或部分学生，它要保证每一个学生依法享有平等的受教育机会，努力追求教育公平，要求对所有学生一视同仁，不歧视任何学生，促进每一个学生都能够成功。面向全体学生既体现了社会主义教育的全民性，又体现了教育的有效性，只有面向全体学生才能充分发挥课堂教学的作用，达到最好的教学效果。

4. 促进学生全面发展

素质教育强调培养学生德、智、体、美、劳等方面全面发展，要求受教育者成为有理想、有道德、有文化、有纪律的社会主义事业建设者和接班人。实施素质教育，必须把德育、智育、体育、美育等有机结合到教育活动的各环节中,使多方面的教育相互渗透、协调发展,促进学生的全面发展和健康成长。

5. 促进学生个性发展

素质教育尊重人与人之间基本素质的差异性,在重视人的全面发展的过程中,也促进学生的个性发展。每一个学生都有其独特性,不同的认知特征、不同的欲望需求、不同的兴趣爱好、不同的价值取向、不同的创造潜能造就了无数个个性不同的学生。传统的学校教育对全体学生采取同等的教法、内容和考试,这种教育看似公平,但只挑选了部分智能的结合,更好的教育是注重个体的发展,了解学生的长处和短处,因材施教,最大限度地激发学生的潜能。

6. 以培养学生的创新精神和实践能力为重点

创新能力是一个民族进步的灵魂,是国家兴旺发达的不竭动力。一个国家的核心竞争力在于人的素质,特别是创新素质。培养具有创新精神和能力的新一代人才,是素质教育的时代特征。素质教育强调以培养学生的创新精神和实践能力为重点,造就出适应知识经济时代要求的高素质劳动者和创新型人才。

7. 以"三个标准"为人才培养目标

素质教育培养的人才要符合三个标准:一是要"有理想、有道德、有文化、有纪律";二是要"德智体美等全面发展";三是要成为"社会主义事业的建设者和接班人"。只有培养出达到这三个标准的人才,素质教育才算真正得到落实。

(三)素质教育的外延

素质教育是连贯的、全方位的、全过程的教育活动,它是对各级各类学校提出的要求。从横向来看,素质教育涉及基础教育、职业教育、成人教育等多种教育,它甚至超越了学校的局限,贯穿于学校教育、家庭教育和社会教育。从纵向来看,素质教育实施于学前教育、中小学教育和高等教育等各级教育中,是随个体的学习需求变化而对应开展的终身教育。

而在学校教育中,素质教育从纵向上看,存在于教育活动的各个环节中;横向上渗透于德育、智育、体育、美育等各个方面。

二、素质教育的提出与推行

(一)素质教育的提出

20世纪后半叶,中国实行改革开放后,全社会对高素质人才的需求激增,从而对教育提出了严峻的挑战。1985年5月,中共中央颁布的《关于教育体制改革的决定》提出,"教育体制改革的根本目的是提高民族素质,多出人才,出好人才。"这是党中央文件首次提出把"提高民族素质"作为教育的根本目的,并决定在全国"有步骤地实行九年制义务教育"。

1993年3月,中共中央、国务院下发的《中国教育改革和发展纲要》指出:中小学要由"应试教育"转到全面提高国民素质的轨道上,面向全体学生,全面提高学生的思想道德、文化科学、劳动技能和身体心理素质,促进学生生动活泼地发展,办出各自的特色。

1994年6月,第二次全国教育工作会议在北京召开,国务院副总理李岚清提出"基础教育必须从'应试教育'转到全面提高国民素质的轨道上来,全面贯彻教育方针,全面提高教育质量"。同年8月,《中共中央关于进一步加强和改进学校德育工作的若干意见》指出:"增强适应时代发展、社会进步,以及建立社会主义市场经济体制的新要求和迫切需要的素质教育。"这是第一次在国家层面的正式文件中使用"素质教育"的概念,标志着素质教育开始成为我国教育政策的一个重要的指导思想。

素质教育的提出,针对我国传统教育中的各种弊端,特别是"应试教育"的缺陷,切合我国推进现代化、全面建设小康社会的奋斗目标。

(二) 素质教育的推行

1995年3月,第八届全国人大第三次会议通过了《中华人民共和国教育法》,对素质教育的概念进行了界定:素质教育包括"政治素质、道德素质的培养""科学文化素质教育""身体素质教育""心理素质教育"四个方面。

1996年3月,第八届全国人大会议批准的《中华人民共和国国民经济和社会发展"九五"计划和2010年远景目标纲要》指出,要改革人才培养模式,由应试教育向全面素质教育转变,这是首次用法规政策文件的方式肯定了素质教育的政策方向。

1999年6月,中共中央、国务院作出了《关于深化教育改革和全面推进素质教育的决定》,这个决定的产生标志着素质教育观已经成为系统的思想,实施素质教育成为我国21世纪教育改革发展的重要战略举措。

2006年6月,第十届全国人大常务委员会修订的《中华人民共和国义务教育法》明确规定:"义务教育必须贯彻国家的教育方针,实施素质教育。"这标志着素质教育上升到法律层面,成为国家意志,表明了实施素质教育的法定性和长远性。

三、实施素质教育的目标与要求

(一) 素质教育的目标

1. 促进学生身体的发育

基础教育处于学生个体发育的关键时期,那么任何有助于并促进身体发育顺利进行的教育,就是好的教育;相反,就不是好的教育。素质教育的第一个目标就是促进学生的身体发育。

2. 促进学生心理的成熟化

中小学阶段是个体心理逐渐成熟的阶段。素质教育要促进学生心理成熟化,成为独立面对社会、介入周围世界的主体。

3. 造就平等的公民

教育要实现"全面提高国民素质"的目标,基础教育实施素质教育,就是为造就未来社会中的公民做准备。在社会主义条件下,这些公民具有平等的地位。

4. 培养个体的生存能力和基本素质

中学毕业之际，一个学生基本成年，需要具备融入社会生活的生存能力和基本素质，面对人生中的各种独立选择。

5. 培养学生自我学习的习惯、爱好和能力

现代社会科学技术的不断发展，学习已经不再局限于学生时代，素质教育要培养学生终身学习的意识，使学生养成自我学习的习惯，具有学习的爱好和能力。

6. 培养学生的法律意识

依法治国和法制社会的建立，离不开具有法律意识的公民。素质教育要培养学生的法律意识，使守法用法成为一种自觉的行为。

7. 培养学生的科学精神和态度

科学是推动现代社会进步的重要动力，科学的本质是对真理的追求，对事实的尊重。素质教育要大力培养学生的科学精神和态度，为我国社会主义现代化建设培养一大批合格的建设者和接班人。

（二）国家实施素质教育的基本要求

2007年党的十七大报告提出"坚持育人为本、德育为先，实施素质教育，提高教育现代化水平，培养德智体美全面发展的社会主义建设者和接班人，办好人民满意的教育"。国家实施素质教育要全面贯彻党的教育方针，其基本要求如下：

1. 面向全体

国家普及义务教育的举措，就是让每一个适龄学生都能够接受正规的学校教育。面向全体学生，使每一个学生都在原有的基础上有所发展，都在天赋允许的范围内充分发展。

2. 促进学生全面发展

促进学生德、智、体、美等方面的全面发展，全面提高学生素质，这是党和国家对教育提出的要求。

3. 促进学生创新精神和实践能力的培养

我国基础教育要摒弃应试教育的弊端，把知识融入到人的认知结构中，开发学生的潜能，使学生在创新精神和实践能力上得到充分的发展。

4. 促进学生生动、活泼、主动地发展

青少年作为鲜活的生命个体，要全面提升素质，就要让他们保持活力，在教育中成为生动活泼的主体。尊重学生的主动精神，启发学生在教育活动中主动探索、主动思考，鼓励学生勇于创新。

5. 着眼于学生的终身可持续发展

素质教育从外延上看并不局限于学校教育，它着眼于个体在社会中生存与发展的全过程。基础教育要为学生在青少年时代打下终身可持续发展的良好基础。

四、学校教育实施素质教育的途径

（一）深化教育改革

全面推进素质教育，是教育事业的一场深刻变革，是一项涉及社会各个方面、影响深远的战略举措。国家完成基本普及九年义务教育和基本扫除青壮年文盲的"两基"任务，是开展素质教育的基础。同时，政府也要统筹各种资源，综合多方力量，为推进素质教育创造必要的条件。

（二）加强教师队伍建设

教师素质直接影响着教育质量，建设具有较高综合素质的教师队伍是全面推进素质教育的基本保证。提高教师的综合素质需要做到：

1. 更新教育观念

教育观念是教师素质的核心部分，它指导着教师的教育教学行为。树立面向全体学生、促进学生全面发展的教育理念是提升教师素质的必备条件。教师要从对国家和民族负责任的角度，转变落后的观念，扭转"应试教育"的倾向，投身到全面推进素质教育的教育变革中。

2. 提升师德素养

师德素养的提升对实施全面素质教育起着关键性作用，教师必须认识到师德提升不仅仅是一种个体职业发展的要求，对国家和民族来说也具有重要的历史和现实意义。

2008年9月，中华人民共和国教育部修订和重新印发的《中小学教师职业道德规范》提出了六项要求：

一是爱国守法。热爱祖国，热爱人民，拥护中国共产党领导，拥护社会主义。全面贯彻国家教育方针，自觉遵守教育法律法规，依法履行教师职责权利。不得有违背党和国家方针政策的言行。

二是爱岗敬业。忠诚于人民教育事业，志存高远，勤恳敬业，甘为人梯，乐于奉献。对工作高度负责，认真备课上课，认真批改作业，认真辅导学生。不得敷衍塞责。

三是关爱学生。关心爱护全体学生，尊重学生人格，平等公正对待学生。对学生严慈相济，做学生良师益友。保护学生安全，关心学生健康，维护学生权益。不讽刺、挖苦、歧视学生，不体罚或变相体罚学生。

四是教书育人。遵循教育规律，实施素质教育。循循善诱，诲人不倦，因材施教。培养学生良好品行，激发学生创新精神，促进学生全面发展。不以分数作为评价学生的唯一标准。

五是为人师表。坚守高尚情操，知荣明耻，严于律己，以身作则。衣着得体，语言规范，举止文明。关心集体，团结协作，尊重同事，尊重家长。作风正派，廉洁奉公。自觉抵制有偿家教，不利用职务之便谋取私利。

六是终身学习。崇尚科学精神，树立终身学习理念，拓宽知识视野，更新知识结构。潜心钻研业务，勇于探索创新，不断提高专业素养和教育教学水平。

3. 完善教师在职培训制度

提升教师素质是一个长远的、复杂的系统工程，需要建立完善的在职培训制度来提供保障。教师能够获得多种学习机会，提升学习能力，才能为教育教学改革注入源源不断的活力。2010年开始，由教育部、财政部全面实施的中小学教师国家级培训计划（简称"国培计划"），是提高中小学教师特别是农村教师队伍整体素质的重要举措。另外，各个学校开展的"校本研修"也是针对教学实际情况进行在职培训的有效途径。

（三）落实素质教育的目标与要求

将素质教育的目标与要求落实到教育教学的各环节中，是实施素质教育的内在要求。教师应围绕相关目标与要求设定人才培养目标，组织课堂教学。课堂教学既要重视知识的理解和应用，也要重视学生思维品质的培养；既要照顾到整体学生的基本学习需求，也要关心学生的个性化学习需求；既要重视良好的学习习惯和端正的学习态度的养成，也要重视创新精神和实践能力的培养。教师需要综合运用多种教育教学方法，使学生在德、智、体、美等多方面得到发展。

（四）开展基础教育课程改革

基础教育课程改革是实施素质教育的重要途径。1999年我国召开的第三次全国教育工作会议和2001年召开的全国基础教育工作会议先后提出了转变人才培养模式、建立新的基础教育课程体系的建设任务。2001年，在党中央、国务院的领导下，教育部正式启动了新一轮基础教育课程改革，颁发了《基础教育课程改革纲要（试行）》等一系列政策文件，初步构建了符合时代要求、具有中国特色的基础教育课程体系。从此，我国"新一轮基础教育课程改革"（"新课改"）正式展开。这次课程改革的目的就是要在21世纪构建起符合素质教育要求的基础教育课程体系。"新课改"要求改变课程内容"难、繁、偏、旧"和过于注重书本知识的现状，加强课程内容与学生生活以及现代社会和科技发展的联系，关注学生的学习兴趣和经验，精选终身学习必备的基础知识和技能。

"新课改"的六大目标：

（1）改变课程过于注重知识传授的倾向，强调形成积极主动的学习态度，使获得基础知识与基本技能的过程同时成为学会学习和形成正确价值观的过程。

（2）改变课程结构过于强调学科本位、科目过多和缺乏整合的现状，整体设置九年一贯的课程门类和课时比例，并设置综合课程，以适应不同地区和学生发展的需求，体现课程结构的均衡性、综合性和选择性。

（3）改变课程内容"难、繁、偏、旧"和过于注重书本知识的现状，加强课程内容与学生生活以及现代社会和科技发展的联系，关注学生的学习兴趣和经验，精选终身学习必备的基础知识和技能。

（4）改变课程实施过于强调接受学习、死记硬背、机械训练的现状，倡导学生主动参与、乐于探究、勤于动手，培养学生搜集和处理信息的能力、获取新知识的能力、分析和解决问题的能力以及交流与合作的能力。

（5）改变课程评价过分强调甄别与选拔的功能，发挥评价促进学生发展、教师提高和改进教学实践的功能。

（6）改变课程管理过于集中的状况，实行国家、地方、学校三级课程管理，增强课程对地方、学校及学生的适应性。

（五）调动学生的主动性和积极性

学生在学习活动中充分发挥主观能动性，是实现素质教育目标的内在动力，这点突出地体现在学生学习的主动性和积极性上，"新课改"目标中的第四条已经明确了此项要求。教学要从"教育者为中心"转向"学习者为中心"，使学生从苦学到乐学、从被动学到主动学，提倡自主、探究与合作的学习方式，让学生成为学习的主人。判断教师有没有掌握素质教育的方法，就要看教师是否能够引导学生主动学习，在教师的帮助下学生是否学会了学习。只有当学生积极主动地学习，又学会了如何学习，才能表明教师掌握了素质教育的教学方法和思想，表明教师所采用的教学方法符合素质教育的要求。

第二节 儿童观

社会主义社会是全面发展、全面进步的社会，其中不仅包括社会有机体的全面发展，更包括人的全面发展。在马克思主义的理论体系中，人的全面发展及其实现，始终是同科学社会主义学说、社会主义运动、社会主义社会制度相联系的。一百多年来社会主义运动理论与实践的发展也表明，促进人的全面发展，既是社会主义本质的具体体现，也是社会主义的重要价值目标。"人的全面发展"理论是我国当前"德智体美全面发展"教育方针的重要理论基础。

一、"人的全面发展"的思想

如古希腊教育家亚里士多德就认为人的肉体和灵魂是互不可分的两部分，他曾提出过身心和谐发展的思想。后来，18世纪瑞士教育家裴斯泰洛齐和19世纪德国教育家福禄培尔，也都有过精神和肉体"和谐发展""调和发展"的思想，他们都强调要发展人的一切天赋力量和才能。至于空想社会主义者欧文，在他的"新和谐"村的教育实验中，还有过多方面发展人的体力和智力的思想。这些思想对于马克思主义的全面发展学说的产生，自然是有一定影响的，也可以说，马克思批判继承了历史上教育学说的遗产，并把它纳入马克思主义的科学理论当中。

（一）马克思、恩格斯的人的全面发展的思想

人的全面发展思想的内容与实质。首先，人的全面发展思想是共产主义的价值原则和目标。共产主义作为理想的社会形态，其核心目标就是"每个个人"的平等发展。其次，人的全面发展思想实质就是人占有物。人占有物主要指人类的特性的应有发展，即通过人的自由

自觉的创造性活动的逐渐丰富来实现。作为人的内在需要和主要的生存方式，人的活动在内容和性质上是指人的主体性及其能力的充分发展。人占有物还要求把人作为发展的目的，就是使人在世界当中确立自己的价值，使每个人的自由、和谐发展成为目的本身。最后，人的全面发展最终目的就是人全面占有自己的本质。主要是指：第一，人的社会本质的和谐发展，包括：个人和人类（一切人）的和谐发展；个人和集体的和谐发展；个人和他人的和谐发展；个人自身内部各个方面的和谐发展。第二，人的个性的自由发展，包括：潜能的充分发挥；肉体和心理的完善；人的需要的相对的丰富；丰富、全面而深刻的感觉；精神生活的丰富而全面；个性的自由发挥。

（二）毛泽东的人的全面发展的思想

毛泽东的人的全面发展思想是马克思的人的全面发展思想与中国传统文化、国情相结合的产物，既是人的全面发展思想的进一步发展，又为当代中国人寻求一条可行的、具有中国特色的全面发展道路做出了可贵的现实性探索。首先，培养新人。主要是指：德、智、体全面发展，即毛泽东提出的德育、智育、体育"三育并重"，全面发展；"身心并完"，即体力和智力两方面的和谐发展；社会多面手。其次，教育与生产劳动相结合。

（三）邓小平的人的全面发展的思想

邓小平的人的全面发展思想是对马克思的人的全面发展思想与中国具体情况相结合的进一步探索，是对毛泽东关于德、智、体全面发展以及教育和生产劳动相结合的思想的发展与深化。首先，把德、智、体全面发展作为培养人才质量的标准。邓小平指出，人的问题是一个非常重要的问题，它关系到经济的发展速度、改革开放原则的贯彻实施、社会主义的方向，甚至国家的长治久安。而其中关键就是人的发展问题。因此，在制定建设中国特色的社会主义道路时，他把人的发展问题作为主要的奋斗目标。他重视教育的作用，多次强调要在全国范围内形成一个尊重知识、尊重人才的氛围，在毛泽东提出的培养德、智、体全面发展和有社会主义觉悟的有文化的劳动者的基础上，进一步提出应把这一方针作为培养人才的质量标准。其次，要培养"四有"新人。"四有"主要是指有理想、有道德、有文化和有纪律。邓小平强调，在"四有"中，理想和纪律特别重要。远大的理想，才能永远保持前进的勇气和方向；严格的纪律，才能十分重视任何细小的工作，时刻以人民利益为重。邓小平特别指出，体力劳动与脑力劳动的差别是造成人片面发展的主要原因之一，因此必须坚持教育与生产劳动相结合，理论与实际结合，学用一致，这是培养"全面发展的新人的根本途径，是逐步消灭脑力劳动和体力劳动差别的重要措施"[①]。

（四）江泽民的人的全面发展的思想

在《在庆祝中国共产党成立八十周年大会上的讲话》中，江泽民同志第一次集中提出和突出强调了人的全面发展的思想。他指出："我们建设有中国特色社会主义的各项事业，我们进行的一切工作，既要着眼于人民现实的物质文化生活需要，同时又要着眼于促进人民素质

---

① 邓小平文选（第2卷）[M]. 人民出版社，1994。

的提高，也就是要努力促进人的全面发展。这是马克思主义关于建设社会主义新社会的本质要求。"①在党的十六大报告中，他明确指出："党要承担起推动中国社会进步的历史责任，发展先进生产力、发展先进文化、实现最广大人民群众的根本利益，推动社会全面进步，促进人的全面发展。"这是继"七一"讲话提出的我们"要努力提高全民族的思想道德素质和科学文化素质，实现人们思想和精神生活的全面发展"②之后，对在社会主义初级阶段建设社会主义新社会过程中，如何认识人的全面发展的必然性，如何理解人的全面发展的丰富内涵，如何促进人的全面发展等一系列重大问题上所做出的深入、系统、全面的阐述，更进一步丰富和发展了马克思主义"人的全面发展"的理论，成为我国当前教育方针的重要理论基础。

（五）胡锦涛的人的全面发展的思想

科学发展观中"以人为本"的发展理念。在十七大报告中，胡锦涛总书记提出科学发展观，把以人为本作为科学发展观的核心，强调全面协调可持续。科学发展观的提出，是适应迅速发展的中国社会主义经济的需要，是构建社会主义和谐社会的根本要求。而坚持"以人为本"就"要始终把实现好、维护好、发展好最广大人民的根本利益作为党和国家一切工作的出发点和落脚点，尊重人民主体地位，发挥人民首创精神，保障人民各项权益，走共同富裕道路，促进人的全面发展，做到发展为了人民、发展依靠人民、发展成果由人民共享"③。科学发展观把以人为本作为核心，在马克思主义的指导下，创造性地提出要把"促进经济社会发展"与"促进人的全面发展"统一起来。

二、"育人为本"的儿童观

"育人为本"的儿童观体现了以人为本的核心价值观，是教育价值的核心体现。

（一）"育人为本"的内涵

党的十七大报告指出：科学发展观，第一要义是发展，核心是以人为本，基本要求是全面协调可持续，根本方法是统筹兼顾。"育人为本"是我国各类学校的根本任务。就是说学校教育要以学生全面发展为本，要以学生全面素质的提高为本。长期以来，受"学而优则仕"等传统观念的影响，受计划经济思想的影响，我国各类学校普遍存在以知识为本、以育分为本的倾向，即以传授知识为根本任务，以获得高分为根本目的。以传授知识、抓好考试为己任，似乎只要传授知识、教完一门课就完成任务了；认为传授的知识越多，学生考试分数越高，教育质量就越高，因而导致学生学习负担越来越重。为了考上高分，从幼儿园、小学就展开了知识学习上的激烈竞争，忽视了以育人为本、以人的全面发展为本。教师在教学中是见书不见人，教书不育人；学校评价学生的标准主要看分数，看学习成绩；评奖学金、评优秀生、升学也是以考试分数为依据。总之，是在育知、育分上下功夫，而不是在育能、育人上下功夫。这种重才轻人、重育才轻育人、把知识等同于人才、把传授知识等同于育人的人

---

① 江泽民.论"三个代表"[M].北京：中央文献出版社，2001。
② 江泽民.在庆祝中国共产党成立八十周年大会上的讲话[R].北京：党建读物出版社，2003.
③ 中国共产党第十七次全国代表大会文件汇编[M].北京：人民出版社，2007.

才观、教育观，是片面的、有害的。

1."育人为本"的必要性

首先，"育人为本"是马克思主义的基本观点。"育人为本"的本质是人的全面发展，而马克思主义的一个十分重要的观念就是人的全面发展问题。马克思提出的人的"自由发展"，就是指以人为本的全面发展，即"人以一种全面的方式，也就是说，作为一个完整的人占有自己的全面本质"。由此可见，马克思主义把人的全面发展视作人类社会发展的理想目标，以达到"建立在个人全面发展和他们的社会生产能力成为他们的社会财富这一基础上的自由个性"。我们社会主义教育的功能应该为实现马克思主义的人的全面发展而努力。因此，必须树立以人为本的教育理念。其次，"育人为本"是我国教育方针决定的。教育是一种社会活动，是一定社会统治阶级意志的体现，教育总是为一定社会、一定阶级服务的，教育应该为社会主义建设服务。"育人为本"就是要立足于把学生培养成有社会责任感的、德智体美等全面发展的人才，将来能够全心全意为社会主义建设、为人民利益服务，而不是一个只有知识的"机器人"。

2. 实施"育人为本"的教育观的步骤

首先，要有明确的培养目标。各类学校要切实转变"以知识为本"的教育观，把"培养有理想、有道德、有文化、有纪律，德智体美等全面发展的社会主义建设者和接班人"作为培养目标。其中最重要的是有理想、有纪律，而不能满足于传授了多少知识，获得了多高的分数，要以全面素质的提高为目标。其次，把"育人为本"贯穿学校教育的全过程，"充分发挥大学生思想政治教育主阵地、主课堂、主渠道的作用，全方位推进大学生思想政治教育"。从新生入学到毕业，从开学到期末，从课内到课外，都要注重学生的思想品德教育，理想、纪律教育。每位教师都要把学生全面素质的提高作为己任，教书育人，教书又教人。再次，关注学生的个性发展。"育人为本"，就是努力把每一个学生培养成全面发展的人。人的全面发展是建立在个性发展基础上的，要改变过去"一刀切""一个模子"的平均主义培养方法。人的个性、兴趣爱好、专特长是不一样的，学校教育应因材施教，因人制宜，鼓励冒尖，让每个学生的专特长都得到发展。在教学计划上应实行刚性与弹性相结合，开设大量选修课，让学生有选择权，让学生拥有较大的自主学习、自我发展的时间和空间。当学生的专特长、个性得到发展时，便能产生成就感，增强自信心，从而推动其他方面全面发展。最后，尊重人，关爱人。尊重人就是在德育中要发挥学生的主体作用，充分调动学生的积极性和主动性，引导他们自我教育、自我管理、自我服务。尊重人就是要尊重学生的人格，尊重学生的自由。

（二）尊重儿童权利

儿童的权利是儿童发展的重要保障，在幼儿园教学过程中，幼儿教师应该尊重幼儿的权利。

1. 儿童的基本权利

联合国《儿童权利公约》（简称 CRC）是在儿童权利的保护方面迄今为止内容最丰富、最全面、最为国际社会上广泛认可的国际法之一。CRC 共有 54 个条款，它赋予了所有儿童各种权利，提到的儿童权利多达几十种，如受教育权、健康权、受父母照料权、娱乐权、闲暇权、隐私权、表达权等。但最基本的权利可以概括为生存权、发展权、受保护权和参与权。

（1）生存权，包括所有儿童有存活的权利，以及有权接受可行的最高标准的医疗保健服务。

（2）发展权，包括接受一切形式的（正规和非正规的）教育，向儿童提供良好的道德和社会环境，以满足儿童发展过程中的身体、心理和精神的需要。

（3）受保护权，包括防止儿童受到歧视、虐待和照顾不周，对失去家庭的儿童和难民儿童实施保护。

（4）参与权，包括儿童有权对影响他/她的任何事情发表意见。

2.《儿童权利公约》的普遍原则

《儿童权利公约》共载有四项普遍性原则。这些原则旨在协助对整个公约进行解释，以对各国执行方案进行指导。

（1）不歧视原则（第2条）。

缔约国应确保其管辖范围内的所有儿童享受其权利。任何儿童均不得遭受歧视，对每一个儿童均适用，"不因儿童或其父母或法定监护人的种族、肤色、性别、语言、宗教、政治或其他见解、民族、族裔或社会出身、财产、伤残、出生或其他身份而有任何差别"。这一规定的基本信息是机会均等。女孩与男孩应享有同样的机会。难民儿童、外国血统的儿童、原住民或少数群体的儿童享有同其他所有儿童一样的权利。残疾儿童应获得同样机会，享受适合的生活水平。

（2）儿童的最大利益原则（第3条）。

国家当局在作出涉及儿童的决定时，均应以儿童的最高利益为首要考虑。这一原则针对法院、行政当局、立法机构、公私社会福利机构的决定。这是公约的一项根本信息，要落实该原则是一个重大的挑战。

（3）生命、生存和发展权原则（第6条）。

关于生命权的条款列入了有关生存和发展权的规定，生存和发展权应"最大限度地"获得确保。"发展"一词在这一范畴中应广义地加以解释，增加质的方面：不仅指身体健康，还包括心理、情绪、认识、社会和文化方面的发展。儿童生命、生存与发展权利原则是儿童基金会为联合国发展援助框架和千年议程制定合作与资助方案的基础。这一原则帮助儿童基金会和各伙伴确定应该追求何种目标、采取何种行动。儿童保护包含在这一原则内，因为它有助于确保最易受害和最被边缘化的儿童也能享受到他们的权利，有助于确保在紧急情况下及冲突结束后采取其他行动。

（4）儿童参与原则和考虑儿童意见原则（第12条）。

儿童应能对影响到其本人的一切事务自由表达意见，对其意见应按儿童的年龄和成熟程度"给予适当的看待"。主要的观点是，儿童有权要求听取其心声，其意见获得认真考虑，包括在对其有影响的司法或行政程序中获得认真考虑。

儿童的四项基本权利中有三项——生存权、发展权和保护权现在得到了相当的重视，其相应的法律法规也已经有不少，人们对此有较为明显和确切的认识，在我国已经得到很好的保护。儿童的参与权虽然在联合国《儿童权利公约》及我国其他有关儿童的法律法规中提及，但是，如何保护儿童参与权相对缺乏经验。

三、"育人为本"的游戏教学观

以幼儿为本,在教学过程中要充分尊重幼儿的主体特征,选择以"游戏"为主要形式的教学活动。

1. 游戏是幼儿身心发展的客观要求

游戏之所以成为整个学前期幼儿的基本活动,是因为游戏满足幼儿身心发展的基本需要。

根据马斯洛的需要层次理论以及近年来动机心理学关于认知内驱力等的研究以及对幼儿的观察,我们可以把幼儿的基本需要分析为以下三个层次九种需要。驱使幼儿去游戏的需要主要有身体活动的需要,与环境保持平衡与协调的需要以及社会性交往和自我实现的需要,而基本生存和安全需要的满足则是幼儿游戏的前提。

第一层次的需要是维持生命、安全和机体生长发育的需要。这一层次包括三种需要,即基本生存需要,身体活动需要和安全需要。其中,基本生存需要是其他两种需要的基础。只有吃、喝、睡等基本生存需要得到了满足,机体才能去活动,而儿童也是首先从基本生存需要的满足上体验到安全的。这一层次需要的满足可使儿童产生对外部世界的最初信任。幼儿生来不仅有吃、喝、睡等基本生理需要,而且有身体活动的需要。这种需要是仅次于饥、渴等驱力的策动力。整个学前期,儿童神经系统,尤其是高级神经系统活动还不成熟。神经系统的基本活动是兴奋和抑制,学前儿童的特点是:神经系统活动不平衡,兴奋强于抑制。好动是兴奋性的外在表现。另外,他们的骨骼肌肉也需要适宜的活动,他们的骨骼比较柔软、有弹性,肌肉收缩力差,长时间保持一种姿势,会使有关的肌肉群总是处于紧张状态。活动则可以经常改变姿势,使不同部位的骨骼、肌肉系统轮流承受负担,使紧张和松弛状态得到轮换,同时还可以使骨骼肌肉得到充分的血液,获得更多的养料和氧气。因此,有人把这种对身体活动的需要,称为"对外感官的刺激的需要"。游戏满足幼儿身体活动的需要。在游戏中幼儿可以自由地变换动作、姿势,可以多次重复他们所感兴趣的活动而不受限制。由于小脑是运动控制中心,司管身体平衡,调节肌肉运动,小脑又与情绪控制中心相联系,所以,积极的身体活动,可以使幼儿产生愉快的情绪体验,同时又可以使中枢神经系统的机能状态调整到最佳水平,从而避免厌烦和疲劳,使机体感到舒适。

第二层次的需要是认知水平的需要或者说是与外界环境保持信息的平衡与协调的需要,包括理解环境的需要和影响环境的需要,其生理机制是中枢神经系统维持最佳唤醒水平的需要。游戏可以满足幼儿认知发展的需要。幼儿对周围事物充满了兴趣与好奇心,这种兴趣与好奇心是理解环境、影响环境的需要的表现,游戏可以满足幼儿这种认知发展的需要。在游戏中幼儿可以进行各种各样的探索、操作活动,可以根据自己的兴趣与想象来模仿和表现周围的人与事物。

第三层次的需要是社会性与自我发展的需要,包括社会性交往需要、自我实现的需要和尊敬(认可)的需要。其中社会性交往需要是其他两种需要的基础。因为"人是社会关系的总和",没有脱离群体的自我。自我实现与自尊的需要是在与他人的社会性交往过程中发展起来的,同时又影响和作用于社会性交往需要。游戏对于幼儿不仅仅是"好玩",更重要的是幼儿在游戏中可以获得影响与控制环境的体验，建立起对自己的信心。当幼儿在游戏中通过自己的行动对物体或他人产生影响时，会感到自己是有能力的人，会获得成功的喜悦，体验到克服困难、达到目的的快乐，可以使幼儿自我实现的需要获得满足。

所以，各种需要发动了游戏，游戏使各种需要得到了满足，需要的满足带来了快乐，快乐作为强化物使幼儿对游戏活动本身产生兴趣，兴趣和快乐这两种正情绪体验相互作用、相互补充，进一步支持和促进幼儿去游戏，如此循环往复，游戏就成为幼儿稳定的兴趣，成为学前期占主导地位的活动需要，成为幼儿的基本活动。

2. 游戏是幼儿生活特点的要求

以游戏为基本活动，是幼儿生活的特点，而且游戏也是有益于他们身心全面发展和主体性发展的活动，因此在幼儿园要创造既符合教育目的的要求又符合幼儿身心发展特点的生活，必须坚持以游戏为基本活动。幼儿园应当继承正在消失的以游戏为特征的庭院儿童文化，让儿童在以自由平等交往基础上构成的"儿童社会"中学会交往，学会生活。早在20世纪20年代，陈鹤琴先生就主张要对儿童进行"游戏性教育"，给幼儿"充分的机会"，"使他获得完美游戏的生活"。当代中国的教育工作者也已经认识到，儿童期不只是为成人期作准备，它具有自身存在的价值，儿童不能只是为将来活着，他们也为现在而生活，他们应当充分享用儿童期的生活，拥有快乐的童年。游戏是童年幸福的象征，幼儿园以游戏为基本活动，正是要满足幼儿身心发展的需要，为幼儿创造符合他们年龄特点的幼儿园生活。

3. 游戏与幼儿主体性素质的全面培养

主体性是人的整体发展的核心内容，它并不是哲学抽象的产物，而是人的实实在在的心理素质，由主体活动的动机、情感、态度与能力等构成，具体表现为主动活动的动机、独立决策与活动的能力、勇于创造的态度和肯定主体的情感体验等。由主体活动的动机、情感、态度与能力等构成的主体性素质的培育必须以适宜的活动作为中介。游戏活动作为幼儿主动的、独立的、创造性的活动，有利于幼儿主体性素质的全面培养。

首先，游戏是幼儿主动的活动。幼儿游戏不是为了获得外部报酬，活动本身就是目的，就是行为的发起和强化因素。通过这种主动活动，幼儿可以养成主动探索和学习的兴趣与态度，学习运用视、听、触、闻、运动等所有感觉器官去认识事物与现象，并运用自己的想象与理解能力来解释事物与现象之间的关系与联系、原因与结果，获得主动学习的经验。其次，游戏是幼儿独立的活动。幼儿期正处在靠成人的支持帮助下逐步走向独立活动的时期。幼儿喜欢自己做事，独立活动是他们的愿望，而且儿童最终必须自己学会独立决策与选择，独立地生活与做事。别人不能总是为他做出选择，而且这样做只会妨碍他的成长，削弱他的自信心。游戏是幼儿独立活动的基本形式。游戏为幼儿提供了独立决策、独立做事的机会，游戏有助于形成幼儿独立决策与活动的能力。再次，游戏是幼儿的创造性活动。由于游戏是幼儿自己的活动，幼儿可以按照自己的想法去尝试各种新的可能性，而不用害怕因做对或做错招致成人的表扬与批评。在游戏中幼儿学会接受挫折与错误，并从错误中学习。游戏使幼儿不怕冒险和失败，勇于探索与创造，有助于形成创造性的人格特征。这一点已被许多研究所证实。爱玩并会玩的孩子是创造性高的孩子。最后，游戏对于幼儿来说是"快乐的"活动。这种快感有生理快感的成分，但其本质是主体性体验。在游戏中幼儿主动地与环境相互作用，充分体验运用自己的力量去达到各种目的的满足感，包括行动的自主自由感，对活动内容和

第一章　幼儿园教师的职业理念

方式方法的兴趣感，对事物、行为以及它们之间相互关系的支配感、胜任感和克服困难而产生的成就感等游戏性体验。这种主观体验的获得有助于幼儿形成积极的自我形象和自信心。

第三节　教师观

自 20 世纪 80 年代以来，在世界范围内，"教师教育"的概念逐渐替代原来的"师范教育"，这一转变绝对不是什么文字游戏，而是意味着发展观的转变和发展方式的转变。教师形象由"教学技术人员"走向"反思性教学专家"，讲究"专业素质"是"教师教育"发展的脉络之一。[1]幼儿教师队伍的"专业发展"成为必然的要求，幼儿教师树立"终身学习"的意识也成为必然趋势，幼儿教师应该坚定价值与责任感、用热情与决心投入到幼教事业当中。

一、幼儿教师专业素质的基本要求

专业素质是专门职业对从业人员的整体要求。在教师职业专业化进程中，人们对专业素质给予了广泛的关注。

（一）幼儿教师专业素质的含义

幼儿教师专业素质是指教师在育人过程中，建立在先天禀赋基础上的稳定的必备的职业品质，是教师职业形象、育人知识、育人能力的综合反映。

幼儿教师职业从性质上看具有专业的意义，表现在要担任幼儿教师任职前必须接受过中专以上学前教育专业教育，幼儿教师必须具有专业资格证书，入职、聘用、解职有严格具体规定，有不同的职称标志专业水平的差异，职称的晋升需经过专家的评审等。但从目前实际情况来看，幼儿教师实际专业化程度不够，被称为"准专业"，尚需经历专业化的过程。这个过程包括教师个体专业化以及教师群体职业专业化，而幼儿教师专业地位能否确立最终还取决于教师专业素质水平的高低，要求幼儿教师要通过持续的学习与探究，积累并反思教育经验，逐渐完善自己的专业素质结构，提升自己的专业素质水平。在这种完善、提高的过程中，幼儿教师经历了由不成熟到相对成熟、由普通人到专业人员的成长过程。

（二）幼儿教师专业素质的结构

促进教师专业发展是当今幼儿教师教育的重要任务，实现这种过程不仅需要幼儿教师自身主动的学习和努力，以促进和提高自己的专业能力，而且需要创设良好的外部环境。无论哪方面都需要对幼儿教师专业发展过程进行了解和考察，而对幼儿教师专业发展过程进行考察，必须明确从哪些方面进行考察，这便是幼儿教师专业素质结构需要解决的问题。面对 21 世纪教育改革对幼儿教师提出的要求，结合我国幼儿教师专业化发展水平现状，笔者认为：

---

① 钟启泉. 我国"教师教育"制度设计的课题[A]. 国际教师教育论坛论文资料集，2005.

15

"专业知识、专业技能、专业精神、实践智慧"这四个要素是幼儿教师专业素质结构中必不可少的要素。现分别阐述如下。

1. 专业知识

幼儿教师的专业知识是教师从事教学工作所必须具备的知识方面的素质结构，包括普通文化知识、幼儿园课程领域专门知识、教育科学理论知识、心理学知识、课程与教材、教育管理和教育科研方法知识等。

学前教育是启蒙教育，这决定了幼儿教师有不同于其他教育阶段教师的专业特征。幼儿教师不一定要求掌握某一门学科的高深的知识，或成为某一门学科的专家，但应当成为通晓人文、自然等多种学科知识的通才，同时在音、体、美等方面有一定特长的综合性、全能性人才。另外，幼儿教师不是专业理论工作者，但是教育专业理论知识是支撑教育实践活动的基本要素。教师要能够走进幼儿的心灵世界，遵循幼儿身心规律实施教育，必须具备一定教育学、心理学等基础教育理论知识，成为深刻理解儿童心理的儿童教育专家。幼儿教师应当具有拓展和培育自身教育理论素养的意识，成为具有人文精神、科学素养、创新能力统一的新型教师。

2. 专业技能

幼儿教师的专业技能是指教师为实现教育目标，在开展各种教育教学活动过程中表现出来的能力素质结构。从学前教育特点出发，基于教师专业化对幼儿教师的新要求，结合对优秀的幼儿教师必须具备的良好专业技能的考察，笔者认为幼儿教师的专业技能主要包括一般技能技巧与综合教育技能两个方面。一般技能技巧指教师引导幼儿活动所必备的弹琴、唱歌、舞蹈、绘画、手工制作、讲故事、护理幼儿等专业基本技能。综合教育技能是协调运用各种基本技能的教育行为，包括创设教育环境、设计与实施教育活动、开展班级管理与个别教育、进行教育评价、开展家长工作、深入教育研究等。

学前教育的对象是0~6岁幼儿，幼儿生理的脆弱性、幼儿心理特征如认知的具体直观形象性、情感的多变易感性、个性的多样性等特点，决定了幼儿教师要采用不同于中小学的教育手段方有成效。要求幼儿教师在教育教学中充分发挥其弹、唱、跳、画、编等基本技能，将枯燥的知识形象化，使刻板的教学活跃化，让幼儿在操作中获得经验，方能调动幼儿学习的兴趣，激发学习热情，使教育教学达到最优化的效果。要求具备唱、弹、跳、画、手工制作、保育护理等多方面的技能技巧和实际操作能力，这也是幼儿教师不同于大、中、小学教师的突出特点。

3. 专业精神

教师的专业精神是指教师为从事教育工作所必须具备的非智力心理素质结构。它包括职业理想、专业道德、专业情操、专业性格、专业法治观念、专业创新精神等因素。

专业精神是近年来教师专业化研究中特别强调的概念。专业精神的强弱是体现一个专业人成熟程度的社会心理和伦理标准，是制度要求的心理内化。专业精神水平与技术水平没有直接关系，比如救死扶伤是医生的专业精神，不做假账是会计的专业精神，依据事实是律师的专业精神。在教师专业精神的各要素中，职业理想是教师对教育教学理想境界的认识和追求；专业道德是教师在教育教学工作中应当恪守的职业道德；专业情操是教师对自己所从事的工作持有的理性价值判断及情感体验；专业性格是教师作为一名成熟的教学专业人员应当具备的健康人格特征或个性品质；专业法治观念是教师应当具有坚定的依法执教观念，是教师作为专业人员生存和发展的法律素质基础；专业创新精神要求教师在工作中不满足于现状，锐意改革，勇于创新，是教师专业可持续发展的力量源泉。教师的任务是培养人，工作特点的长期性、复杂性，需要教师付出无私的、艰辛的劳动。因此，教育专业比其他专业更强调专业精神。对于幼儿教师而言，爱心、公正、善良是专业精神的核心和基础。

4. 实践智慧

除了上述三项基本的专业素质以外，近年来人们开始关注对教师实践智慧的研究。"专家—新手"教师的比较研究结果表明，专家的知识至少有三方面的特征：一是专家知识是专门化的；二是专家知识是有组织的；三是专家所知道的大部分知识是缄默的知识。这种具有个性化的和缄默特征的实践知识即教师的实践智慧。有学者认为：教师的教育实践智慧是教育科学与艺术高度融合的产物，是教师在探求教育教学规律的基础上长期实践、感悟、反思的结果，也是教师教育理念、知识学养、情感与价值观、教育机智、教学风格等方面素质高度个性化的综合体现。因此，有必要构建以专业智慧为核心的教师专业素质结构，以便从根本上提升教师的专业素质。当今幼儿教师在"专业知识、专业技能、专业精神"这三个基本要素的基础上，还应当具备"实践智慧"这一富于时代特征的基本专业素养。

实践智慧就是指教师对教育合理性的追求，对当下教育情景的感知、辨别与顿悟以及对教育道德品性的彰显。可以说，教师的教育智慧是教师专业素质结构中高于其他基本素质的一种专业素质要素，是教师知识、能力、德性的统一，是认知与情感的统一。它难以通过他人的直接教学来获得，只能由当事人本人在完成任务的经验中去建构。正如钟启泉教授所言：真正意义上的教师专业发展不是基于行为主义基础之上的教师能力本位的发展，而是基于认知情境理论的"实践智慧"的发展。

二、终身学习，成为发展型幼儿教师

学习是生命个体通晓事理、陶冶情操、增长智慧的基本途径，是社会组织获得并保持竞争优势和生机活力的重要基础。21世纪是知识经济占主导地位的世纪，在全球生产总值的高速增长中，知识份额已由20世纪初的5%上升到今天的90%。在这样的背景下，幼儿教师的专业发展应该树立终身学习的理念，与时俱进。

（一）终身学习符合时代精神的教育理念

新的基础教育观是教育价值取向的定位。21世纪的基础教育的价值取向不同于传统教育把基础主要定位于基础知识、基本技能上，而是把每个幼儿潜能的开发、健康个性的发展、终身学习能力的培养作为最重要的任务。

儿童观是关于儿童认识的集中体现。传统教育过多强调的是幼儿脆弱无能、需要照顾的一面，而忽视其潜在的、积极发展的可能性。新的儿童观要求教师既看到幼儿的幼稚和不足，更强调将幼儿看成具有旺盛生命力，具有多方面发展可能性的人；是有主观能动性，有独立活动、充分活动能力和权利的人；是在学习活动中处于主体地位、主动发展的人，同时又是具有个体差异、不同特点的人。幼儿教师应有这样一个信念：每个幼儿都能够学习，能够发展，都能成为优秀幼儿和未来社会的合格公民。教育活动是学前教育的实践方式，是将教育理想转化为幼儿发展的中介桥梁。现代幼儿教师应认识到幼儿是在与周围环境、他人的积极主动的相互作用中主动发展的，环境是幼儿教育重要的教育资源和幼儿发展的条件。放弃狭隘的教育活动观，树立幼儿园一日活动都是教育活动的观念，为幼儿创设健康的、丰富多彩的、充满关爱与尊重的支持性活动环境，通过提供多种材料，创设多种"问题情境"，激发幼儿在与环境、情境、问题以及同伴和教师的主动相互作用中获得主动、全面和谐的发展。

（二）终身学习，发展多层复合的知识结构

传统教师的知识结构过多局限在"学科知识+教育学知识"的模式中，表现在幼儿教师身上即是重视弹、唱、跳、画等专业技能技巧和各科教学法的知识，而忽视教师本人的普通文化知识，特别是有关当代科学和人文两方面的基本知识及教育基本理论知识，如对幼儿本质的认识、教育哲理的形成、教育管理的策略、教学活动设计策略、现代教育手段的运用及教育研究等方面的知识与技能。导致在当前课程改革中，面对大量涌现、不断更新的各种教育理论及现象，有的教师迷惘、彷徨、不知所措；有的教师只知学习不知思考，永远跟在别人的后面亦步亦趋，无法形成自己的特色；有的教师虽大胆实践，但不善反思提高，无法集百家所长为己所用，从而快速成长。近年来，随着对教师专业素质研究的深入，人们日益重视教师的"个人实践知识"，强调知识不仅是书本上的、普遍适用的"原理"或"规律"，而是富有个人特征的，是教师个人在实践中的接纳、积累、发展的过程，反映着教师过去的经验、现在的行为以及将来的可能的表现，是教师个人"实践的智慧"。这对教师拥有的知识提出了更高的要求，它要求教师的知识积累必须转化为教育实践智慧和情境知识。因此，作为专业人员的幼儿教师必须追求多层次复合的知识结构，以适应未来教师工作的创造性及角色的丰富性，工作中不仅是实践者，而且是研究者，不仅会教知识，更能展现人类发展、创造知识的过程，激发幼儿发现、探索、创造的欲望，从而实现科学精神与人文精神、知识与人生的统一，表现出教育行为的科学性、艺术性和个人的独特性，实现自己的教育理想和追求。

（三）终身学习，发展创造性的设计教学活动的能力

长期以来，幼儿园教师在开展教育活动的过程中，存在"依赖教材，背教材、教教材"的现象，部分教师离开教材甚至不会教学。而以专业人员的标准衡量，教师工作的独立性与创造性是非常重要的指标，过于依赖教材必会导致教师较多地丧失工作的独立性和创造性，也掩盖和限制了教师不同的专业水平和专业发展。同时，随着教育观念的转变，人们更多地用动态、发展的眼光分析看待教育因素、实施教育。如承认并尊重每个幼儿的认知、行为、情感、需求是不同的；强调教育内容是活的、动态变化的，有明显的针对性和适宜性，离不开幼儿的发展和生活经验；要求教育评价抛弃选拔、甄别，为幼儿的发展服务，评价的方法与标准应多样化，评价与幼儿的发展应融为一体等。教育的多样化、变动性要求教师不再是一个现有教育方案的执行者，而必须成为一个决策者。要求教师通过创设多样的、开放性的环境，提供多样化的活动，促进幼儿与环境、幼儿与幼儿、幼儿与教师间的积极的互动与交流，形成合作探究式的生生互动、师生互动，引导幼儿主动探究、主动发展。教育活动不再

只是特定知识的载体，不再是教师个人预先准备好的表演。要求教师结合本地、本园、本班的实际，充分利用当地社会、文化、自然和人文资源，全面分析本班幼儿的认知、行为、情感的发展状况，结合幼儿现实生活及成长需求制订出切实可行的教育计划。在执行过程中，教师应能根据特定情景中生动、变化的教育对象的表现及反映，敏感地察觉他们的需求，准确判断生成和变动过程中可能出现的教育价值和因素，运用有关知识和实践智慧，及时决策和选择，做出合乎教育规律的反应。并能把握教育时机，促成幼儿已有认知矛盾和冲突的转化，切实处理好教育的计划性与灵活性、预设与生成的关系，将幼儿的发展落到实处，使课堂成为知识的启蒙、思维的碰撞、情感的交融的场所，使教育活动成为教师和幼儿共同探索新知、共同体验有限生命的快乐、共同获得成长与发展的过程。

（四）终身学习，发展教育研究的能力

研究的目的是改进教学，提高教育教学质量，促进幼儿的发展。幼儿教师的研究能力首先表现在对日常工作保持一份敏感和探索的习惯，会对发生在自己身边的看似平常的教育现象进行思考和探索，善于从中发现问题，会对自己的教育实践进行判断和反省，不断改进自己的工作并形成理性的认识。教育研究能力的进一步发展则是对新的教育问题、方法、手段等方面的探索和创造的能力，要求教师时时关注学科发展的动态，将学习中接触到并认同的教育教学理念作为自己实施改革的指导思想，处处收集教学反馈信息，能运用多方面的知识综合创造性地形成解决新问题的多种方案，并能在研究、实践的过程中凝聚生成教育智慧，形成个人独特的教学风格。教师只有将研究作为自己的一种专业的生活方式，才能在自己的职业实践过程中体现教师劳动的创造性，享受工作中获得成功的快乐，体现个人生命的意义和价值。

三、幼儿教师的专业责任感培养

作为一个幼儿教师，必须具有责任心，要对自己负责、对孩子负责、对国家和社会负责。幼儿教师的责任心对于幼儿的成长具有非常重要的作用。具体来说，幼儿教师要做到有责任心，必须从以下几方面进行努力。

（一）要对孩子负责

作为一个幼儿教师，要具备责任感，首先需要对孩子负责。要能平等地欣赏、对待身边的每一个孩子，要在日常的工作中做到不以貌取人、厚此薄彼，绝对不能因为自己的行为助长孩子的自负或者伤害孩子的自尊。而应该对他们关爱有加，为每一个孩子提供均等的发展机会，让他们幸福、健康地成长。对孩子负责，一是要求幼儿教师要对孩子们有真切的爱心。幼儿教师是非常特殊的职业，工作中面对的是幼儿，他们不懂人情事理，他们娇嗔脆弱，我们必须要平等地欣赏、对待他们，这是幼儿教师的天赋使命。如果对待孩子们没有真切的爱心，责任心就成了无源之水。二是幼儿教师要有承担责任的勇气。在面对事件、危机时失去了勇气，也就没有资格谈什么责任，因而，幼儿教师要培养能够"勇于承担责任"的浩然之气。三是，责任心并不是空洞的说教，而是要落实在日常工作的一点一滴中。幼儿教师要能

认真对待自己的工作，端正态度。要能真正认识到自己肩上所承担的任务——培养孩子良好的习惯，教他们如何做人、如何学习、如何生活，引导孩子们明白道理，培养他们探索世界奥秘的兴趣。这些都需要幼儿教师在工作中把握好方方面面的内容。

（二）要对家长负责

幼儿教师要有对家长负责的心理。当家长把他们的孩子送到幼儿园的那一刻，幼儿教师就必须认识到自己的责任有多么重大，要像妈妈一样呵护孩子、关爱孩子、帮助孩子。同时，幼儿教师还要做很多家长无法做到的事情，真正落实自己肩上的任务。家长的期望，决定了幼儿教师的努力方向。因而，必须要对家长负责，努力还给家长一个健康、快乐、聪明、活泼的孩子。

（三）要对幼儿园负责

幼儿教师并不是一个单独的存在，他有自己所属的幼儿园。作为群体中的一员，幼儿教师必须要能对自己的幼儿园负责。要做到这一点，幼儿教师首先要努力将工作做好，树立幼儿园的良好形象。幼儿教师对自己的定位不是完成本职工作，而是将工作做得更完美。对于幼儿教师来说，幼儿园不应该仅仅是一个工作单位，更应该是一个家，一个幼儿和幼儿教师共同的家。为了让这个家更好，幼儿教师必须要对幼儿园负责。只有以一种负责任的态度对待各项工作，才能把这个集体建设得更好。

本章小结

当代幼儿教师应该理解国家实施素质教育的基本要求，掌握在幼儿教育中实施素质教育的途径和方法，理解"人的全面发展"的思想。理解"育人为本"的含义，爱幼儿，尊重幼儿，相信每一个幼儿都具有发展的潜力，维护每一个幼儿的人格与权利。幼儿教师应该运用"育人为本"的幼儿观，在保教过程中公正对待幼儿，重视"游戏"教学在幼儿发展过程中的作用。幼儿教师要了解教师专业发展的要求，树立终身学习的意识，具有强烈的责任心、爱心，努力实现专业的发展。

思考与练习

1. **简答题**

（1）什么是素质教育？

（2）育人为本的含义？

（3）幼儿教师专业素质的基本要求有哪些？

2. **论述题**

（1）在幼儿园中怎样实现素质教育？

（2）怎么看待"幼儿园教育小学化"的现象？

第二章 幼儿教育法律法规

📖 内容提要

"幼儿教育法律法规"这一章包含了有关教育的法律法规的基础知识及主要内容。本章分为四节：我国教育法律法规的类别与内容；教育规章与条例；教师资格、权利与义务；幼儿权利与保护。

◎ 教与学的目标

1. 有关教育的法律法规

了解国家主要的教育法律、法规，如《中华人民共和国教育法》（以下简称《教育法》）、《中华人民共和国义务教育法》（以下简称《义务教育法》）、《中华人民共和国教师法》（以下简称《教师法》）、《中华人民共和国未成年人保护法》（以下简称《未成年人保护法》）、《幼儿园工作规程》等。

了解《国家中长期教育改革和发展规划纲要（2010—2020年）》的相关内容。

了解联合国《儿童权利公约》的相关内容。

2. 教师权利和义务

熟悉教师的权利和义务，熟悉国家有关教育法律法规所规范的教师教育行为，依法从教。

依据国家教育法律法规，分析评价幼儿教学实践中的实际问题。

3. 幼儿保护

熟悉幼儿权利保护的相关教育法规，保护幼儿的合法权利。

依据国家教育法律法规，分析评价幼儿教育工作中幼儿权利保护等实际问题。

第一节 我国教育法律法规的类别与内容

教育法律法规，简称教育法规，体现了统治阶级在教育方面的意志，通常是由国家制定或认可，并以国家强制力保证实施的有关教育活动的行为规范的总称。它是国家管理教育的依据，学校依法办学的基础，也是教师依法从教、学生依法保护自己权益的基本准备。我国现行的教育法律法规一般包括教育法律、教育法规、教育规章等，它们隶属不同层次，通过不同的方式加以表达。

一、我国教育法律法规的类别

我国现行的教育法律法规包括宪法、教育法律、教育行政法规、地方性教育法规、教育（行政）规章、国际教育条约（协定）六大类。

（一）宪法

宪法是国家权力机关制定的总章程和根本大法，是法律的最高表现形式，具有最高的法律效力。它是教育法律法规的母法，一切法律法规都要根据宪法制定，不得逾越宪法的理念与规范。我国先后颁布的四部《中华人民共和国宪法》（以下简称《宪法》）都对教育问题作出了规定，现行《宪法》"总纲"中的第一、二、三、四、五、二十三、二十四、四十六、四十七、四十九、一百零七、一百一十九条对教育的各方面进行了规定，属于教育条款。

（二）教育法律

教育法律是由国家最高权力机关或专门的立法机构制定的教育规范性文件。它分为教育基本法律和教育单行法律两种。教育基本法律是依据宪法制定的调整教育内部、外部相互关系的基本法律准则。《教育法》是我国的教育基本法律。教育单行法律又称为教育专项或专门法律，它是依据宪法和教育基本法律或教育基本法律原则制定的调整某类教育或某一具体部分教育法律关系的法律准则。

此外，教育法律还包括由国家最高权力机关或专门的立法机关制定的除教育基本法律和教育单行法律以外的涉及教育活动的各种法律。如《中华人民共和国体育法》和《中华人民共和国卫生法》，其中就有关于学校体育和卫生的法律条款。

（三）教育行政法规

教育行政法规是指国家最高行政机关为实施、管理教育事业根据宪法和教育法律制定的规范性文件。在我国，根据现行的《宪法》和《中华人民共和国立法法》的规定，教育行政法规专指由国务院根据宪法和法律制定的教育规范性文件。

（四）地方性教育法规

地方性教育法规是指由国家赋予而拥有一定立法权的地方立法机构制定的教育规范性文件，只在该行政区域内具有法律效力。地方性教育法规从立法目的和依据上可分为两种。一种是有执行性、补充性的地方性教育法规，如各省、自治区、直辖市的人民代表大会及其常务委员会制定的《义务教育条例》或《〈义务教育法〉实施办法》等；另一种是自主性的地方性教育法规，如一些省、市在国家没有制定出统一的教育法规之前就制定的一些地方性教育法规，如上海市2001年制定的《上海市中小学校学生伤害事故处理条例》等。

（五）教育（行政）规章

教育（行政）规章根据制定与发布机关的不同可以分为两大类：一类是部门教育（行政）规章，一般由教育部或教育部与国务院其他部委联合发布，在全国有效，如2002年颁布的《学生伤害事故处理办法》《中小学班主任工作规定》等；另一类是地方政府教育（行政）规章，由各省、自治区、直辖市人民政府制定，只在本行政区域内有效。

（六）国际教育条约（协定）

国际教育条约（协定），是国家批准和由国家领导人代表国家与其他国家、国际组织或国家元首正式签署的关于国际教育协作交流的约定，属于国际法的范畴，具有国际法的约束力，如《儿童权利公约》等。

二、我国主要的教育法律法规及其内容

现行我国主要的教育法律法规除《宪法》中相关的条款外，还有《教育法》《义务教育法》《教师法》《未成年人保护法》《预防未成年人犯罪法》和《学生伤害事故处理办法》等。本节主要对前四种法律法规的内容作详解。

（一）《宪法》

自1949年以来，我国先后制定了四部《宪法》。我国现行的《宪法》于1982年12月4日由第五届全国人民代表大会第五次全体会议通过，与教育相关的条款包括教育性质、教育目的、教育权利、教育管理及教育制度等内容。

1. **教育性质**

《宪法》规定："国家发展社会主义的教育事业，提高全国人民的科学文化水平。"

2. **教育目的和任务**

《宪法》规定："国家培养为社会主义服务的各种专业人才，扩大知识分子的队伍，创造条件，充分发挥他们在社会主义现代化建设中的作用。""国家培养青年、少年、儿童在品德、智力、体质等方面全面发展。"

3. **公民受教育的权利和义务**

《宪法》规定："中华人民共和国公民有受教育的权利和义务。"

4. **教育管理**

《宪法》规定："国务院领导和管理全国教育工作""县级以上地方各级人民政府依照法律规定的权限，管理本行政区域内的教育事业"。

5. **宗教与国家教育制度的关系问题**

《宪法》规定："国家保护正常的宗教活动。任何人不得利用宗教进行破坏社会秩序、损害公民身体健康、妨碍国家教育制度的活动。"

◇ **拓展阅读**

中国"宪法第一案"

齐玉苓、陈晓琪均系山东省滕州市八中1990届初中毕业生。陈晓琪在1990年中专预考时成绩不合格，失去了升学考试资格。齐玉苓则通过了预选考试，并在中专统考中获得441分，超过了委培录取的分数线。随后，山东省济宁市商业学校发出录取齐玉苓为该校1990级财会专业委培生的通知书。但齐玉苓的录取通知书被陈晓琪领走，并以齐玉苓的名义到济宁市商业学校报到就读。1993年毕业后，陈继续以齐玉苓的名义到中国银行滕州市支行工作。1999年1月29日，齐玉苓在得知陈晓琪冒用自己的姓名上学并就业的情况后，以陈晓琪及陈克政（陈晓琪之父）、滕州八中、济宁商校、滕州市教委为被告，向枣庄市中级人民法院提起民事诉讼，要求被告停止侵害，并赔偿经济损失和精神损失。

1999年5月，枣庄市中院作出一审判决。法院认为，陈晓琪冒用齐玉苓姓名上学的行为，构成对齐玉苓姓名权的侵害，判决陈晓琪停止侵害，陈晓琪等被告向齐玉苓赔礼道歉并赔偿精神损失费35 000元，但驳回齐玉苓其他诉讼请求。齐玉苓不服，认为被告的共同侵权剥夺了其受教育的权利并造成相关利益损失，原审判决否认其受教育权被侵犯，是错误的。遂向山东省高院提起上诉，请求法院判令陈晓琪等赔偿各种损失56万元。

二审期间，山东省高院认为该案存在适用法律方面的疑难问题，于1999年以〔1999〕鲁民终字第258号请示，报请最高人民法院作出司法解释。最高人民法院经反复研究，于2001年8月13日公布了《关于以侵犯姓名权的手段侵犯宪法保护的公民受教育的基本权利是否应承担民事责任的批复》（法释〔2001〕25号），明确指出：根据本案事实，陈晓琪等以侵犯姓名权的手段，侵犯了齐玉苓依据宪法规定所享有的受教育的基本权利，并造成了具体的损害后果，应承担相应的民事责任。

2001年8月23日，山东省高院依据《宪法》第四十六条、最高人民法院批复和民事诉讼法有关条款，终审判决此案：（1）责令陈晓琪停止对齐玉苓姓名权的侵害；（2）陈晓琪等四被告向齐玉苓赔礼道歉；（3）齐玉苓因受教育权被侵犯造成的直接经济损失7 000元和间接经济损失41 045元，由陈晓琪、陈克政赔偿，其余被告承担连带赔偿责任；（4）陈晓琪等被告赔偿齐玉苓精神损害赔偿费50 000元。

（二）《教育法》

1995年颁布的《教育法》是我国的教育基本法，于1995年3月18日由第八届全国人民代表大会第三次会议通过，1995年9月1日起施行。《教育法》包括总则、教育基本制度、学校及其他教育机构、教师和其他教育工作者、受教育者、教育与社会、教育投入与条件保障、教育对外交流与合作、法律责任、附则共10章84条，对有关教育问题作了全面规定。

1. 教育性质和教育方针

（1）教育性质。

《教育法》总则规定："国家坚持以马克思列宁主义、毛泽东思想和建设有中国特色社会主义理论为指导，遵循宪法确定的基本原则，发展社会主义的教育事业。"

（2）教育方针。

《教育法》第五条规定："教育必须为社会主义现代化建设服务，必须与生产劳动相结合，培养德、智、体等方面全面发展的社会主义事业的建设者和接班人。"

2. 教育的基本原则

根据《教育法》的规定，我国教育的基本原则可以概括为以下几个方面：

（1）重视思想道德教育。《教育法》第六条规定："国家在受教育者中进行爱国主义、集体主义、社会主义的教育，进行理想、道德、纪律、法制、国防和民族团结的教育。"

（2）继承和吸收优秀文化成果。《教育法》第七条规定："教育应当继承和弘扬中华民族优秀的历史文化传统，吸收人类文明发展的一切优秀成果。"

（3）教育的公益性。《教育法》第八条第一款规定："教育活动必须符合国家和社会公共利益。"第二十五条第三款规定："任何组织和个人不得以营利为目的举办学校及其他教育机构。"

（4）教育与宗教相分离。《教育法》第八条第二款规定："国家实行教育与宗教相分离。任何组织和个人不得利用宗教进行妨碍国家教育制度的活动。"

（5）公民受教育机会平等。《教育法》第九条规定："中华人民共和国公民有受教育的权利和义务。公民不分民族、种族、性别、职业、财产状况、宗教信仰等，依法享有平等的受教育机会。"

（6）帮助、扶持特殊地区和人群教育。《教育法》第十条规定："国家根据各少数民族的特点和需要，帮助各少数民族地区发展教育事业。国家扶持边远贫困地区发展教育事业。国家扶持和发展残疾人教育事业。"

（7）建立和完善终身教育体系原则。《教育法》第十一条第一款规定："国家适应社会主义市场经济发展和社会进步的需要，推进教育改革，促进各级各类教育协调发展，建立和完善终身教育体系。"

（8）支持、鼓励教育科学研究。《教育法》第十一条第二款规定："国家支持、鼓励和组织教育科学研究，推广教育科学研究成果，促进教育质量提高。"

（9）通用语言文字教学与推广普通话。《教育法》第十二条规定："汉语言文字为学校及其他教育机构的基本教学语言文字。少数民族学生为主的学校及其他教育机构，可以使用本民族或者当地民族通用的语言文字进行教学。学校及其他教育机构进行教学，应当推广使用全国通用的普通话和规范字。"

（10）奖励突出贡献。《教育法》第十三条规定："国家对发展教育事业做出突出贡献的组织和个人，给予奖励。"

3. 教育管理体制

《教育法》在总则中，对我国教育管理体制作出了法律规定。《教育法》第十四条规定："国务院和地方各级人民政府根据分级管理、分工负责的原则，领导和管理教育工作。中等及中等以下教育在国务院领导下，由地方人民政府管理。高等教育由国务院和省、自治区、直辖市人民政府管理。"第十五条规定："国务院教育行政部门主管全国教育工作，统筹规划、协调管理全国的教育事业。县级以上地方各级人民政府教育行政部门主管本行政区域内的教育工作。县级以上各级人民政府其他有关部门在各自的职责范围内，负责有关的教育工作。"第十六条规定："国务院和县级以上地方各级人民政府应当向本级人民代表大会或者其常务委员会报告教育工作和教育经费预算、决算情况，接受监督。"

4. 教育基本制度

《教育法》第二章对我国教育的基本制度作了明确规定。

（1）学校教育制度。《教育法》第十七条规定："国家实行学前教育、初等教育、中等教育、高等教育的学校教育制度。国家建立科学的学制系统。学制系统内的学校和其他教育机构的设置、教育形式、修业年限、招生对象、培养目标等，由国务院或者由国务院授权教育行政部门规定。"

（2）义务教育制度。《教育法》第十八条规定："国家实行九年制义务教育制度。各级人民政府采取各种措施保障适龄儿童、少年就学。适龄儿童、少年的父母或者其他监护人以及有关社会组织和个人有义务使适龄儿童、少年接受并完成规定年限的义务教育。"

（3）职业教育和成人教育制度。《教育法》第十九条规定："国家实行职业教育制度和成人教育制度。各级人民政府、有关行政部门以及企业事业组织应当采取措施，发展并保障公民接受职业学校教育或者各种形式的职业培训。国家鼓励发展多种形式的成人教育，使公民接受适当形式的政治、经济、文化、科学、技术、业务教育和终身教育。"

（4）国家教育考试制度。《教育法》第二十条规定："国家实行国家教育考试制度。国家教育考试由国务院教育行政部门确定种类，并由国家批准的实施教育考试的机构承办。"

（5）学业证书制度和学位制度。《教育法》第二十一条规定："国家实行学业证书制度。经国家批准设立或者认可的学校及其他教育机构按照国家有关规定，颁发学历证书或者其他学业证书。"第二十二条规定："国家实行学位制度。学位授予单位依法对达到一定学术水平或者专业技术水平的人员授予相应的学位，颁发学位证书。"

（6）扫除文盲制度。《教育法》第二十三条规定："各级人民政府、基层群众性自治组织和企业事业组织应当采取各种措施，开展扫除文盲的教育工作。按照国家规定具有接受扫除文盲教育能力的公民，应当接受扫除文盲的教育。"

（7）教育督导制度和评估制度。《教育法》第二十四条规定："国家实行教育督导制度和教育评估制度。"

5. 学校机构及其他教育机构的设立（举办）原则、条件、程序和权利与义务

（1）原则。

《教育法》第二十五条规定："国家制订教育发展规划，并举办学校及其他教育机构。国家鼓励企业事业组织、社会团体、其他社会组织及公民个人依法举办学校及其他教育机构。任何组织和个人不得以营利为目的举办学校及其他教育机构。"

（2）条件。

《教育法》第二十六条明确规定："设立学校及其他教育机构，必须具备下列基本条件：有组织机构和章程；有合格的教师；有符合规定标准的教学场所及设施、设备等；有必备的办学资金和稳定的经费来源。"

（3）程序。

《教育法》第二十七条规定："学校及其他教育机构的设立、变更和终止，应当按照国家有关规定办理审核、批准、注册或者备案手续。"

（4）权利。

《教育法》第二十八条指出："学校及其他教育机构行使下列权利：按照章程自主管理；组织实施教育教学活动；招收学生或者其他受教育者；对受教育者进行学籍管理，实施奖励或者处分；对受教育者颁发相应的学业证书；聘任教师及其他职工，实施奖励或者处分；管理、使用本单位的设施和经费；拒绝任何组织和个人对教育教学活动的非法干涉；法律、法规规定的其他权利。国家保护学校及其他教育机构的合法权益不受侵犯。"

（5）义务。

《教育法》第二十九条指出："学校及其他教育机构应当履行下列义务：遵守法律、法规；贯彻国家的教育方针，执行国家教育教学标准，保证教育教学质量；维护受教育者、教师及其他职工的合法权益；以适当方式为受教育者及其监护人了解受教育者的学业成绩及其他有关情况提供便利；遵照国家有关规定收取费用并公开收费项目；依法接受监督。"

6. 学校管理体制、校长条件和学校法人地位

（1）学校管理体制。《教育法》第三十条规定："学校及其他教育机构的举办者按照国家有关规定，确定其所举办的学校或者其他教育机构的管理体制。""学校及其他教育机构应当按照国家有关规定，通过以教师为主体的教职工代表大会等组织形式，保障教职工参与民主管理和监督。"

（2）校长条件。《教育法》第三十条还规定："学校及其他教育机构的校长或者主要行政负责人必须由具有中华人民共和国国籍、在中国境内定居、并具备国家规定任职条件的公民担任，其任免按照国家有关规定办理。学校的教学及其他行政管理，由校长负责。"

（3）学校法人地位。《教育法》第三十一条规定："学校及其他教育机构具备法人条件的，自批准设立或者登记注册之日起取得法人资格。学校及其他教育机构在民事活动中依法享有民事权利，承担民事责任。学校及其他教育机构中的国有资产属于国家所有。学校及其他教育机构兴办的校办产业独立承担民事责任。"

7. 教育者与受教育者的权利和义务

（1）教师和其他教育工作者的规定。

《教育法》第四章指出："教师享有法律规定的权利，履行法律规定的义务，忠诚于人民的教育事业。""国家保护教师的合法权益，改善教师的工作条件和生活条件，提高教师的社会地位。教师的工资报酬、福利待遇，依照法律、法规的规定办理。""国家实行教师资格、职务、聘任制度，通过考核、奖励、培养和培训，提高教师素质，加强教师队伍建设。""学校及其他教育机构中的管理人员，实行教育职员制度。学校及其他教育机构中的教学辅助人员和其他专业技术人员，实行专业技术职务聘任制度。"

（2）受教育者的权利和义务。

《教育法》第四十二条明确规定了受教育者的权利："受教育者享有下列权利：参加教育教学计划安排的各种活动，使用教育教学设施、设备、图书资料；按照国家有关规定获得奖学金、贷学金、助学金;在学业成绩和品行上获得公正评价,完成规定的学业后获得相应的学业证书、学位证书;对学校给予的处分不服向有关部门提出申诉,对学校、教师侵犯其人身权、财产权等合法权益,提出申诉或者依法提起诉讼;法律、法规规定的其他权利。"同时,《教育法》也在第四十三条规定了受教育者的相应义务:"受教育者应当履行下列义务:遵守法律、法规;遵守学生行为规范,尊敬师长,养成良好的思想品德和行为习惯;努力学习,完成规定的学习任务;遵守所在学校或者其他教育机构的管理制度。"

8. 对社会组织及个人的规定

《教育法》第六章规定:"国家机关、军队、企业事业组织、社会团体及其他社会组织和个人,应当依法为儿童、少年、青年学生的身心健康成长创造良好的社会环境。""国家鼓励企业事业组织、社会团体及其他社会组织同高等学校、中等职业学校在教学、科研、技术开发和推广等方面进行多种形式的合作。企业事业组织、社会团体及其他社会组织和个人,可以通过适当形式,支持学校的建设,参与学校管理。""国家机关、军队、企业事业组织及其他社会组织应当为学校组织的学生实习、社会实践活动提供帮助和便利。""学校及其他教育机构在不影响正常教育教学活动的前提下,应当积极参加当地的社会公益活动。""未成年人的父母或者其他监护人应当为其未成年子女或者其他被监护人受教育提供必要条件。未成年人的父母或者其他监护人应当配合学校及其他教育机构,对其未成年子女或者其他被监护人进行教育。学校、教师可以对学生家长提供家庭教育指导。""图书馆、博物馆、科技馆、文化馆、美术馆、体育馆(场)等社会公共文化体育设施,以及历史文化古迹和革命纪念馆(地),应当对教师、学生实行优待,为受教育者接受教育提供便利。广播、电视台(站)应当开设教育节目,促进受教育者思想品德、文化和科学技术素质的提高。""国家、社会建立和发展对未成年人进行校外教育的设施。学校及其他教育机构应当同基层群众性自治组织、企业事业组织、社会团体相互配合,加强对未成年人的校外教育工作。""国家鼓励社会团体、社会文化机构及其他社会组织和个人开展有益于受教育者身心健康的社会文化教育活动。"

9. 教育投入与条件保障

《教育法》第七章对筹措教育经费体制作出的法律规定,建立了我国筹措教育经费新体制的基本框架,即要逐步实行"以财政拨款为主、其他多种渠道筹措教育经费为辅的体制"。在这一框架中,教育经费筹措的渠道主要包括以下七个方面:国家财政性教育经费支出;城乡教育费附加;校办产业和社会服务等收入;社会力量捐资助学和集资办学;运用金融和信贷手段融资;设立教育专项资金;收取学杂费。

10. 对外交流与合作

《教育法》第六十七条指出:"国家鼓励开展教育对外交流与合作。"同时,也在第六十七、第六十八、第六十九和第七十条对此作出了规定:"教育对外交流与合作坚持独立自主、平等互利、相互尊重的原则,不得违反中国法律,不得损害国家主权、安全和社会公共利益。""中国境内公民出国留学、研究、进行学术交流或者任教,依照国家有关规定办理。""中国境外个人符合国家规定的条件并办理有关手续后,可以进入中国境内学校及其他教育机构学习、研究、进行学术交流或者任教,其合法权益受国家保护。""中国对境外教育机构颁发的学位证书、学历证书及其他学业证书的承认,依照中华人民共和国缔结或者加入的国际条约办理,或者按照国家有关规定办理。"

11. 法律责任

《教育法》第九章针对教育实践中经常发生的、普遍存在的、直接影响《教育法》实施的问题，作了若干法律责任规定。

（三）新《义务教育法》

《义务教育法》是国家实行九年义务教育制度的根本大法，是我国的基础教育法。1986年颁布的旧《义务教育法》的起草，是根据中共中央《关于教育体制改革的决定》提出来的。由于时间仓促，再加上立法经验不足，只有原则性的18条法律条文。新修订的《义务教育法》于2006年9月1日起施行。新《义务教育法》总结了旧《义务教育法》实施20年来的历史经验和教训，对《义务教育法》作了一次全面的、重大的修改，法律条文从原有的18条修订成了现有的63条。从义务教育发展来看，义务教育关乎整个民族素质的提高和民族的复兴，对整个教育的发展具有奠基性意义和深远的历史作用。新《义务教育法》是义务教育的一个新的里程碑。从义务教育本身、教育法制建设，乃至中国教育事业的发展来说，都有深远的意义。新修订的《义务教育法》内容如下。

1. 义务教育的年限与性质

《义务教育法》第二条规定："国家实行九年义务教育制度。""义务教育是国家统一实施的所有适龄儿童、少年必须接受的教育，是国家必须予以保障的公益性事业。实施义务教育，不收学费、杂费。国家建立义务教育经费保障机制，保证义务教育制度实施。"

2. 义务教育的方针

《义务教育法》第三条规定："义务教育必须贯彻国家的教育方针，实施素质教育，提高教育质量，使适龄儿童、少年在品德、智力、体质等方面全面发展，为培养有理想、有道德、有文化、有纪律的社会主义建设者和接班人奠定基础。"

3. 义务教育的对象

《义务教育法》第四条规定："凡具有中华人民共和国国籍的适龄儿童、少年，不分性别、民族、种族、家庭财产状况、宗教信仰等，依法享有平等接受义务教育的权利，并履行接受义务教育的义务。"

4. 各级政府、社会组织和个人责任

《义务教育法》第五条规定："各级人民政府及其有关部门应当履行本法规定的各项职责，保障适龄儿童、少年接受义务教育的权利。适龄儿童、少年的父母或者其他法定监护人应当依法保证其按时入学接受并完成义务教育。依法实施义务教育的学校应当按照规定标准完成教育教学任务，保证教育教学质量。社会组织和个人应当为适龄儿童、少年接受义务教育创造良好的环境。"

《义务教育法》第六条规定："国务院和县级以上地方人民政府应当合理配置教育资源，促进义务教育均衡发展，改善薄弱学校的办学条件，并采取措施，保障农村地区、民族地区实施义务教育，保障家庭经济困难的和残疾的适龄儿童、少年接受义务教育。国家组织和鼓励经济发达地区支援经济欠发达地区实施义务教育。"

5. 义务教育的管理

《义务教育法》第七条、第八条、第九条规定:"义务教育实行国务院领导,省、自治区、直辖市人民政府统筹规划实施,县级人民政府为主管理的体制。县级以上人民政府教育行政部门具体负责义务教育实施工作;县级以上人民政府其他有关部门在各自的职责范围内负责义务教育实施工作。""人民政府教育督导机构对义务教育工作执行法律法规情况、教育教学质量以及义务教育均衡发展状况等进行督导,督导报告向社会公布。""任何社会组织或者个人有权对违反本法的行为向有关国家机关提出检举或者控告。"

6. 义务教育学生的入学年龄和原则

《义务教育法》第十一条、第十二条、第十三条、第十四条规定:"凡年满六周岁的儿童,其父母或者其他法定监护人应当送其入学接受并完成义务教育;条件不具备的地区的儿童,可以推迟到七周岁。适龄儿童、少年因身体状况需要延缓入学或者休学的,其父母或者其他法定监护人应当提出申请,由当地乡镇人民政府或者县级人民政府教育行政部门批准。""适龄儿童、少年免试入学。地方各级人民政府应当保障适龄儿童、少年在户籍所在地学校就近入学。父母或者其他法定监护人在非户籍所在地工作或者居住的适龄儿童、少年,在其父母或者其他法定监护人工作或者居住地接受义务教育的,当地人民政府应当为其提供平等接受义务教育的条件。""县级人民政府教育行政部门和乡镇人民政府组织和督促适龄儿童、少年入学,帮助解决适龄儿童、少年接受义务教育的困难,采取措施防止适龄儿童、少年辍学。居民委员会和村民委员会协助政府做好工作,督促适龄儿童、少年入学。""禁止用人单位招用应当接受义务教育的适龄儿童、少年。根据国家有关规定经批准招收适龄儿童、少年进行文艺、体育等专业训练的社会组织,应当保证所招收的适龄儿童、少年接受义务教育;自行实施义务教育的,应当经县级人民政府教育行政部门批准。"

7. 义务教育学校的建设要求

《义务教育法》第十五条至第二十五条规定:"县级以上地方人民政府根据本行政区域内居住的适龄儿童、少年的数量和分布状况等因素,按照国家有关规定,制定、调整学校设置规划。新建居民区需要设置学校的,应当与居民区的建设同步进行。""学校建设,应当符合国家规定的办学标准,适应教育教学需要;应当符合国家规定的选址要求和建设标准,确保学生和教职工安全。""县级人民政府根据需要设置寄宿制学校,保障居住分散的适龄儿童、少年入学接受义务教育。""国务院教育行政部门和省、自治区、直辖市人民政府根据需要,在经济发达地区设置接收少数民族适龄儿童、少年的学校(班)。""县级以上地方人民政府根据需要设置相应的实施特殊教育的学校(班),对视力残疾、听力语言残疾和智力残疾的适龄儿童、少年实施义务教育。特殊教育学校(班)应当具备适应残疾儿童、少年学习、康复、生活特点的场所和设施。普通学校应当接收具有接受普通教育能力的残疾适龄儿童、少年随班就读,并为其学习、康复提供帮助。""县级以上地方人民政府根据需要,为具有预防未成年人犯罪法规定的严重不良行为的适龄少年设置专门的学校实施义务教育。""对未完成义务教育的未成年犯和被采取强制性教育措施的未成年人应当进行义务教育,所需经费由人民政府予以保障。""县级以上人民政府及其教育行政部门应当促进学校均衡发展,缩小学校之间办学条件的差距,不得将学校分为重点学校和非重点学校。学校不得分设重点班和非重点班。县级以上人民政府及其教育行政部门不得以任何名义改变或者变相改变公办学校的性质。""各级人民政府及其有关部门依法维护学校周边秩序,保护学生、教师、学校的合法权益,为学校提供安全保障。""学校应当建立、健全安全制度和应急机制,对学生进行安全教育,加强管理,及时消除隐患,预防发生事故。县级以上地方人民政府定期对学校校舍安全进行检查;对需要维修、改造的,及时予以维修、改造。学校不得聘用曾经因故意犯罪被依法剥夺政治权利或者其他不适合从事义务教育工作的人担任工作人员。""学校不得违反国家规定收取费用,不得以向学生推销或者变相推销商品、服务等方式谋取利益。"

8. 义务教育学校的行政

《义务教育法》第二十六条和第二十七条规定:"学校实行校长负责制。校长应当符合国家规定的任职条件。校长由县级人民政府教育行政部门依法聘任。""对违反学校管理制度的学生,学校应当予以批评教育,不得开除。"

9. 义务教育学校教师的任用资格、权利与义务

《义务教育法》第三十条规定:"教师应当取得国家规定的教师资格。"并在第二十八条明确指出:"教师享有法律规定的权利,履行法律规定的义务,应当为人师表,忠诚于人民的教育事业。"同时,在第二十九条、第三十一条、第三十二条规定了教师相应的权利与义务:"教师在教育教学中应当平等对待学生,关注学生的个体差异,因材施教,促进学生的充分发展。教师应当尊重学生的人格,不得歧视学生,不得对学生实施体罚、变相体罚或者其他侮辱人格尊严的行为,不得侵犯学生合法权益。""各级人民政府保障教师工资福利和社会保险待遇,改善教师工作和生活条件;完善农村教师工资经费保障机制。教师的平均工资水平应当不低于当地公务员的平均工资水平。特殊教育教师享有特殊岗位补助津贴。在民族地区和边远贫困地区工作的教师享有艰苦贫困地区补助津贴。""县级以上人民政府应当加强教师培养工作,采取措施发展教师教育。县级人民政府教育行政部门应当均衡配置本行政区域内学校师资力量,组织校长、教师的培训和流动,加强对薄弱学校的建设。"

10. 义务教育教学工作

《义务教育法》第五章第三十四条至第四十一条对义务教育学校的教育教学工作作出了相关规定,如:"教育教学工作应当符合教育规律和学生身心发展特点,面向全体学生,教书育人,将德育、智育、体育、美育等有机统一在教育教学活动中,注重培养学生独立思考能力、创新能力和实践能力,促进学生全面发展。""国务院教育行政部门根据适龄儿童、少年身心发展的状况和实际情况,确定教学制度、教育教学内容和课程设置,改革考试制度,并改进高级中等学校招生办法,推进实施素质教育。学校和教师按照确定的教育教学内容和课程设置开展教育教学活动,保证达到国家规定的基本质量要求。国家鼓励学校和教师采用启发式教育等教育教学方法,提高教育教学质量。""学校应当把德育放在首位。""学校应当保证学生的课外活动时间,组织开展文化娱乐等课外活动。"还对教科书的编写、出版、使用等作了相应规定。

11. 义务教育的经费保障

《义务教育法》第六章第四十二条至第五十条明确规定了义务教育经费的各级保障,包括:

"国家将义务教育全面纳入财政保障范围,义务教育经费由国务院和地方各级人民政府依照本法规定予以保障。国务院和地方各级人民政府将义务教育经费纳入财政预算,按照教职工编制标准、工资标准和学校建设标准、学生人均公用经费标准等,及时足额拨付义务教育经费,确保学校的正常运转和校舍安全,确保教职工工资按照规定发放。国务院和地方各级人民政府用于实施义务教育财政拨款的增长比例应当高于财政经常性收入的增长比例,保证按照在校学生人数平均的义务教育费用逐步增长,保证教职工工资和学生人均公用经费逐步增长。""学校的学生人均公用经费基本标准由国务院财政部门会同教育行政部门制定,并根据经济和社会发展状况适时调整。制定、调整学生人均公用经费基本标准,应当满足教育教学基本需要。省、自治区、直辖市人民政府可以根据本行政区域的实际情况,制定不低于国家标准的学校学生人均公用经费标准。特殊教育学校(班)学生人均公用经费标准应当高于普通学校学生人均公用经费标准。""义务教育经费投入实行国务院和地方各级人民政府根据职责共同负担,省、自治区、直辖市人民政府负责统筹落实的体制。农村义务教育所需经费,由各级人民政府根据国务院的规定分项目、按比例分担。各级人民政府对家庭经济困难的适龄儿童、少年免费提供教科书并补助寄宿生生活费。义务教育经费保障的具体办法由国务院规定。""地方各级人民政府在财政预算中将义务教育经费单列。县级人民政府编制预算,除向农村地区学校和薄弱学校倾斜外,应当均衡安排义务教育经费。""国务院和省、自治区、直辖市人民政府规范财政转移支付制度,加大一般性转移支付规模和规范义务教育专项转移支付,支持和引导地方各级人民政府增加对义务教育的投入。地方各级人民政府确保将上级人民政府的义务教育转移支付资金按照规定用于义务教育。""国务院和县级以上地方人民政府根据实际需要,设立专项资金,扶持农村地区、民族地区实施义务教育。""国家鼓励社会组织和个人向义务教育捐赠,鼓励按照国家有关基金会管理的规定设立义务教育基金。""义务教育经费严格按照预算规定用于义务教育;任何组织和个人不得侵占、挪用义务教育经费,不得向学校非法收取或者摊派费用。""县级以上人民政府建立健全义务教育经费的审计监督和统计公告制度。"

12. 义务教育的相关违规处理

《义务教育法》第七章第五十一条至第六十条对若干违反义务教育法律法规的责任问题作出了相关规定,如:"国务院有关部门和地方各级人民政府违反本法第六章的规定,未履行对义务教育经费保障职责的,由国务院或者上级地方人民政府责令限期改正;情节严重的,对直接负责的主管人员和其他直接责任人员依法给予行政处分。"县级以上地方人民政府未按照国家有关规定制定、调整学校的设置规划的;学校建设不符合国家规定的办学标准、选址要求和建设标准的;未定期对学校校舍安全进行检查,并及时维修、改造的;未依照《义务教育法》规定均衡安排义务教育经费的,由上级人民政府责令限期改正;情节严重的,对直接负责的主管人员和其他直接责任人员依法给予行政处分。县级以上人民政府或者其教育行政部门将学校分为重点学校和非重点学校的、改变或者变相改变公办学校性质的由上级人民政府或者其教育行政部门责令限期改正、通报批评;情节严重的,对直接负责的主管人员和其他直接责任人员依法给予行政处分。侵占、挪用义务教育经费的和向学校非法收取或者摊派费用的由上级人民政府或者上级人民政府教育行政部门、财政部门、价格行政部门和审计机关根据职责分工责令限期改正;情节严重的,对直接负责的主管人员和其他直接责任人员依法给予处分。学校或者教师在义务教育工作中违反教育法、教师法规定的,依照教育法、教师法的有关规定处罚。

拒绝接收具有接受普通教育能力的残疾适龄儿童、少年随班就读的;分设重点班和非重点班的;违反《义务教育法》规定开除学生的;选用未经审定的教科书的学校由县级人民政府教育行政部门责令限期改正;情节严重的,对直接负责的主管人员和其他直接责任人员依法给予处分。适龄儿童、少年的父母或者其他法定监护人无正当理由未依照《义务教育法》规定送适龄儿童、少年入学接受义务教育的,由当地乡镇人民政府或者县级人民政府教育行政部门给予批评教育,责令限期改正。胁迫或者诱骗应当接受义务教育的适龄儿童、少年失学、辍学的;非法招用应当接受义务教育的适龄儿童、少年的;出版未经依法审定的教科书的依照有关法律、行政法规的规定予以处罚。违反《义务教育法》规定,构成犯罪的,依法追究刑事责任。

(四)《教师法》

《教师法》由中华人民共和国第八届全国人民代表大会常务委员会第四次会议于1993年10月31日通过,自1994年1月1日起施行。此法分为总则、权利和义务、资格和任用、培养和培训、考核、待遇、奖励、法律责任、附则共9章43条。

1. 立法宗旨和适用范围

《教师法》第一条指明了本法的立法宗旨是"为了保障教师的合法权益,建设具有良好思想品德修养和业务素质的教师队伍,促进社会主义教育事业的发展"。

《教师法》第二条规定了"本法适用于在各级各类学校和其他教育机构中专门从事教育教学工作的教师"。

2. 教师的权利和义务

《教师法》第二章第七条和第八条规定了教师的权利和义务。教师的权利包括:(1)进行教育教学活动,开展教育教学改革和实验;(2)从事科学研究、学术交流,参加专业的学术团体,在学术活动中充分发表意见;(3)指导学生的学习和发展,评定学生的品行和学业成绩;(4)按时获取工资报酬,享受国家规定的福利待遇以及寒暑假期的带薪休假;(5)对学校教育教学、管理工作和教育行政部门的工作提出意见和建议,通过教职工代表大会或者其他形式,参与学校的民主管理;(6)参加进修或者其他方式的培训。教师应该履行的义务有:(1)遵守宪法、法律和职业道德,为人师表;(2)贯彻国家的教育方针,遵守规章制度,执行学校的教学计划,履行教师聘约,完成教育教学工作任务;(3)对学生进行宪法所确定的基本原则的教育和爱国主义、民族团结的教育,法制教育以及思想品德、文化、科学技术教育,组织、带领学生开展有益的社会活动;(4)关心、爱护全体学生,尊重学生人格,促进学生在品德、智力、体质等方面全面发展;(5)制止有害于学生的行为或者其他侵犯学生合法权益的行为,批评和抵制有害于学生健康成长的现象;(6)不断提高思想政治觉悟和教育教学业务水平。

此外,为保障教师完成教育教学任务,《教师法》第九条规定了各级政府、部门、教育机构等应当履行的责任,包括:提供符合国家安全标准的教育教学设施和设备;提供必需的图书、资料及其他教育教学用品；对教师在教育教学、科学研究中的创造性工作给以鼓励和帮助；支持教师制止有害于学生的行为或者其他侵犯学生合法权益的行为。

3. 教师的资格和任用

《教师法》第十条第一款规定："国家实行教师资格制度。"

（1）获取教师资格的条件。

《教师法》第十条第二款指出："中国公民凡遵守宪法和法律，热爱教育事业，具有良好的思想品德，具备本法规定的学历或者经国家教师资格考试合格，有教育教学能力，经认定合格的，可以取得教师资格。"

《教师法》第十一条规定："取得教师资格应当具备的相应学历是：取得幼儿园教师资格，应当具备幼儿师范学校毕业及其以上学历；取得小学教师资格，应当具备中等师范学校毕业及其以上学历；取得初级中学教师、初级职业学校文化、专业课教师资格，应当具备高等师范专科学校或者其他大学专科毕业及其以上学历；取得高级中学教师资格和中等专业学校、技工学校、职业高中文化课、专业课教师资格，应当具备高等师范院校本科或者其他大学本科毕业及其以上学历；取得中等专业学校、技工学校和职业高中学生实习指导教师资格应当具备的学历，由国务院教育行政部门规定；取得高等学校教师资格，应当具备研究生或者大学本科毕业学历；取得成人教育教师资格，应当按照成人教育的层次、类别，分别具备高等、中等学校毕业及其以上学历。""不具备本法规定的教师资格学历的公民，申请获取教师资格，必须通过国家教师资格考试。国家教师资格考试制度由国务院规定。"

（2）教师的认定与任用。

《教师法》第十三条和第十四条规定："中小学教师资格由县级以上地方人民政府教育行政部门认定。中等专业学校、技工学校的教师资格由县级以上地方人民政府教育行政部门组织有关主管部门认定。普通高等学校的教师资格由国务院或者省、自治区、直辖市教育行政部门或者由其委托的学校认定。具备本法规定的学历或者经国家教师资格考试合格的公民，要求有关部门认定其教师资格的，有关部门应当依照本法规定的条件予以认定。取得教师资格的人员首次任教时，应当有试用期。""受到剥夺政治权利或者故意犯罪受到有期徒刑以上刑事处罚的，不能取得教师资格；已经取得教师资格的，丧失教师资格。"

4. 教师的培养和培训

《教师法》第四章第十八条至第二十一条规定："各级人民政府和有关部门应当办好师范教育，并采取措施，鼓励优秀青年进入各级师范学校学习。各级教师进修学校承担培训中小学教师的任务。非师范学校应当承担培养和培训中小学教师的任务。各级师范学校学生享受专业奖学金。""各级人民政府教育行政部门、学校主管部门和学校应当制定教师培训规划，对教师进行多种形式的思想政治、业务培训。""国家机关、企业事业单位和其他社会组织应当为教师的社会调查和社会实践提供方便，给予协助。""各级人民政府应当采取措施，为少数民族地区和边远贫困地区培养、培训教师。"

5. 教师的考核、待遇和奖励

《教师法》第五章规定了教师的考核内容："学校或者其他教育机构应当对教师的政治思想、业务水平、工作态度和工作成绩进行考核。教育行政部门对教师的考核工作进行指导、监督。""考核应当客观、公正、准确,充分听取教师本人、其他教师以及学生的意见。""教师考核结果是受聘任教、晋升工资、实施奖惩的依据。"

《教师法》第六章规定了教师的待遇为:"教师的平均工资水平应当不低于或者高于国家公务员的平均工资水平,并逐步提高。建立正常晋级增薪制度。""中小学教师和职业学校教师享受教龄津贴和其他津贴。""地方各级人民政府对教师以及具有中专以上学历的毕业生到少数民族地区和边远贫困地区从事教育教学工作的,应当予以补贴。""地方各级人民政府和国务院有关部门,对城市教师住房的建设、租赁、出售实行优先、优惠。县、乡两级人民政府应当为农村中小学教师解决住房提供方便。""教师的医疗同当地国家公务员享受同等的待遇;定期对教师进行身体健康检查,并因地制宜安排教师进行休养。医疗机构应当对当地教师的医疗提供方便。""教师退休或者退职后,享受国家规定的退休或者退职待遇。县级以上地方人民政府可以适当提高长期从事教育教学工作的中小学退休教师的退休金比例。""各级人民政府应当采取措施,改善国家补助、集体支付工资的中小学教师的待遇,逐步做到在工资收入上与国家支付工资的教师同工同酬。""社会力量所办学校的教师的待遇,由举办者自行确定并予以保障。"

《教师法》第七章对教师的相关待遇作出了规定,包括:"教师在教育教学、培养人才、科学研究、教学改革、学校建设、社会服务、勤工俭学等方面成绩优异的,由所在学校予以表彰、奖励。国务院和地方各级人民政府及其有关部门对有突出贡献的教师,应当予以表彰、奖励。对有重大贡献的教师,依照国家有关规定授予荣誉称号。""国家支持和鼓励社会组织或者个人向依法成立的奖励教师的基金组织捐助资金,对教师进行奖励。"

6. 教师权利的维护

《教师法》第八章第三十五条、第三十六条以及第三十八条规定侮辱、殴打、打击报复教师、拖欠教师工资等伤害教师人身权利的行为作出了相关维护规定。同时,也在第三十七条规定了教师如有:(1)故意不完成教育教学任务给教育教学工作造成损失的;(2)体罚学生,经教育不改的;(3)品行不良、侮辱学生,影响恶劣的,由所在学校、其他教育机构或者教育行政部门给予行政处分或者解聘,情节严重,构成犯罪的,依法追究刑事责任。

第二节 教育规章与条约

《国家中长期教育改革和发展规划纲要》(2010—2020年)

2010年7月,中共中央、国务院印发《国家中长期教育改革和发展规划纲要(2010—2020年)》(以下简称《规划纲要》),这是中国进入21世纪之后的第一个教育规划,是今后一个时期指导全国教育改革和发展的纲领性文件。它的制定既符合中国国情,又体现了时代要求。《规划纲要》的整个制定过程经过了调研、文本撰写和研讨、公开征求意见和发布四个方面,其内容除了序言外分为总体攻略、发展战略、体制改革和保障措施四大部分,主要内容包括:推进素质教育改革试点、义务教育均衡发展改革试点、职业教育办学模式改革试点、终身教育体制机制建设试点、拔尖创新人才培养改革试点、考试招生制度改革试点、现代大学制度改革试点、深化办学体制改革试点、地方教育投入保障机制改革试点以及省级政府教育统筹综合改革试点等10个方面。

一、教育基本政策

（一）指导思想

"高举中国特色社会主义伟大旗帜，以邓小平理论和'三个代表'重要思想为指导，深入贯彻落实科学发展观，实施科教兴国战略和人才强国战略，优先发展教育，办好人民满意的教育，建设人力资源强国。"

"全面贯彻党的教育方针，坚持教育为社会主义现代化建设服务，为人民服务，与生产劳动和社会实践相结合，培养德智体美全面发展的社会主义建设者和接班人。"

"立足社会主义初级阶段基本国情，把握教育发展的阶段性特征，坚持依法治教，尊重教育规律，夯实基础，优化结构，调整布局，提升内涵，促进教育全面协调可持续发展。"

（二）工作方针

"优先发展，育人为本，改革创新，促进公平，提高质量。"把教育摆在优先发展的战略地位，是国家发展战略。把育人为本作为教育工作的根本要求，是教育改革发展的核心。把改革创新作为教育发展的强大动力，是实现这一核心、全面推动教育事业科学发展的根本保证。把促进公平作为国家基本教育政策和把提高质量作为教育改革发展的核心任务，是今后一个时期教育改革发展的两大重点。

（三）教育战略目标和战略主题

1. 战略目标

《规划纲要》的战略目标是"到2020年，基本实现教育现代化，基本形成学习型社会，进入人力资源强国行列"。细化为五个方面：实现更高水平的普及教育；形成惠及全民的公平教育；提供更加丰富的优质教育；构建体系完备的终身教育；健全充满活力的教育体制。

2. 战略主题

《规划纲要》指出：（1）坚持以人为本、推进素质教育，重点是面向全体学生、促进学生全面发展，着力提高学生服务国家人民的社会责任感、勇于探索的创新精神和善于解决问题的实践能力；（2）坚持德育为先，把社会主义核心价值体系融入国民教育全过程；（3）坚持能力为重，优化知识结构，丰富社会实践，强化能力培养；（4）坚持全面发展，全面加强和改进德育、智育、体育、美育，坚持文化知识学习和思想品德修养的统一、理论学习与社会实践的统一、全面发展与个性发展的统一。

二、各级各类教育的发展任务

《规划纲要》在第二部分"发展任务"里，从八个方面，即学前教育、义务教育、高中阶段教育、职业教育、高等教育、继续教育、民族教育和特殊教育，明确了今后一个时期我国教育的八项发展任务。

（一）学前教育

学前教育是我国基础教育的有机组成部分，学制体系的重要环节。学前教育既是我国学校教育的奠基阶段，也是终身教育的奠基阶段。《规划纲要》用专门章节指出：① 基本普及学前教育，积极发展学前教育，到2020年，全面普及学前一年教育，基本普及学前两年教育，有条件的地区普及学前三年教育；重视0~3岁婴幼儿教育。② 明确政府职责。把发展学前教育纳入城镇、新农村建设规划；建立政府主导、社会参与、公办民办并举的办园体制；依法落实幼儿教师地位和待遇，加强幼儿教师队伍建设。③ 重点发展农村学前教育，努力提高农村学前教育普及程度，着力保证留守儿童入园。

（二）义务教育

义务教育水平的高低决定着一个国家国民的整体素质，决定着一个国家的未来发展，决定着一个民族的荣辱兴衰。义务教育是国民教育的基础。人人接受平等、高质量的义务教育是公民的基本权利。《规划纲要》阐明了2010—2020年义务教育的目标，即：

1. 巩固提高九年义务教育水平

《规划纲要》明确指出：到2020年，全面提高普及水平，全面提高教育质量，基本实现区域内均衡发展，确保适龄儿童少年接受良好义务教育。具体有以下三个方面的要求：① 巩固义务教育普及成果。② 提高义务教育质量。建立国家义务教育质量基本标准和监测制度。③ 增强学生体质。科学安排学习、生活、锻炼，保证学生睡眠时间。

2. 推进义务教育均衡发展

均衡发展是义务教育的战略性任务。这需要推进义务教育学校标准化建设，建立健全义务教育均衡发展保障机制，均衡配置教师、设备、图书、校舍等各项资源。具体有以下三个方面的要求：① 切实缩小校际差距，着力解决择校问题。加快薄弱学校改造，着力提高师资水平。实行县（区）域内教师和校长交流制度。义务教育阶段不得设置重点学校和重点班。② 加快缩小城乡差距。建立城乡一体化的义务教育发展机制，在财政拨款、学校建设、教师配置等方面向农村倾斜。③ 努力缩小区域差距。加大对革命老区、民族地区、边疆地区、贫困地区义务教育的转移支付力度。鼓励发达地区支援欠发达地区。

3. 减轻中小学生课业负担

过重的课业负担严重损害青少年身心健康，危害民族未来。通过减轻课业负担，保证学生生动活泼学习、健康快乐成长。具体为：① 各级政府要把减负作为教育工作的重要目标，统筹规划，整体推进。调整教材内容，科学设计课程难度。改革考试评价制度和学校考核办法。规范办学行为，建立学生课业负担监测和公告制度。不得以升学率对地区和学校进行排名，不得下达升学指标。规范各种社会补习机构和教辅市场。② 学校要把减负落实到教育教学各个环节，给学生留下了解社会、深入思考、动手实践的时间。提高教师业务素质，改进教学方法，增强课堂教学效果，减少作业量和考试次数。培养学生学习兴趣和爱好。丰富学生课外及校外活动。严格执行课程方案，不得增加课时和提高难度。各种考级和竞赛成绩不得作为义务教育阶段入学与升学的依据。③ 充分发挥家庭教育在青少年成长过程中的重要作用。

（三）高中阶段教育

高中阶段是学生的世界观、人生观、价值观基本形成的重要时期，是学生从未成年走向成年的重要阶段，对学生的终身发展至关重要。它肩负着在九年义务教育基础上进一步提高国民素质、满足国家经济社会发展对多样化人才培养需求、培养合格公民的重要使命。作为国民教育体系中承上启下的关键阶段，《规划纲要》对高中阶段的教育作出了具体规划：

1. 加快普及高中阶段教育

注重培养学生自主学习、自强自立和适应社会的能力，克服"应试教育"倾向。到2020年，普及高中阶段教育，全面满足初中毕业生接受高中阶段教育需求。根据经济社会发展需要，合理确定普通高中和中等职业学校招生比例，今后一个时期总体保持普通高中和中等职业学校招生规模大体相当。加大中西部贫困地区高中阶段教育的扶持力度。

2. 全面提高普通高中学生综合素质

深入推进课程改革，全面落实课程方案，保证学生全面完成国家规定的文理等各门课程的学习。创造条件开设丰富多彩的选修课，提高课程的选择性，促进学生全面而有个性的发展。积极开展研究性学习、社区服务和社会实践。建立科学的教育质量评价体系，全面实施高中学业水平考试和综合素质评价。建立学生发展指导制度，加强对学生的理想、心理、学业等多方面的指导。

3. 推动普通高中多样化发展

促进办学体制多样化，扩大优质资源。推进培养模式多样化，满足不同潜质学生的发展需要。探索发现和培养创新人才的途径。鼓励普通高中办出特色。鼓励有条件的普通高中根据需要适当增加职业教育的教学内容。探索综合高中发展模式。采取多种方式，为在校生和未升学毕业生提供职业教育。

（四）职业教育

职业教育是现代国民教育体系中不可缺少的重要组成部分。为了实现未来职业教育事业改革与发展的目标，《规划纲要》提出了四大举措：

1. 大力发展职业教育

到2020年，形成适应发展方式转变和经济结构调整要求、体现终身教育理念、中等和高等职业教育协调发展的现代职业教育体系，满足人民群众接受职业教育的需求，满足经济社会对高素质劳动者和技能型人才的需要。

2. 调动行业企业的积极性

建立健全政府主导、行业指导、企业参与的办学机制，制定促进校企合作办学法规，促进校企合作制度化。鼓励行业组织、企业举办职业学校，鼓励委托职业学校进行职工培训。

制定优惠政策，鼓励企业接收学生实习实训和教师实践，鼓励企业加大对职业教育的投入。

3. 加快发展面向农村的职业教育

把加强职业教育作为服务新农村建设的重要内容。加强基础教育、职业教育和成人教育统筹，促进农科教结合。

4. 增强职业教育吸引力

完善职业教育支持政策。逐步实行中等职业教育免费制度，完善家庭经济困难学生资助政策。改革招生和教学模式。积极推进"双证书"制度，推进职业院校课程标准和职业技能标准相衔接。鼓励毕业生在职继续学习，完善职业学校毕业生直接升学制度，拓宽毕业生继续学习通道。提高技能型人才的社会地位和待遇。

（五）高等教育

高等教育承担着培养高级专门人才、发展科学技术文化、促进社会主义现代化建设的重大任务，对于提高全民文化素质和劳动生产率，提升国家的综合国力和核心竞争力都具有极其重要的战略意义。在2010—2020年，我国高等教育改革与发展的具体规划为：

1. 全面提高高等教育质量

到2020年，高等教育结构更加合理，特色更加鲜明，人才培养、科学研究和社会服务整体水平全面提升，建成一批国际知名、有特色高水平高等学校，若干所大学达到或接近世界一流大学水平，高等教育国际竞争力显著增强。

2. 提高人才培养质量

牢固确立人才培养在高校工作中的中心地位，着力培养信念执著、品德优良、知识丰富、本领过硬的高素质专门人才和拔尖创新人才。大力推进研究生培养机制改革。建立以科学研究为主导的导师责任制和导师项目资助制，推行产学研联合培养研究生的"双导师制"。实施研究生教育创新计划。

3. 提升科学研究水平

充分发挥高校在国家创新体系中的重要作用，鼓励高校在知识创新、技术创新、国防科技创新和区域创新中作出贡献。大力开展自然科学、技术科学、哲学社会科学研究。坚持服务国家目标与鼓励自由探索相结合，加强基础研究；以重大实际问题为主攻方向，加强应用研究。促进高校、科研院所、企业科技教育资源共享，推动高校创新组织模式。加强高校重点科研创新基地与科技创新平台建设。积极参与马克思主义理论研究和建设工程。

4. 增强社会服务能力

推进产学研用结合，加快科技成果转化；开展科学普及工作，提高公众科学素质和人文素质；积极推进文化传播，弘扬优秀传统文化，发展先进文化；积极参与决策咨询，充分发挥智囊团、思想库作用。鼓励师生开展志愿服务。

5. 优化结构办出特色

适应国家和区域经济社会发展需要，建立动态调整机制，不断优化高等教育结构。优化学科专业和层次、类型结构，重点扩大应用型、复合型、技能型人才培养规模，加快发展专业学位研究生教育。优化区域布局结构。促进高校办出特色。建立高校分类体系，实行分类管理。加快建设一流大学和一流学科。

（六）继续教育

倡导终身教育、终身学习理念，建设学习型社会是20世纪中期以来世界各国经济社会改革与发展的战略追求。《规划纲要》明确界定了继续教育的概念及其重大意义，认为继续教育是终身学习体系的重要组成部分。具体要求有：

1. 加快发展继续教育

更新继续教育观念，加大投入力度，以加强人力资源能力建设为核心，大力发展非学历继续教育，稳步发展学历继续教育，广泛开展城乡社区教育，加快各类学习型组织建设。倡导全民阅读，推动全民学习。到2020年，努力形成人人皆学、处处可学、时时能学的学习型社会。

2. 建立健全继续教育体制机制

成立跨部门继续教育协调机构，统筹指导继续教育发展。行业主管部门或协会负责制定行业继续教育规划和组织实施办法。将继续教育纳入各行业、各地区总体发展规划。加快继续教育法制建设。健全继续教育激励机制。鼓励个人多种形式接受继续教育，支持用人单位为从业人员提供继续教育。加强继续教育监管和评估。

3. 构建灵活开放的终身教育体系

大力发展教育培训服务，统筹扩大继续教育资源。鼓励学校、科研院所、企业等相关组织开展继续教育。加强城乡社区教育机构和网络建设，开发社区教育资源。大力发展现代远程教育，建设以卫星、电视和互联网等为载体的远程开放继续教育及公共服务平台，为学习者提供方便、灵活、个性化的学习条件。

（七）民族教育

我国是一个统一的多民族的社会主义国家，加快少数民族和民族地区的经济社会发展，维护全国各民族的大团结，不仅关系到少数民族的繁荣和幸福，而且关系到我国现代化建设的全局和国家的长治久安。《规划纲要》明确了从2010—2020年，我国民族教育发展的具体方向：

1. 重视和支持民族教育事业

要加强对民族教育工作的领导，全面贯彻党的民族政策，切实解决少数民族和民族地区教育事业发展面临的特殊困难和突出问题。在各级各类学校广泛开展民族团结教育。

2. 全面提高少数民族和民族地区教育发展水平

公共教育资源要向民族地区倾斜。中央财政加大对民族教育支持力度，民族地区各级政府按照事权划分增加投入。促进民族地区各级各类教育协调发展。

（八）特殊教育

特殊教育是面向残疾人和其他有特殊需要人群的教育。对此，《规划纲要》指出：

1. 关心和支持特殊教育

提高残疾学生的综合素质。注重潜能开发和缺陷补偿，培养残疾学生积极面对人生、全面融入社会的意识和自尊、自信、自立、自强精神。加强残疾学生职业技能和就业能力培养。

2. 完善特殊教育体系

到2020年，基本实现地市和30万人口以上、残疾儿童较多的县都有一所特殊教育学校。鼓励和支持各级各类学校接受残疾人入学，不断扩大随班就读和普通学校特教班规模。

3. 健全特殊教育保障机制

国家制定特殊教育学校基本办学标准、地方政府制定生均公用经费标准。加大对特殊教育的投入力度。鼓励和支持接收残疾学生的普通学校为残疾学生创造学习生活条件。加强特殊教育师资队伍建设，采取措施落实特殊教育教师待遇。

三、教育体制改革

（一）人才培养体制改革

（1）更新人才培养观念，改革人才培养体制，提高人才培养水平。
（2）创新人才培养模式。注重学思结合，注重知行统一，注重因材施教。
（3）改革教育质量评价和人才评价制度。

（二）考试招生制度改革

（1）推进考试招生制度改革，以考试招生制度改革为突破口，克服"一考定终身"的弊端，推进素质教育实施和创新人才培养。

（2）完善中等学校考试招生制度。完善初中就近免试入学的具体办法。完善学业水平考试和综合素质评价，为高中阶段学校招生录取提供更加科学的依据。改进高中阶段学校考试招生方式，发挥优质普通高中和优质中等职业学校招生名额合理分配的导向作用。规范优秀特长生录取程序与办法。中等职业学校实行自主招生或注册入学。

（3）完善高等学校考试招生制度。深化考试内容和形式改革，着重考查综合素质和能力。逐步实施高等学校分类入学考试。完善招生录取办法，建立健全有利于专门人才、创新人才选拔的多元录取机制。

（4）加强信息公开和社会监督。完善考试招生信息发布制度，实现信息的公开、透明，保障考生权益，加强政府和社会监督。

（三）现代学校制度建设

1. 推进政校分开管办分离

适应中国国情和时代要求，建设依法办学、自主管理、民主监督、社会参与的现代学校制度，构建政府、学校、社会之间新型关系。适应国家行政管理体制改革要求，明确政府管理的权限和职责，明确各级各类学校办学的权利和责任，形成不同办学模式，避免千校一面。完善学校目标管理和绩效管理机制。健全校务公开制度，接受师生员工和社会的监督。探索建立符合学校特点的管理制度和配套政策，逐步取消实际存在的行政级别和行政化管理模式。

2. **落实和扩大学校办学自主权**

政府及其部门要树立服务意识，改进管理方式，完善管理制度，减少和规范对学校的行政审批事项，依法保障学校充分行使办学自主权。

3. **完善中国特色现代大学制度**

完善治理结构，加强章程建设，扩大社会合作，推进专业评价。

4. **完善中小学学校管理制度**

完善普通中小学和中等职业学校校长负责制。完善校长任职条件和任用办法。实行校务会议等管理制度，建立健全教职工代表大会制度，不断完善科学民主决策机制。扩大中等职业学校专业设置自主权。建立中小学家长委员会。引导社区和有关专业人士参与学校管理和监督。发挥企业参与中等职业学校发展的作用。建立中等职业学校与行业企业合作机制。

5. **办学体制改革**

深化办学体制改革。坚持教育公益性原则，深化公办学校办学体制改革，积极鼓励行业、企业等社会力量参与公办学校办学，扩大优质教育资源，增强办学活力，提高办学效益。各地可从实际出发，开展公办学校联合办学、委托管理等试验，探索多种形式，提高办学水平。大力支持民办教育，依法管理民办教育。

6. **管理体制改革**

（1）健全统筹有力权责明确的教育管理体制。以简政放权和转变政府职能为重点，深化教育管理体制改革，提高公共教育服务水平。

（2）加强省级政府教育统筹。进一步加大省级政府对区域内各级各类教育的统筹。

（3）转变政府教育管理职能。各级政府要切实履行统筹规划、政策引导、监督管理和提供公共教育服务的职责，建立健全公共教育服务体系，逐步实现基本公共教育服务均等化，维护教育公平和教育秩序。提高政府决策的科学性和管理的有效性。培育专业教育服务机构。

7. **扩大教育开放**

加强国际交流与合作，引进优质教育资源，提高交流合作水平。

四、教育保障措施

（一）加强教师队伍建设

1. **建设高素质教师队伍**

保障教师地位，维护教师权益，提高教师待遇，使教师成为受人尊重的职业。严格教师资质，提升教师素质，努力造就一支师德高尚、业务精湛、结构合理、充满活力的高素质专业化教师队伍。

2. 加强师德建设

加强教师职业理想和职业道德教育，增强广大教师教书育人的责任感和使命感。将师德表现作为教师考核、聘任（聘用）和评价的首要内容。采取综合措施，建立长效机制，形成良好学术道德和学术风气，克服学术浮躁，查处学术不端行为。

3. 提高教师业务水平

完善培养培训体系，做好培养培训规划，优化队伍结构，提高教师专业水平和教学能力。

4. 提高教师地位待遇

不断改善教师的工作、学习和生活条件，吸引优秀人才长期从教、终身从教。依法保证教师平均工资水平不低于或者高于国家公务员的平均工资水平，并逐步提高。落实教师绩效工资。对长期在农村基层和艰苦边远地区工作的教师，在工资、职务职称等方面实行倾斜政策，完善津补贴标准，改善工作和生活条件。制定教师住房优惠政策。建设农村边远艰苦地区学校教师周转宿舍。落实和完善教师医疗养老等社会保障政策。国家对在农村地区长期从教、贡献突出的教师给予奖励。

5. 健全教师管理制度

完善并严格实施教师准入制度，严把教师入口关。国家制定教师资格标准，明确教师任职学历标准和品行要求。建立教师资格证书定期登记制度。逐步实行城乡统一的中小学编制标准，对农村边远地区实行倾斜政策。

（二）保障经费投入

1. 加大教育投入

要健全以政府投入为主、多渠道筹集教育经费的体制，大幅度增加教育投入。各级政府要优化财政支出结构，统筹各项收入，把教育作为财政支出重点领域予以优先保障。充分调动全社会办教育积极性，扩大社会资源进入教育途径，多渠道增加教育投入。

2. 完善投入机制

进一步明确各级政府提供公共教育服务职责，完善各级教育经费投入机制，保障学校办学经费的稳定来源和增长。各地根据国家办学条件基本标准和教育教学基本需要，制定并逐步提高区域内各级学校生均经费基本标准和生均财政拨款基本标准。义务教育全面纳入财政保障范围，实行国务院和地方各级人民政府根据职责共同负担，省、自治区、直辖市人民政府负责统筹落实的投入体制。非义务教育实行以政府投入为主、受教育者合理分担培养成本的投入机制。进一步加大农村、边远贫困地区、民族地区教育投入。健全国家资助政策体系。

3. 加强经费管理

建立科学化精细化预算管理机制，科学编制预算，提高预算执行效率。设立高等教育拨款咨询委员会，增强经费分配的科学性。加强学校财务会计制度建设，完善经费使用内部稽核和内部控制制度。完善学校收费管理办法，规范学校收费行为和收费资金使用管理。

（三）加快教育信息化进程

1. 加快教育信息基础设施建设

到 2020 年，基本建成覆盖城乡各级各类学校的数字化教育服务体系，促进教育内容、教学手段和方法现代化。

2. 加强优质教育资源开发与应用

加强网络教学资源库建设。引进国际优质数字化教学资源。开发网络学习课程。建立数字图书馆和虚拟实验室。建立开放灵活的教育资源公共服务平台，促进优质教育资源普及共享。创新网络教学模式，开展高质量高水平远程学历教育。继续推进农村中小学远程教育，使农村和边远地区师生能够享受优质教育资源。强化信息技术应用。

3. 构建国家教育管理信息系统

制定学校基础信息管理要求，加快学校管理信息化进程，促进学校管理标准化、规范化。推进政府教育管理信息化，积累基础资料，掌握总体状况，加强动态监测，提高管理效率。整合各级各类教育管理资源，搭建国家教育管理公共服务平台。

（四）依法治教

（1）完善教育法律体系。按照全面实施依法治国基本方略的要求，加快教育法制建设进程，形成比较完善的中国特色社会主义教育法律体系。

（2）全面推进依法行政。各级政府要按照建设法治政府的要求，依法履行教育职责。

（3）大力推进依法治校。学校要建立完善符合法律规定的学校章程和制度，依法履行教育教学和管理职责。尊重教师权利，保障学生的受教育权，开展普法教育。

（4）完善督导制度和监督问责机制。制定教育督导条例，进一步健全教育督导制度。严格落实问责制。

（五）加强组织领导

（1）加强当地政府对教育工作的领导，强化对教育工作的责任意识。

（2）加强教育系统学习型党组织建设，坚持社会主义办学方向。

（3）切实维护教育系统和谐稳定，形成保障学校安全稳定的长效机制。

《儿童权利公约》

1989 年 11 月 20 日，联合国通过了《联合国儿童权利公约》，并将每年的 11 月 20 日定为"世界儿童日"。1989 年第四十四届联大上我国成为通过该公约草案的共同提案国之一。迄今为止，已有包括我国在内的 190 多个国家签署并被批准成为履行国际《儿童权利公约》的成员国。

《儿童权利公约》是第一个具有法律约束力的国际公约，共 54 条，实质性条款 41 条，其中被提到的儿童权利多达几十种，如姓名权、国籍权、受教育权、健康权、医疗保健权、受父母照料权、娱乐权、闲暇权、隐私权、表达权等，它汇集了全部人权——公民、文化、经济、政治和社会权利。

该公约的主要内容包括四大原则和四大权利。其四大原则为：（1）儿童最大利益原则——任何事情凡是涉及儿童的必须以儿童权利为重。（2）儿童严重原则——尊重儿童的生存和发展的权利。（3）无歧视原则——不管儿童的社会文化背景、出身高低、贫富、男女、正常儿童或残疾儿童，都应该得到平等对待，不受歧视和忽视。（4）尊重儿童观点的原则——任何事情只要涉及儿童，应当听取儿童的意见。其四大权利分别是：（1）生存权利——为此有权接受可达到最高标准的医疗服务。（2）保护权利——防止儿童收到歧视、虐待及疏忽照顾，尤其是那些失去家庭的儿童和难民儿童。（3）发展权利——每位儿童都有权接受一切形式的教育，以此培育儿童的身体、心理、精神、道德及社交发展。（4）参与权利——儿童有参与社会生活的权利，并有权对影响他们的任何事情发表意见。

资料卡片

《幼儿园工作规程》

第一章 总则

第一条 为了加强幼儿园的科学管理，提高保育和教育质量，依据《中华人民共和国教育法》制定本规程。

第二条 幼儿园是对3周岁以上学龄前幼儿实施保育和教育的机构，是基础教育的有机组成部分，是学校教育制度的基础阶段。

第三条 幼儿园的任务是实行保育与教育相结合的原则，对幼儿实施体、智、德、美诸方面全面发展的教育，促进其身心和谐发展。幼儿园同时为家长参加工作、学习提供便利条件。

第四条 幼儿园适龄幼儿为3周岁至6周岁（或7周岁）。

幼儿园一般为三年制，亦可设一年制或两年制的幼儿园。

第五条 幼儿园保育和教育的主要目标是：

促进幼儿身体正常发育和机能的协调发展，增强体质。培养良好的生活习惯、卫生习惯和参加体育活动的兴趣。

发展幼儿智力培养正确运用感官和运用语言交往的基本能力，增进对环境的认识，培养有益的兴趣和求知欲望，培养初步的动手能力。

萌发幼儿爱家乡、爱祖国、爱集体、爱劳动、爱科学的情感，培养诚实、自信、好问、友爱、勇敢、爱护公物、克服困难、讲礼貌、守纪律等良好的品德行为和习惯，以及活泼开朗的性格。

培养幼儿初步的感受美和表现美的情趣和能力。

第六条 尊重、爱护幼儿。严禁虐待、歧视、体罚和变相体罚、侮辱幼儿人格等损害幼儿身心健康的行为。

第七条 幼儿园可分为全日制、半日制、定时制、季节制和寄宿制等，上述形式可分别设置，也可混合设置。

第二章 幼儿入园和编班

第八条 幼儿园每年秋季招生、平时如有缺额，可随时补招。

幼儿园对烈士子女，家中无人照顾的残疾人子女和单亲子女等入园，应予照顾。

第九条　企业、事业单位和机关、团体、部队设置的幼儿园，除招收本单位工作人员的子女外，有条件的应向社会开放，招收附近居民子女入园。

第十条　幼儿入园前，须按照卫生部门制定的卫生保健制度进行体格检查，合格者方可入园。

幼儿入园除进行体格检查外，严禁任何形式的考试或测查。

第十一条　幼儿园规模以有利于幼儿身心健康，便于管理为原则，不宜过大。

幼儿园每班幼儿人数一般为小班（3至4周岁）25人，中班（4至5周岁）30人，大班（5周岁至6或7周岁）35人，混合班30人。学前幼儿班不超过40人。

寄宿制幼儿园每班幼儿人数酌减。

幼儿园可按年龄分别编班，也可混合编班。

第三章　幼儿园的卫生保健

第十二条　幼儿园必须切实做好幼儿生理和心理卫生保健工作。

幼儿园应严格执行卫生部颁发的《托儿所、幼儿园卫生保健制度》以及其他有关卫生保健的法规、规章和制度。

第十三条　幼儿园应制订合理的幼儿一日生活作息制度、两餐间隔时间不得少于3小时半。幼儿户外活动时间在正常情况下每天不得少于2小时，寄宿制幼儿园不得少于3小时。高寒、高温地区可酌情增减。

第十四条　幼儿园应建立幼儿健康检查制度和幼儿健康卡或档案。每年体检一次，每半年测身高、视力一次，每季度量体重一次，并对幼儿身体健康发展状况定期进行分析、评价。

应注意幼儿口腔卫生，保护视力。

第十五条　幼儿园应建立卫生消毒，病儿隔离制度，认真做好计划免疫和疾病防治工作。

幼儿园内严禁吸烟。

第十六条　幼儿园应建立房屋设备、消防、交通等安全防护和检查制度；建立食品、药物等管理制度和幼儿接送制度，防止发生各种意外事故。

应加强对幼儿的安全教育。

第十七条　供给膳食的幼儿园应为幼儿提供合理膳食，编制营养平衡的幼儿食谱，定期计算和分析幼儿的进食量和营养素摄取量。

第十八条　幼儿园应保证供给幼儿饮水，为幼儿饮水提供便利条件。

要培养幼儿良好的大、小便习惯，不得限制幼儿便溺的次数、时间等。

第十九条　积极开展适合幼儿的体育活动，每日户外体育活动不得少于一小时，加强冬季因抗。要充分利用日光、空气、水等自然因素，以及本地自然环境，有计划地锻炼幼儿肌体，增强身体的适应和抵抗能力。

对体弱或有残疾的幼儿予以特殊照顾。

第二十条　幼儿园夏季要做好防暑降温工作，冬季要做好防寒保暖工作，防止中暑和冻伤。

第四章　幼儿园的教育

第二十一条　幼儿园教育工作的原则是体、智、德、美诸方面的教育应互相渗透，有机结合。

遵循幼儿身心发展的规律，符合幼儿的年龄特点，注重个体差异，因人施教，引导幼儿个性健康发展。

面向全体幼儿，热爱幼儿，坚持积极鼓励、启发诱导的正面教育。

合理地综合组织各方面的教育内容，并渗透于幼儿一日生活的各项活动中，充分发挥各种教育手段的交互作用。

创设与教育相适应的良好环境，为幼儿提供活动和表现能力的机会与条件。

以游戏为基本活动，寓教育于各项活动之中。

第二十二条　幼儿一日活动的组织应动静交替，注重幼儿的实践活动，保证幼儿愉快的、有益的自由活动。

第二十三条　幼儿园日常生活组织，要从实际出发，建立必要的合理的常规，坚持一贯性、一致性和灵活性的原则，培养幼儿的良好习惯和初步的生活自理能力。

第二十四条　幼儿园的教育活动应是有目的、有计划引导幼儿生动、活泼、主动活动的，多种形式的教育过程。

教育活动的内容应根据教育目的，幼儿的实际水平和兴趣，以循序渐进为原则，有计划地选择和组织。

组织活动应根据不同的教育内容。充分利用周围环境的有利条件，积极发挥幼儿感官作用，灵活地运用集体或个别活动的形式，为幼儿提供充分活动的机会，注重活动的过程，促进每个幼儿在不同水平上得到发展。

第二十五条　游戏是对幼儿进行全面发展教育的重要形式。

应根据幼儿的年龄特点选择和指导游戏。

应因地制宜地为幼儿创设游戏条件（时间、空间材料），游戏材料应强调多功能和可变性。

应充分尊重幼儿选择游戏的意愿，鼓励幼儿制作玩具，根据幼儿的实际经验和兴趣，在游戏过程中给予适当指导，保持愉快的情绪，促进幼儿能力和个性的全面发展。

第二十六条　幼儿园的品德教育应以情感教育和培养良好行为习惯为主，注重潜移默化的影响，并贯穿于幼儿生活以及各项活动之中。

第二十七条　幼儿园应在各项活动的过程中，根据幼儿不同的心理发展水平，注重培养幼儿良好的个性心理品质，尤应注意根据幼儿个体差异，研究有效的活动形式和方法，不要强求一律。

第二十八条　幼儿园应当使用全国通用的普通话。招收少数民族幼儿为主的幼儿园，可使用当地少数民族通用的语言。

第二十九条　幼儿园和小学应密切联系互相配合，注意两个阶段教育的相互衔接。

第五章　幼儿园的园舍、设备

第三十条　幼儿园应设活动室、儿童厕所、盥洗室、保健室、办公用房和厨房。有条件的幼儿园可单独设音乐室、游戏室、体育活动室和家长接待室等。

寄宿制幼儿园应设寝室、隔离室、浴室、洗衣间和教职工值班室等。

第三十一条 幼儿园应有与其规模相适应的户外活动场地，配备必要的游戏和体育活动设施，并创造条件开辟沙地、动物饲养角和种植园地。

应根据幼儿园特点，绿化、美化园地。

第三十二条 幼儿园应配备适合幼儿特点的桌椅、玩具架、盥洗卫生用具以及必要的教具玩具、图书和乐器等。

寄宿制幼儿园应配备儿童单人床。

幼儿园的教具、玩具应有教育意义并符合安全、卫生的要求。

幼儿园应因地制宜，就地取材、自制教具、玩具。

第三十三条 幼儿园建筑规划面积定额、建筑设计要求和教具玩具的配备，参照国家有关部门的规定执行。

第六章 幼儿园的工作人员

第三十四条 幼儿园按照编制标准设园长、副园长、教师、保育员、医务人员、事务人员、炊事员和其他工作人员。

各省、自治区、直辖市教育行政部门可会同有关部门参照国家教育委员会和原劳动人事部制订的《全日制、寄宿制幼儿园编制标准》，制定具体规定。

第三十五条 幼儿园工作人员应拥护党的基本路线，热爱幼儿教育事业，爱护幼儿，努力学习专业知识和技能，提高文化和专业水平，品德良好、为人师表，忠于职责。身体健康。

第三十六条 幼儿园园长除符合本规程第三十五条要求外，应具备幼儿师范学校（包括职业学校幼儿教育专业）毕业及其以上学历。

幼儿园园长还应有一定的教育工作经验和组织管理能力，并获得幼儿园园长岗位培训合格证书。

幼儿园园长由举办者任命或聘任。非地方人民政府设置的幼儿园园长应报当地教育行政部门备案。

幼儿园园长负责幼儿园的全面工作，其主要职责如下：

（一）贯彻执行国家的有关法律、法规、方针、政策和上级主管部门的规定；

（二）领导教育、卫生保健、安全保卫工作；

（三）负责建立并组织执行各种规章制度；

（四）负责聘任、调配工作人员。指导、检查和评估教师以及其他工作人员的工作，并给予奖惩；

（五）负责工作人员的思想工作，组织文化、业务学习，并为他们的政治和文化、业务进修创造必要的条件；

关心和逐步改善工作人员的生活、工作条件，维护他们的合法权益。

（六）组织管理园舍、设备和经费；

（八）负责与社区的联系和合作。

第三十七条 幼儿园教师必须具有《教师资格条例》规定的幼儿园教师资格，并符合本规程第三十五条规定。

幼儿园教师实行聘任制。

幼儿园教师对本班工作全面负责，其主要职责如下：

（一）观察了解幼儿，依据国家规定的幼儿园课程标准，结合本班幼儿的具体情况，制订和执行教育工作计划，完成教育任务；

（二）严格执行幼儿园安全、卫生保健制度，指导并配合保育员管理本班幼儿生活和做好卫生保健工作；

（三）与家长保持经常联系，了解幼儿家庭的教育环境，商讨符合幼儿特点的教育措施，共同配合完成教育任务；

（四）参加业务学习和幼儿教育研究活动；

（五）定期向园长汇报，接受其检查和指导。

第三十八条　幼儿园保育员除符合本规程第三十五条规定外，还应具备初中毕业以上学历，并受过幼儿保育职业培训。

幼儿园保育员的主要职责如下：

（一）负责本班房舍、设备、环境的清洁卫生工作；

（二）在教师指导下，管理幼儿生活，并配合本班教师组织教育活动；

（三）在医务人员和本班教师指导下，严格执行幼儿园安全、卫生保健制度；

（四）妥善保管幼儿衣物和本班的设备、用具。

第三十九条　幼儿园医务人员除符合本规程第三十五条规定外，医师应按国家有关规定和程序取得医师资格；医生和护士应当具备中等卫生学校毕业学历，或取得卫生行政部门的资格认可；保健员应当具备高中毕业学历并受过幼儿保健职业培训。

幼儿园医务人员对全园幼儿身体健康负责，其主要职责如下：

（一）协助园长组织实施有关卫生保健方面的法规、规章和制度，并监督执行；

（二）负责指导调配幼儿膳食，检查食品、饮水和环境卫生；

（三）密切与当地卫生保健机构的联系，及时做好计划免疫和疾病防治等工作；

（四）向全国工作人员和家长宣传幼儿卫生保健等常识；

（五）妥善管理医疗器械、消毒用具和药品。

第四十条　幼儿园其他工作人员的资格和职责参照政府的有关规定执行。

第四十一条　对认真履行职责，成绩优良者，应按有关规定给予奖励。

对不履行职责者，应给予批评教育；情节严重的，应给予行政处分；构成犯罪的，由司法机关依法追究刑事责任。

第七章　幼儿园的经费

第四十二条　幼儿园的经费由举办者依法筹措，保障有必备的办园资金和稳定的经费来源。

第四十三条　幼儿园收费按省、自治区、直辖市或地（市）级教育行政部门会同有关部门制定的收费项目、标准和办法执行。

幼儿园不得以培养幼儿某种专项技能为由另外收取费用；亦不得以幼儿表演为手段，进行以营利为目的的活动。

第四十四条　省、自治区、直辖市或地（市）级教育行政部门应会同有关部门制定各类幼儿园经费管理办法。

幼儿园的经费应按规定的使用范围合理开支，坚持专款专用，不得挪作他用。

第四十五条 任何组织和个人举办幼儿园不得以营利为目的、举办者筹措的经费，应保证保育和教育的需要，有一定比例用于改善办园条件，并可提留一定比例的幼儿园基金。

第四十六条 幼儿膳食费应实行民主管理制度，保证全部用于幼儿膳食，每月向家长公布账目。

第四十七条 幼儿园应建立经费预算和决算审核制度，严格执行有关财务制度，经费预算和决算，应提交园务委员会或教职工大会审议，并接受财务和审计部门的监督检查。

第八章 幼儿园、家庭和社区

第四十八条 幼儿园应主动与幼儿家庭配合，帮助家长助设良好的家庭教育环境，向家长宣传科学保育、教育幼儿的知识，共同担负教育幼儿的任务。

第四十九条 应建立幼儿园与家长联系的制度。

幼儿园可采取多种形式，指导家长正确了解幼儿园保育和教育的内容、方法，定期召开家长会议，并接待家长的来访和咨询。

幼儿园应认真分析、吸收家长对幼儿园教育与管理工作的意见与建议。

幼儿园可实行对家长开放日的制度。

第五十条 幼儿园应成立家长委员会。

家长委员会的主要任务是帮助家长了解幼儿园工作计划和要求协助幼儿园工作；反映家长对幼儿园工作的意见和建议；协助幼儿园组织交流家庭教育的经验。

家长委员会在幼儿园园长指导下工作。

第五十一条 幼儿园应密切同社区的联系与合作、宣传幼儿教育的知识，支持社区开展有益的文化教育活动。争取社区支持和参与幼儿园建设。

第九章 幼儿园的管理

第五十二条 幼儿园实行园长负责制。园长在举办者和教育行政部门领导下，依据本规程负责领导全园工作。

幼儿园可建立园务委员会。园务委员会由保教、医务、财会等人员的代表以及家长的代表组成。园长任园务委员会主任。

园长定期召开园务会议（遇重大问题可临时召集）对全园工作计划，工作总结，人员奖惩，财务预算和决算方案，规章制度的建立、修改、废除，以及其他涉及全园工作的重要问题进行审议。

不设园务委员会的幼儿园，上述重大事项由园长召集全体教职工会议商议。

第五十三条 幼儿园应建立教职工大会制度，或以教师为主体的教职工代表会议制度，加强民主管理和监督。

第五十四条 党在幼儿园的基层组织要发挥政治核心作用。

园长要充分发挥共青团、工会等其他组织在幼儿园工作中的作用。

第五十五条 幼儿园应制订年度工作计划，定期部署、总结和报告工作。每学年末应向行政主管部门和教育行政部门报告工作,必要时随时报告。

第五十六条 幼儿园应接受上级教育督导人员的检查、监督和指导,要根据督导的内容和要求,切实报告工作,反映情况。

第五十七条 幼儿园应建立教育研究、业务档案、财务管理、国务会议、人员奖惩、安全管理以及与家庭、小学联系等制度。

幼儿园应建立工作人员名册、幼儿名册和其他统计表册,每年向教育行政部门报送统计表。

第五十八条 幼儿园在当地小学寒、暑假期间,以不影响家长工作为原则,工作人员可轮流休假,具体办法由举办者自定。

第十章 附 则

第五十九条 本规程适用于城乡各类幼儿园。

第六十条 各省、自治区、直辖市教育行政部门可根据本规程,制订具体实施办法。

各省、自治区直辖市教育行政部门,可根据规程对不同地区、不同类别的幼儿园分别提出不同要求,分期分批地有步骤地组织实施。亦可制订本地区不同类型幼儿园的工作规程。

第六十一条 本规程由国家教育委员会负责解释。

第六十二条 本规程自1996年6月1日起施行、1989年6月5日国家教育委员会第2号令发布的《幼儿园工作规程(试行)》同时废止。

第三节 教师资格、权利与义务

一、教师资格

教师资格是国家对专门从事教育教学工作人员的最基本要求,它规定了从事教师工作必须具备的条件,是公民获得教师职位、从事教师工作的前提条件。《教育法》和《教师法》明确规定,凡在各级各类学校和其他教育机构中从事教育教学工作的教师,必须具备相应教师资格,没有相应教师资格的人员不能聘为教师。教师资格制度是国家实行的教师职业许可制度。

为了提高教师素质,加强教师队伍建设,依据《教师法》,国务院于1995年12月12日颁布并施行了《教师资格条例》。该条例规定教师资格分为:① 幼儿园教师资格;② 小学教师资格;③ 初级中学教师和初级职业学校文化课、专业课教师资格(以下统称初级中学教师资格);④ 高级中学教师资格;⑤ 中等专业学校、技工学校、职业高级中学文化课、专业课教师资格(以下统称中等职业学校教师资格);⑥ 中等专业学校、技工学校、职业高级中学实习指导教师资格(以下统称中等职业学校实习指导教师资格);⑦ 高等学校教师资格。取得教师资格的公民,可以在本级及其以下等级的各类学校和其他教育机构担任教师;但是,取得中等职业学校实习指导教师资格的公民只能在中等专业学校、技工学校、职业高级中学或者初级职业学校担任实习指导教师。高级中学教师资格与中等职业学校教师资格相互通用。

二、教师的权利

（一）教师权利的含义

权利是指公民在宪法和法律规定的范围内，以作为或不作为的方式取得利益的一种行为。根据性质的不同，教师的权利可以分为一般权利和职业权利两类。一般权利是教师作为公民依法享有的权利。作为公民，教师享有宪法和其他法规所规定的一切权利，如选举权、被选举权、人身权、姓名权、隐私权、财产权等。教师的这些权利不由教育法规规定。职业权利是教师作为教育工作者依据教育法规享有的教育权利及与职业相关的其他权利。本节所讲的教师权利主要是指教师的职业权利。

（二）教师的职业权利

我国《教育法》规定："教师享有法律规定的权利，履行法律规定的义务。"对此，1993年10月31日，我国颁布了《教师法》，并自1994年1月1日起施行。《教师法》以维护教师的合法权益、保障教师待遇为宗旨，用法律的形式确定了教师的地位和作用，并提出了教师享有的各项基本权利以及应该履行的义务。根据《教师法》的相关规定，教师的职业权利的具体内容有：

1. 教育教学权

教师的教育教学权是指教师依法享有进行教育教学活动、开展教育教学改革和实验的权利。这是教师为履行教育教学职责必须具备的基本权利，也是教师职业活动中特有的一项内容和权利。其基本涵义包括：① 教师可依据其所在学校的教学计划、教学工作量等具体要求，结合自身的教学特点自主地组织课堂教学；② 按照教学大纲的要求确定其教学内容和进度，并不断完善教学内容；③ 针对不同的教育教学对象，在教育教学的形式、方法、具体内容等方面进行改革、实验和完善。为保障教师完成教育教学任务，各级人民政府、教育行政部门、有关部门、学校和其他教育机构应当履行下列职责：① 提供符合国家安全标准的教育教学设施和设备；② 提供必需的图书、资料及其他教育教学用品；③ 对教师在教育教学、科学研究中的创造性工作给以鼓励和帮助；④ 支持教师制止有害于学生的行为或者其他侵犯学生合法权益的行为。

2. 科学研究权

教师有从事科学研究、学术交流、参加专业的学术团体、在学术活动中充分发表意见的权利，这是教师作为专业技术人员所享有的一项基本权利。其基本涵义包括：① 教师在完成规定的教育教学任务的前提下，有权进行科学研究、技术开发、技术咨询等创造性劳动；② 有权将教育教学中的成功经验，或专业领域的研究成果等，撰写成学术论文、著书立说；③ 参加有关的学术交流活动，以及参加依法成立的学术团体并在其兼任工作的权利；④ 有在学术研究中发表自己的观点，开展学术争鸣的自由。但应注意在教育教学活动中，严守学术道德，并按教学大纲或教学基本要求进行讲授，不应任意发表与讲授内容无关且有损受教育者身心发展的个人看法。尤其是中小学，教师的学术研究最好能围绕提高教学质量进行。

3. 管理学生权

教师有指导学生的学习和发展、评定学生的品行和学业成绩的权利，这是与教师在教育教学过程中的主导地位相适应的一项特定的教师基本权利，是学校教育教学活动中业务性很强的专门工作。其基本含义包括：① 教师有权根据教育规律和学生的身心发展特点和教育规律，因材施教，有针对性地指导学生的学习，并在学生的升学、就业等方面给予指导；② 有权对学生的思想品德、学习、文体活动、劳动等方面给予客观公正的评价；③ 有权运用正确的指导思想和科学的方式方法，使学生的个性和能力得到充分发展。教师在行使管理学生权时，要注意加强对学生的各方面管理，将关心爱护学生与严格要求相结合，促进学生德、智、体等方面全面发展。并且在管理的过程中，教师应该认识到虽然与学生是管理与被管理的关系，但其本质是平等的，只有在相互尊重的基础上，管理才能行之有效。

4. 获取报酬、待遇权

教师有按时获取工资报酬，享受国家规定的福利待遇以及寒暑假期带薪休假的权利，这是教师的基本物质保障权，是宪法赋予公民劳动的权利和劳动者休息权利的具体化。教师的工资报酬，一般包括基础工资、职务工资、课时报酬、奖金、教龄津贴、班主任津贴及其他各种津贴。福利待遇主要包括教师的医疗、住房、退休等方面的各项待遇和优惠，以及寒暑假期的带薪休假。作为教师，有权要求所在学校及其主管部门根据国家教育法律、教师聘任合同的规定按时足额地支付工资报酬；有权享受国家规定的福利待遇。要动员全社会力量，采取有效措施，依据法律的规定，切实保障教师这一基本权利的行使。

5. 民主管理权

教师有对学校教育教学、管理工作和教育行政部门的工作提出意见和建议，通过教职工代表大会或者其他形式，参与学校的民主管理的权利。这是教师参与教育管理的民主权利，是宪法所规定的"公民对任何国家机关和国家工作人员，有提出批评和建议的权利"的具体体现，有利于调动教师参政议政的自觉性和积极性，发挥教师的主人翁作用，加强对学校和教育行政部门工作的监督。作为教师，有权通过教职工代表大会、工会等组织形式以及其他适当方式，参与学校民主管理，讨论学校改革、发展等方面的重大事项，保障自身的民主权利和切身利益，推进学校的民主建设。教师在行使民主管理权时，应注意遵循民主集中制的原则，并充分发挥自己对学校、教育行政部门工作的监督作用。

6. 进修培训权

教师有参加进修或者其他方式的培训的权利，这是教师享有的继续教育的权利，它体现了终身教育的理念。现代社会和科技的飞速发展，要求教师及时更新知识，不断提高自身素质。其基本含义包括：教师有权参加进修或其他多种形式的培训，以提高思想政治觉悟和业务水平；教育行政部门、学校及其他教育机构，应采取多种形式，开辟多种渠道，努力为教师的进修培训创造有利条件，切实保障教师权利的实现；教师培训权的行使，要在完成本职工作的前提下有组织有计划地进行，不得影响正常的教育教学工作。

◇ **拓展阅读**

不顺从领导被打击　教师依法维护教育教学权[①]

张某某系某第一高中教师，在教育战线上奋斗了二十余载。由于他对工作认真负责，刻苦钻研业务，努力提高自己的教学科研水平，先后在教育报刊上发表论文若干篇，探讨教学方法的改进。其中某篇论文主张在根据学生的性格特点、学习基础上因人施教，教学工作要有针对性，而不能不顾对象，千人一面，千篇一律，生搬硬套，那样只会把工作搞砸，误人子弟。此文见报后，受到教育界同仁的一致好评，被评为教学论文二等奖。

张某某本人不仅刻苦钻研理论，更重要的是他能把自己的科研成果付诸实践，他利用自己的心得体会，在班上因材施教，对症下药。张某某以自己的言传身教在学生中树立了崇高的威信。

由于张某某在工作中取得了巨大的成绩，1995年他被评为县模范教师，获得县教育局颁发的荣誉证书和奖金500元。

1995年年底，县教育局某位领导找到张某某，想让他的侄子进入张某某任教的毕业班，但由于该领导侄子的成绩较差，张某某按照学校的规定婉转地拒绝了该领导的要求。

事隔不久，某县教育局突然收回张某某所获的模范教师称号，收回所得奖金，理由是教学模式老化，学生反映意见挺大，张某某不配得模范教师称号。

张某某得知此事后大为吃惊，立即找县教育局交涉，要求县教育局承认自己的教学科研能力，保护自己辛苦得到的荣誉称号。但县教育局不予理睬。张某某所在学校议论纷纷，人们传说张某某出了问题，要不怎么会被剥夺"模范教师"称号？张某某为此精神恍惚，精神压力很大，以至住院月余，花去医疗费500余元。在朋友的指点下，张某某向县人民法院提起诉讼，称县教育局非法剥夺自己的荣誉称号，给自己造成了精神损害和经济损失，要求人民法院判令县教育局返还荣誉证书及奖金，并在原有范围内消除影响，并赔偿经济损失和精神抚慰金。

人民法院经审理认为：张某某对工作认真负责，刻苦钻研，勇于探索，在长期的实践中摸索出一套成功的方法，用它来促进教学水平的提高，效果十分显著。这已经被实践所证实。张某某所撰写的教育方面的论文，受到广大教师的好评，具有一定的科研价值，对实践有较好的指导作用。他提出的因材施教，有针对性地教育学生的观点，发展了前人的理论，具有很强的操作性和实用性，其已在实践中得到广泛应用、重视，证明是可行的。县教育局所说的"张某某撰写的论文哗众取宠，没有实际效果；张某某教学模式老化，学生反映意见挺大"的观点，是站不住脚的。县教育局未经认真调查，只凭领导个人好恶（本案中所提到的领导在剥夺张某某荣誉的称号过程中起了决定性作用），未依法定程序便剥夺张某某的模范教师荣誉称号及奖金，构成对张某某荣誉权的侵害，应当承担侵权的民事责任。判令：县教育局返还张某某模范教师的荣誉证书及奖金500元；在原有范围内为原告张某某消除影响，恢复名誉，并赔偿经济损失和精神抚慰金400元等。

[①] 不顺从领导被打击　教师依法维护教育教学权[EB/OL]. 中国教育在线 http：//teacher. eol. cn/jiaoshiweiquan_9522/20110307/t20110307_584806. shtml.

三、教师的基本义务

（一）教师义务的含义

教师的义务，是指教师依照《教育法》和《教师法》及其他有关法律、法规，从事教育教学工作而必须承担的责任，表现为教师在教育教学活动中必须作出一定行为或不得作出一定行为的约束。它是由法律规定并以国家强制力保障其履行。

（二）教师的基本义务

关于教师的义务，我国《义务教育法》规定："教师应当热爱社会主义教育事业，努力提高自己的思想、文化、业务水平，爱护学生，忠于职责。"我国《教师法》第二章第八条专门对教师义务作了具体规定，其内容如下：

1. 遵纪守法，遵守职业道德，为人师表

宪法和法律是国家、社会组织和公民活动的基本行为准则。任何组织和公民都必须遵守。教师承担着教书育人，为社会主义现代化建设培养合格人才的使命，就应模范地遵守宪法和法律，而且要在教育教学工作中，自觉培养学生的法制观念和民主精神。教师职业是一种专门化的职业，有着自身的职业道德准则，教师应当自觉遵守职业道德。教师的职业道德，不仅是教师自身行为的规范，还影响着学生思想品德的形成。

2. 完成教育教学工作的义务

教学工作是教师的本职工作。教师在教育教学活动中，必须贯彻国家的教育方针，遵守规章制度，遵守教育行政部门和学校其他教育机构制定的教育教学管理的各项规章制度和依据有关法律法规制订的具体的教学工作计划，履行聘任合同中约定的教育教学工作职责，完成职责范围内的教育教学任务，保证教育教学质量。

3. 思想政治品德教育的义务

教师的工作不仅是教书，更是要通过教书达到育人的目的。教师在教育活动中有义务对学生进行宪法所确定的基本原则的教育和爱国主义、民族团结教育、法制教育以及思想品德、文化、科学技术教育，组织带领学生开展有益的社会活动。在对学生进行政治思想品德教育的过程中，教师要注意适应学生身心发展的特点，讲究实效，自觉地结合自己教育教学的业务特点，将德育工作落实于教育教学工作的全过程中，而不是搞形式主义。

4. 关爱学生、尊重学生人格的义务

我国《宪法》规定："中华人民共和国公民的人格尊严不受侵犯。"人格尊严是宪法赋予公民的一项基本权利。由于学生在教育教学活动中居于受教育者的地位，他们的人格尊严往往容易被忽视。作为教师要关心爱护全体学生，对学生应一视同仁。尤其是对那些有缺点、有错误的后进生，教师应该予以特别关怀。绝不能采取简单粗暴的办法，不能侮辱、歧视学生，不能体罚或变相体罚学生，不能泄露学生隐私。因污辱学生影响恶劣或体罚学生经教育不改的，应依法承担相应的法律责任。

5. 保护学生权益的义务

保护学生的合法权益和身心健康成长，是全社会的共同责任，作为教师自然更负有此项义务。教师所保护的对象是学生，而不是一般的未成年人，因此，教师履行此项义务具有特定的范围。具体包括两个方面：① 制止在学校工作和与教育教学工作相关的活动中对侵犯其所负责教育管理的学生合法权益的违法行为；② 批评和抵制社会上出现的有害于学生身心健康成长的不良现象。

6. 提高自身思想业务水平的义务

教育教学工作是一项专业性较强的工作，教师担负着教书育人、培养社会主义事业建设者和接班人、提高民族素质的使命，这就要求教师具有较高的思想觉悟和业务水平。同时这也是社会进步和科学技术发展对教师提出的要求。因此，教师要不断学习，调整知识结构，加强自身的思想道德修养，以适应教育教学的实际需要。

◇**拓展阅读**

> 某校化学教师赵某参加了县教育学会组织的为期一天的学术研讨会。事先未向学校请假，也没有和教同班课程的其他教师串课，致使他所任教的两个班各有一节化学课没有上。学校按旷职论处，按照本校的有关规定，扣发其当日的工资和本月全勤奖，并在全校职工大会上提出批评。教师赵某对学校做出的处理决定不服，向这所学校的主管部门提出了申诉。其申诉理由是依据《教师法》第七条第二款规定，"教师享有从事科学研究、学术交流、参加专业的学术团体、在学术活动中充分发表意见的权利"。要求返回扣发的工资和奖金，在全校职工大会上取消对其所做的批评。
>
> 教育行政部门经调查，教师所述所情况基本属实。但认为，教师既享有法律赋予的权利，也应当完成法律规定的义务。《教师法》第八条第二款规定教师应当履行"贯彻国家的教育方针，遵守规章制度，执行学校的教学计划，履行教师聘约，完成教育教学工作任务"的义务。赵老师只强调了权利的方面，而没有遵守学校的规章制度和执行教学计划，没有很好地完成教育教学工作任务。学校做出的决定符合权限和程序，使用法律法规正确，事实清楚。因此决定：维持学校原处理结果。教师赵某未向有关部门提起行政复议和诉讼。教师参加学术研讨会是正当的一项权利，也是教师法中所予以保障的，但任何权利的行使不是没有条件的，应以完成本职工作或不影响正常教育教学为前提，否则，这种权利的行使是得不到法律保护的。本案中教师赵某因参加学术研讨会，而使正常的教育教学活动受到影响，其行为就不受法律的保护。

第四节 幼儿权利及保护

保护幼儿的合法权利是学校工作中一个不可忽视的重要问题。我国作为联合国《儿童权利公约》的缔约国之一，在履行《公约》的同时，在一系列有关法律、法规和政策中对幼儿享有的权利和保护作出了规定，如《宪法》《婚姻法》《教育法》《义务教育法》《未成年人保护法》等。但是由于种种因素的影响，在教育教学中，有意或无意侵害幼儿合法权利的现象还时常发生，使幼儿的身心受到损害。

一、幼儿的权利

幼儿的权利是指幼儿依照国家法律、法规规定而拥有的一切正当权利。幼儿的权利包括两个方面：一是作为一个人所拥有的基本的人权，如生存权、发展权等；二是因为幼儿这个特殊的身份而拥有的特殊权利，如受教育权。总结起来，幼儿享有的主要权利有：

（一）生存权

儿童的生存权包括生命权、健康权和医疗保健获得权，是保障儿童生命存活、身体健康以及作为生命外围屏障的人格尊严的权利。《儿童权利公约》第六条指出："每个儿童享有固有的生命权。"缔约国"应最大限度地确保儿童的生存与发展"。第二十四条规定："儿童有享有可达到的最高标准的健康水平，并享有医疗康复设施。"强调儿童的生存权，就是强调国家、社会对特殊困境中的儿童承担特殊保护和照顾的责任。

（二）获得保护权

儿童正处于身心发展的关键时期，他们还很弱小，不懂得保护自身的权利，因此公民、社会和国家都有责任保护并帮助儿童实现自己的权利。尤其是一些特殊儿童，如残疾儿童、流浪儿童、受歧视或忽视的儿童、有心理或行为问题的儿童、被犯罪分子控制的儿童、受刑事审判及受刑罚处罚的儿童等，都需要特殊的保护。

（三）发展权

发展权是指儿童拥有充分发展其全部体能和智能的权利。在国际《儿童权利公约》里，发展权主要指信息权、受教育权、娱乐权、文化与社会生活的参与权、思想和宗教自由、个性发展权等。其主旨是要保证儿童在身体、智力、精神、道德、个性和社会性等诸方面均得到充分的发展。

（四）参与权

参与权指儿童具有参与家庭、文化和社会生活的权利。虽然儿童正处在发展中，但他们仍然是独立的个体，他们有自己的感情和对事物的意见，儿童在表达自己的需要时是最有发言权的。教师和家长应当给予他们适当的支持和尊重，儿童将可能做出合理的、负责任的决定。

二、幼儿的权利保护

（一）要尊重幼儿的受教育权

受教育权是公民的一项基本权利。在教育教学中，幼儿的受教育权经常受到侵害。例如，幼儿因为不遵守纪律或不听教师的话，就被教师赶出教室，不允许上课。幼儿教师要提高法律意识，不能随意剥夺幼儿的受教育权。

（二）要尊重幼儿的身体健康权

身体健康权是公民依法享有的身体健康不受侵害的权利，它是幼儿人身权的重要内容。教师不得对未成年人实施体罚、变相体罚或者唆使他人侵害幼儿的身体安全。但在幼儿园教育教学活动中，幼儿的健康权乃至生命权有时候仍然会受到侵害，主要原因是很多教师对幼儿身体健康权的认识不够明晰，仍然有体罚或变相体罚行为。

（三）要尊重幼儿的人格尊严权

有些教师往往不重视幼儿的人格尊严权，侵犯幼儿人格权的行为时有发生，这种行为会给幼儿的心灵造成巨大的伤害。作为幼儿教师，一方面要知法懂法，另一方面要切记我国教育的目的是培养全面发展的建设者与接班人，教师应对幼儿具有爱心。

（四）要尊重幼儿的人身自由权

人身自由不受侵犯，是公民最起码、最基本的权利，是公民参加各种社会活动和享受其他权利的先决条件。教师应当保护幼儿的人身自由权。但实际上，有些教师常常自觉不自觉地侵害幼儿的人身自由，例如，不让幼儿按时放学，剥夺幼儿课外自由活动时间，或者因为幼儿犯错误，对其关禁闭等。我国《宪法》规定，限制公民人身自由，如情节严重，要追究其刑事责任，所以教师在管理幼儿时要注意采取合适的方法。

资料卡片

中华人民共和国未成年人保护法

（1991年9月4日第七届全国人民代表大会常务委员会第二十一次会议通过。2006年12月29日第十届全国人民代表大会常务委员会第二十五次会议修订）

第一章　总则

第一条　为了保护未成年人的身心健康，保障未成年人的合法权益，促进未成年人在品德、智力、体质等方面全面发展，培养有理想、有道德、有文化、有纪律的社会主义建设者和接班人，根据宪法，制定本法。

第二条　本法所称未成年人是指未满十八周岁的公民。

第三条　未成年人享有生存权、发展权、受保护权、参与权等权利，国家根据未成年人身心发展特点给予特殊、优先保护，保障未成年人的合法权益不受侵犯。

未成年人享有受教育权，国家、社会、学校和家庭尊重和保障未成年人的受教育权。

未成年人不分性别、民族、种族、家庭财产状况、宗教信仰等，依法平等地享有权利。

第四条　国家、社会、学校和家庭对未成年人进行理想教育、道德教育、文化教育、纪律和法制教育，进行爱国主义、集体主义和社会主义的教育，提倡爱祖国、爱人民、爱劳动、爱科学、爱社会主义的公德，反对资本主义的、封建主义的和其他的腐朽思想的侵蚀。

第五条　保护未成年人的工作，应当遵循下列原则：

（一）尊重未成年人的人格尊严；

（二）适应未成年人身心发展的规律和特点；

（三）教育与保护相结合。

第六条　保护未成年人，是国家机关、武装力量、政党、社会团体、企业事业组织、城乡基层群众性自治组织、未成年人的监护人和其他成年公民的共同责任。

对侵犯未成年人合法权益的行为，任何组织和个人都有权予以劝阻、制止或者向有关部门提出检举或者控告。

国家、社会、学校和家庭应当教育和帮助未成年人维护自己的合法权益，增强自我保护的意识和能力，增强社会责任感。

第七条　中央和地方各级国家机关应当在各自的职责范围内做好未成年人保护工作。

国务院和地方各级人民政府领导有关部门做好未成年人保护工作；将未成年人保护工作纳入国民经济和社会发展规划以及年度计划，相关经费纳入本级政府预算。

国务院和省、自治区、直辖市人民政府采取组织措施，协调有关部门做好未成年人保护工作。具体机构由国务院和省、自治区、直辖市人民政府规定。

第八条　共产主义青年团、妇女联合会、工会、青年联合会、学生联合会、少年先锋队以及其他有关社会团体，协助各级人民政府做好未成年人保护工作，维护未成年人的合法权益。

第九条　各级人民政府和有关部门对保护未成年人有显著成绩的组织和个人，给予表彰和奖励。

第二章　家庭保护

第十条　父母或者其他监护人应当创造良好、和睦的家庭环境，依法履行对未成年人的监护职责和抚养义务。

禁止对未成年人实施家庭暴力，禁止虐待、遗弃未成年人，禁止溺婴和其他残害婴儿的行为，不得歧视女性未成年人或者有残疾的未成年人。

第十一条　父母或者其他监护人应当关注未成年人的生理、心理状况和行为习惯，以健康的思想、良好的品行和适当的方法教育和影响未成年人，引导未成年人进行有益身心健康的活动，预防和制止未成年人吸烟、酗酒、流浪、沉迷网络以及赌博、吸毒、卖淫等行为。

第十二条　父母或者其他监护人应当学习家庭教育知识，正确履行监护职责，抚养教育未成年人。

有关国家机关和社会组织应当为未成年人的父母或者其他监护人提供家庭教育指导。

第十三条　父母或者其他监护人应当尊重未成年人受教育的权利，必须使适龄未成年人依法入学接受并完成义务教育，不得使接受义务教育的未成年人辍学。

第十四条　父母或者其他监护人应当根据未成年人的年龄和智力发展状况，在作出与未成年人权益有关的决定时告知其本人，并听取他们的意见。

第十五条　父母或者其他监护人不得允许或者迫使未成年人结婚，不得为未成年人订立婚约。

第十六条　父母因外出务工或者其他原因不能履行对未成年人监护职责的，应当委托有监护能力的其他成年人代为监护。

第三章 学校保护

第十七条 学校应当全面贯彻国家的教育方针,实施素质教育,提高教育质量,注重培养未成年学生独立思考能力、创新能力和实践能力,促进未成年学生全面发展。

第十八条 学校应当尊重未成年学生受教育的权利,关心、爱护学生,对品行有缺点、学习有困难的学生,应当耐心教育、帮助,不得歧视,不得违反法律和国家规定开除未成年学生。

第十九条 学校应当根据未成年学生身心发展的特点,对他们进行社会生活指导、心理健康辅导和青春期教育。

第二十条 学校应当与未成年学生的父母或者其他监护人互相配合,保证未成年学生的睡眠、娱乐和体育锻炼时间,不得加重其学习负担。

第二十一条 学校、幼儿园、托儿所的教职员工应当尊重未成年人的人格尊严,不得对未成年人实施体罚、变相体罚或者其他侮辱人格尊严的行为。

第二十二条 学校、幼儿园、托儿所应当建立安全制度,加强对未成年人的安全教育,采取措施保障未成年人的人身安全。

学校、幼儿园、托儿所不得在危及未成年人人身安全、健康的校舍和其他设施、场所中进行教育教学活动。

学校、幼儿园安排未成年人参加集会、文化娱乐、社会实践等集体活动,应当有利于未成年人的健康成长,防止发生人身安全事故。

第二十三条 教育行政等部门和学校、幼儿园、托儿所应当根据需要,制定应对各种灾害、传染性疾病、食物中毒、意外伤害等突发事件的预案,配备相应设施并进行必要的演练,增强未成年人的自我保护意识和能力。

第二十四条 学校对未成年学生在校内或者本校组织的校外活动中发生人身伤害事故的,应当及时救护,妥善处理,并及时向有关主管部门报告。

第二十五条 对于在学校接受教育的有严重不良行为的未成年学生,学校和父母或者其他监护人应当互相配合加以管教;无力管教或者管教无效的,可以按照有关规定将其送专门学校继续接受教育。

依法设置专门学校的地方人民政府应当保障专门学校的办学条件,教育行政部门应当加强对专门学校的管理和指导,有关部门应当给予协助和配合。

专门学校应当对在校就读的未成年学生进行思想教育、文化教育、纪律和法制教育、劳动技术教育和职业教育。

专门学校的教职员工应当关心、爱护、尊重学生,不得歧视、厌弃。

第二十六条 幼儿园应当做好保育、教育工作,促进幼儿在体质、智力、品德等方面和谐发展。

第四章 社会保护

第二十七条 全社会应当树立尊重、保护、教育未成年人的良好风尚,关心、爱护未成年人。

国家鼓励社会团体、企业事业组织以及其他组织和个人,开展多种形式的有利于未成年人健康成长的社会活动。

第二十八条　各级人民政府应当保障未成年人受教育的权利，并采取措施保障家庭经济困难的、残疾的和流动人口中的未成年人等接受义务教育。

第二十九条　各级人民政府应当建立和改善适合未成年人文化生活需要的活动场所和设施，鼓励社会力量兴办适合未成年人的活动场所，并加强管理。

第三十条　爱国主义教育基地、图书馆、青少年宫、儿童活动中心应当对未成年人免费开放；博物馆、纪念馆、科技馆、展览馆、美术馆、文化馆以及影剧院、体育场馆、动物园、公园等场所，应当按照有关规定对未成年人免费或者优惠开放。

第三十一条　县级以上人民政府及其教育行政部门应当采取措施，鼓励和支持中小学校在节假日期间将文化体育设施对未成年人免费或者优惠开放。

社区中的公益性互联网上网服务设施，应当对未成年人免费或者优惠开放，为未成年人提供安全、健康的上网服务。

第三十二条　国家鼓励新闻、出版、信息产业、广播、电影、电视、文艺等单位和作家、艺术家、科学家以及其他公民，创作或者提供有利于未成年人健康成长的作品。出版、制作和传播专门以未成年人为对象的内容健康的图书、报刊、音像制品、电子出版物以及网络信息等，国家给予扶持。

国家鼓励科研机构和科技团体对未成年人开展科学知识普及活动。

第三十三条　国家采取措施，预防未成年人沉迷网络。

国家鼓励研究开发有利于未成年人健康成长的网络产品，推广用于阻止未成年人沉迷网络的新技术。

第三十四条　禁止任何组织、个人制作或者向未成年人出售、出租或者以其他方式传播淫秽、暴力、凶杀、恐怖、赌博等毒害未成年人的图书、报刊、音像制品、电子出版物以及网络信息等。

第三十五条　生产、销售用于未成年人的食品、药品、玩具、用具和游乐设施等，应当符合国家标准或者行业标准，不得有害于未成年人的安全和健康；需要标明注意事项的，应当在显著位置标明。

第三十六条　中小学校园周边不得设置营业性歌舞娱乐场所、互联网上网服务营业场所等不适宜未成年人活动的场所。

营业性歌舞娱乐场所、互联网上网服务营业场所等不适宜未成年人活动的场所，不得允许未成年人进入，经营者应当在显著位置设置未成年人禁入标志；对难以判明是否已成年的，应当要求其出示身份证件。

第三十七条　禁止向未成年人出售烟酒，经营者应当在显著位置设置不向未成年人出售烟酒的标志；对难以判明是否已成年的，应当要求其出示身份证件。

任何人不得在中小学校、幼儿园、托儿所的教室、寝室、活动室和其他未成年人集中活动的场所吸烟、饮酒。

第三十八条　任何组织或者个人不得招用未满十六周岁的未成年人，国家另有规定的除外。

任何组织或者个人按照国家有关规定招用已满十六周岁未满十八周岁的未成年人的，应当执行国家在工种、劳动时间、劳动强度和保护措施等方面的规定，不得安排其从事过重、有毒、有害等危害未成年人身心健康的劳动或者危险作业。

第三十九条 任何组织或者个人不得披露未成年人的个人隐私。

对未成年人的信件、日记、电子邮件，任何组织或者个人不得隐匿、毁弃；除因追查犯罪的需要，由公安机关或者人民检察院依法进行检查，或者对无行为能力的未成年人的信件、日记、电子邮件由其父母或者其他监护人代为开拆、查阅外，任何组织或者个人不得开拆、查阅。

第四十条 学校、幼儿园、托儿所和公共场所发生突发事件时，应当优先救护未成年人。

第四十一条 禁止拐卖、绑架、虐待未成年人，禁止对未成年人实施性侵害。

禁止胁迫、诱骗、利用未成年人乞讨或者组织未成年人进行有害其身心健康的表演等活动。

第四十二条 公安机关应当采取有力措施，依法维护校园周边的治安和交通秩序，预防和制止侵害未成年人合法权益的违法犯罪行为。

任何组织或者个人不得扰乱教学秩序，不得侵占、破坏学校、幼儿园、托儿所的场地、房屋和设施。

第四十三条 县级以上人民政府及其民政部门应当根据需要设立救助场所，对流浪乞讨等生活无着未成年人实施救助，承担临时监护责任；公安部门或者其他有关部门应当护送流浪乞讨或者离家出走的未成年人到救助场所，由救助场所予以救助和妥善照顾，并及时通知其父母或者其他监护人领回。

对孤儿、无法查明其父母或者其他监护人的以及其他生活无着的未成年人，由民政部门设立的儿童福利机构收留抚养。

未成年人救助机构、儿童福利机构及其工作人员应当依法履行职责，不得虐待、歧视未成年人；不得在办理收留抚养工作中牟取利益。

第四十四条 卫生部门和学校应当对未成年人进行卫生保健和营养指导，提供必要的卫生保健条件，做好疾病预防工作。

卫生部门应当做好对儿童的预防接种工作，国家免疫规划项目的预防接种实行免费；积极防治儿童常见病、多发病，加强对传染病防治工作的监督管理，加强对幼儿园、托儿所卫生保健的业务指导和监督检查。

第四十五条 地方各级人民政府应当积极发展托幼事业，办好托儿所、幼儿园，支持社会组织和个人依法兴办哺乳室、托儿所、幼儿园。

各级人民政府和有关部门应当采取多种形式，培养和训练幼儿园、托儿所的保教人员，提高其职业道德素质和业务能力。

第四十六条 国家依法保护未成年人的智力成果和荣誉权不受侵犯。

第四十七条 未成年人已经完成规定年限的义务教育不再升学的，政府有关部门和社会团体、企业事业组织应当根据实际情况，对他们进行职业教育，为他们创造劳动就业条件。

第四十八条 居民委员会、村民委员会应当协助有关部门教育和挽救违法犯罪的未成年人，预防和制止侵害未成年人合法权益的违法犯罪行为。

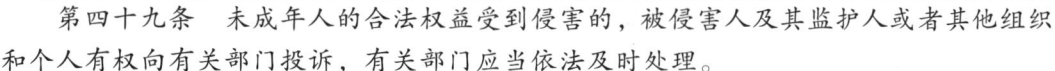

第四十九条 未成年人的合法权益受到侵害的,被侵害人及其监护人或者其他组织和个人有权向有关部门投诉,有关部门应当依法及时处理。

第五章 司法保护

第五十条 公安机关、人民检察院、人民法院以及司法行政部门,应当依法履行职责,在司法活动中保护未成年人的合法权益。

第五十一条 未成年人的合法权益受到侵害,依法向人民法院提起诉讼的,人民法院应当依法及时审理,并适应未成年人生理、心理特点和健康成长的需要,保障未成年人的合法权益。

在司法活动中对需要法律援助或者司法救助的未成年人,法律援助机构或者人民法院应当给予帮助,依法为其提供法律援助或者司法救助。

第五十二条 人民法院审理继承案件,应当依法保护未成年人的继承权和受遗赠权。

人民法院审理离婚案件,涉及未成年子女抚养问题的,应当听取有表达意愿能力的未成年子女的意见,根据保障子女权益的原则和双方具体情况依法处理。

第五十三条 父母或者其他监护人不履行监护职责或者侵害被监护的未成年人的合法权益,经教育不改的,人民法院可以根据有关人员或者有关单位的申请,撤销其监护人的资格,依法另行指定监护人。被撤销监护资格的父母应当依法继续负担抚养费用。

第五十四条 对违法犯罪的未成年人,实行教育、感化、挽救的方针,坚持教育为主、惩罚为辅的原则。

对违法犯罪的未成年人,应当依法从轻、减轻或者免除处罚。

第五十五条 公安机关、人民检察院、人民法院办理未成年人犯罪案件和涉及未成年人权益保护案件,应当照顾未成年人身心发展特点,尊重他们的人格尊严,保障他们的合法权益,并根据需要设立专门机构或者指定专人办理。

第五十六条 公安机关、人民检察院讯问未成年犯罪嫌疑人,询问未成年证人、被害人,应当通知监护人到场。

公安机关、人民检察院、人民法院办理未成年人遭受性侵害的刑事案件,应当保护被害人的名誉。

第五十七条 对羁押、服刑的未成年人,应当与成年人分别关押。

羁押、服刑的未成年人没有完成义务教育的,应当对其进行义务教育。

解除羁押、服刑期满的未成年人的复学、升学、就业不受歧视。

第五十八条 对未成年人犯罪案件,新闻报道、影视节目、公开出版物、网络等不得披露该未成年人的姓名、住所、照片、图像以及可能推断出该未成年人的资料。

第五十九条 对未成年人严重不良行为的矫治与犯罪行为的预防,依照预防未成年人犯罪法的规定执行。

第六章 法律责任

第六十条 违反本法规定,侵害未成年人的合法权益,其他法律、法规已规定行政处罚的,从其规定;造成人身财产损失或者其他损害的,依法承担民事责任;构成犯罪的,依法追究刑事责任。

第六十一条 国家机关及其工作人员不依法履行保护未成年人合法权益的责任,或者侵害未成年人合法权益，或者对提出申诉、控告、检举的人进行打击报复的，由其所在单位或者上级机关责令改正，对直接负责的主管人员和其他直接责任人员依法给予行政处分。

第六十二条 父母或者其他监护人不依法履行监护职责，或者侵害未成年人合法权益的，由其所在单位或者居民委员会、村民委员会予以劝诫、制止；构成违反治安管理行为的，由公安机关依法给予行政处罚。

第六十三条 学校、幼儿园、托儿所侵害未成年人合法权益的，由教育行政部门或者其他有关部门责令改正；情节严重的，对直接负责的主管人员和其他直接责任人员依法给予处分。

学校、幼儿园、托儿所教职员工对未成年人实施体罚、变相体罚或者其他侮辱人格行为的，由其所在单位或者上级机关责令改正；情节严重的，依法给予处分。

第六十四条 制作或者向未成年人出售、出租或者以其他方式传播淫秽、暴力、凶杀、恐怖、赌博等图书、报刊、音像制品、电子出版物以及网络信息等的，由主管部门责令改正，依法给予行政处罚。

第六十五条 生产、销售用于未成年人的食品、药品、玩具、用具和游乐设施不符合国家标准或者行业标准，或者没有在显著位置标明注意事项的，由主管部门责令改正，依法给予行政处罚。

第六十六条 在中小学校园周边设置营业性歌舞娱乐场所、互联网上网服务营业场所等不适宜未成年人活动的场所的，由主管部门予以关闭，依法给予行政处罚。

营业性歌舞娱乐场所、互联网上网服务营业场所等不适宜未成年人活动的场所允许未成年人进入，或者没有在显著位置设置未成年人禁入标志的，由主管部门责令改正，依法给予行政处罚。

第六十七条 向未成年人出售烟酒，或者没有在显著位置设置不向未成年人出售烟酒标志的，由主管部门责令改正，依法给予行政处罚。

第六十八条 非法招用未满十六周岁的未成年人，或者招用已满十六周岁的未成年人从事过重、有毒、有害等危害未成年人身心健康的劳动或者危险作业的，由劳动保障部门责令改正，处以罚款；情节严重的，由工商行政管理部门吊销营业执照。

第六十九条 侵犯未成年人隐私，构成违反治安管理行为的，由公安机关依法给予行政处罚。

第七十条 未成年人救助机构、儿童福利机构及其工作人员不依法履行对未成年人的救助保护职责，或者虐待、歧视未成年人，或者在办理收留抚养工作中牟取利益的，由主管部门责令改正，依法给予行政处分。

第七十一条 胁迫、诱骗、利用未成年人乞讨或者组织未成年人进行有害其身心健康的表演等活动的，由公安机关依法给予行政处罚。

第七章 附 则

第七十二条 本法自 2007 年 6 月 1 日起施行。

本章小结

幼儿教育法律法规这一章包含了我国主要的教育法律、法规、条约的主要内容以及教师的权利和义务、幼儿的权利及其保护等相关内容。通过学习,学生要掌握相关法律、法规的内容,并通过依据相关条款分析材料,解决实际问题。

思考与练习

一、单项选择题

1. 我国教育法律法规的"母法"是（   ）。
   A.《中华人民共和国宪法》
   B.《中华人民共和国教育法》
   C.《中华人民共和国教师法》
   D.《中华人民共和国义务教育法》

2. 根据有关法律法规,我国教师不享有的权利是（   ）。
   A．进行教育教学活动,开展教育教学改革和实验
   B．对违纪学生做出休学或开除等处罚
   C．指导学生的学习和发展,评定学生的品行和学业成绩
   D．参加进修或者其他方式的培训

3. 某幼儿园规定,女教师必须在园工作3年后方可怀孕,否则产假按事假对待。该规定（   ）。
   A．合法,体现了幼儿园的自主办园权利
   B．合法,保障了幼儿园正常的教学秩序
   C．不合法,侵犯了女教师的身体权
   D．不合法,侵犯了女教师的人权

二、材料分析题

1. 某幼儿园大班的涛涛一天上课时玩游戏机,被林老师发现后没收放至办公室。过了很长时间,涛涛找到林老师,要求归还游戏机。林老师说,已经没收了,就不再归还。几天后,办公室发生盗窃事件,游戏机丢失了。涛涛的父母得知后,要求幼儿园赔偿游戏机。但幼儿园的意见则是:涛涛上课玩游戏机是错误的,林老师没收行为完全正确。至于游戏机被盗,完全属于意外事件。幼儿园不应为此承担赔偿责任。

试分析林老师和幼儿园的做法是否侵犯了幼儿的某种法律权利?幼儿园是否应该赔偿损失?

2. 杨老师今年30岁,大专毕业后一直在某县公立幼儿园任教。工作以来,杨老师能力突出,很快成为骨干教师。为了提高自己的学历层次,经杨老师申请,当地教育部门和幼儿园批准其到某师范大学进修。杨老师十分珍惜这次来之不易的进修机会,在一年的进修期间里,不仅成绩优秀,还发表了数篇论文。然而,进修结束后,她才发现幼儿园将她进修期间的工资扣了一半,并被告知:进修期间,没有正常工作的,一律扣发一半工资。

学校可以扣发参加进修教师的工资吗?杨老师应该怎么办?

第三章 幼儿教师职业道德规范

📖 内容提要

虐童事件频发，引起了社会对幼儿教师职业道德的广泛关注，国家在出台的一系列与幼儿教育相关的政策和文件中也强调幼儿教师职业道德的重要性，但对幼儿教师职业道德的相关内容并没有做详细规定。本章将对幼儿教师职业道德的含义、具体要求，当前我国幼儿教师职业道德存在的问题、原因及对策进行全面分析，希望读者对幼儿教师职业道德有一个全面、系统的了解。

◎ 教与学的目标

1. 了解幼儿教师职业道德内涵及职业道德规范。
2. 知道当前我国幼儿园师德存在的主要问题并能够分析造成这些问题的主要原因。
3. 掌握解决当前我国幼儿园教师师德问题的对策。

第一节 幼儿教师职业道德

2012年2月，教育部出台了《幼儿园教师专业标准（试行）》，在《标准》中明确写到幼儿教师要做到师德为先：热爱学前教育事业，具有职业理想，践行社会主义核心价值体系，履行教师职业道德规范。是否具备良好的职业道德是衡量一个人能否成为合格幼儿教师的首要条件，那么什么是幼儿园教师职业道德，幼儿教师职业道德的具体要求是什么？这正是本节要讨论的内容。

一、幼儿教师职业道德

1. 职业

职业是人们在社会中所从事的作为谋生手段的工作；从社会角度看职业是劳动者获得的社会角色，劳动者为社会承担一定的义务和责任，并获得相应的报酬；从国民经济活动所需要的人力资源角度来看，职业是指不同性质、不同内容、不同形式、不同操作的专门劳动岗位。职业是参与社会分工,利用专门的知识和技能,创造物质财富、精神财富,获得合理报酬,满足物质生活、精神生活的工作。

2. 职业道德

职业道德是指从事一定社会职业的人们,在职业工作中为调节社会利益关系与自我关系所应遵循的具有自身职业特征的特殊道德规范,以及与之相适应的道德观念、道德情操和道德品质的总和。职业道德是从职业生产活动中引申出来的,是与人们的职业活动紧密联系的道德活动现象、道德意识现象和道德规范现象。

3. 教师职业道德

教师是受社会委托,引导和帮助受教育者学习人类积累的文化科学知识、社会规范和相关技能,促进其在德、智、体、美、劳等方面朝着社会所期望的方向发展的专业人员。

教师职业道德,简称师德,是指教师在从事教育教学活动中形成的并符合社会要求的比较稳定的职业价值观念、职业行为规范和道德品质的总和。师德是教师职业道德理想、态度、情感、意志和行为等方面的综合展现,是根据师德原则调整教育过程中各种利益关系、判断教师行为是非、善恶的道德标准,是对教师教育教学行为的具体要求。师德一方面基于社会客观存在,具有显在性、统一性和强制性特征;另一方面师德又是已内化到教师个体心理品质结构中,实际制约教师个体教育教学行为的心理品质,具有隐含性、个体性和自觉性特征。师道内化为师德,师德外化为教师操行。

4. 幼儿园教师的职业道德

幼儿教师的职业道德,是指幼儿教师在保育和教育过程中形成的道德观念和应遵循的行为规范的总和,可以确保教师能够履行自己职责,保证幼儿教师保育和教育工作顺利进行[①]。幼儿教师职业道德的内涵包含两个方面:一方面是幼儿教师应该遵守的行为规范,也称为幼儿教师职业伦理,这是所有幼儿教师都应该遵守的强制的、统一的、外在的行为规范,这些规范为幼儿教师行为提供了依据,能有效约束教师的保教行为,使其不超越道德底线而伤害幼儿、家长的利益,使学前教育事业朝着良好的方向发展;另一方面是教师对这些规范的看法、认识以及遵守、实践情况,体现为教师个人的职业道德。这两方面是一个统一的有机体,共同构成了教师的职业道德,前者为后者提供了行为依据,后者使前者转化为现实。

幼儿教师职业道德准则

一、热爱幼儿,循循善诱

1. 对幼儿要有强烈的社会责任感。
2. 全身心地关爱每一个幼儿,熟悉每位孩子的发展状况,了解、关心每位孩子的成长。
3. 面对有害于学习、健康、安全的各种情况,应为保护孩子而作出相应的努力。
4. 不论种族、民族、性别、家庭出身,要对班内孩子一视同仁,不偏爱,不歧视。
5. 要善于激发孩子参与各种活动的积极性。
6. 要对学困幼儿、特殊幼儿采取针对性教育,使每位幼儿在原有基础上有所发展。

---

① 崔婧. 对当前幼儿教师道德失范的研究[D]. 中北大学,2014.

二、尊重家长，互相配合
1. 加强与家长的联系，调动家长在培养孩子全面发展上的积极性。
2. 对家长要以诚相待，以礼相见，互敬互重。
3. 尊重家长，虚心倾听家长意见，不挫伤家长的感情，不训斥家长。
4. 帮助家长确立正确的教育观，正确教育孩子。
5. 不以任何理由向家长索要财物，以教谋私。

三、严谨治学，勇于探索
1. 刻苦钻研业务，努力精通专业。
2. 认真施教，掌握教育规律。
3. 严谨求实，以知求善，掌握精深广博知识。
4. 积极从事科学研究，努力探索科学真理。
5. 不断研究教学艺术，反思教育实践。
6. 自觉投身学校教育改革，开展创造性的教学活动。

四、团结协作，服从领导
1. 幼儿园领导要尊重、关心和公正地对待每一个员工。不偏袒、不包庇任何员工。
2. 幼儿园领导要钻研业务，深入教育教学第一线，做教师的表率。
3. 幼儿园领导要尊重教师的民主权利，虚心听取教师的批评和建议。对某些不明事项不发表任何结论性、导向性的意见。
4. 幼儿园领导要以身作则，严以律己，反对以权谋私。学习用各种方式与每一位员工沟通、交流。
5. 幼儿园领导要给员工送办法、送鼓励、送真情。
6. 员工要服从领导安排，支持领导工作，恪守岗位职责。
7. 员工要关心学校发展，善于接受领导的建议和意见。
8. 员工要顾全大局，尊重、关心和体谅学校领导。
9. 员工要回馈领导以微笑、热情和反馈。

五、关心集体，和睦相处
1. 热情对待每一位同事，调动每一位员工对自己工作的支持和配合。
2. 虚心学习先进，正确看待同事的成绩。
3. 尊重同事，虚心倾听同事的想法，不挫伤同事的感情、不训斥他人，善于宽容同事。
4. 遇到困难用协商的语气和人沟通，他人有难主动帮助，别人有误悄悄提醒。
5. 不以任何理由向同事索要财物。
6. 正确地对待和开展竞争，要尊重老教师，帮助青年教师进步。
7. 不背后议论同事，不揭短，不当众嘲笑他人。

（来源：http://www.yejs.com.cn/yzzc/article/id/38736.htm）

（说明：目前为止，我国没有统一的幼儿教师职业道德准则，现有的准则是由一些幼儿教育机构、教育局及幼儿园制定的。）

二、幼儿教师职业道德的结构、功能与特点

（一）幼儿教师职业道德的结构

教师职业道德由多种因素构成，包括教师职业理想、职业责任、职业态度、职业纪律、职业技能、职业良心、职业作风、职业荣誉八个方面。这些因素从不同的方面反映出幼儿教师职业道德的本质和规律，同时又互相配合，构成一个严谨的幼儿教师职业道德结构模式。

（1）幼儿教师职业理想。幼儿教师职业理想是指幼儿教师对于幼儿教育工作的选择以及在工作上达到何种成就的向往和追求，是职业道德的重要组成部分，有了崇高的职业理想才能产生模范遵守职业道德的行为。忠于幼儿教育事业，努力做一名优秀的幼儿教师，是社会主义市场经济条件下幼儿教师的崇高职业理想，它体现了幼儿教师职业道德的本质。

（2）幼儿教师职业责任。幼儿教师职业责任是指教师必须承担的职责和任务。在社会主义条件下，幼儿教师的根本职责是促进幼儿的全面发展。自觉履行幼儿教师的职业责任，就是要求幼儿教师把职业责任变为自觉的道德义务，为培养全面发展的幼儿无私奉献。

（3）幼儿教师职业态度。幼儿教师职业态度是指教师对自身职业劳动的看法和采取的行为，简而言之，就是指教师劳动态度。在社会主义社会，它的基本要求是树立积极主动的劳动态度，努力培养社会主义新人。

（4）幼儿教师职业纪律。幼儿教师职业劳动纪律是指教师在从事教育劳动过程中应遵守的规章、条例、守则等。

（5）幼儿教师职业技能。幼儿教师职业技能是指幼儿教师保育和教育的本领，保育和教育的效果是幼儿教师职业技能的反映。

（6）幼儿教师职业良心。幼儿教师职业良心是指幼儿教师对幼儿、幼儿家长、同事以及社会、幼儿园、职业履行义务的过程中所形成的特殊道德责任感和道德自我评价能力。

（7）幼儿教师职业作风。幼儿教师职业作风是指幼儿教师在自身职业活动中表现出来的一贯态度和行为。

（8）幼儿教师职业荣誉。幼儿教师职业荣誉就是幼儿教师在履行职业义务后，社会所给予的赞扬和肯定，以及幼儿教师个人所产生的尊严与自豪感。

（二）幼儿教师职业道德的功能

幼儿教师是幼儿活动的支持者、引导者和合作者，启迪幼儿的智慧，塑造幼儿的灵魂，对幼儿未来的发展起着重要作用。幼儿教师的劳动，同社会进步、经济发展、国家兴盛紧密相连。幼儿教师职业道德体现着广大人民群众的根本利益，反映着整个教师的社会形象，它对促进幼儿教师完成保育教育工作、塑造幼儿的性格、推动社会精神文明有着重要的作用。

1. 师德对幼儿教师起着调节和教育作用

调节作用是指教师道德具有纠正人的行为和指导实际活动的作用。教育作用就是教育幼儿教师正确认识和对待教师的职业，认识自己对他人、对集体、对社会的利益应尽的责任和义务，以及在此基础上形成正确的道德观念和判断力。

2. 师德对幼儿起榜样和促进作用

"师者人之模范",幼儿教师劳动与其他劳动的一个最大的不同点,就在于幼儿教师主要用自己的思想、常识和言行,通过示范的方式去直接影响劳动对象。教师是幼儿园里最重要的师表,是最直观的、最有教益的榜样。在道德行为上,师德比其他职业道德有着更加强烈的典范性。再者,幼儿教师是幼儿园里的重要他人,在幼儿园教育中具有主导作用,幼儿教师具有良好的师德,可以为幼儿营造一个温馨的人际环境,促进幼儿健康快乐地成长。

3. 师德对社会起影响和促进作用

(1)对精神文明建设的促进作用。通过培养幼儿的优良品德而影响社会道德;通过幼儿教师参加各种社会活动而影响社会道德;通过幼儿教师家庭生活和社会生活,促进社会主义新型人际关系的建立和发展。

(2)对物质文明的推动作用。师德是促进社会生产力发展的一个重要精神力量,因为教育是培养人的工具,而人是物质文明的创造者,是生产力中起决定作用的因素,经过教育的劳动者是高素质的劳动者。这样的劳动者有助于扩大再生产。在社会主义社会,教育以教育活动为中介,以自己的崇高师德为重要教育手段,通过培养"四有"新人,发展社会主义生产力,完善社会主义的生产关系,以推动社会主义物质文明建设。

(3)对社会生活的影响作用。教师道德受社会经济条件的制约,同时它对社会经济条件具有一定的反作用。

(三)幼儿教师职业道德的特点

幼儿教师职业道德是教师在保育和教育过程中产生和发展起来的。作为道德,它既有一般道德特征,如相对独立性、继承性、阶级性等,同时也有其他职业道德共有的特征,如对职业的敬重性、专业适用性等。除了这些共有的特点外,幼儿教师的职业道德也有自己的特点。

1. 幼儿教师职业道德的教育专门性

幼儿教师职业道德的教育专门性,即教师职业道德对教育善恶的专门体现性和对教育的专门适用性。幼儿教师职业道德的形成发展与幼儿教师这一行业有着密切的联系,幼儿教师职业的独特性,决定了幼儿教师职业道德的专业性。可以说教师职业道德是关于教育领域是非善恶的专门性道德。因为它的一切理论都是围绕幼儿教师职业展开的,它不仅告诉人们幼儿教师职业何以为善的道理,而且指出了幼儿教师职业如何为善的途径。

2. 幼儿教师职业道德体现教书和育人要求的一致性

幼儿教师职业道德的另一个特点,就是教书育人。可以说,这是幼儿教师职业道德的根本所在,幼儿教师职业的一切内容都是围绕这一根本问题产生的,都是与这一根本问题相联系的。幼儿教师职业道德的发展,始终贯穿着教书育人的要求。作为一名幼儿教师,既要做经师,更要做人师。

3. 幼儿教师职业道德的全面性

在教育发展的长河中,幼儿教师职业道德越来越丰富,涉及了幼儿教师职业劳动的所有问题，充分体现了幼儿教师职业道德内容的全面性。在幼儿教师劳动价值上，它向人们提示了幼儿教师所从事的是人类的伟大事业，是社会物质文明、精神文明、制度文明发展不可缺少的；在幼儿教师职业社会地位上，它肯定了幼儿教师职业的崇高性，把幼儿教师视为联系幼儿现在和未来生活的一个重要环节，是太阳底下最神圣的职业；在幼儿教师职业职责上，它强调促进幼儿发展是根本；在幼儿教师态度和情感上，它提倡爱岗敬业，以育人为乐；在幼儿教师职业行为品质上，要求尊重信任幼儿、关心爱护幼儿，要学而不厌、诲人不倦、关心集体、善于协作，要民主、平等、公正、自律；在幼儿教师职业情操上，它提倡严于律己、宽以待人、廉洁从教、不羡慕虚荣等。

4. 幼儿教师职业道德功能的多样性

幼儿教师职业道德的产生和发展是社会和幼儿教师职业的需要，其功能具有多样性。幼儿教师职业道德作为幼儿教师这一行业所有的伦理现象和精神文化，构成了幼儿教师这一行业特有的精神风貌，影响着从业人员的内心世界，对从业人员具有很强的职业教化作用，使其认识自己的职业价值，培养起对职业的尊重感、自豪感、责任感，形成坚定的职业信念，成为职业工作源源不断的精神动力。

幼儿教师职业道德作为教师个体内在获得的道德信念和道德品质，不仅能够增强和提高幼儿教师对职业道德的评价能力，而且能增强幼儿教师言行示范的自觉性，促进幼儿教师职业道德修养及道德水平的不断提高等。

三、幼儿教师职业道德规范的具体要求

我国有国家统一制定的中小学教师职业道德规范，没有国家统一制定的幼儿园教师职业道德规范，一些幼儿教育机构为了规范本单位教师的行为通常会参考或者挪用中小学教师职业道德规范来制定自己单位的幼儿教师职业道德规范。但幼儿教育有自己的特殊性，与中小学教育之间有巨大差别，致使这些单位制定的幼儿教师职业道德规范形同虚设，无法在幼儿教育机构推行。因此，建立属于国家统一的幼儿教师职业道德规范势在必行。本部分首先从幼儿教育的角度探讨建立幼儿教师职业道德规范的必要性。

（一）建立幼儿教师职业道德规范的必要性

建立幼儿教师职业道德的具体规范，是由以下几个因素决定的：

首先，建立幼儿教师职业道德规范，是由幼儿教育的性质决定的。幼儿教育是对3~6岁的幼儿所实施的教育，是人生起始阶段的教育，对个体的性格和能力形成具有重要作用。有研究表明，人的性格在6~7岁阶段基本成型，如果没有良好的生活环境和教育方法在7岁以后很难纠正幼儿的不良行为和个性特征。在幼儿教育阶段，教师最重要的不是向幼儿传授知识技能，而是帮助幼儿培养良好的态度、性格和行为习惯，为幼儿的终身发展打下良好的基础。幼儿教师具有良好师德不仅能为幼儿创造一个良好的人际环境和学习氛围，也能作为一种教育因素和手段对幼儿产生潜移默化的影响。

其次，建立幼儿教师职业道德规范，是由幼儿教育对象决定的。幼儿教育的对象是3~6岁的幼儿，这个阶段的孩子缺乏自我保护意识和自我保护能力，身心极容易受到伤害，即使

受到伤害也不会像大年龄儿童那样反驳或者向家长求助,这就决定了幼儿教师的权力比其他任何教育阶段教师的权力都大,所以幼儿教师职业道德规范的建立也显得更加重要。正如美国著名教育专家琳莲·凯茨所说:"建立幼儿教师道德规范的意义重大,其原因在于,幼儿教师的权力、地位相对于服务对象来说比较大。幼儿教师服务的对象是一群柔弱娇嫩的孩子。幼儿几乎无力改变或修正教师的行为,除非教师觉察并修正自身的不良行为。"

最后,建立幼儿教师职业道德规范,是改变当前幼儿教师师德现状的重要途径之一。我国幼儿教师层次参差不齐,有很多毕业于中专院校的年轻老师,他们处于人生观、价值观的形成阶段,对自己的行为后果并没有明确清晰的认识。我国又没有统一的幼儿教师职业道德规范来规范幼儿教师的日常行为,使这些老师行事无法可依、无章可循,只能根据自己的兴趣、爱好和能力处理幼儿事务。记者在采访一些虐童教师时,发现有很多教师一开始并没有认识自己的行为是错误的,如浙江温岭虐童事件的老师彦某在谈到虐童时说,她一开始并没有想那么多(即自己的行为是虐童),甚至她还在自己的 qq 空间里放了很多虐童照片。其实,幼儿教师每天都要做很多决定,这些决定中有许多会涉及师德问题,建立幼儿教师职业道德规范,明确幼儿教师的职责,为幼儿教师的行为提供参考依据,让幼儿教师知道什么可为,什么不可为,不仅可以使幼儿教师明确方向,也可以避免由师德问题引起的伤害幼儿行为。

(二)幼儿教师职业道德的具体要求

1989年,全美幼教协会制定的《伦理规范与承诺声明》开辟了幼儿教师职业伦理规范的先河,经过不断修订已经成型,是目前为止世界上比较权威的职业伦理规范。该规范从与幼儿的关系、与家长的关系、与同事的关系、与社区的关系四个部分来规范幼儿教师的师德。本书节选了全美幼教协会制定的《伦理规范与承诺声明》,以期对我国幼儿园教师职业道德规范提供参考。

1. 对儿童的伦理道德责任

童年是整个人生中独一无二的、宝贵的阶段。幼教工作者首要的职责就是为每一个儿童在安全、健康、良好的环境下提供保育和教育,尽心尽力地支持儿童的发展和学习,尊重个人差异,帮助儿童学会生活、游戏以及合作,帮助儿童确立良好的自我意识、竞争能力、自我评价、适应力和身体素质。

1)理想:

(1)熟知儿童保育、教育的基础知识,并且通过不断的教学和培训增进对知识的理解。

(2)将教学计划建立在现有有关儿童保教、儿童发展及相关学科的知识、研究以及每个儿童自身情况的基础之上。

(3)认识并尊重每个孩子独特的素质、能力和发展潜力。

(4)重视每个孩子的弱点以及他们对父母的依赖性。

(5)创造并维持一个安全、健康的环境以促进儿童的社会性、情绪、认知和身体发展,并尊重他们的尊严和贡献。

(6)利用适宜儿童的辅助设施和策略。

(7)使用评估信息来理解和支持儿童的发展和学习,并确定儿童可能需要的发展。

(8)在促进每个正常或残疾儿童发展的环境下,赋予每个儿童玩耍和学习的权利。

（9）倡导并确保所有儿童，包括有特殊需要的儿童，能够获得所需要的支持和服务。

（10）确保每一个儿童的文化、语言、种族和家庭都能在教学中得到承认和重视。

（11）提供所有儿童他们所知道的语言方面的经验。包括保持使用母语以及学习英语。

（12）和家庭成员们一起合作，使儿童能顺利地从家庭过渡到幼儿园。

2）原则：

（1）不能危害到儿童。不能对儿童有情感伤害的、不利于身体的、不尊重的、有辱人格的、危险的、剥削性的或恐吓性的行为。这条原则是所有原则之首。

（2）应在积极的情绪和环境中照料和教育儿童，这会对儿童的文化、语言、种族和家庭结构的认知产生良好的刺激。

（3）绝对不能出现损害儿童利益、给予儿童区别对待或任何对儿童的性别、种族、国别、宗教信仰、医疗状况、残疾、家庭状况、家庭成员的性取向、宗教信仰等表示不公平对待的歧视性行为。

（4）要涉足所有相关知识领域（包括家庭和工作人员的决定），对于所有涉及儿童的信息进行保密。

（5）使用适当的评估系统，其中包括多种信息的来源，来提供有关儿童学习和发展的信息。

（6）努力确保有关决定（如注册、保留或转让特殊教育服务）是根据多种信息来源而做出的，而不是基于单一的评估（如考试成绩或单一的观察）。

（7）努力与儿童建立良好人际关系，制定适应个性发展的教学策略、学习环境和课程，并与家长协商，以便使每个孩子从课程中得到益处。如果竭尽努力还不能将当前的设置满足儿童的需要或者严重损害了其他孩子的能力，则联合儿童的家人和专家来确定适当的条件和服务来使儿童得到发展。（这一原则可能不适用那些为特殊儿童提供的法律性项目）

（8）熟悉虐待和忽视儿童的危害性。包括对儿童身体、性、语言和情感的虐待，以及对其身体、情感、教育和医疗的忽视。了解和遵守国家法律和社会保障，方能识别对儿童的虐待和忽视。

（9）当有合理理由怀疑儿童受到虐待或忽视时，向适当的社区机构报告并采取后续行动，以确保必要措施的实行。在适当的情况下，父母或监护人将被告知保护行动已经被执行。

（10）当其他人告知或怀疑儿童受到了虐待或忽视，为了保护儿童，要采取协助的行动。

（11）当得知一种行为或情况威胁到儿童的健康、安全或者福利时。有道德义务去保护儿童或者告知他们的父母或其他监护人。

2. 对家庭的道德义务

家庭对于儿童的发展是至关重要的，因此，教师与幼儿和家庭间的沟通、合作对于促进儿童发展有着重要作用。

1）理想：

（1）通过继续教育和培训的方式使幼儿教育工作者保持与家庭的有效合作。

（2）与家庭建立相互信任的关系。

（3）欢迎并鼓励所有的家庭成员参与到教育中来。

（4）倾听家长的声音，承认并增强他们对幼儿的影响力，并且向他们学习。

（5）尊重每个家庭成员和他们的喜好，并努力了解每个儿童的家庭结构、文化、语言、风俗和信仰。

（6）尊重家长的教育观和他们为子女做决定的权力。

（7）从家长处了解儿童发展信息并帮助他们理解幼儿教育界现有的知识理论。

（8）帮助父母提高对子女的理解能力，并支持他们自身的发展。

（9）通过提供与工作人员、其他家庭、社区资源和专业服务机构的互动机会来参与家庭支持网络的建设。

2）原则：

（1）不否认家长参与教室或教学计划设置的权利，除非该权利被法院否认。

（2）告知家长教育原则、政策、课程、考核制度和人员资格，并解释安排教学的根据。

（3）通知家长在适当的时候参与教学决策。

（4）参与影响幼儿的重大家庭决定。

（5）尽可能用家长能懂的语言与其沟通，语言不通时利用笔译和口译等手段进行交流。

（6）当家长与教师分享儿童和家庭情况时，考虑将这些信息用来规划和实施教学计划。

（7）告知家长儿童评估的性质和目的。

（8）对儿童的评估信息严格保密，只在有需要时运用。

（9）告知家长儿童的伤亡情况以及可能的风险，如传染性疾病可能对儿童和家庭带来的危险和可能导致的情绪压力。

（10）家长应充分了解任何涉及其子女的拟议项目，并有充分的权利和机会表示赞成或不赞成。教师不允许参与任何可能妨碍儿童教育、发展或获得幸福的研究。

（11）不得利用与家长的关系谋取私人利益，不得为了工作而介入家庭关系。

（12）提出书面措施以保护儿童的隐私，这些措施对所有人都是有效的。向家长以外的人披露幼儿的记录、个人计划等信息必须得到家庭的同意（虐待或忽视案件除外）。

（13）所有的个人信息以及家庭访问记录都要尊重和保护家庭的隐私。尽管如此，当儿童的利益受到威胁时，保护儿童的机构和法律是能够共享这些信息的。

（14）在家长之间有冲突的情况下，公开地对他们进行工作并向他们提供观察儿童的情况，帮助他们作出明智的决定。教师要避免成为家庭中任何一方的辩护者。

（15）对社区资源十分熟悉，跟进每个家庭项目，给予家长专业的支持。

3. 对同事的道德责任

在一个充满爱心与合作的工作场所中，保持和发展积极的人际关系，能使个人尊严得到尊重，专业满意度得到提升。在核心价值观的基础上，教师的首要责任是与同事建立和保持支持工作以及满足专业需要的良好人际关系。

1）对同事的责任。

（1）理想：

① 与同事建立并保持相互尊重、相互信任、保护隐私、协同合作的关系。

② 与同事分享资源，确保为儿童提供最好的保育与教育。

③ 帮助同事满足专业需要以及专业发展的需要。

④ 承认同事的专业成就。

（2）原则：
① 承认同事在教学中和面对儿童、家长时做出的成绩，不参与损害集体名誉的行动。
② 当关注一个专业工作者时，首先让他/她知道自己被关注以表尊重，然后以保密的方式尝试解决在关注中发现的问题。
③ 陈述对同事个性和专业操守的意见以第一手资料为基础，绝不道听途说。
④ 绝不对同事的性别、种族、国籍、宗教或党派信仰、年龄、婚姻状况或家庭情况、残疾以及性取向有任何歧视性的行为。
2）对领导的责任。
（1）理想：
① 尽可能发挥自己的能力促进教学质量的提升。
② 除非是违反了法律、旨在保护儿童的法规或者本守则的规定，否则在工作中绝不做任何损坏自身机构名誉的事情。
（2）原则：
① 遵循所有计划政策。当计划政策不能实行时，努力通过组织内部的影响来做有建设性的活动。
② 每一个教师都要以一个组织的名义说话和行动，必须承担以组织名义和个人名义所讲之话的责任。
③ 不得违反法律、旨在保护儿童的法规，并且按照本守则采取适当行动。
④ 如果有同事的行为有问题但并不涉及儿童的利益，可以自行解决这个问题。但若提醒后，情况没有得到改善或危害到了儿童，应向有关部门报告该同事的不道德或不称职行为。
⑤ 当对影响儿童保育教育质量的环境或条件担忧时，应通知教育管理人员，在必要时候将通知有关部门。

4．对社区和社会的道德义务

对于社区的责任就是提供能够满足家庭需要的教育计划、与专业机构和责任人员协同合作，并且协助社区发展未来计划。就个体教师而言，真诚地为儿童提供最好的教育计划和服务。对于整个教师集体来说，提倡儿童利益最大化的教育计划。这一节中的理想与原则既有针对个别幼儿工作者也有针对幼儿工作者集体的。
1）理想（个人）：
（1）为社区提供高质量的早期幼儿保育和教育的计划与建议。
2）原则（个人）：
（1）公开、诚实地与各界对所提供服务的性质和程度进行沟通。
（2）申请、接受、从事适合专业的工作岗位，绝不提供不具专业水准之服务。
（3）对雇佣之人的专业资格仔细审核，并为其推荐合适的岗位。
（4）在已有的知识基础和活动计划基础上努力做到客观准确。
（5）对评估策略有详尽的了解，能对家庭作出详细解释以便他们运用。
（6）熟悉保护儿童的法律、法规并密切留意其执行状况。
（7）当一种习惯危害到了儿童的健康和福利时，有道德义务去告知其父母或监护人。
（8）在教育计划中不得有违反保护儿童的法律法规的活动。

（9）当有证据显示一项教育计划违反了保护儿童的法律法规时，要报告能够做出补救的有关部门。

（10）当一个计划违反了或要求其雇员违反本守则时，在允许的情况下、在对有关证据作出评估后，披露该计划。

第二节　幼儿教师职业道德养成

2012年7月4日，深圳5岁半男童因午睡睁眼，被年轻女教师抓烂下体；2015年10月15日，太原市某蓝天蒙台梭利幼儿园一名5岁女童因不会做算术题，10分钟内被老师连续掌掴几十巴掌；2012年10月24日，一张浙江温岭幼师虐童的照片在网上疯传，照片中，一幼师拎着一个孩子两只耳朵提离地面近20厘米，孩子表情痛苦，号啕大哭，而该幼师脸上居然挂着欢笑，称是为了好玩；2012年12月18日，江苏省兴化市某幼儿园一名幼儿因上课说话被教师用熨斗烫伤面颊……近来教师"虐童事件"频发，桩桩件件都触目惊心，不仅破坏了幼儿园教师的天使形象，也把幼儿教师师德推上舆论的风口浪尖，有人甚至指出虐童事件频出反映了当前幼儿教师师德下滑。当前幼儿教师职业道德存在哪些问题，是什么原因导致了这些问题，如何解决幼儿园师德问题，这些是本节要讨论的内容。

一、当前幼儿教师职业道德存在的问题

翻阅大量文献资料，结合在幼儿园的实地观察与对家长的访谈，发现当前幼儿教师的职业道德总体良好，多数幼儿教师热爱幼儿教育事业，关心幼儿的成长，多数家长比较认可幼儿园的工作，认为孩子在幼儿园不仅可以学到一些知识和本领，还能够学会做人的道理，幼儿教师总体上是希望孩子向良好的方向发展。但是幼儿园教师"虐童事件"层出不穷，也反映出幼儿教师的师德存在以下问题：

第一，教师随意体罚幼儿或变相体罚幼儿（关小黑屋，长时间罚站，嚷喊，瞪眼，拉耳朵，罚站，挖苦，冷暴力，漠视孩子）。体罚或变相体罚幼儿可能会对幼儿的身心发展带来严重的危害，出于人道主义关怀，人们对体罚或变相体罚幼儿普遍持反对意见，《义务教育法》《教师法》《未成年人保护法》明文规定，严禁教师体罚或变相体罚幼儿。但对什么是体罚或变相体罚没有做详细规定。但是完全禁止体罚或体罚，给教育也带来了一定的负面影响，很多大年龄幼儿知道老师不敢体罚自己，更加肆无忌惮、无法无天，老师无法管教也不敢管教，不仅影响教师的尊严，也阻碍了孩子的发展。还有一部分幼儿教师不能容忍小年龄幼儿某些不遵守规则的行为，私下里对幼儿实施体罚，事后威胁幼儿不能告诉其家长，其给幼儿心理造成的伤害程度远远超过体罚本身。其实，教师在采取所有教育措施都无效的情况下，可以和其家长商量建议家长对其采取一定的措施，由其家长执行，其目的是消除幼儿的不良行为，促进幼儿良好行为的发展。如果幼儿教师以其个人喜好、情绪为依据，动辄体罚孩子、滥用私刑，其行为不仅违犯了法律，也对幼儿的身心发展造成了极大的伤害。

第二，教师对幼儿有失公平的现象依然存在。平等对待每一位幼儿是幼儿教师师德的重要内容之一，平等对待幼儿要求教师能够尊重和包容幼儿之间的不同和差异，不因孩子的家庭、性别、外貌、聪明程度、性格而区别对待孩子。然而，在实际的幼儿教育过程中，幼儿教师对幼儿有失公平的现象屡屡发生，如喜欢长得漂亮的小朋友；幼儿间发生纠纷时，教师不分青红皂白批评调皮的小朋友。这些不公平的现象不仅影响幼儿对社会规范的认识，也会影响幼儿对人、对事、对己的态度，同时还会影响家长对老师的看法，不利建立和谐的家园关系。

第三，教师不尊重孩子，不负责任。在某项关于幼儿教师职业道德的调查中，关于"你会认真备课吗"这个问题，有18%的老师回答会认真备课，并做好相关工作，76%的老师回答会备课，6%的老师回答不会备课。与其他年龄阶段儿童的教育活动相比，幼儿阶段的集体教育活动更需要教师掌握幼儿身心发展特点、幼儿的兴趣以及教学内容，做到因材施教，如果教师不备课，不仅不能把握幼儿集教活动的精髓，组织生动有趣、符合幼儿身心特点的集体教育活动，而且只能临时抱佛脚，实行填鸭式教学。这样会危害幼儿身心的健康，损害幼儿学习的兴趣，使幼儿教育活动背离促进幼儿发展的根本目的。

第四，违反规定，接受家长礼品。家长将自己的孩子视为自己生命的延续，希望幼儿教师能多加关爱自己的孩子，于是有些家长逢年过节都会给幼儿教师送礼物，基本所有的幼儿教师都会面临如何处理家长送礼的问题。某项调查中，关于"你是否会接受孩子家长所送的礼物？"这个问题，有78.1%幼儿教师表示不会接受，那样会使得自己的形象受到破坏，有19.2%的幼儿教师则表示要看实际情况，如果家长坚持要给，那么就会收，因为如果不收，家长就会比较尴尬；剩下2.7%的教师则表示应该会接受。中国有句俗话：吃人嘴短，拿人手软。教师接受家长礼物后，势必会更加关心和照顾送礼的幼儿，相对忽略其他幼儿，这不仅会影响幼儿价值观的形成，也不利于幼儿健康人格的发展。

除上述四点以外，教师控制情绪能力弱，无缘无故向幼儿发脾气或者侵犯幼儿也是幼儿教师职业道德缺失的表现。幼儿阶段是个体人格形成阶段，幼儿阶段的教育对个体的终身发展有重要影响，教师是幼儿生活中的重要他人，幼儿教师师德缺失对幼儿身心发展产生的负面影响不可估量，所以，应该杜绝幼儿教师师德问题的出现。

二、幼儿园教师职业道德存在问题的成因

幼儿园教师职业道德问题，是幼儿教师本身、政府、社会、幼儿园等多方原因综合作用的结果。

1. 政府方面的原因

幼儿教师师德评价标准缺失。我国并没有制定国家统一的幼儿教师师德标准，许多教师在做决定时无标准可依，只能依据自己心中的标准，而自己心中的标准也受到市场经济和多元文化的影响，标准太多，不知道哪个是对哪个是错，致使很多教师在遇到问题时，无法进行合理的判断，做出正确的选择。

缺少相关的法律、法规。国家法律并没有如何处理虐童事件的相关规定，致使虐童事件发生后，相关部门只能依据相关治安处理法对施虐童者进行处罚，这些处罚与儿童受到的伤

害并不相等，也没有达到让后来者望而生畏的程度。如，记者在采访浙江温岭虐童幼师颜某时问："如果法律规定有虐童罪，然后要负刑事责任，你会不会这么做（虐童）？"颜某说："不会。"记者追问："你确定吗？"颜某回答："对，因为那样是犯罪的，是错误的，我之前（虐童）是什么都没想过。"

2. 社会原因

幼儿教师缺口大，整体素质偏低。学前教育蓬勃发展，幼儿园规模扩大，数量增多，幼儿教师缺口增大，如据教育部在2011年的统计，我国有80多万的教师缺口。同时，教育局给予编制名额较少，许多高学历人才不愿意成为没有编制的幼儿教师，导致一些低学历、无教师资格证的人员进入幼教行业，造成整个行业从业人员素质的整体下滑。如山东省教育厅2012年进行的一次学前教育专项督导，发现山东境内约有十分之八的幼儿园教师没有教师资格证，将近五分之一的幼儿园园长没有园长任职资格。幼儿教师素质低，在遇到幼儿问题行为时，采取的方式简单粗暴，采用这种方式后，不被制止或受到惩罚，久而久之，暴力升级，就可能演变为虐童行为。

幼儿教师社会地位低，得到的社会关爱少。教师这个职业是崇高而伟大的，理应受到社会的尊重，但由于幼儿教育对象的特殊性，幼儿教师没有受到相应的尊重。人们常常把幼儿教师当作"孩子王""保姆"，有些家长认为，幼儿教师所教内容，他都能教，只是没有时间而已，幼儿教师的知识含金量很低。社会地位低、得到的关爱少不仅会降低幼儿教师的职业认同感，使幼儿教师不珍惜幼师这份工作，也会给幼儿教师带来巨大的心理压力，如果教师不会合理排解压力，就容易情绪失控，经常向幼儿发脾气，导致幼儿教师的师德问题。

幼儿教师对自己工作社会地位的看法

当问及"您怎样看待幼儿园教师的工作"时，一些幼儿园教师表达了以下几种观点：每天照顾没有自理能力的幼儿，工作非常辛苦，琐碎而复杂，并且担负的责任重大，因为每个孩子都是家里的宝贝疙瘩，不容得有半点闪失。与此同时，每个月拿到手的工资又少，社会保障很低，用那句操心费力不讨好来形容实在是再合适不过了。在这种情况下，有谁希望每月一两千元的工资挣一辈子呢？因此很多人并不愿意选择幼儿园的教育工作作为自己的终身职业。其实选择幼儿园教师的工作无非就是为了养家糊口吃一口饭罢了。说好听点，人家会尊称你为某某老师，说不好听的，有的人背后觉得自己无非就是一个带孩子的阿姨罢了。事实上很多的情况也是如此，每个月的工资收入又低，同时社会保障又差，和中小学的教师待遇相比一个在天上一个在地下，完全没有办法同日而语。干几年就走人，这不是一个打工妹是什么呢？

我都已经快奔30岁的年纪了，到现在还没有找到男朋友，有家人朋友帮介绍了几个，人家一听是做幼儿园教师的连面都不见一次，直接摇头说no。今年，我过生日的时候就有朋友劝我，"不行就别干了，反正也不是什么特别好的工作，因为这个耽误了终身大事，多遗憾啊！"自己之所以到现在依然单身和从事幼儿园老师的工作有很大关系。

（文章来源：蒋凯，《幼儿园师德问题及建设对策研究》，2014）

家庭教育出现问题，家长过度溺爱幼儿，在家包办孩子的生活起居，致使幼儿不能适应幼儿园生活常规，幼儿教师在纠正孩子生活常规的过程中，可能出现师幼矛盾，导致不良事件的发生。纵观被媒体曝光的虐童事件，至少有50%的事件是因为儿童没有建立良好的常规而造成的。马卡连柯说过："一切都给孩子，牺牲一切，甚至自己的幸福，这是父母给孩子最可怕的礼物。"

5岁女孩掌掴老师扬言让父亲赔钱了事

当甘井子区某高档幼儿园的老师让5岁的孩子吃饭时，这个孩子竟然掌掴老师："姿势很专业，一般小孩子打架都是挠或抓，而她简直就是在扇嘴巴呀。"被打老师陈×很委屈。委屈过后就是气愤，"这孩子竟不屑一顾，不但不道歉，还扬言，让他的父亲赔钱就可以了事。"

陈×说，事情发生在上周："在午饭时，我让小朋友吃饭，这个小女孩感觉饭菜不合口味，很是不满意，我还蹲下来好言好语劝了几句，结果她竟然扇了我两巴掌，当时我就被打懵了。"对孩子的打闹，陈×时常遇到，"但像她如此专业的，还从未遇到过，一般的孩子就是挠或者抓，再严重的就是趁你不注意咬你一口，可这孩子竟然是掌掴。"这个5岁小女孩毫无悔意，作为老师，自然要教育一番，道歉是必需的，"可这个孩子竟然对我说，反正也没打坏你，要不让我爸赔点钱给你就算了。"孩子的这句话，让所有人目瞪口呆："有点不可理喻，还没上学竟然把钱看得如此重要，难道钱能解决所有的问题吗？这个孩子如果不改变的话，其未来发展将很危险。"

当老师把这事转述给家长时，家长虽然向老师道歉，但对女儿并无过多的责怪："虽然教育了几句，但其语气和脸色告诉我们，家长不是引以为耻，而是引以为荣，好像自己的女儿能'顶天立地'似的。"陈×说，"我被5岁的孩子打是小事，孩子拒不道歉则是一件大事，因为关系到这个孩子的成长呀。"

（资料来源：http://news.qq.com/a/20071219/000007.htm）

家长对幼儿园教育的不合理期望。望子成龙、望女成凤是中国家长最普遍的心理。谈到最希望自己孩子在幼儿园学到什么时，很多家长都表示希望自己的子女学会一些简单的加减法和拼音，以便孩子能够在小学里表现更突出。幼儿园为了迎合家长的需求，开设小学低年级课程，即使这些课程并不适合这一年龄阶段的孩子学习，孩子学不会，老师很着急，教师和幼儿之间的矛盾加剧。如山西省太原市蓝天幼儿园某幼儿因不会计算数学题被老师掌掴数十下。

3. 幼儿园方面的原因

幼儿教师招聘把关不严。许多幼儿园在招聘幼儿教师时，准入制度把关不严，对是否是学前教育专业毕业或者有无教师资格证要求不严，导致非专业人员或无证上岗现象严重。非专业或无证上岗人员对幼儿身心发展特点缺乏全面系统的了解，幼儿问题行为发生后不会从专业角度去分析原因，无法找出科学的应对措施，采用的方式通常简单粗暴，不利于儿童身心的健康成长。这是既是幼儿教师的能力问题，也是幼儿教师的师德问题。

幼儿园监督机制不健全和奖惩机制不完善。师德问题从在教师心中萌芽到转化为教师的实际行动，绝非偶然，实际是日积月累的结果。园方平时对教师的师德问题缺乏监督和管理，致使教师放纵自己行为。教师的一些不负责任或虐待行为发生后，园方站在保护教师的角度，宽容和理解教师的行为，最后使教师的行为愈演愈烈最后演变为最严重的师德问题。如浙江温岭虐童事件曝光前，已经有两位家长向该幼儿园园长反映过颜老师可能存在虐童行为，但该园园长并没有深究颜老师的行为，致使该教师的行为愈演愈烈。

浙江温岭虐童事件发生后，记者对该园园长采访片段

园长：我就觉得全天下的百姓都不会相信我，可我真的是不知道，真的是不知道，别人是不相信我，但我是真的不知道，一无所知。

解说：但是据我们了解，事发之前，曾经有两次学生家长都找到园长，说颜老师可能伤害过孩子。她问颜时，颜否认了。

记者：您能帮我回忆一下孩子当时什么表现吗？

园长：孩子就想哭，就是扭回头转，我不进这个教室，那我说没事没事，我到别的班级帮你去问问，然后老师同意了，到了别的班级这个孩子就不哭了。

记者：那这个信息你之后有没有进一步再追查过？

园长：我还是就是说原谅这位老师，我说下一次绝对不能出现是这样子的。

记者：您现在回忆，这个原谅会不会来得太轻易了。

园长：是的，对我来说疏忽了，想象不到她今天会拍这么多的照片，真的是我做梦都想不到。

记者：几次碰到事情的时候，你都站在她的这一边，然后也没有更多的职责和惩罚她，她会认为说，那没事，也许她袒护我，她纵容我这么做。

园长：也许她有这样的想法，但我是一个，一个头脑简单的人，没想到这一点。

记者：其他人也会觉得，在这个幼儿园里，这些行为是不是可以容忍的。会给外界这样的一个传递？

园长：我理解，他们会有这样的想法的。

教师工资低，工作强度大，付出与收入不成正比。按国家明文规定，工作人员每天工作8小时。实际上，幼儿教师的工作时间要远远超过8小时。有人对幼儿教师的工作时间进行过调查，发现，有46%的老师每天工作时间超过10小时；33%的老师工作时间在8~10小时之间；只有20%的老师工作时间在8小时以内。幼儿教师超负荷的工作时间，理应高收入。但事实上恰恰相反，幼儿教师待遇很低，一项调查显示，66%教师的工资在1 500元以下，24%教师的工资在1 500~2 000元，只有10%教师的工资在2 000元以上。长期超负荷的劳动和低收入的回报使幼儿教师心理不平衡，容易对自己的职业产生倦怠感。北京师范大学一项专门调查显示，北京市有明显职业倦怠倾向的幼儿教师占全部幼儿教师的59.5%。职业倦怠，使得幼儿教师职业认同感低，一旦在工作中遇到一点困难，就想离开自己的工作岗位，换一份工作，同时，也可能会导致心理失衡，把不满发泄在孩子身上，做出有悖教师职业道德的事情。

4. 幼儿教师个体原因

个别幼儿教师心理处于亚健康状态，情绪调节和控制能力弱，容易将自己的不良情绪发泄到幼儿身上。北京师范大学心理咨询中心聂振伟教授说："师德是最表象上的东西，但我们的社会只看到师德问题，实际上再往下深究，有时候的确是师德问题掩盖了教师的心理健康问题。师德应该常抓不懈，但是教师的心理健康状况和师德问题是相辅相成的，如果在教师心理健康这个层面上把问题解决了，师德问题就只剩下来自个别教师道德品质方面的问题了。"①目前为止，幼儿教师主要有自卑心理严重、虚荣心强、个性固执、性格孤僻等心理问题。关注幼师德问题的同时，要关注幼儿教师的心理健康，让幼儿教师愉快地投入到自己的工作中去，这是解决幼儿教师师德问题、促使幼儿健康成长的重要途径之一。

三、加强幼儿园教师师德建设

加强幼儿教师队伍师德建设，并不是以偏概全，拿少数幼儿教师所犯的错误惩罚全体幼儿教师，对全体幼儿教师施加压力，而是杜绝幼儿教师师德问题，提高幼儿教师整体形象，改善幼儿教师生存环境。

（一）政府是幼儿教师师德建设的重要保障

首先，国家要制定统一的师德标准，使幼儿园教师在做出决定时，做到有法可依，有章可循，规范幼儿教师行为，减少幼儿教师问题行为的发生。其次，立法要同步跟进，把虐童罪写入国家法律，对施虐者严惩不贷。再次，教育部要制定相关政策，规范幼儿教师的准入制度，把非专业和不具备资格的人员排除学前教育的大门之外，保证幼儿园找到德才兼备的老师。最后，国家应该加大对学前教育的政策支持和资金投入，提高学前教育在国民教育中的地位，增强幼儿教师职业认同感，吸引一批又一批的优秀人才进入学前教育行业，使优秀人才进得来，留得住。

（二）社会是幼儿教师师德建设的强大力量

新闻媒体要客观真实地反映幼儿教师工作情况，多一些幼儿教师的正面报道，帮助幼儿教师树立良好的社会形象，提高幼儿教师职业荣誉感和幸福感。电视网络应该加大宣传力度，向家长宣传科学育儿方法，让家长学会科学教养孩子，帮助孩子树立良好的生活习惯，以免家长一味溺爱孩子，使孩子成为天不怕、地不怕、无法无天的小霸王。而且，家长应该主动了解幼儿园教育，明白在幼儿阶段孩子最重要的不是学习了多少知识和技能，而是养成良好的行为习惯和人格品质，摒弃幼儿教师是"孩子王"的错误观念。

（三）幼儿园是幼儿教师师德建设的必要保障

幼儿园是幼儿教师的工作场所，幼儿园的文化氛围和管理制度对幼儿教师的行为有重要影响，幼儿园在幼儿教师师德建设中起着不可替代的作用。首先，幼儿园应该制定相应的规章制度，规范幼儿教师的行为，让幼儿教师明白哪些事能做，哪些事情不能做。为保证幼儿教师的积极性，在制定规章制度的过程中，园长应该积极听取幼儿教师的意见，并采纳其合

---

① 教师心病如何治——师德掩盖下的教师心理健康问题[EB/OL].（2004-04-01）[2013-02-21]. http://news.sina.com.cn/e/2004-04-01/11413084236.shtml.

理意见。制度制定后,要严格执行,对于能够根据规定规范自己行为的教师,要予以奖励和表扬,对于违反规定的老师,进行适当惩罚,做到赏罚分明。其次,建立教师行为监督制度,幼儿园可以建立由幼儿家长、社会和教师共同参与的监督体系,预防幼儿教师的不良行为。再次,幼儿园要加强对教师的定期培训,提高教师的业务能力。在培训中要让幼儿教师认识到幼儿教育的意义,热爱学前教育;提升幼儿教师处理幼儿问题行为的能力;教给幼儿教师与家长沟通的技巧;加强教师的法制观念,让幼儿教师认识到虐童的危害。最后,创造和谐的人际氛围,保证幼儿教师的心理健康。幼儿园应对教师实行人性化关怀,员工遇到困难和挫折时,要及时给予关心和帮助;建立由专家和教师组成的心理健康小组,定期对教师进行心理疏导、干预,保证幼儿教师拥有积极健康的心理状态,预防不良心理;幼儿园可通过开展各类健康丰富的主体活动,来完善教师的心智和修养,充分发展不同教师的潜能,逐步增强他们的职业成就感和自信心,有效促进教师的心理健康。

(四)教师个体是幼儿教师师德建设的根基

1. 知行统一,身体力行

理论与实践相结合是师德修养的根本方法。幼儿教师一方面要认真学习师德修养的相关理论,不断提高师德认识,树立高尚的道德理想;另一方面要积极投身于保育教育工作中,从小处着手,将道德理想、师德理论付诸行动。干好本职工作,为人师表,这是师德修养的根本目的。

2. 严于自剖,兼听则明

这是促进个人进步的内在动力和外在推动力。由于幼儿教师工作的艰辛、繁重、复杂,幼儿教师在师德修养上会出现反复或曲折,也会因种种原因产生这样的缺点或错误,要正确开展批评和自我批评。同时,幼儿教师在自己的工作实践中,还要掌握释压方法,合理发泄情绪,避免将自己的不良情绪释放到幼儿身上,做到"自剖"与"兼听"相结合,努力提高自己的修养。

3. 见贤思齐,从善如流

生活本身就是一座道德宝库,幼儿教师可以从中汲取丰富的精神营养。首先,教师要向先进模范人物学习。以他们为榜样,来激励和鞭策自己。其次,要善于发现幼儿身上的闪光品质。"师不必先于子弟,弟子不必不如师""教学相长",幼儿也常常会给予教师修养上的启迪。最后,要在生活中发掘美德的宝藏。幼儿教师要走出幼儿园,到人民群众中去,发现和学习他们身上的优秀品质。见贤思齐、从善如流是教师师德修养的不竭源泉。

4. 反复磨炼,努力慎独

慎独是指在一人独处、无人注意的情况下仍对自己的行为谨慎不苟。慎独既是一种品德修养的重要方法,又是一种修养的极高境界。它要求幼儿教师把着眼点放在自己内心深处,省察自身的一言一行,且持之以恒,反复磨炼,使自己的师德修养逐步达到完美境界。

慎独还要求幼儿教师要做"反思的实践者"。不仅要对自己集体教学中的方式、方法进行反思,而且要对自己处理幼儿事务的方法和手段进行反思,在实践中不断促进自己的成长。

《加拿大安大略省教师职业道德标准(2006年修订版)》导言中指出:教师职业道德标准

是教师职业实践的一个理想图景。教师职业的核心是对学生及其学习的高度负责。安大略省注册教师，在其高度信任的职责中，在与学生、家长、监护人、同事、教育合作者、其他专业人员、环境和公众的关系中，表现出责任感。教师职业道德标准的目的是：激励教师维护和提升教师职业的荣耀与尊严；识别教师职业中的道德责任和义务；指导教师职业中的道德决定和行为；提升公众对教师职业的信任和信心。教师职业道德标准如下：① 关爱（Care）。关爱的道德标准包括为提升学生潜能所表现出的同情、包容、兴趣与洞察力。教师通过积极影响、专业判断和实践中的同理心，表达他们对学生福利和学习的高度责任。② 尊重（Respect）。尊重的道德标准的核心是信任和公正。教师尊重人的尊严、情感健康和认知发展。在教师的职业实践中，教师以身作则，对精神与文化价值观、社会公正、隐私权、自由、民主和环境表示尊重。③ 信任（Trust）。信任的道德标准包括公正、开放和诚实。教师与学生、同事、家长、监护人和公众的关系应建立在信任的基础上。④ 正直（Integrity）。正直的道德标准包括诚实、可靠和道德行为。不断的反思有助于帮助教师在履行其职业义务和责任时做到正直。

思考与练习

一、判断题

1. 幼儿教师的职业理想是职业道德的重要表现之一。（   ）
2. 幼儿教师不能有伤害儿童情感的、侮辱儿童人格的行为。（   ）
3. 幼儿教师可以接受家长的礼物。（   ）

二、简答题

1. 什么是幼儿教师职业道德道德？
2. 当前幼儿教师职业道德问题主要表现在哪几方面？

第四章 幼儿园教师文化素养

📖 内容提要

幼儿园教师由于其职业特点和专业发展的要求，需要自觉提高自身的科学与人文素养，掌握全面的文化知识、科学知识、文学知识，为所从事的幼儿教育事业奠定坚实的文化基础。文化素养是一个长期积累、学习发展的过程。文化素养模块在教师资格证考试中主要考查考生的知识面，要求考生全面掌握文化、科学、文学方面的知识，并能够准确地分析与应用。

◎ 教与学的目标

1. 具有一定的文化常识。
2. 了解中外科技发展史上的代表人物及其主要成就，熟悉常见的幼儿科普读物。
3. 了解中外文学史上重要的作家作品，尤其是常见的儿童文学作品。

❖ 案例导入

> **老师，什么是艾草？什么是菖蒲？**
>
> 中二班最近正在开展端午节的主题活动，班上的四个小朋友让爸爸妈妈去市场购买了艾草和菖蒲带到幼儿园，陈老师把它们挂在了教室内外。孩子们感到很新鲜，他们以前看到过，但不知道它们叫什么，为什么要挂上辟邪，所以都纷纷跑去问陈老师。陈老师向他们解释了艾草和菖蒲在端午节用来辟邪的用意。对于辟邪孩子们都不太懂，但他们知道这肯定是一种挺厉害的东西，就像一把剑一样。关于名称，贝贝仰着头问陈老师："陈老师，哪一样是艾草？哪一样是菖蒲呢？""……"陈老师一下子蒙住了（陈老师是刚工作一年的新老师，对艾草和菖蒲不熟悉，再加上课前没仔细去查过资料，所以也分不清楚艾草和菖蒲），但陈老师灵机一动，"唉，小朋友们，老师也分不清楚哪个是艾草，哪个是菖蒲。请你们回家帮我问问爷爷奶奶或者爸爸妈妈，请他们给我们讲一讲，好吗？"小朋友们乐意地接受了任务，下午当大人来接孩子时，他们都急着询问，但有些家长也都被问住了……

端午节为什么要吃粽子？春节为什么要贴春联？这些问题经常会从幼儿园小朋友的嘴里面蹦出来，要准确回答这些问题，就需要幼儿教师具备相应的文化素养。那么作为幼儿园教师，需要具备哪些最基本的文化素养呢？

第一节 文化常识

【内容概要】

文化常识内容丰富，涵盖广泛。本节从中国文化常识和外国文化常识两个方面进行最基本的介绍。中国文化常识包括天文历法、山水地理、传统艺术、民俗节日等知识；外国文化常识包括山水地理、艺术、民俗节日等知识。

一、中国文化常识

（一）天文历法

1. 二十四节气

二十四节气是古代历法的重要组成部分。古人根据太阳一年内的位置变化以及所引起的地面气候的演变次序，把一年三百六十五又四分之一的天数分成二十四段，分列在十二个月中，以反映四季、气温、物候等情况，这就是二十四节气。每月分为两段，月首叫"节气"，月中叫"中气"。

二十四节气的时间和顺序为：

农历	月首（节气）	月中（中气）
正月	立春	雨水
二月	惊蛰	春分
三月	清明	谷雨
四月	立夏	小满
五月	芒种	夏至
六月	小暑	大暑
七月	立秋	处暑
八月	白露	秋分
九月	寒露	霜降
十月	立冬	小雪
十一月	大雪	冬至
十二月	小寒	大寒

资料卡片

> **节气歌**
>
> 春雨惊春清谷天，
> 夏满芒夏暑相连，
> 秋处露秋寒霜降，

> 冬雪雪冬小大寒。
> 每月两节不变更,
> 最多相差一两天。
> 上半年来六、廿一,
> 下半年来八、廿三。

◇ **拓展阅读**

> **节令歌**
> 打春阳气转,雨水沿河边;惊蛰乌鸦叫,春分沥皮干;
> 清明忙种麦,谷雨种大田;立夏鹅毛住,小满雀来全;
> 芒种五月节,夏至不纳棉;小暑不算热,大暑三伏天;
> 立秋忙打靛,处暑动刀镰;白露烟上架,秋分无生田;
> 寒露不算冷,霜降变了天;立冬交十月,小雪地封严;
> 大雪河汊上,冬至不行船;小寒进腊月,大寒又一年。

2. 二十八星宿

二十八星宿是古人用于观测日、月、五星运行而划分的二十八个星区,用以说明日、月、五星运行所到的位置。每一宿包含若干个恒星(二十八星宿又称为二十八舍或二十八星)。二十八星宿自西向东依次排列称为:东方苍龙七宿:角、亢、氐、房、心、尾、箕;北方玄武七宿:斗、牛、女、虚、危、室、壁;西方白虎七宿:奎、娄、胃、昴、毕、觜、参;南方朱雀七宿:井、鬼、柳、星、张、翼、轸。

3. 四象

四象在传统文化中指东西南北四个方向,而这四个方向分别用青龙、白虎、朱雀、玄武四种动物形象来代表,分别为东宫苍龙、西宫白虎、南宫朱雀、北宫玄武。民间也有称四象为左青龙、右白虎、南朱雀、北玄武的说法。

4. 五更

我国古代将夜晚分成五个时段,用鼓来打更报时,因而称为五更,又称为五鼓、五夜。一更在戌时,称黄昏,又名日夕、日暮等,指19点—21点;二更在亥时,名为人定,又称定昏,指21—23点;三更在子时,名为夜半,又名子夜、中夜等,指23点—次日凌晨1点;四更在丑时,名为鸡鸣,又名荒鸡,指凌晨1点—3点;五更在寅时,称平旦,又称黎明、早晨、日旦等,是夜与日的交替之际,指凌晨3点—5点。

5. 四时

四时指春夏秋冬四季。春季包括农历正月、二月、三月,分别称为孟春、仲春、季春;夏季包括农历四月、五月、六月,分别称为孟夏、仲夏、季夏;秋季包括农历七月、八月、九月,分别称为孟秋、仲秋、季秋;冬季依次类推。

6. 纪年法

我国古代纪年法通常包括三种:

（1）年号纪年法。

由汉武帝开始使用年号纪年法。公元前141年，汉武帝即位，第二年就改元，使用年号"建元"，首创了年号纪年，之后的历代帝王都仿照其而建立自己的年号，如《岳阳楼记》中的"庆历四年（1044）春"等。

（2）干支纪年法。

天干地支包括十天干和十二地支。天干：甲、乙、丙、丁、戊、己、庚、辛、壬、癸；地支：子、丑、寅、卯、辰、巳、午、未、申、酉、戌、亥。

古人将十天干和十二地支依次相配合，组成六十个基本单位，通称为"六十甲子"，用来作为年、月、日、时的序号，如甲子、乙丑、丁寅等，用完六十年后又周而复始，这种纪年法叫做"干支纪法"。

（3）年号干支纪年法。

年号干支纪年法是将年号纪年法和干支纪年法结合使用。一般是把皇帝的年号放在前面，把干支纪年法放在后面。如《冯婉贞》"咸丰庚申，英法联军自海入侵"中，"咸丰"指的是咸丰皇帝的年号，"庚申"指的是干支纪年。

7. 十二生肖

古代称属相。古代的术数家将十二种动物与十二地支相配，称为：子鼠、丑牛、寅虎、卯兔、辰龙、巳蛇、午马、未羊、申猴、酉鸡、戌狗、亥猪。

（二）山水地理

1. 中国

春秋战国时期至宋元明清，"中国"多用来泛指中原地区，现在"中国"是中华人民共和国的简称。

2. 中华

上古时期华夏民族聚居在黄河流域一带，居四方之中，故称"中华"，后被用来泛指中原地区，今天已逐步成为中国的别称。

3. 九州

传说中我国上古时期划分的九个行政区域：冀州、兖州、青州、徐州、扬州、荆州、豫州、梁州、雍州。后代指中华大地，逐渐成为中国的又一别称。

4. 八荒

汉字将八荒叫作八方，指东、西、南、北、东南、东北、西南、西北八个方向，指离中原极远的地方，后泛指周围、各地；又指四面八方遥远的地方，犹称"天下"。《过秦论》："囊括四海之意，并吞八荒之心。"

5. 中原

中原有狭义和广义之称。狭义指今天的河南省一带，广义指黄河中下游地区或整个黄河流域。

6. 江河

古代很多文章里的江河专指长江、黄河。

7. 江东

江东指长江以东地区，古人以东为左，故又称江左。因长江在今安徽南部境内向东北方向斜流，而以此段江为标准确定东西和左右。江东所指区域有大小之分，可以指今南京一带，也可指今安徽铜陵以东一带，或可指以芜湖为轴心的长江下游南岸地区，即今皖南、苏南、浙江、江西东部这片地区。

8. 江南

江南指长江以南地区。狭义的江南指长江中下游平原南岸。广义的江南涵盖长江中下游流域以南，南岭、武夷山脉以北，即今苏南以及浙江全境。在古代，江南往往代表着繁荣发达的文化教育和美丽富庶的水乡景象，区域大致为长江中下游南岸的太湖、钱塘江流域地区。

9. 三山五岳

泛指中国的几大名山。"三山"指安徽黄山、江西庐山、浙江雁荡山。"五岳"指东岳泰山、西岳华山、中岳嵩山、北岳恒山、南岳衡山。

10. 三秦

三秦指潼关以西的关中地区。项羽灭秦以后把这一地方封赏给了三位秦军降将，因而得名"三秦"。

11. 州郡

古代划分的行政区域名称。秦朝统一天下后，设三十六郡。后隋唐将州和郡互称，州即郡，郡即州，如《隆中对》曾说"自董卓以来，豪杰并起，跨州连郡者不可胜数。"州郡到明清以后又称为府。

12. 山水阴阳

古代往往以山的南面为阳，山的北面为阴，水则反之，即水的北面为阳，水的南面为阴，统称为"山南、水北为阳，山北、水南为阴"。

（三）传统艺术

1. 三纲五常

"三纲"指君为臣纲，父为子纲，夫为妻纲；"五常"指仁、义、礼、智、信。

2. 三皇五帝

三皇五帝指中国在夏朝以前出现在传说中的"帝王"。三皇指天皇、地皇、人皇，或者指伏羲、神农、女娲；五帝指黄帝、颛顼、帝喾、唐尧、虞舜。

3. 岁寒三友

岁寒三友，指松、竹、梅三种植物，因为这三种植物在寒冬时节仍可保持顽强的生命力。松和竹在严寒中不落叶保持常绿，梅在寒冬里开花，有"清廉洁白"的意思，因而也是古代文人的理想人格，是中国传统文化中高尚人格的象征。中国宋朝时，岁寒三友常作为文人画、水墨画的题材，而元朝、明朝的陶瓷器也常有松、竹、梅的图案。

4. 文人四友

琴、棋、书、画。

5. 花中四君子

花中四君子指梅、兰、竹、菊四种植物。梅花，迎寒而开，美丽绝俗，具有傲霜斗雪的特征，是坚忍不拔的人格的象征；兰花，花朵清香淡雅，多生于幽僻之处，常被看作是谦谦君子的象征；菊花，清丽淡雅、芳香袭人，开于百花凋零后，不与群芳争艳，故历来被用来象征恬然自处、傲然不屈的高尚品格；竹，经冬不凋，且自成美景，它刚直、谦逊，不亢不卑、潇洒处世，常被看作不同流俗的高雅之士的象征。

6. 文房四宝

文房四宝是中国独具特色的书写工具。文房之名，起于中国历史上南北朝时期（420—589年），专指文人的书房，笔、墨、纸、砚为文房所使用，所以被誉为"文房四宝"。

7. 四库全书

《四库全书》是乾隆皇帝主持，由纪昀等360多位高官、学者编撰，3 800多人抄写，费时13年编成。丛书分经、史、子、集四部，故名四库。共有3 500多种书，7.9万卷，3.6万册，约8亿字，基本上囊括了中国古代所有图书，所以称为"全书"。

8. 四大石窟

四大石窟指甘肃敦煌的莫高窟、山西大同的云冈石窟、河南洛阳的龙门石窟、甘肃天水的麦积山石窟，是我国石雕艺术的突出代表。

9. 四大名瓷窑

四大名瓷窑指河北的瓷州窑、浙江的龙泉窑、江西的景德镇窑、福建的德化窑。

10. 四大名著

四大名著：《西游记》（明朝吴承恩著），《红楼梦》（清朝曹雪芹著），《三国演义》（明朝罗贯中著），《水浒传》（明朝施耐庵著）。

11. 四大名旦

1927年，北京《顺天时报》举办评选"首届京剧旦角最佳演员"活动，梅兰芳、程砚秋、尚小云、荀慧生当选，被誉为京剧"四大名旦"。梅兰芳擅长青衣，兼演刀马旦，是京剧梅派的代表人物；程砚秋演青衣，是京剧程派的代表人物；尚小云演正旦兼演刀马旦，是京剧尚派的代表人物；荀慧生演花旦、刀马旦，是京剧荀派的代表人物。

12. 元曲四大家

元曲四大家指关汉卿、郑光祖、马致远和白朴。四者代表了元代不同时期不同流派杂剧创作的成就，因此被称为"元曲四大家"。关汉卿的代表作为《窦娥冤》、马致远的代表作为《汉宫秋》、郑光祖的代表作是《倩女离魂》、白朴的代表作是《墙头马上》。

13. 四大民间传说

中国四大民间传说是指在民间以口头、文稿等形式流传最广、影响最大的四个神话传说：《牛郎织女》《孟姜女》《梁山伯与祝英台》《白蛇传》。四个传说全部是爱情故事，从一个侧面反映了人们对真挚感情的向往。

14. 四大文化遗产

四大文化遗产是指《明清档案》《殷墟甲骨》《居延汉简》《敦煌经卷》。

15. 四书五经

四书五经是四书和五经的合称，是中国儒家的经典书籍，是南宋以后儒学的基本书目，是儒生学子的必读之书。四书指的是《论语》《孟子》《大学》和《中庸》；五经指的是《诗经》《尚书》《礼记》《周易》(《易经》)《春秋》，简称为"诗、书、礼、易、春秋"。

16. 五声

五声是我国古代五声音阶中五个音级的简称：宫音、商音、角音、徵音、羽音。

17. 五行

五行是中国古代的一种物质观，多用于哲学、中医学和占卜方面。五行学说是将古代哲学理论中以木、火、土、金、水五类物质的特性及其生克制化规律来认识、解释自然的系统结构和方法论运用到中医学而建立的中医基本理论，用以解释人体内脏之间的相互关系、脏腑组织器官的属性、运动变化及人体与外界环境的关系。

18. 五味

五味指酸味、甜味、苦味、辣味、麻味五种味道。

19. 五色

五色指青、黄、赤（红）、白、黑五种色彩，也即是黑白色加三原色。通过这五种颜色可调出其他所有颜色，所以也用来泛指各种色彩。

20. 五大戏曲行当

中国戏曲中人物角色的行当分类，包括生、旦、净、末、丑五种行当。每个行当又有若干分支，各有其基本固定的扮演人物和表演特色。"生"是除"净、丑"以外的男角色的统称，分为小生、老生、武生；"旦"是女角色的统称，分为花旦、刀马旦、老旦、青衣；"净"俗指花脸；"末"是指年纪较大的男性；"丑"指丑角，分为文丑和武丑。

21. 戏曲中的红脸、黑脸、黄脸、白脸、蓝脸

戏曲中的红脸往往表现忠贞、英勇的任务性格，如关羽；黑脸表现正直无私、刚正不阿的人物形象，如包公；白脸代表阴险狡诈、飞扬、肃杀的人物形象，如曹操；蓝脸表现刚强、骁勇、有心计的人物性格，如窦尔敦；黄脸表现枭勇、凶猛的人物，如宇文成都等。

22. 诗经六义

诗经六义指"风、雅、颂、赋、比、兴"。"风、雅、颂"指《诗经》按音乐划分的三个类别："风"指国风，即西周时期各国的民间歌谣；"雅"是周王京畿的乐歌，周王京畿被周人称为夏，古代雅、夏通用，故有此称。"雅"分大雅、小雅，意思与后世的大曲、小曲相近；

"颂"是形容、赞颂的意思，是当时统治者进行祭祀时的乐歌。"赋、比、兴"是《诗经》主要的表现手法："赋"是铺陈的意思，对事物直接陈述，不用比喻；"比"是比喻，以彼物比此物；"兴"是联想，触景生情，因物起兴，这种艺术表现手法是诗歌创作的主要形象化方法，对后世诗歌创作产生了深远的影响。

23. 六礼

中国古代婚姻的六种手续和礼仪，即纳采、问名、纳吉、纳征、请期、亲迎。

24. 七宝

金、银、琉璃、珊瑚、砗磲、珍珠、玛瑙。

25. 唐宋八大家

唐宋八大家指唐、宋著名的八位文学家：韩愈（唐）、柳宗元（唐）、苏洵（宋）、苏轼（宋）、苏辙（宋）、欧阳修（宋）、王安石（宋）、曾巩（宋）。

26. 永字八法

永字八法指书写的八种笔画，因为"永"字具有：点、横、竖、钩、提、撇、短撇、捺八种笔画，所以称"永字八法"。

27. 九宫

九宫，中国传统文化范畴。九宫包括正宫、中吕宫、南吕宫、仙吕宫、黄钟宫、大面调、双调、商调、越调。九宫在奇门遁甲中代表地。大地，为奇门遁甲之基，是不动的。奇门遁甲分为天、地、人、神四盘，四盘之中唯有地盘是不动的，为坐山。

（四）民俗节日

1. 春节

春节指农历正月初一，也称为元日，是农历一年的开始，是我国传统习俗一年中最隆重的节日。在民间，传统意义上的春节可以从腊月初八的腊祭或腊月二十三的祭灶，一直算到正月十五，其中以正月初一为春节高潮。春节有放鞭炮、贴春联、挂年画、耍龙灯、舞狮子、拜年贺喜等习俗。

2. 元宵节

元宵节指农历正月十五，又称元宵节或上元节（因为正月是农历的一月，古人又称夜为"宵"）。人们在元宵节聚集在一起，庆祝一年中第一个月圆之夜，也是一元复始、大地回春的夜晚，庆祝新春的延续。元宵节有吃元宵、赏花灯、猜灯谜、舞龙狮的习俗。

3. 清明节

我国传统的祭扫日子，一般在农历三月上半月，或阳历的每年四月五日或六日，在这一阶段天气逐渐转暖，风和日丽，"万物至此皆洁而清明"，清明节因此而得名。大家在清明节有扫墓、踏青、荡秋千、放风筝、插柳戴花的习俗。

4. 端午节

端午节指每年的农历五月初五，又称端阳节、重五节、重午节等。端午节最初起源于古人祛病防疫以及祭祀的节日，后因诗人屈原死于这一天，所以逐渐演变成用来纪念爱国诗人屈原的传统节日。端午节有悬挂菖蒲、佩香囊、喝雄黄酒、吃粽子、赛龙舟等习俗。

5. 七夕节

七夕节指每年的农历七月初七，又称乞巧节。传说妇女们七月七日晚在庭院向织女星祈求智巧和姻缘，所以称"乞巧"。七夕节又与美好浪漫的爱情传说——牛郎织女有关，传说这天晚上是牛郎织女相会的日子，现被称为"中国情人节"。

6. 中秋节

中秋节，农历八月十五日，是我国的传统节日，又称月夕、秋节、仲秋节、八月节、八月会、追月节、玩月节、拜月节或团圆节，是流行于中国众多民族与东亚诸国中的传统文化节日。农历八月在秋季之中，八月十五日又在八月之中，所以称中秋。中秋节有赏月、祭月、拜月、吃月饼、赏桂花、饮桂花酒、玩花灯的习俗。

7. 重阳节

重阳节指每年农历的九月九日，又称老人节，是汉族的传统节日。《易经》中把"九"定为阳数，九月九日，两九相重，故而叫"重阳"。重阳时节正值秋高气爽、风清月洁，适宜出游、登高、赏菊，所以重阳节有出游赏景、登高远眺、观赏菊花、遍插茱萸、吃重阳糕、饮菊花酒等习俗活动。

8. 冬至节

冬至一般在公历的 12 月 21 日至 12 月 23 日，和清明一样没有固定在特定的一天，冬至又称为"冬节""长至节""亚岁"等，是中国农历中一个重要节气，也是中华民族的一个传统节日。冬至日时，太阳直射地面位置到达一年的最南端，几乎直射南回归线（南纬 23°26′）；北半球得到的阳光最少，比南半球少 50%；北半球白昼达到最短，且越往北白昼越短。民间有一句话叫"冬至至长，夏至至短"的说法，意思说冬至节白天是一年中最短的一天，过了冬至，时间会越来越长。同样道理，夏至这一天白天是一年中最长的一天，过完夏至，白天就开始变短了。冬至节还有吃羊肉取暖的习俗。

9. 腊八节

每年农历十二月称为腊月，十二月初八就称为腊月初八，又称腊八节，是中国传统腊月的重大节日。腊月初八有煮腊八粥、吃腊八粥、泡腊八蒜的习俗。

10. 除夕

除夕指每年农历腊月的最后一天，是我国传统最重大的节日之一。除夕与春节（正月初一）首尾相连。除夕夜人们都要除旧迎新，有旧岁至此而除、来年另换新岁的意思。除夕有祭祖、吃年夜饭、吃饺子、守岁等习俗。

11. 沐浴节

沐浴节是藏族的特有节日，一般在每年藏历七月六日至十二日，又称沐浴周。据传说，每年的藏历七月上旬，西藏高原上空会出现弃山星，该星照耀过的河水有抗病健体的功效，所有藏族同胞在这一时段内，纷纷下河沐浴，强身健体，逐渐演变成一种民俗，不仅七天天天沐浴,还把家里所有的被褥清洗干净,所以沐浴节既是藏族人民喜爱的传统节日,又是一年一度彻底的群众性卫生活动。

12. 火把节

火把节是彝族、白族、纳西族、基诺族等少数民族的古老而重要的传统节日,有的叫星回节,还被称为"东方的狂欢节"。不同民族节日的日期不一致,有的在农历六月二十五日,也有在农历六月二十四日的。火把节有斗牛、斗羊、斗鸡、赛马、摔跤、歌舞表演、选美等活动。

13. 那达慕大会

那达慕大会是蒙古族、鄂温克、达斡尔等少数民族的历史悠久的传统节日,也是蒙古族等少数民族人民喜爱的一种体育活动形式。"慕"在蒙语里有"娱乐、游戏"的意思。那达慕大会在每年农历的六月初四开始,为期5天,是草原上一年一度的传统盛会。那达慕大会上有摔跤、赛马、射箭等运动,还有具有民族特色的各种美食。那达慕大会既是娱乐、运动、庆祝丰收的大会,又是农牧物资的交易会。

14. 泼水节

泼水节是傣族以及泰语民族和东南亚地区的传统节日,一般在每年的4月13日至4月16日。泼水节是傣族最隆重的节日,也是云南少数民族节日中影响面最大,参与人数最多的节日。泼水节是傣族的新年,一般持续3至7天。第一天傣语叫"麦日",与农历的除夕相似;第二天傣语叫"恼日"(空日);第三天是新年,叫"叭网玛",意为守岁,人们把这一天视为最美好、最吉祥的日子。泼水节有浴佛、泼水、丢包、赛龙舟、放高升等习俗。

(五)常见的一些借代词语

表4.1 常见的借代词语

名称	代指	名称	代指
社稷	国家	庙堂	朝廷
烽烟	战争	三尺	法律
桑梓	家乡	桑麻	农事
汗青	史册	华盖	运气
桂冠、鳌头	第一	南冠	囚犯
函、简、笺、鸿雁、札	书信	桃李	学生
同窗	同学	手足	兄弟
巾帼	妇女	须眉	男子
伛偻、黄发	老人	白丁、布衣	百姓
提携、垂髫	小孩	婵娟、嫦娥	月亮
伉俪	夫妻	丝竹	音乐

二、世界文化常识

（一）山水地理

1. 四大古文明

四大古文明包括两河流域文明、古埃及文明、古希腊文明、古罗马文明。

2. 四大文明古国

四大文明古国包括古埃及、古巴比伦、古印度、古中国。

3. 世界三大宗教

世界三大宗教包括佛教、伊斯兰教、基督教。

4. 五大洲

五大洲包括亚洲、欧洲、非洲、美洲、大洋洲。

5. 四大洋

四大洋包括太平洋、大西洋、印度洋、北冰洋。

（二）艺术

1. 音乐

（1）音乐类别。

音乐包括声乐和器乐两大类。声乐主要是以人声演唱的歌曲、歌剧、戏曲等为主的音乐表现方式，器乐主要是以乐器演奏为主的一种音乐表现方式，包括弦乐、木管乐、铜管乐、打击乐等。

（2）音乐的风格与流派。

表4.2 音乐风格与流派

音乐发展历程	音乐风格特点及其代表人物
中世纪时期 （476—1453）	1. 中世纪的音乐作为宗教典礼的重要组成部分对整个宗教文化发展起着重要作用。 2. 格里戈利圣咏是在天主教堂中用于伴唱罗马天主教弥撒的音乐，是以6世纪末至7世纪初的教皇格里戈利一世的名称来命名的。最早的圣咏是单声部的旋律节奏简单、旋律平稳、速度随意，音域不宽，音乐旋律具有淳朴而严肃的气质，与基督教祈祷仪式中庄严肃穆的气氛相吻合。 3. 多声部音乐。 4. 世俗音乐
文艺复兴时期 （1450—1600）	文艺复兴时期的主要宗教音乐形式是经文歌和弥撒曲，同时世俗音乐也有所发展。这阶段佛兰德斯乐派音乐风格逐渐发展，音乐声部众多，追求技术，在圣歌下面加上独立的低音声部，四个声部的处理变得更加自由，具有真正的独立性。 代表人物有：杜飞、卞舒阿、约斯堪、帕莱斯特里那等
巴洛克时期 （1600—1750）	1. 巴洛克时期的声乐主要有抒情独唱、歌剧、清唱剧、康塔塔等形式。 2. 巴洛克时期的器乐形式和体裁主要有：赋格、组曲、奏鸣曲、协奏曲、交响曲等

续表

音乐发展历程	音乐风格特点及其代表人物
古典时期 （1750—1825）	1. 古典时期的音乐家在创作上讲究形式完美，结构严谨，音响和谐，逻辑严密规范，曲风淳朴、稳重、严肃、崇尚理性。 2. 主要器乐体裁有交响曲、奏鸣曲、协奏曲和室内乐等。 3. 声乐上以喜歌剧的产生与发展以及正歌剧的改革最为显著。 4. 主要乐派有：曼海姆乐派（约翰·施塔密茨为代表）、柏林乐派（C.P.E 巴赫为代表）、维也纳古典乐派（海顿、莫扎特、贝多芬为代表）等
浪漫时期 （1820—1900）	1. 浪漫乐派的音乐作品着重于个人感受的细致表现、内心情感的自由抒发与自然景象、生活现象的描绘，多以理想事物、古代神话传说和幻想故事为题材，强调音乐与诗歌、戏剧、绘画等其他艺术的结合，注重音乐的标题性和诗情画意，重视吸取民族民间音乐素材，以体现民族性。 2. 浪漫乐派的音乐创造和运用了多种音乐体裁，如艺术歌曲、声乐套曲、夜曲、音乐会序曲、叙事曲、无词歌、交响诗、交响音画等。 3. 浪漫乐派主要作曲家及代表作品： （1）舒伯特：艺术歌曲《鳟鱼》《魔王》《菩提树》《纺车前的玛格丽特》；声乐套曲《美丽模仿姑娘》《冬之旅》等。 （2）韦伯：歌剧作曲家《自由射手》《优丽安德》《奥伯龙》。 （3）门德尔松：《e 小调小提琴协奏曲》《无言歌》；序曲《仲夏夜之梦》《苏格尔山洞》；交响曲《苏格兰交响曲》《意大利交响曲》等。 浪漫乐派还有大量的代表作曲家，如舒曼、李斯特、瓦格纳、勃拉姆斯、约翰·施特劳斯、威尔第、罗西尼、柏辽兹、肖邦、柴可夫斯基等，他们都有非常丰富和优秀的作品传世
现代音乐时期 （1900—）	1. 20 世纪的音乐被称为"现代音乐"，泛指 19 世纪末到 20 世纪以来音乐艺术的各种风格、流派、思潮和现象，具体表现为： （1）对传统音乐近 300 年的传统功能调性概念予以摈弃。 （2）创作并大量使用不协和和弦。 （3）节奏愈加复杂化和自由化。 2. 20 世纪音乐的流派： （1）印象派。 产生于 19 世纪末到 20 世纪初，通过打破和声与调性功能体系，大量采用全音阶、叠置和弦、平行和弦等，造成调性上的扑朔迷离，排出完整的旋律和曲式结构，配器力求精致细腻，和声色彩丰富，旨在表象朦胧的主观印象，渲染出浓淡板块相同的色彩和闪闪烁烁的气氛和情调。代表作曲家德彪西、拉威尔、杜卡。 （2）表现主义。 产生于 20 世纪 10 至 30 年代期间，主张用夸张的手法表现与释放人们内心的下意识冲动以及强烈的自我感受、欲望、幻觉等，主要表现特点为极端的不协和性、夸张扭曲的旋律、无调性、复杂的，以及全神贯注、过于敏感的气氛。代表作曲家有勋伯格、贝尔格、威伯恩等。 （3）新古典主义。 新古典主义反对音乐的标题性、戏剧性和情感表现，强调艺术的理智因素，主张音乐应该回到"古典"中去，应当保持严格的客观精神。其美学观点强调作曲家的作用就是要控制抽象的音响组合，建立一个结构、一种秩序，一旦结构完成，秩序获得所有的东西就"说完了"。代表作曲家斯特拉文斯基、兴德米特、巴尔托克等。 （4）十二音体系。 （5）偶然音乐。 （6）具体音乐。 （7）电子音乐

2. 舞蹈

舞蹈是用身体来完成各种优雅、高难度动作的一种表演艺术。舞蹈是一种以有节奏的动作为主要表现手段的艺术形式。舞蹈表演往往用音乐来伴奏，用道具、灯光、服饰等来渲染烘托气氛和情绪，表现艺术的情感和思想主题。

（1）根据不同的风格特点，舞蹈分为：古典舞、民族民间舞、现代舞、当代舞和芭蕾舞。

（2）根据不同的表现形式特点，舞蹈分为：独舞、双人舞、三人舞、群舞、组舞、歌舞、歌舞剧、舞剧等。

3. 雕塑

雕塑，造型艺术的一种，指为美化城市或用于纪念意义而雕刻塑造具有一定寓意、象征或象形的观赏物和纪念物。

雕塑是雕、刻、塑三种创作方法的总称。指用各种可塑材料（如石膏、树脂、黏土等）或可雕、可刻的硬质材料（如木材、石头、金属、玉块、玛瑙、铝、玻璃钢、砂岩、铜等），创造出具有一定空间的可视、可触的艺术形象，借以反映社会生活，表达艺术家的审美感受、审美情感、审美理想的艺术。

（1）按雕塑材质的不同，雕塑分为：铜雕、木雕、石雕、牙雕、骨雕、根雕、玉雕、漆雕、贝雕、泥塑、冰雕、沙雕、面塑、陶艺等。

（2）按环境和功能可分为：城市雕塑、园林雕塑、室内雕塑、室外雕塑、案头雕塑、架上雕塑等。

4. 绘画

绘画是以点、线、形、色等作为基本语言，在画纸或画布等平面上按照一定的构图或构成原理，通过模仿、表现等手法创造出各种基本上是静态的形象或视觉图像，达到反映社会生活、表达思想感情的作用。

（1）绘画的类型：

油画、版画、水粉画、壁画、漫画、工笔画、写意画、青绿山水画、水墨山水画、白描画、指画、界画、内画、素描。

（2）西方绘画流派及其代表人物：

表4.3 西方绘画流派及其代表人物

时期	特点	代表人物	代表作品
文艺复兴时期（15世纪末至16世纪中叶）	赞美人性，崇尚科学，人文主义思想更加突出，艺术技巧日趋完善，美术家的艺术个性表现非常鲜明，利用本质而典型的描写和强烈的感染力来打动观众	达·芬奇（意大利）	油画《蒙娜丽莎》、壁画《最后的晚餐》
		拉斐尔（意大利）	油画《西斯廷圣母》
		米开朗基罗（意大利）	绘画《创世纪》
新古典主义（18世纪末至19世纪初）	重视素描和轮廓，注重雕塑般人物形象，强调理性而忽视感情，强调素描而忽视色彩	安格尔（法国）	《泉》

续表

时期	特点	代表人物	代表作品
浪漫主义（19世纪20年代兴起至30年代达到高峰）	侧重从主观内心出发，抒发对理想世界的热烈追求，常用热情奔放的艺术语言、丰富的想象和夸张的手法来塑造形象	德拉克罗瓦（法国）	《自由引导人民》
现实主义（19世纪中期）	直面生活，批判现实，侧重如实地反映现实生活，客观性较强	米勒（法国）	《拾穗者》
		列宾（俄罗斯）	《伏尔加河上的纤夫》
印象主义（19世纪后半期）	强调瞬间的光和色，重视光线和色彩的丰富变化	莫奈（法国）	《日出·印象》
新印象主义（19世纪末）	用细小纯色点排列笔触	修拉（法国）	《大碗岛的星期日下午》
后印象主义（19世纪末至20世纪初）	反对片面追求转瞬即逝的外光与色彩，强调抒发自我感受，要求表现画家的主观感受，表现主观感情、情绪和鲜明的个性，重视形和构成形的线条、色块和体、面和结构	凡·高（荷兰）	《向日葵》《星月夜》《割耳朵后的自画像》
		塞尚（法国）	《坐在扶手椅里的塞尚夫人》
		高更（法国）	《我们从哪里来？我们是什么？我们到哪里去？》
野兽派（20世纪）	热衷于情感的表达，善于运用鲜艳、浓重的大块和直率、粗放的笔法以及豪放的线条，以形成更加夸张与自由的形式，来强调单纯、率意而又强烈的画面效果	马蒂斯（法国）	《马蒂斯夫人》
表现主义（20世纪）	手法夸张、发泄内心苦闷，强调用色彩及形式要素进行自我表现	蒙克（挪威）	《呐喊》
立体主义（20世纪）	追求几何形体的排列组合，表现体面的交错与重叠，建立绘画性的空间及形体结构	毕加索（西班牙）	《亚威尔少女》《格尔尼卡》
抽象主义（20世纪）	主张彻底解放造型语言，试图用抽象的线、色、点、面等表现"纯精神世界"，分为热抽象和冷抽象	康定斯基（俄国）（热抽象）	《即兴之作》（曲线）
		蒙得里安（荷兰）（冷抽象）	《红黄蓝构图》（直线）
超现实主义（20世纪）	力图表现纯心理的自发性，把潜意识直接移到画布上，强调非理性的一种艺术现象。作品往往呈现出一个个荒诞不经的梦魇场景，显得荒诞离奇、丑陋虚幻、超越现实	达利（西班牙）	《记忆的永恒》《内战预感》

（三）民俗节日

1. 复活节

复活节是基督教最古老的节日之一，是基督教纪念耶稣复活的节日。定在每年春分月圆之后第一个星期日，但如果月圆那天刚好是星期天，复活节则推迟一周（大概在每年的3月22日至4月25日之间）。基督徒认为，复活节象征重生与希望，纪念耶稣基督于公元33年被钉死后第三天复活的事迹。

2. 万圣节

万圣节是流行于美国、不列颠群岛、澳大利亚、加拿大和新西兰等西方国家和地区的传统节日，也叫"鬼节"，是人们祭祀亡魂以避免恶灵干扰的时刻，也是以食物祭拜祖灵和善灵、祈求平安渡过严冬的日子。万圣节一般在每年的 10 月 31 日，在万圣节的前一天晚上（也就是万圣节前夜），小孩们会提上南瓜灯，穿上化妆服，戴上面具，挨家挨户收集糖果。

3. 感恩节

感恩节（Thanksgiving Day）是美国和加拿大共有的节日，是阖家欢聚的日子，也是为了感谢上天赐予好收成的日子。美国的感恩节原本没有固定和统一的日期，1863 年，林肯总统宣布感恩节为全国性节日。1941 年，美国国会正式确定每年 11 月的第四个星期四为感恩节，并从这一天起休假两天。加拿大的感恩节起始于 1879 年，为每年 10 月的第二个星期一。

4. 圣诞节

圣诞节是西方国家一年中最重要的节日，相当于我国的春节。每年 12 月 25 日，是基督徒庆祝耶稣基督诞生的庆祝日，称圣诞节。从 12 月 24 日一直到第二年的 1 月 6 日都属于圣诞节节期，大家在一起纪念耶稣的诞生。小朋友们还会在圣诞的前夜睡觉之前，在自己的壁炉或枕头旁边放上一只袜子，等候圣诞老人把圣诞礼物放在自己的袜子里。

5. 独立日

每年的 7 月 4 日，是纪念美国诞生的日子，又叫独立日。因为 1776 年 7 月 4 日美国签署了《独立宣言》，所以以这一天作为纪念的日期。在独立日的这一天白天有野餐和爱国主义游行，晚上还有音乐会和焰火表演。

6. 总统日

总统日是美国的 10 个法定假日之一，是为纪念美国历史上作出巨大贡献的总统而命名的，总统日一般定在每年二月的第三个星期一。这个日子的得来是因为美国著名的乔治·华盛顿（2 月 22 日）和亚伯拉罕·林肯（2 月 12 日）的生日都在 2 月，两个日子合并在一起，将总统日定于 2 月的第三个星期一。

第二节　科技常识

❖ **案例导入**

> **老师，影子是怎么形成的？为什么有的有影子，有的没影子呢？**
>
> 有一天，户外活动时李老师发现本班的孩子们自发地玩起了踩影子的游戏，小朋友玩得不亦乐乎，你踩我的影子，我踩你的影子。玩着玩着……突然有几个小朋友跑到了李老师面前问："李老师，影子是怎么形成的？为什么有的地方有影子，有的地方没有影子呢？"中班的幼儿已经认识影子了，同时他们对影子的形成很感兴趣。李老师决定以

此为契机开展一次"找影子"的科学活动,让幼儿在影子的游戏中初步了解影子是怎样形成的,知道光与影子的关系。

天为什么要下雨?下雨时蚂蚁要为什么搬家?动物是怎样吃东西的?这些问题经常会从幼儿园小朋友的嘴里面蹦出来,要准确回答这些问题,就需要幼儿教师具备相应的科学知识。那么作为幼儿园教师,需要具备哪些最基本的科学知识呢?

【内容概要】

本节主要介绍中外科技代表人物及其主要成就,并介绍常见的幼儿科普杂志和科普读物。

一、中国科技成就及其代表人物

(一)中国古代科技成就及其代表人物

1. 中国古代的四大发明

表4.4 中国古代的四大发明

发明	朝代	发展
造纸术	西汉	西汉前期就有了絮纸和麻纤维纸,甘肃天水放马滩出土的绘有地图的纸,是目前世界上所知最早的纸
	东汉	东汉蔡伦改进了造纸术,制造植物纤维纸,发明了便于书写的纸
印刷术	隋唐	隋唐已经有了雕版印刷的佛经、日历和诗,公元868年我国印刷的《金刚经》是现存世界上最早的雕版印刷品
	北宋	北宋毕昇发明了活字印刷术,比欧洲早400年
指南针	战国	战国时期发现磁石指南特性,发明"司南"
	北宋	1. 北宋已经会使用磁针指南,后来把磁针装在罗盘上,制成指南针用于航海; 2. 指南针大量用于航海,12世纪传到欧洲
火药	唐朝	唐朝时《真元妙道要略》一书最早提到了火药,唐末火药开始用于军事
	北宋	北宋时火药已广泛用于军事上,已经能够制造火药和火器
	南宋	南宋时发明了"突火枪",管形火器的出现,开创了人类作战史的新阶段
	金朝	1. 金朝的火器制造业比较发达,所制的"震天雷""飞火枪"威力巨大,火箭是最早利用火药的武器; 2. 我国发明的火药大约在13世纪中期传入阿拉伯,后由阿拉伯传入欧洲

2. 中国古代的医学成就

表 4.5　中国古代的医学成就

朝代	代表人物及著名的医药著作	医药成就
战国	扁鹊	1. 战国名医扁鹊发明了中医的"望闻问切"四诊法，被称为中医药传统的诊病法，扁鹊也被称为"脉学之宗"； 2. 扁鹊著有著名的医学著作《难经》
汉代	华佗 张仲景	1. 战国问世，西汉编定的《黄帝内经》是我国现存较早的重要医学文献，奠定了我国医学的理论基础； 2. 东汉的《神农本草经》是我国第一部完整的药物学著作； 3. 华佗擅长外科手术，他发明的"麻沸散"比西方的早 1 600 多年，华佗被后世尊称为"神医"； 4. 张仲景的《伤寒杂病论》是论述寒热病为主的中医临床著作，是后世中医的重要经典，其本人也被后世尊称为"医圣"
隋唐	孙思邈 云登贡布	1. 孙思邈编写的《千金要方》，全面总结了历代和当时的医学成果，是中国古代综合性中医临床著作； 2. 吐蕃名医云登贡布编写《四部医典》； 3. 唐高宗时修订的《唐本草》是世界上最早的，由国家发行的药典
明朝	李时珍	李时珍编著的《本草纲目》全面总结了 16 世纪前的中国医药学，被誉为"东方医药巨典"

3. 中国古代的天文历法成就

（1）夏朝出现了载有一年中各个月份的物候、天象和农事情况的"夏小正"历法。

（2）商朝有了世界上延续时间最长的纪日方法——干支纪日法；并且商朝甲骨文保留了我国最早的日食、月食和新星记录。

（3）春秋时期留下了最早的关于哈雷彗星的记录，比欧洲早 670 多年；基本确立了十九年七闰的历法系统，比欧洲早 160 年。

（4）战国时代的《甘石星经》是世界上最早的天文学著作。

（5）西汉汉武帝制定了"太初历"并且在西汉有了世界上最早关于太阳黑子的记录。

（6）东汉的张衡发明了测量天体球面坐标的浑天仪和观测地震的地动仪，比欧洲早 1 700 多年。

（7）隋朝的天文学家刘焯创立了计算日月运行的新方法，编写了当时最先进的历法——《皇极历》。

（8）唐朝天文学家僧一行在《皇极历》的基础上制定了《大衍历》，比较准确地反映太阳运行的规律，系统周密，表明中国古代历法体系的成熟。僧一行还是世界上用科学方法实测地球子午线长度的创始人。

（9）元朝设立太史局编制新历法。郭守敬改进了简仪和圭表，主持全国范围的天文测量，编制的《授时历》的年周期与现行公历相同，但早于现行公历 300 年问世。

4. 中国古代的数学成就

（1）西周的商高《周髀算经》中讲到"勾三股四弦五"。

（2）春秋时期出现"九九乘法表"。

（3）西汉刘歆推算出圆周率为 3.1547。

（4）东汉的《九章算术》是当时世界上最先进的应用数学。

（5）三国刘徽运用极限理论，提出计算圆周率的正确方法。

（6）南朝祖冲之精确地计算出圆周率是 3.1415926～3.1415927 之间，这一成果比欧洲早一千年，他还为《九章算术》做注，又著有《缀术》一书。

（7）唐朝著名数学家王孝通撰写的《缉古算经》，首次提出三次方程式正根的解法，能解决工程建设中上下宽狭不一的计算问题，是对古代数学理论的卓越贡献，比阿拉伯人早 300 多年，比欧洲早 600 多年。

（8）明代数学家程大位编著《算法统宗》，奠定了后世珠算法的基础。

（9）清朝蒙古族数学家明安图推出"割圆九术"，将其研究成果整理成《割圆密率捷法》。他用解析几何方法把三角函数和圆周率的研究提高到一个新的水平。

5. 中国古代的地理成就

（1）商朝《周易》一书首次提出"地理"名称。

（2）战国《山海经》反映了那个时期人们对中外地理的认识。

（3）西晋裴秀绘制出《禹贡地域图》，提出绘制地图的 6 项原则，即"制图六体"。这一理论一直沿用到明朝末年。

（4）北魏地理学家郦道元作的《水经注》，是一部综合性地理著作。

（5）明朝徐弘祖所著的《徐霞客游记》是一部地理学巨著，书中关于石灰岩溶蚀地貌的观察和记述比欧洲约早两个世纪。

6. 中国古代的农业、工业成就

（1）北魏贾思勰著的《齐民要术》是现存最早、最完整的一部农书。

（2）北宋沈括的《梦溪笔谈》是我国科学发展史上的珍贵遗产。

（3）明末徐光启著有《农政全书》是我国优秀的农学著作，论述农学理论，并介绍了欧洲的水利方法。

（4）明末清初宋应星所著的《天工开物》被后人誉为"17 世纪中国工艺百科全书"。

（二）中国现当代科技代表人物及其成就

1. 竺可桢（1890—1974）

中国卓越的科学家和教育家，当代著名的地理学家和气象学家，中国近代地理学的奠基人。1913 年毕业于美国伊利诺伊大学农学院。1918 年获美国哈佛大学博士学位。1918 年到 1920 年任教于国立武昌高等师范学校（今武汉大学）。1920 年到 1929 年任南京大学地学系主任期间筹建气象测候所，进行气象观测研究，是中国自建和创办现代气象事业的起点和标志。1929 年到 1936 年任中央研究院气象研究所所长。1949 年任中国科学院副院长，筹建中国科学院地理研究所。1955 年当选为中国科学院院士。竺可桢被公认为中国气象、地理学界的"一代宗师"。

2. 茅以升（1896—1989）

茅以升，字唐臣，江苏镇江人，土木工程学家、桥梁专家、工程教育家，中国科学院院士，美国工程院院士。20 世纪 30 年代，他主持设计并组织修建了钱塘江公路铁路两用大桥，

成为中国铁路桥梁史上的一个里程碑,在我国桥梁建设上做出了突出的贡献。他主持我国铁道科学研究院工作30余年,为铁道科学技术进步做出了卓越的贡献。是积极倡导土力学学科在工程中应用的开拓者。在工程教育中,始创启发式教育法,坚持理论联系实际,致力教育改革,为我国培养了一大批科学技术人才,是我国工程学术团体的创建人之一。

3. 童第周（1902—1979）

浙江省鄞县人,是享誉海内外的卓越的生物学家、教育家。生前曾担任过中国科学院副院长、动物研究所所长。1927年毕业于复旦大学哲学系,1927—1930年任国立第四中山大学（南京大学前身）自然科学院生物系助教,后长期在山东大学任教,1951年任山东大学副校长。他是卓越的实验胚胎学家、中国实验胚胎学的主要奠基人,20世纪生物科学研究的杰出领导者。

4. 华罗庚（1910—1985）

江苏省常州市金坛市人,世界著名数学家、中国科学院院士、美国国家科学院外籍院士。他是中国解析数论、矩阵几何学、典型群、自守函数论与多元复变函数论等多方面研究的创始人和开拓者,也是中国在世界上最有影响的数学家之一,被列为芝加哥科学技术博物馆中当今世界88位数学伟人之一。国际上以华氏命名的数学科研成果有"华氏定理""怀依—华不等式""华氏不等式""普劳威尔—加当华定理""华氏算子""华—王方法"等。美国著名数学史家贝特曼称:"华罗庚是中国的爱因斯坦,足够成为全世界所有著名科学院的院士"。

5. 钱学森（1911—2009）

浙江省杭州市人,享誉海内外的杰出科学家和中国航天事业奠基人,中国两弹一星功勋奖章获得者之一。曾任美国麻省理工学院教授、加州理工学院教授,曾担任中国科学技术协会名誉主席、全国政协副主席等重要职务。1938年在美国获博士学位,1955年回到祖国。1958年起,钱学森长期担任火箭导弹和航天器研制的技术领导职务,为中国火箭和导弹技术的发展提出了极为重要的实施方案。曾被称为"中国航天之父""中国导弹之父""火箭之王""中国自动化控制之父"。

6. 钱伟长（1912—2010）

江苏无锡人,加拿大多伦多大学应用数学系毕业,中国力学家、应用数学家、教育家,中国科学院院士、上海大学校长、南京航空航天大学名誉校长。钱伟长教授是我国近代力学的奠基人之一,擅长于应用数学、力学、物理学、中文信息学等。现已出版有《圆薄板大扰度问题》《弹性力学》《变元法和有限元》《穿甲力学》《广义变分原理》《应用数学》等学术专著20余部,在国内外发表的学术论文200余篇。他在科学理论和工程技术上都有许多开创性的成就,主要学术贡献是板壳非线性内禀统一理论,板壳大扰度问题的摄动解和奇异摄动解,广义变分原理,环壳解析解和汉字宏观字形编码（钱码）等。

7. 钱三强（1913—1992）

浙江湖州人,原名钱秉穹,核物理学家,中国原子能科学事业的创始人,中国"两弹一星"元勋,中国科学院院士。与钱学森、钱伟长被周恩来总理合称为"三钱"。曾任中国科学院副院长,浙江大学校长。早年从事原子核物理研究,在"核裂变"方面成绩突出,是许多交叉学科和横断性学科的倡导者。他是中国发展核武器的组织协调者和总设计师，中国"两弹一星"突出贡献者。晚年的钱三强仍担任了中国科学技术协会副主席、中国物理学会理事长、中国核学会名誉理事长等职务。

8. 邓稼先（1924—1986）

安徽省怀宁县人，中国杰出的科学家、中国"两弹"元勋奖章获得者之一，先后毕业于西南联合大学和美国普渡大学，获物理学博士学位，1950年回到祖国；他参加组织和领导我国核武器的研究、设计工作，是我国核武器理论研究工作的奠基者之一。邓稼先，领导开展爆轰物理、流体力学、状态方程、中子输运等基础理论研究，对原子弹的物理过程进行了大量模拟计算和分析，迈出了中国独立研究核武器的第一步。

9. 陈景润（1933—1996）

福建福州人，中国当代数学家。陈景润毕业于厦门大学（数学系），1953年9月被分配到北京四中任教；1955年2月，由当时厦门大学校长王亚南举荐，陈景润在厦门大学数学系任助教；1957年10月，陈景润被调到中国科学院数学研究所；1973年，他发表（1+2）的详细证明，被公认为是对哥德巴赫猜想研究的重大贡献；1981年3月，当选为中国科学院学部委员（院士）；1992年，任《数学学报》主编。

10. 袁隆平（1930—）

中国杂交水稻育种专家，被称为中国的"杂交水稻之父"，中国工程院院士。现任中国人民政治协商会议第十二届全国委员会常务委员、湖南省政协副主席、湖南省科协副主席。国家杂交水稻工程技术研究中心主任暨湖南杂交水稻研究中心主任、西南大学农学与生物科技学院名誉院长、联合国粮农组织首席顾问、世界华人健康饮食协会荣誉主席。1981年6月6日，袁隆平获第一个特等发明奖。1987年11月3日，联合国向袁隆平颁发科学奖。2014年，被挪威议员提名与印度遗传学家和巴基斯坦人权活动家角逐2014年度诺贝尔和平奖。

11. 杨振宁（1922—）

出生于安徽省合肥市，美籍华裔物理学家。1957年，他与李政道提出了"弱相互作用中宇称不守恒"理论，该观念被实验证明而共同获得诺贝尔物理学奖，他们是最早的华人诺贝尔奖得主。1966年任纽约州立大学石溪分校的爱因斯坦物理学讲座教授，并任新创办的该校理论物理研究所所长。其于1954年提出的规范场理论，于70年代发展为统合与了解基本粒子强、弱、电磁等三种相互作用力的基础。此外杨振宁在统计物理、凝聚态物理、量子场论、数学物理等领域做出多项贡献。他是第二次世界大战后涌现出的一代物理学家中在理论和实验两方面都有重要影响的物理学家之一。

12. 李政道（1926—）

出生于上海，江苏苏州人，美籍华裔物理学家。哥伦比亚大学全校级教授，诺贝尔物理学奖获得者，因在宇称不守恒、李模型、相对论性重离子碰撞（RHIC）物理和非拓扑孤立子场论等领域的贡献闻名。他31岁时与杨振宁一起，因发现弱作用中宇称不守恒而获得诺贝尔物理学奖。他们的这项发现，由吴健雄的实验证实。李政道和杨振宁是最早获诺贝尔奖的华人。

二、外国科技代表人物及其成就

（一）外国古代科技代表人物及其成就

1. 毕达哥拉斯（约前572—前497）

古希腊数学家、哲学家。毕达哥拉斯自幼聪明好学，曾在名师门下学习几何学、自然科学和哲学。后因向往东方智慧，来到巴比伦、印度和埃及学习，吸收了阿拉伯文明和印度文明的文化。毕达哥拉斯以发现勾股定理（西方称毕达哥拉斯定理）著称于世。毕达哥拉斯对数论作了许多研究，将自然数区分为奇数、偶数、素数、完全数、平方数、三角数和五角数等。在几何学方面，毕达哥拉斯证明了"三角形内角之和等于两个直角"的论断；研究了黄金分割；发现了正五角形和相似多边形的作法；还证明了正多面体只有五种——正四面体、正六面体、正八面体、正十二面体和正二十面体。

2. 欧几里得（前330—前275）

古希腊著名数学家，欧氏几何学开创者，被称为"几何之父"。他活跃于托勒密一世（前323—前283）时期的亚历山大里亚，他最著名的著作《几何原本》是欧洲数学的基础，在书中提出了五大公设，欧几里得几何，被广泛认为是历史上最成功的教科书。欧几里得也写了一些关于透视、圆锥曲线、球面几何学及数论的作品。

3. 阿基米德（前287—前212）

古希腊哲学家、数学家、物理学家、力学家，是静态力学和流体静力学的奠基人。阿基米德住在亚历山大里亚时期发明了阿基米德式螺旋抽水机。后来阿基米德成为兼数学家与力学家的伟大学者，享有"力学之父"的美称。阿基米德正确地推导出来球体、圆柱体的体积和表面积的计算公式，提出了抛物线所围成的面积和弓形面积的计算方法，最著名的是求阿基米德螺线所围面积的方法。阿基米德还是微积分的奠基人。他系统严格地证明了杠杆定律，为静态力学奠定了基础。他还认为地球是球体状的，并围绕着太阳旋转。他写出了《论球和圆柱》《圆的度量》《抛物线求积》《论螺线》《论锥体和球体》《沙的计算》等数学著作，还有《论图形的平衡》《论浮体》《论杠杆》《原理》等力学著作。

4. 托勒密（约90—168）

古希腊地理学家、天文学家、光学家。一生著述颇多，其中《天文学大成》主要论述了他所创立的地心说，认为地球是宇宙的中心，且静止不动，日月行星和恒星均围绕地球运动。他是世界上第一个系统研究日月星辰的构成和运动方式并作出成就的科学家。另一重要著作《地理学指南》主要论述地球的形状、大小、经纬度的测定，以及地图的投影方法，是古希腊有关地理知识的总结，他还著有《光学》等。

（二）外国近现代科技代表人物及其成就

1. 哥白尼（1473—1543）

波兰天文学家、日心说创立者，现代天文学创始人。哥白尼进行了长期的天文观测和研究，创立了更为科学的宇宙结构体系——日心说，这冲破了中世纪的神学教条，从根本上改变了人们的宇宙观，引起了自然科学的一场大革命，标志着近代自然科学的兴起。哥白尼著有《天体运行论》一书。

2. 伽利略（1564—1642）

伽利略是意大利伟大的物理学家和天文学家，科学革命的先驱。他首先在科学实验的基础上融会贯通了数学、物理学和天文学三门知识，扩大、加深并改变了人类对物质运动和宇宙的认识。为了证实和传播了哥白尼的日心说，伽利略献出了毕生精力，被称为"近代科学之父"。他是第一个用倍率为33的望远镜来观察日月星辰的科学家。著有《星际使者》《关于太阳黑子的书信》等作品。

3. 开普勒（1571—1630）

开普勒是德国天文学家，行星运动定律的创立者。开普勒在第谷的工作基础上，经过大量计算，编制成了《鲁道夫星表》，表中列出了1 005颗恒星的位置。直到18世纪中叶，《鲁道夫星表》仍然为天文学家和航海家们所推崇借鉴。开普勒发现了行星运动的三大定律，分别是轨道定律、面积定律和周期定律，三大定律最终使他赢得了"天空立法者"的美名，也为哥白尼的日心说提供了最可靠的证据，同时他对光学、数学也做出了重要的贡献，他是现代实验光学的奠基人。开普勒著有《鲁道夫星表》《宇宙的秘密》《光学》《宇宙和谐论》《哥白尼天文学概要》《彗星论》《稀奇的1631年天象》等著作。

4. 笛卡尔（1596—1650）

笛卡尔是法国著名的哲学家、数学家、物理学家。他对现代数学的发展做出了重要的贡献，因将几何坐标体系公式化而被认为是解析几何之父。他是二元论唯心主义者的代表，提出了"普遍怀疑"的主张，是西方现代哲学思想的奠基人。黑格尔称笛卡尔为"现代哲学之父"。他的哲学思想深深影响了之后的几代欧洲人，开拓了所谓"欧陆理性主义"哲学。笛卡尔自成体系，融唯物主义与唯心主义于一体，在哲学史上产生了深远的影响，堪称17世纪的欧洲哲学界和科学界最有影响的巨匠之一，被誉为"近代科学的始祖"。代表作品有《方法论》《几何》《屈光学》等。

5. 牛顿（1643—1727）

英国物理学家、天文学家和数学家，也是世界近代科学技术史上的伟大人物。他著有《自然哲学的数学原理》一书，书中用数学方法阐明了宇宙中最基本的法则——万有引力定律和三大运动定律。由于发现了万有引力定律创立了天文学，由于提出了二项式定理和无限理论创立了数学，由于认识了力的本性创立了力学。他是人类认识自然界漫长历程中的一个重要人物，他的科学贡献已成为人类认识自然的里程碑。他创立了科学的光学，在光学研究中夺得了丰硕成果，单凭他在光学研究中做出的贡献，就可以称得上是近代科技史上的伟大人物。

6. 富兰克林（1706—1790）

富兰克林是美国历史上第一位享有国际声誉的科学家和发明家。他为了对电进行探索曾经做过著名的"风筝实验"，在电学上成就显著；为了深入探讨电运动的规律，创造的许多专用名词如正电、负电、导电体、电池、充电、放电等成为世界通用的词汇。他借用了数学上正负的概念，第一个科学地用正电、负电概念表示电荷性质。并提出了电荷不能创生也不能消灭的思想，后人在此基础上发现了电荷守恒定律。富兰克林最先提出了避雷针的设想，由此制造避雷针，避免了雷击的灾难，破除了人们对雷电的迷信。

7. 瓦特（1736—1794）

英国著名的发明家。他在1776年制造出第一台有实用价值的蒸汽机。以后又经过一系列的改进，使蒸汽机成为了"万能的原动机"，在工业上得到广泛应用。瓦特经常被称为蒸汽机发明家，是工业革命的关键人物，是历史上最有影响的人物之一。

8. 拉瓦锡（1743—1794）

法国著名化学家，近代化学的奠基人之一，"燃烧的氧气说"的提出者。拉瓦锡根据化学实验的经验，用清晰的语言阐明了质量守恒定律和它在化学中的运用。拉瓦锡著有《化学概要》一书流传后世。

9. 富尔顿（1765—1815）

富尔顿是美国著名工程师，他制造出第一艘以蒸汽机作动力的轮船，长21.35米，1803年在法国的塞纳河试航成功，但当晚为暴风雨所毁。后来他得到J.瓦特的支持，于1805年3月获得新的更大的船用蒸汽机主体。两年后，富尔顿在美国造成明轮推进的蒸汽机船"克莱蒙特号"，长45米，于1807年8月18日在纽约州的哈得逊河上作历史性的航行，航速为1.61公里/时。

10. 达尔文（1809—1882）

达尔文是英国生物学家，进化论的奠基人。曾乘贝格尔号舰作了历时5年的环球航行，对动植物和地质结构等进行了大量的观察和采集。1859年出版《物种起源》这一划时代的著作，提出了生物进化论学说，从而摧毁了各种唯心的神造论和物种不变论。恩格斯将"进化论"列为19世纪自然科学的三大发现之一。除了生物学外，达尔文生物进化论学说对人类学、心理学、哲学的发展都有不容忽视的影响。

11. 焦耳（1818—1889）

焦耳是英国著名物理学家，测定了热功当量关系。由于他在热学、热力学和电方面的贡献，皇家学会授予他最高荣誉的科普利奖章（Copley Medal）。后人为了纪念他，把能量或功的单位命名"焦耳"，简称"焦"，并用焦耳姓氏的第一个字母"J"来标记热量。

12. 孟德尔（1822—1884）

孟德尔是奥地利著名的遗传学家，是"现代遗传学之父"，遗传学的奠基人。通过1856—1864年八年时间进行的豌豆杂交实验，发现了遗传规律、分离规律及自由组合规律，为现代遗传学奠定了基础。

13. 诺贝尔（1833—1896）

诺贝尔是瑞典化学家、工程师、发明家、军工装备制造商和炸药的发明者。他曾拥有Bofors（卜福斯）军工厂，主要生产军火，在第二次世界大战中该公司多项产品曾授权多国生产，并受军队广泛好评。诺贝尔一生拥有355项专利发明，人造元素锘（Nobelium）就是以诺贝尔命名的。在他逝世的前一年，立遗嘱将其遗产的大部分作为基金，将每年所得利息分为5份，设立物理、化学、生理或医学、文学及和平5种奖金（即诺贝尔奖），授予世界各国在这些领域对人类作出重大贡献的人。

14. 爱迪生（1847—1931）

爱迪生是举世闻名的美国电学家、科学家和发明家，拥有众多的发明专利，被誉为"世界发明大王"。他除了在留声机、电灯、电报、电影、电话等方面的发明和贡献以外，在矿业、建筑业、化工等领域也有不少著名的创造和真知灼见。爱迪生及公司员工一生共有 2 000 多项发明创造，为人类的文明和进步作出了巨大的贡献。

15. 居里夫人（1867—1934）

玛丽·居里是法国著名科学家，研究放射性现象，发现镭和钋（pō）两种天然放射性元素，一生两度获诺贝尔奖（第一次获得诺贝尔物理奖，第二次获得诺贝尔化学奖），居里夫人也是第一位获得诺贝尔奖的女性科学家。

16. 爱因斯坦（1879—1955）

爱因斯坦是著名的美国理论物理学家、思想家及哲学家。因为"对理论物理的贡献，特别是发现了光电效应"而获得 1921 年诺贝尔物理学奖。爱因斯坦是现代物理学的开创者、奠基人，相对论——"质能关系"的创立者，"决定论量子力学诠释"的捍卫者（振动的粒子）。他的主要成就在于提出相对论及质能方程，解释光点效应，推动量子力学的发展。在现代科学技术和他的深刻影响下与广泛应用等方面开创了现代科学新纪元，被公认为是自伽利略、牛顿以来最伟大的科学家、物理学家。

17. 弗莱明（1881—1955）

弗莱明是苏格兰生物学家、药学家、植物学家。1923 年发现溶菌酶，1928 年发现青霉素（又名盘尼西林），这一发现开创了抗生素领域，使他闻名于世。1945 年，他与弗洛里和钱恩因为对青霉素的研究活动获诺贝尔医学奖。

18. 哈勃（1889—1953）

哈勃是美国著名天文学家，星系天文学奠基人，现代观测宇宙学的主要创始人，被天文学界尊称为星系天文学之父。哈勃证实了银河系外其他星系的存在以及发现宇宙不断膨胀的有力证据，被称为银河外天文学的奠基人。小行星 2069、月球上的哈勃环形山以及哈勃太空望远镜均以哈勃的名字来命名。哈勃的代表作品有《星云世界》《用观测手段探索宇宙学问题》。

19. 霍金（1942—）

霍金是英国著名物理学家、宇宙学家、数学家。毕业于牛津大学、剑桥大学，1979 年至 2009 年任卢卡斯数学教授，后为荣誉卢卡斯数学教授（牛顿曾任此职，是人类历史上最伟大的教授职位）。霍金是爱因斯坦之后最杰出的理论物理学家和当代最伟大的科学家，人类历史上最伟大的人物之一，被誉为"宇宙之王"。霍金与彭罗斯一起证明了著名的奇性定理，为此他们共同获得了 1988 年的沃尔夫物理奖，他还证明了黑洞的面积定理，即随时间的增加黑洞的面积不减。他的代表作品有《时间简史》《果壳中的宇宙》《大设计》等。

20. 蒂姆·伯纳斯·李（1955—）

蒂姆·伯纳斯·李是英国计算机科学家。他是万维网的发明者，麻省理工学院教授。1989

年,他成功开发出世界上第一个 Web 服务器和第一个 Web 客户机,1989 年,蒂姆为他的发明正式定名 World Wide Web(万维网),即我们熟悉的 WWW。1990 年 12 月 25 日,罗伯特·卡里奥在 CERN 和他一起成功通过 Internet 实现了 HTTP 代理与服务器的第一次通讯。1999 年《时代》将他列入 20 世纪最有影响的 100 名英国人之一。2009 年 4 月,他获选为美国国家科学院外籍院士。在 2012 年夏季奥林匹克运动会开幕典礼上,他获得了"万维网发明者"的美誉。

三、常见的著名幼儿科普读物

(一)幼儿科普杂志

1.《我们爱科学(儿童版)》

《我们爱科学》创刊于 1960 年,是我国创刊最早的少儿科普刊物,也是唯一一本国家级少儿科普期刊。由共青团中央主管,中国少年儿童新闻出版总社主办。《我们爱科学》旨在传播科学知识,激发创造灵感,启迪科学智慧,培养科学素质。已形成了篇幅小,容量大,图文并茂;既严肃又活泼,既时尚又经典的刊物特色。《我们爱科学》已由月刊发展为旬刊,主要栏目有生命遐想、热点追踪、全息探秘、科学快艇、宇宙奥秘、少年军校、地球护卫队、可爱的动物、科学探险营、身边的科学、快乐科学课、电脑小玩家、主题公园、大开眼界、故事魔盘、酷玩街、动手 DTY 等 20 余个栏目。

2.《小牛顿》

《小牛顿》是我国台湾著名儿童科普期刊,国际一流的儿童科普杂志,曾荣获台湾"金鼎奖",20 年来获得的荣誉超过百项。2006 年《科幻世界》杂志社获得大陆独家发行权。它凭借生动文字和精美插图,把艰深的科学问题演变为有趣故事,是孩子最好的科学老师!《科幻世界画刊——小牛顿》以主题讲述知识的方式,框架性地引导孩子进入科学世界。知识延伸到动植物、星球、机械和人物历史等各个不同领域,全方位提高孩子的动脑动手能力。每期令人称赞的大中篇特辑用一流的画面,立体纵横的构架将孩子带入某个科学主题。它不仅仅让小朋友知道什么是科学,更学会从各个角度去了解和发现科学。

3.《天天爱科学》

《天天爱科学》是中国出版集团主管,由人民文学出版社和天天出版社联合主办,创刊于 2013 年的一本面向 6~12 岁少年儿童的科普期刊。《天天爱科学》在向少年儿童传播科学知识、启迪科学智慧、培养科学素质的同时,也融入了人文理念和人文关怀。《天天爱科学》不仅仅是让少年儿童知道了一些科学知识,更多的是关注科学的本质——以人为本;力图在少年儿童幼小的心灵中埋下爱心的种子,为他们打开一扇认知之窗。

4.《小哥白尼·趣味科学画报》

《小哥白尼·趣味科学画报》由陕西省出版总社创刊于 1997 年,是一本图文并茂的少年科普画刊。该刊主要反映宇宙、海洋、物理、环境、生命五大主题,设有地球巡逻队、科技大转盘、生物大观、神秘大自然、趣味科学馆、军事长镜头、科学卡通、科学奇闻 60 秒等栏目，图文并茂，印制精美，富有收藏价值。《小哥白尼·趣味科学画报》具有信息量大、参与性强、儿童趣味浓郁等特点。她就像是一个知识的大宝库，用生动的语言、精美的图片把你带进一个又一个知识的殿堂。科技大转盘讲的是最新的科技进展，你可以坐上火星探测号，也可以看看微波炉到底怎样把食物做熟；地球巡逻队带领你穿梭时空，同恐龙对话，到大峡谷作客；宇宙观测站让你一直遥望到那深邃的太空；当然也有生物大观与海底动物园里的动物朋友。

5.《少年科学画报》

《少年科学画报》由北京出版社1979年创刊，是中国第一本图文并茂的科普刊物，也是国内发行量大、屡获荣誉的优秀少儿科普刊物。主要向少年儿童传播科学思想，普及科学知识，激发少年儿童探求知识的兴趣和热情，培养并提高其动手动脑能力和创造能力。《少年科学画报》每期制作一个紧扣时代潮流的主打文章，涉及军事、天文、体育运动、健康营养、生物、心理健康、环境、科幻、数学、物理学、化学、英语、阅读、写作、美术、实验发明、探奇、玩具、游戏、益智等少年儿童关心的话题和内容，其因生动活泼、知识丰富、内容新颖、富于时代气息的鲜明特色而深受少年儿童的喜爱。

6.《科学大众·小诺贝尔》

《科学大众》杂志1937年创刊于上海，是中国最早创办的科普期刊之一。新中国成立后，杂志社迁址北京，得到了快速的发展。1954年，郭沫若先生亲自为杂志题写刊名。一大批著名科学家如竺可桢、茅以升、钱学森、李四光、华罗庚等多次为《科学大众》撰稿，一批著名画家如吴冠中、傅抱石为杂志绘图。杂志内容受到毛泽东、周恩来等党和国家领导人的高度评价。《科学大众·小诺贝尔》是一本精心为低年龄段儿童打造的趣味科普画刊。每期杂志为小读者介绍一个专题故事，解读生活现象背后有趣的科学知识。杂志注重科学性和故事性，以绘本的形式为读者呈现，内文文字采用大字号并且加注拼音，版式设计精美而活泼，让小读者爱上科学、爱上阅读。

7.《小聪仔·自然》

《小聪仔·自然》早期为完全引进日本和韩国版权的幼儿科普版本，是近年来日本、欧美各国、我国台湾地区幼儿园教学使用的最常用的杂志。《小聪仔·自然》致力于打造国内婴幼儿科普第一刊，以广大幼儿最喜爱最容易接受的方式，把孩子们最常见的事物，用科学的照片呈现出来。

（二）经典科普读物

1.《十万个为什么·幼儿版》

天津人民出版社2011年出版的《十万个为什么·幼儿版》共计8册，包括《哺乳动物》《虫虫世界》《地球的奥秘》《好玩儿的科学》《可爱的人体》《鸟和海洋动物》《奇趣大自然》《身边的世界》等。该书根据幼儿的心理和年龄特点出发，用亲子互动的方式，通过一个个生动的故事来解答和讲述知识。

2.《简单的科学》

该书由[英]曼宁、[英]格兰斯特洛姆著，[英]曼宁、[英]格兰斯特洛姆绘，丁一译，北京科学技术出版社 2007 年出版。

《简单的科学》是专为幼儿阶段的小朋友创作的儿童科普读物。《简单的科学》分为"2岁以上"和"4岁以上"两个版本。"2岁以上"版本的内容围绕"妈妈和宝宝""小生命如何形成""动物怎样保护自己""人和动物的身体""人类的建筑""卫生和健康""生命的敷衍""动物怎样吃东西"等几个主题进行讲述；4岁以上版本包括"从地球到太空""食物链""珍稀动物""世界各地的时间""生活中的水""从地面到地核""时间的概念""原始人类""轮子的发展和社会的进步""废物利用"等主题。

3.《小小牛顿幼儿馆》

该书由我国台湾牛顿出版公司编，贵州教育出版社于 2010 年出版。

《小小牛顿幼儿馆》共 60 册，专为学龄前儿童设计（专注于 0~7 岁儿童），围绕《幼儿生活中的科学》展开。该书旨在培养儿童"长于用眼观察、乐于用手操作、精于用脑思考、善于用心感受大自然"的习惯。

4.《亲亲自然》

该书作者为我国台湾亲亲文化事业有限公司，由河北少年儿童出版社于 2014 年出版。

《亲亲自然》系列科普丛书是台湾唯一售出国际版权的原创少儿科普教材，是一套真实美丽和充满大自然气息的自然观察摄影绘本。图片皆为摄影作品，或微观近拍，或宏观远景，无一不表现了大自然中小昆虫的灵动。包括"寻找春天""勤劳的工蚁""我要开动了""小螳螂竹竿""夏天的夜晚""落叶飘啊飘"等主题。

5.《你好，科学》

该书作者为[韩]金世实等，由王瑷瑷译，2013 年由湖北少儿出版社出版。

《你好，科学》，被称为最亲切的科学原理启蒙图画书，有亲切可爱的小故事，有精彩丰富的插图，用浅显易懂的话语告诉小朋友们神奇的科学原理。《你好，科学》共 18 册，由物理、化学、生物、人体、环境、地球科学六个领域构成。

6.《第一次发现丛书》

该书由法国伽利玛少儿出版社编，接力出版社有限公司于 2009 年出版。

《第一次发现丛书》是法国国宝级儿童科普经典，获得多项国际大奖，受到全世界儿童的喜爱。由法国著名出版人皮埃尔·莫查德策划，他将文本和图片融入到胶片书中，也引领了科学主题、电脑设计、印刷材料等的创新，皮埃尔的做法激发了法国迦利玛出版社最好的编辑、图片设计人员和设计师的灵感，他们由此创作了《第一次发现丛书》。

7.《永田爷爷的动物观察日记》

该书由法国的瑟伊出版社编写与绘画，张艳译，北京科学技术出版社于 2010 年出版。

这是一套用有趣的画面和简单的语句来燃起孩子们对观察周围的世界的热情的书。十册书分别讲述了十种动物：蚂蚁、乌龟、鳄鱼、鼹鼠、狐狸、蜗牛、青蛙、企鹅、猫头鹰、刺猬。这套书展现了一个神奇有趣、让人浮想联翩的大自然。

8.《小眼睛大发现》

该书作者为[英]阿尔隆，由刘秋娟译，电子工业出版社于 2009 年出版。

《小眼睛大发现》系列图书每页都有一个特别的惊喜。它把众多精彩的事物呈现在孩子面前，让他们去发现、去观察、去动手，他们将会爱上这样的探索和学习。

9.《忙忙碌碌镇》

该书作者为[美]斯凯瑞，由李晓平译，贵州人民出版社于 2007 年出版。

在《忙忙碌碌镇》中，温和的动物居民们过着快乐而忙碌的生活。作者通过一个充满童话色彩的小镇，介绍日常生活的方方面面，比如农场的工作、消防员救火、坐火车旅行、修建一条新路、树木的利用等。

10.《神奇校车》

该书作者为[美]柯尔，由[美]迪根绘图，谢徽译，四川少年儿童出版社于 2005 年出版。

《神奇校车》是美国国家图书馆推荐给所有学龄前儿童和小学生的课外自然科普读物，是全美最受欢迎的儿童自然科学图书系列，《神奇校车》是一套将奇特想象和抽象的科学知识完美融合的科普绘本，情节惊险刺激，语言生动爆笑，对话童稚可爱，知识却清晰严谨，展示了一种新奇的、迷人的、另类的自然科学教育方式。《神奇校车》图画书系列，包括《水的故事》《地球内部探秘》《在人体中游览》《迷失太阳系》《海底探险》《追寻恐龙》《穿越飓风》《奇妙的蜂巢》《漫游电世界》《探访感觉器官》《气候大挑战》。

第三节 文学常识

【内容概要】

文学常识包括国内文学、国外文学和儿童文学，需要理清中外文学发展的基本脉络，掌握各个时期文学代表人物及其代表作品。

一、中国文学

（一）古代神话

神话因年久散失，未能系统、完整地保存，散见于《山海经》《淮南子》等古籍中，较有的有：精卫填海、夸父逐日、女娲补天、后羿射日、黄帝杀蚩尤、羽民国等。神话是我国浪漫主义文学的源头。

（二）先秦文学

中国文学历史悠久，源远流长，先秦文学为其源头。所谓"先秦"，广义上指秦统一中国（前 221）以前直至远古；狭义上主要指秦统一天下前的春秋战国时期。诗歌和散文是先秦文学作品的主要样式。

1. 儒家经典

（1）四书：《大学》《论语》《孟子》《中庸》。
（2）五经：《诗经》（诗）、《尚书》（书）、《礼记》（礼）、《周易》（易）、《春秋》。
（3）六艺：又称六经，在"五经"后增加《乐》。

2.《诗经》

中国最早的诗歌总集，收录了从周初到春秋时期的诗歌305篇，分为"风""雅""颂"三大类。开创我国文学现实主义传统。

3. 散文

战国时期，出现历史散文和诸子散文。《左传》（《左氏春秋》）相传为左丘明编写，是我国第一部断代编年史，又是一部兼具文学特色的散文名著，代表篇目有：《曹刿论战》《烛之武退秦师》等。《国语》是一部国别史料汇编，以记言为主。《战国策》是战国时期国别史料的汇编。诸子散文成就最高的是《论语》《孟子》《庄子》《韩非子》《荀子》等。

4. 道家代表人物

（1）老子，李耳，字伯阳，又名老聃，道家学派创始人。代表作为《道德经》，其作品的精华是朴素的辩证法，主张无为而治。其学说对中国哲学发展具有深刻影响。
（2）庄子，名周，世称华南真人，主要作品有《庄子》，又名《华南经》。
（3）列子，名御寇，主要作品有《列子》，又名《冲虚真经》。《愚公移山》出于此书。

5. 儒家代表人物

（1）孔子，名丘，字仲尼，儒家创始人。孔子及其弟子的言行被辑为《论语》，列为"四书"之一。
（2）孟子，名轲，字子舆，世称亚圣。主要言论及思想被辑为《孟子》。孟子长于论辩，善用比喻，对后世议论性散文的发展影响较大。

6. 荀子

荀子，名况，字卿。主要作品为《荀子》。其中《劝学》《天论》等最具代表性。建立了以儒家思想为主体，又兼采法家和其他各家学说的思想体系。

7. 韩非

法家集大成者。主要作品为《韩非子》，先秦法家的代表著作。

8. 吕不韦

秦相，集合门客编成《吕氏春秋》。《吕氏春秋》，又名《吕览》，杂家的代表著作。

9. 屈原

屈原，名平，是我国第一个爱国主义、浪漫主义诗人，开创楚辞新诗体，被列为世界文化名人。主要作品为《离骚》《九歌》（包括《山鬼》《国殇》等11篇）、《天问》《九章》（包括《涉江》《橘颂》等9篇）。西汉刘向编成《楚辞》一书，以屈作为主。因具有浓厚的楚国地方色彩，故称"楚辞"，后世因称这种诗体为"楚辞体""骚体"，开创了我国诗歌浪漫主义传统。《离骚》和《诗经》中的国风并称"风骚"，成为"文学"的代名词。

（三）两汉文学

1. 贾谊

贾谊，又称贾生、贾长沙、贾太傅。主要作品为《新书》。《过秦论》出于此书。

2. 刘安

刘安，淮南王，代表作为《淮南子》，又名《淮南鸿烈》。"女娲补天""后羿射日""嫦娥奔月"等故事出于此书。

3. 司马迁

司马迁，字子长，别称太史公。与司马光并称"史界两司马"，与班固并称"班马"。主要作品为《史记》，又名《太史公书》。是我国第一部纪传体通史。《廉颇蔺相如列传》《鸿门宴》《毛遂自荐》《信陵君窃符救赵》等出于此书。鲁迅赞之为"史家之绝唱，无韵之离骚"。

4. 班固

班固，字孟坚，"班马"之一。主要作品为《汉书》。开创断代纪传体史书体例。

5. 乐府

原为汉代音乐机关所搜集的诗，著名作品有《陌上桑》《长歌行》《上邪》《十五从军征》《孔雀东南飞》。前四者见宋代郭茂倩编的《乐府诗集》，后者见南朝徐陵编的《玉台新咏》。《孔雀东南飞》是我国古代最长的叙事诗，与《木兰诗》合称为"乐府双璧"。

（四）魏晋南北朝文学

赋是汉代文学创作主潮，到了魏晋时期也仍有发展。如曹植的《洛神赋》、王粲的《登楼赋》、左思的《三都赋》等。南北朝散文方面也出现两部名作：一是北魏郦道元的《水经注》，二是北魏杨炫之的《洛阳伽蓝记》。整个魏晋南北朝时期，小说开始兴起，并趋向创作繁盛。主要是志怪小说和轶事小说。如东方朔的《神异经》、干宝的《搜神记》；文艺理论在这时期著名的有曹丕的《典论·论文》、钟嵘的《诗品》、萧统的《文选》、陆机的《文赋》、刘勰的《文心雕龙》等。

1. 三曹

（1）曹操，字孟德，追尊为武帝，"三曹"之首。主要作品为《魏武帝集》。代表作有《苦寒行》《龟虽寿》《短歌行》等，属乐府歌辞，开创"建安风骨"新风。

（2）曹丕，字子桓。主要作品《燕歌行》是中国现存最早的文人七言诗，《典论·论文》是我国文学批评史上第一篇专题论文。

（3）曹植，字子建。代表作有《野田黄雀行》《七步诗》《洛神赋》《白马篇》。

2. "建安七子"

孔融、陈琳、王粲、徐干、阮瑀、应玚、刘桢。王粲的《七哀诗》成就最高。

3. "竹林七贤"

嵇康、阮籍、山涛、向秀、阮咸、王戎、刘伶。

4. 诸葛亮

诸葛亮,字孔明,别号卧龙。有《诸葛亮集》,《出师表》出于此书。

5. 陈寿

陈寿,字承祚。主要作品为《三国志》,《隆中对》出于此书。

6. 干宝

干宝,字令升。主要作品为《搜神记》,这是我国最早的短篇小说集之一,多为志怪故事。《干将莫邪》《东海孝妇》都出于此书。

7. 陶渊明

陶渊明,名潜,字元亮,自号五柳先生,我国第一位杰出的田园诗人,著有《陶渊明集》。代表作有《桃花源诗并序》《归去来兮辞》《归园田居》《饮酒》等。

8. 范晔

范晔,著《后汉书》。纪传体断代史,前"四史"之一。

9. 刘义庆

刘义庆,袭封临川王。代表作为《世说》,唐时称为《世说新书》,宋时称《世说新语》,属笔记小说,记载魏晋人物的言谈轶事,可看作"志人小说"的开端。

10. 刘勰

刘勰,字彦和,晚年为僧。法名慧地。主要作品为《文心雕龙》,是我国第一部文艺理论专著。

11. 北朝乐府

代表作有《木兰诗》《敕勒歌》《折杨柳歌辞》,都被收入《乐府诗集》。其中《木兰诗》为"乐府双璧"之一。

(五)唐代文学

唐代堪称中国古代诗歌的黄金时代。先后有初唐四杰、边塞诗派、田园诗派、李杜白三大诗人、孟郊、贾岛、李贺、元稹、刘禹锡、大历十才子、杜牧、温庭筠、李商隐等众多著名诗人。唐代散文有了划时代的革新与发展。先后有陈子昂、萧颖士、韩愈、柳宗元以及魏征、骆宾王、王勃、杜牧、罗隐、陆龟蒙等著名散文家。以韩愈、柳宗元的散文成就为主要代表。唐代小说是继承魏晋南北朝小说优秀传统的基础上逐步发展起来的。主要成就是传奇小说,二是话本小说。如:李朝威的《柳毅传》、蒋防的《霍小玉传》、白行简的《李娃传》、李公佐的《南柯太守传》、元稹的《莺莺传》等。唐代又创造了诗歌的另一种形式,即"词"。通常认为,李白的《菩萨蛮》《忆秦娥》是最早的词及文人词作者。唐朝后期则出现了一些著名词人,如温庭筠、韦庄、冯延巳、李煜等。

1. 程子昂

程子昂,字伯玉,代表作为《感遇》诗38首。

2. 王勃

王勃，字子安，"初唐四杰"之一。主要作品为《王子安集》，其中《送杜少府之任蜀州》《滕王阁序》最有名。

3. 贺知章

贺知章，字季真，自号四明狂客。主要作品为《咏柳》《回乡偶书》。

4. 王之涣

王之涣，字季陵。主要作品为《凉州词》《登鹳雀楼》。绝句《凉州词》被誉为"唐代绝句压卷之作"。属边塞诗派。

5. 孟浩然

孟浩然，襄阳人，唐代第一个大量写山水诗的人。主要作品为《过故人庄》《春晓》等，结为《孟襄阳集》。

6. 王昌龄

王昌龄，字少伯，因善写七绝被誉为"七绝圣手"。主要作品为《出塞》《从军行》。后人辑有《王昌龄集》。

7. 王维

王维，字摩诘，诗人兼画家。与孟浩然同为盛唐田园山水派代表，世称"王孟"。主要作品为《送元二使安西》《鸟鸣涧》《相思》等，辑为《王右丞集》。苏轼赞其作品为"诗中有画，画中有诗"。

8. 高适

高适，字达夫，与岑参齐名，并称"高岑"，同为盛唐边塞诗派的代表。主要作品为《燕歌行》《别董大》等，后人辑有《高常侍集》。

9. 李白

李白，字太白，号青莲居士，浪漫主义诗人，世称"诗仙"。与杜甫齐名，人称"李杜"。唐代三大诗人之一。主要作品为《梦游天姥吟留别》《蜀道难》《子夜吴歌》《望天门山》《秋浦歌》《宣州谢朓楼饯别校书叔云》等，结为《李太白集》。

10. 杜甫

杜甫，字子美，自称杜陵野老，曾任左拾遗、检校工部员外郎，世称杜拾遗，杜工部。与李白齐名，被誉为"诗圣"。唐代三大诗人之一。主要作品为《兵车行》《春望》《茅屋为秋风所破歌》《闻官军收河南河北》、"三吏"(《新安吏》《石壕吏》《潼关吏》)、"三别"(《新婚别》《垂老别》《无家别》)等，辑为《杜工部集》。其作品为现实主义诗歌艺术的高峰，被称为"诗史"。

11. 岑参

岑参，曾任嘉州刺史，世称岑嘉州。边塞诗派的重要代表。主要作品为《白雪歌送武判官归京》《逢入京使》等，结为《岑嘉州诗集》。

12. 孟郊

孟郊，字东野，与贾岛齐名，有"郊寒岛瘦"之说。著名苦吟诗人。主要作品为《秋怀》《贫女词》《游子吟》等，结为《孟东野诗集》。

13. 韩愈

韩愈，字退之，世称韩吏部、韩文公，韩昌黎。唐代古文运动倡导者，"唐宋八大家"之首。与柳宗元并称"韩柳"。主要作品为《师说》《马说》《原毁》《进学解》《祭十二郎文》等，结为《昌黎先生集》。

14. 刘禹锡

刘禹锡，字梦得，曾任太子宾客，世称刘宾客。与柳宗元合称"刘柳"，与白居易合称"刘白"。主要作品为《陋室铭》《乌衣巷》《竹枝词》等，辑为《刘宾客集》《刘梦得文集》。

15. 白居易

白居易，字乐天，号香山居士。唐代三大诗人之一，与元稹合称"元白"。主要作品为《秦中吟》《新乐府》（包括《卖炭翁》等）、《长恨歌》《琵琶行》等，自编为《白氏长庆集》，后人又编为《白香山诗集》。

16. 柳宗元

柳宗元，字子厚，人称柳河东，又称柳柳州。唐代古文运动的领导者之一，"唐宋八大家"之一，与韩愈并称"韩柳"。主要作品为《捕蛇者说》《三戒》（包括《黔之驴》）、《永州八记》（包括《小石潭记》《童区寄传》等散文）、《渔翁》《江雪》等诗，结为《柳河东集》。

17. 李贺

李贺，字长吉。主要作品为《雁门太守行》《金铜仙人辞汉歌》等，结为《昌谷集》。被称为"诗鬼"。

18. 杜牧

杜牧，字牧之，别称"小杜"，与李商隐齐名，并称"小李杜"。主要作品为《阿房宫赋》《江南春绝句》《清明》《泊秦淮》《秋夕》等，结为《樊川文集》。

19. 李商隐

李商隐，字义山，号玉溪生，又号樊南生。主要作品为《行次西郊作一百韵》《乐游原》《锦瑟》《无题》等，结为《李义山诗集》，另有《樊南文集》。

20. 李煜

李煜，字重光，五代时南唐国主，世称李后主。主要作品为《虞美人》《相见欢》《浪淘沙》等。

（六）宋代文学

宋代词的风格多种多样，大体上可归类为北宋词五种风格、南宋词三种风格，即宋代词主要有八种风格类型。其中最有影响、最有成就的是"豪放派"词和"婉约派"词。宋代"豪放派"词人代表作家主要有苏轼、辛弃疾，其次有刘过、陈亮、刘克庄等。豪放词悲壮、豪迈、奔放、慷慨、激昂,简单说豪放就是豪放词的共同特点。"婉约派"词人代表作家主要有柳永、秦观、晏殊、李清照,其次有欧阳修、周邦彦、姜夔、晏几道等。宋代的散文以古文运动倡导者欧阳修为旗手。他那清丽优美而质朴的风格影响了整个文坛,成为当时的一代文宗。聚集在他周围的有三苏父子、王安石、曾巩。他们六个和先朝唐代的韩愈、柳宗元被后世称为唐宋古文八大家。宋代小说主要是话本小说。长篇小说有《新编五代史平话》《大唐三藏取经诗话》《大宋宣和遗事》等,短篇小说有《碾玉观音》《错斩崔宁》等。

1. 范仲淹

范仲淹,字希文。主要作品为《岳阳楼记》《渔家傲》等,结为《范文正公集》。开宋词豪放之先风。

2. 柳永

柳永,原名三变,字耆卿。主要作品为《雨霖铃》《八声甘州》等,有《乐章集》传世。

3. 晏殊

晏殊,字同叔,谥元献。主要作品为《浣溪沙》《蝶恋花》等,著有《珠玉词》《晏元献遗文》。尤擅小令,风调娴雅,气象富贵。

4. 欧阳修

欧阳修,字永叔,号醉翁、六一居士,北宋文坛领袖,"唐宋八大家"之一。主要作品为与宋祁合修的《新唐书》,独撰的《新五代史》。有《醉翁亭记》《秋声赋》《六一词》等,结为《欧阳文忠公文集》。《六一诗话》是我国第一部诗话。

5. 苏洵

苏洵,字明允,号老泉,"唐宋八大家"之一,与其子苏轼、苏辙合称"三苏"。主要作品有《嘉祐集》。《六国论》出于此书。作品以史论、政论为主。

6. 曾巩

曾巩,字子固,又称南丰先生,"唐宋八大家"之一。主要作品为《元丰类稿》(以年号命名)。

7. 王安石

王安石,字介甫,号半山,"唐宋八大家"之一。主要作品有《游褒禅山记》《伤仲永》《元日》《泊船瓜洲》等,乡贯临川,集为《王临川集》。

8. 司马光

司马光,字君实,世称涑水先生。"史界两司马"之一。主编的《资治通鉴》,是我国最大的一部编年体通史,记上自战国下至五代共1362年的史实,史书"双璧"之一。《赤壁之战》《淝水之战》皆出于此。

9. 沈括

沈括,字存中。晚年居梦溪园。代表作有《梦溪笔谈》。《采草药》《雁荡山》《活板》出于此书。

10. 苏轼

苏轼，字子瞻，号东坡居士，谥文忠。"唐宋八大家"之一，在书法上与蔡襄、黄庭坚、米芾并称"宋四家"。主要作品为《赤壁赋》《石钟山记》《题西林壁》《水调歌头》《念奴娇》等，结为《东坡文集》。能"出新意于法度之中，寄妙理于豪放之外"，开创了豪放词派。

11. 苏辙

苏辙，字子由，"唐宋八大家"之一。主要作品为《栾城集》。

12. 李清照

李清照，号易安居士。南宋女词人。宋代婉约词派中成就最高者。主要作品有《武陵春》《如梦令》《声声慢》等，结为《漱玉词》。

13. 陆游

陆游，字务观，号放翁。人称"小李白"。主要作品为《书愤》《示儿》《钗头凤》等。结为《剑南诗稿》《渭南文集》《老学庵笔记》。中国古代最高产的诗人（存诗9 000多首）。

14. 辛弃疾

辛弃疾，字幼安，号稼轩，与苏轼并称"苏辛"，人称"词中之龙"。主要作品为《稼轩长短句》，名篇有《摸鱼儿》《永遇乐》《清平乐》等。

15. 姜夔

姜夔，字尧章，号白石道人。主要作品为《白石道人歌曲》，《扬州慢》等出于此书。

16. 文天祥

文天祥，字宋瑞，一字履善，自号文山。主要作品为《正气歌》《指南录》《文山诗集》等。

17. 岳飞

岳飞，字鹏举，今存词仅三首。代表作为《满江红》。

18. 唐宋八大家

唐代的韩愈、柳宗元，宋代的欧阳修、曾巩、王安石、苏洵、苏轼、苏辙。

（七）元代文学

元代主要与重要的文学样式是元曲。元曲包括杂剧和散曲。元杂剧是我国古代戏剧发展成熟的重要阶段和标志。它是元代文学光辉的代表和主要成就。元代杂剧代表作家有关汉卿、王实甫、白朴、马致远，并称"关王白马"。还有康进之、纪君祥、郑光祖、乔吉等人。代表作品有《窦娥冤》（关汉卿）、《西厢记》（王实甫）、《墙头马上》（白朴）、《汉宫秋》（马致远）、《李逵负荆》（康进之）、《倩女离魂》（郑光祖）等。元散曲实际上是一种新诗体，可分为小令和套数。主要代表作品有马致远的《天净沙·秋思》（小令），张养浩的《北邙山怀古》《潼关怀古》，睢景臣的《高祖还乡》等。

1. 关汉卿

关汉卿，名一斋，号已斋叟。与郑光祖、白朴、马致远并称"元曲四大家"。我国古代第一位伟大的戏剧家。主要作品为《窦娥冤》《救风尘》《望江亭》《单刀会》等。

2. 王实甫

王实甫，名德信。主要作品为《西厢记》，是元代剧本中最长的一部（五本二十一折），也是元杂剧最成功的作品之一。

3. 郑光祖

郑光祖，字德辉，"元曲四大家"之一。主要作品有《倩女离魂》等。

4. 白朴

白朴，字仁甫，"元曲四大家"之一。主要作品有《唐明皇秋夜梧桐雨》等。

5. 马致远

马致远，字千里，号东篱。"元曲四大家"之一。主要作品为杂剧《汉宫秋》，散曲《天净沙·秋思》等，结为《东篱乐府》。元散曲作者中成就最高者之一。

6. 张养浩

张养浩，字希孟，号云庄。主要作品为《云庄休居自适小乐府》。其中《山坡羊·潼关怀古》一首最成功。

（八）明代文学

明朝初，在散文方面，以刘基、宋濂、方孝孺为代表。短篇小说，有文言小说和白话小说两类。文言短篇小说较著名的有瞿佑的《剪灯新话》、李昌祺的《剪灯余话》、邵景瞻的《觅灯因话》等；白话短篇小说主要是两部短篇小说集，即"三言"和"两拍"。长篇小说主要有：① 历史小说，如《三国演义》（罗贯中）；② 侠义小说，如《水浒传》（施耐庵）；③ 神魔小说，如《西游记》（吴承恩）；④ 世情小说，如《金瓶梅》（兰陵笑笑生）等。初期的明代戏剧主要是杂剧，徐渭的《四声猿》最著名；以后，主要形式是传奇，如梁辰鱼的代表作《浣纱记》、汤显祖的代表作《临川四梦·牡丹亭》、阮大铖的《燕子笺》等。

1. 施耐庵

元末明初小说家。主要作品为《忠义水浒传》，简称《水浒传》，是我国第一部反映农民起义的长篇章回小说，对后世农民起义产生了巨大影响。

2. 罗贯中

罗贯中，字贯中，号湖海散人，中国第一位全力创作通俗小说的作家。主要作品有《三国志通俗演义》（简称《三国演义》）、《隋唐志传》《三遂平妖传》。《三国演义》为我国第一部长篇历史章回小说。

3. 吴承恩

吴承恩，字汝忠，号射阳山人。主要作品《西游记》，是著名长篇章回神魔小说，是古典文学中最辉煌的神话作品，标志着浪漫主义文学的新高峰。《西游记》与《三国演义》《水浒传》《金瓶梅》并称为明代四大奇书。

4. 归有光

归有光，字熙甫，号震川。主要作品为《震川文集》。《项脊轩志》等出于此书。他推崇唐宋古文，被称为"唐宋派"。

5. 汤显祖

汤显祖，字义仍，号若士，又号海若，临川人。主要作品为《牡丹亭》（又名《还魂记》）、《紫钗记》《邯郸记》《南柯记》，合称"玉茗堂四梦"，又叫"临川四梦"，是浪漫主义的杰作。

6. 冯梦龙

冯梦龙，字犹龙，号墨憨斋主人、顾曲散人。主要作品有"三言"——《喻世明言》《醒世恒言》《警世通言》。"三言"与凌蒙初作的《初刻拍案惊奇》《二刻拍案惊奇》合称"三言二拍"，代表了明代拟话本小说的最高成就。

（九）清代文学

清代诗歌是我国古典诗歌发展的重要时期。清代诗歌作家约 6 000 余人，诗歌集有 4 000 多种。大致可分为清初诗人、江左三大家、南施北宋、南朱北王、乾嘉诗人等。代表词人主要有纳兰性德、张惠言、陈继崧、朱彝尊等。中国小说也得到了空前的发展，短篇小说最著名的有《聊斋志异》《阅微草堂笔记》等。长篇小说最著名的有《红楼梦》《儒林外史》《镜花缘》《醒世姻缘传》等。

近代文学，诗歌方面有龚自珍所著的《己亥杂诗》、梁启超的《饮冰室诗话》等，同时期还有魏源、林则徐、张犀屏等诗人。散文是以龚自珍、魏源、林则徐为先锋，他们以政治论文和学术论文见长。到辛亥革命前后，出现了康有为、梁启超、谭嗣同、严复、章炳麟等人的优秀散文。小说这一时期得到空前发展，创作了 3 000 多部作品。代表作有《小五义》《洪秀全演义》、"四大谴责小说"、《新小说》《小说季报》等。戏剧的主要成就是京剧和话剧。京剧主要代表人物是程长庚和汪笑侬；话剧在这时期兴起并迅速发展，"春柳社"和"春阳社"是当时较有代表性的话剧社团。

1. 洪升

洪升，字防思，号稗畦。主要作品为《长生殿》（传奇），讲述唐明皇与杨贵妃的爱情故事的同时，广泛地展开了对当时社会、政治的描写。

2. 孔尚任

孔尚任，字聘之，号云亭山人。主要作品为《桃花扇》（传奇），描写南明王朝灭亡的历史剧。

3. 蒲松龄

蒲松龄，字留仙，号柳泉居士，世称聊斋先生。主要作品为《聊斋志异》（《促织》《狼》《画皮》等出于此书），我国古代著名的文言短篇小说集，以谈鬼说狐方式反映现实。

4. 方苞

方苞，字灵皋，号望溪，安徽桐城人。主要作品为《方望溪先生全钞》。桐城派创始人，以"义法"为宗。"义"即"言有物","法"即"言有序",语言风格追求雅洁。

5. 吴敬梓

吴敬梓,字敏轩,号文木。主要作品为《儒林外史》。

6. 曹雪芹

曹雪芹,名霑,字梦阮,号雪芹。主要作品《红楼梦》(高鹗续后四十回)为最伟大的现实主义长篇古典小说。小说以贾宝玉、林黛玉爱情悲剧为线索,描写了贾、史、王、薛四大家族的兴衰史,反映了封建社会日趋衰亡的命运。与《水浒传》《三国演义》《西游记》并称我国古典四大名著。

7. 姚鼐

姚鼐,字姬传,世称惜抱先生。主要作品为《惜抱轩诗文集》。"桐城派"奠基人之一。主张"义理""考据""辞章"三结合,和方苞、刘大櫆并称为"桐城三祖"。

8. 袁枚

袁枚,字子才,号简斋。主要作品为《小仓山房文集》。《祭妹文》《黄生借书说》等出于此书。论诗主张抒写性情,倡导"性灵说"。

9. 李汝珍

李汝珍,字松石。主要作品为《镜花缘》,以浪漫主义手法写幻想图景。

10. 龚自珍

龚自珍,字璱人。主要作品为《病梅馆记》《己亥杂诗》等。近代文学的开山作家。

11. 吴沃尧

吴沃尧,字小允,号趼人。主要作品为《二十年目睹之怪现状》《痛史》等谴责小说。

12. 李宝嘉

李宝嘉,字伯元,别称南亭亭长。主要作品为《官场现形记》,晚清谴责小说代表作。

13. 刘鹗

刘鹗,字铁云,笔名洪都百炼生。主要作品为《老残游记》。

14. 曾朴

曾朴,主要作品为《孽海花》,与《二十年目睹之怪现状》《官场现形记》《老残游记》并称清末四大谴责小说。

15. 梁启超

梁启超,字卓如,号任公,别称饮冰室主人。维新派代表人物之一,与康有为合称"康梁"。主要作品为《谭嗣同》《少年中国说》等,有《饮冰室合集》。

(十)现当代文学

自1919年"五四"新文化运动到1949年新中国成立,这30年是我国新民主主义革命时期，就是我们通常所说的现代文学时期。一般可以分为三个发展阶段：1919年至1927年，胡适发表《文学改良刍议》，陈独秀发表《文学革命》，标志现代文学的开始。五四运动爆发，以彻底的反帝反封建精神伴随中国逐步向革命文学发展；1927年至1937年，以无产阶级革命文学（也称"左翼"文学）为代表；1937年至1949年，这个时期的文学主要反映民族抗日解放和人民解放的伟大斗争事业。

当代文学是指1949年新中国成立以后的文学，其中出现了许多文学流派。大致可以划分为四个阶段：新时期文学、80年代文学、90年代文学、新世纪文学。

1. 鲁迅

鲁迅，原名周树人，字豫才。文学家、思想家、革命家，中国文化革命的主将。主要作品有小说集《呐喊》（包括《狂人日记》《阿Q正传》《孔乙己》等）、《彷徨》（包括《祝福》《伤逝》等）、《故事新编》，散文集《朝花夕拾》（包括《藤野先生》《范爱农》等），散文诗集《野草》，十余本杂文集和大量的书信。

2. 郭沫若

郭沫若，原名郭开贞，号尚武。作家、诗人和戏剧家，也是历史学家和古文字学家。主要作品为诗集《女神》（包括《凤凰涅槃》《女神之再生》《炉中煤》等）。历史剧作有《棠棣之花》《屈原》《虎符》《高渐离》《孔雀胆》《蔡文姬》《武则天》等。《女神》是一部杰出的浪漫主义诗集，奠定了新诗运动的基础。

3. 叶圣陶

叶圣陶，名绍钧，现代作家、教育家。主要作品为长篇小说《倪焕之》，短篇小说有《多收了三五斗》《夜》等，童话集有《稻草人》《古代英雄的石像》。他是中国现代文学史上最早写童话的作家。

4. 茅盾

茅盾，原名沈德鸿，字雁冰，茅盾是笔名。现代杰出作家，"五四"新文学运动的先驱之一。主要作品为《蚀》三部曲（《幻灭》《动摇》《追求》）、《子夜》、"农村三部曲"（《春蚕》《秋收》《残冬》）、《林家铺子》，散文《风景谈》《白杨礼赞》。《子夜》是我国现代文学史上第一部现实主义长篇杰作。

5. 郁达夫

郁达夫，现代作家。主要作品为《沉沦》《春风沉醉的晚上》《薄奠》等。

6. 徐志摩

徐志摩，现代诗人。新月派主要诗人。主要作品为诗集《志摩的诗》《猛虎集》等，著名篇目有《再别康桥》《在病中》《沙扬娜拉》《偶然》等。

7. 田汉

田汉，戏剧家，中国现代戏三大奠基人之一，是"五四"以后最有成就的剧作家之一。代表剧本有《梵峨嶙与蔷薇》《咖啡店之一夜》，其话剧代表作有《名优之死》《丽人行》《关汉卿》《文成公主》等，另有京剧《白蛇传》《谢瑶环》等。歌词《义勇军进行曲》经聂耳谱曲后广为流传，后定为国歌。

8. 朱自清

朱自清，现代作家。主要作品为诗和散文合集《踪迹》《雪朝》，散文集《背影》《欧游杂记》，学术著作《经典常谈》《新诗杂谈》，著名篇目有《背影》《绿》《荷塘月色》《桨声灯影里的秦淮河》《生命的价格——七毛钱》等。

9. 闻一多

闻一多，著名爱国诗人、学者。主要作品为诗集《红烛》《死水》。著名篇目有《太阳吟》《洗衣歌》《发现》《一句话》《死水》等，学术著作有《神话与诗》《古典新义》等。

10. 老舍

老舍，原名舒庆春，字舍予。1950年获"人民艺术家"称号。主要作品为长篇小说《骆驼祥子》《四世同堂》，剧本《茶馆》《龙须沟》《西望长安》等，是"京味小说"的开创者。

11. 冰心

冰心，原名谢婉莹，著名女作家。主要作品为诗集《繁星》《春水》，散文集《寄小读者》，儿童文学作品选《小桔灯》等，被誉为"美文"的代表。

12. 夏衍

夏衍，原名沈乃熙，著名剧作家。主要作品为剧本《秋瑾传》《上海屋檐下》《法西斯细菌》，改编的电影剧本有《祝福》《林家铺子》《我的一家》等，报告文学《包身工》。创作了我国最早的电影文学剧本《狂流》。

13. 巴金

巴金，原名李尧棠。主要作品为长篇小说"激流三部曲"（《家》《春》《秋》）、"爱情三部曲"（《雾》《雨》《电》），中长篇小说《寒夜》《憩园》等，散文集《点滴》《随想录》等。《家》等为我国现代文学史上描写封建家庭历史的最成功的作品，1982年获意大利"但丁国际奖"。

14. 赵树理

赵树理，原名赵树礼，小说家。主要作品为小说《小二黑结婚》《李有才板话》《李家庄的变迁》等。《小二黑结婚》被誉为"解放区文艺的代表作之一"，《李有才板话》被誉为"走向民族形式的里程碑"。其作品民族化、大众化，是"山药蛋派"的代表作。

15. 曹禺

曹禺，原名万家宝，戏剧家。主要作品为剧本《雷雨》《日出》《原野》《北京人》《明朗的天》《胆剑篇》《王昭君》等。

16. 艾青

艾青，原名蒋海澄，著名诗人。主要作品为《大堰河——我的保姆》《黎明的通知》《雪落在中国的土地上》《北方》《手推车》《光的赞歌》等。他的作品标志着"五四"以后自由体诗发展的一个重要阶段，又给以后的新诗创作带来很大影响。

17. 周立波

周立波，原名周绍仪。主要作品为《暴风骤雨》《山乡巨变》。《暴风骤雨》是我国解放战争时期出现的最成功的文学作品之一，获斯大林文学奖。

18. 孙犁

孙犁，原名孙树勋，"白洋淀派"创始人。主要作品为长篇小说《风云初记》，短篇小说《荷花淀》等。作品充满诗情画意，有"诗体小说"之称。

19. 梁斌

梁斌，原名梁维周。主要作品为长篇小说《红旗谱》《播火记》。作品是概括我国新民主主义革命时期北方农民生活和斗争的史诗。

20. 柳青

柳青，原名刘蕴华。主要作品为长篇小说《种谷记》《铜墙铁壁》《创业史》。

21. 杜鹏

杜鹏，主要作品为《保卫延安》，我国第一部大规模正面描写解放战争的长篇小说。小说主要人物有彭德怀、周大勇。

22. 李季

李季，原名李振鹏，现代诗人。主要作品为长篇叙事诗《王贵与李香香》《杨高传》。《王贵与李香香》以信天游形式歌颂陕北人民的革命斗争，在我国现代诗歌史上占有重要地位。

23. 杨沫

杨沫，原名杨成业。主要作品为长篇小说《青春之歌》，反映了20世纪30年代我国知识分子的历史命运和成长道路。主要人物有林道静、余永泽、卢嘉川。

24. 曲波

曲波，主要作品为长篇小说《林海雪原》，故事惊险紧张，富有传奇色彩。

25. 罗广斌、杨益言

罗广斌、杨益言，主要作品为长篇小说《红岩》，小说主要人物有许云峰、江姐、特务徐鹏飞。

二、外国文学

（一）希腊

1. 荷马

古希腊诗人。主要作品为《伊利亚特》(又译《伊利昂纪》)、《奥德赛》(又译《奥德修纪》)。

2. 柏拉图

古希腊伟大的哲学家。主要著作有《理想国》和《法律篇》等。与苏格拉底和亚里士多德并称为古希腊三大哲学家。

3. 三大悲剧作家

埃斯库罗斯、索福克勒斯和欧里庇得斯。埃斯库罗斯，被誉为"悲剧之父"，代表作品有《被缚的普罗米修斯》《阿伽门农》《善好者》等；索福克勒斯，代表剧作有《俄狄浦斯王》《安提戈涅》等；欧里庇得斯，著作有《美狄亚》等。

4.《伊索寓言》

《伊索寓言》是古希腊民间流传的讽喻故事，经后人加工，称为现在流传的《伊索寓言》。包括《农夫和蛇》《狐狸和葡萄》《狼和小羊》《龟兔赛跑》等名篇。《伊索寓言》是一部世界上最早的寓言故事集。他与克雷洛夫、拉·封丹和莱辛并称世界四大寓言家。

5. 阿里斯托芬

古希腊喜剧作家，被称为"古希腊喜剧之父"。现存《阿卡奈人》《骑士》《和平》《鸟》《蛙》等十一部，他的喜剧属现实主义，表现手法极其夸张。

6. 亚里士多德

世界古代史上最伟大的哲学家、科学家和教育家之一。著作有《诗学》和《修辞学》等。

（二）英国

1. 莎士比亚

文艺复兴时期伟大的剧作家和诗人。主要作品有悲剧《哈姆雷特》《奥赛罗》《麦克白》《李尔王》和《罗密欧与朱丽叶》等；喜剧有《威尼斯商人》《第十二夜》《皆大欢喜》等；历史剧有《理查三世》《亨利四世》等。马克思称之为"人类最伟大的戏剧天才"。

2. 笛福

英国小说开创者之一，主要作品为《鲁滨孙漂流记》《辛格尔顿船长》。《鲁滨孙漂流记》是摆放在成人书架上的受儿童欢迎的小说。

3. 拜伦

伟大诗人。代表作为诗体小说《唐璜》，通过青年贵族唐璜的种种经历，抨击欧洲反动的封建势力。

4. 托马斯·莫尔

英国空想社会主义作家，代表作《乌托邦》。

5. 雪莱

积极浪漫主义诗人。主要作品为诗剧《解放了的普罗米修斯》，抒情诗《西风颂》（"冬天来了，春天还会远吗"）、《云雀颂》《自由颂》等。浪漫主义诗人最优秀的代表之一。欧洲文学史上最早歌颂空想社会主义的诗人之一。

6. 狄更斯

批判现实主义作家。主要作品为长篇小说《大卫·科波菲尔》《艰难时世》《双城记》等。

7. 塞缪尔·理查逊

英国家庭小说的开创者，代表作《克拉丽莎》，是英国感伤文学的先驱。

8. 亨利·菲尔丁

英国小说家中成就最高者，代表作为《汤姆·琼斯》，是 18 世纪英国文学中最具启蒙特征的小说。

9. 威廉·华兹华斯

湖畔派诗人中成就最高者，他与萨缪尔·科勒律治共同出版的《抒情歌谣集》，成为英国浪漫主义文学的奠基之作。

10. 萧伯纳

戏剧家。主要作品为《华伦夫人的职业》《巴巴拉少校》《苹果车》等，揭露了资本主义社会的伪善和罪恶，同情工人阶级。

11. 勃朗特三姐妹

夏洛特·勃朗特（《简·爱》）、艾米莉·勃朗特（《呼啸山庄》）、安妮·勃朗特（《艾格尼丝·格雷》），世称"勃朗特三姐妹"。

12. 简·奥斯汀

现实主义小说女作家，著有《理智与情感》《傲慢与偏见》《爱玛》《劝导》等。

13. 伏尼契

著有反映革命者英雄气概的小说《牛虻》。

（三）法国

1. 伏尔泰

法国启蒙运动中最具领袖威望的作家，最具价值的文学作品是中短篇哲理小说 26 篇，著名的包括《查第格》《天真汉》《老实人》。

2. 卢梭

法国最杰出的思想家和文学家，代表作有《新爱洛漪丝》《爱弥儿》《忏悔录》。

3. 莫里哀

伟大的喜剧家，是世界喜剧作家中成就最高者之一。主要作品为《伪君子》《悭吝人》(《吝啬鬼》)等共 37 部喜剧。鞭挞封建制度和丑恶势力，是世界喜剧中最出色的作品。

4. 雨果

伟大作家，欧洲 19 世纪浪漫主义文学最卓越的代表。主要作品为长篇小说《巴黎圣母院》《悲惨世界》《笑面人》《九三年》等。

5. 司汤达

法国批判现实主义作家。代表作为《红与黑》《巴马修道院》。

6. 巴尔扎克

法国批判现实主义文学的杰出代表。主要作品为《人间喜剧》，包括《高老头》《欧也妮·葛朗台》《贝姨》《邦斯舅舅》等。马克思称它"提供了一部法国社会特别是巴黎上流社会的卓越的现实主义历史"。

7. 福楼拜

代表作《包利法夫人》。

8. 都德

主要作品为长篇小说代表作《小东西》等,短篇小说有《最后一课》《柏林之围》等。

9. 莫泊桑

法国批判现实主义作家,被称为"短篇小说巨匠"。主要作品为长篇小说《一生》《俊友》,短篇小说《羊脂球》《我的叔叔于勒》《项链》。和俄罗斯的契诃夫、美国的欧·亨利一起被誉为"世界三大短篇小说之王"。

10. 欧仁·鲍狄埃

法国无产阶级的伟大诗人。主要作品为《国际歌》,成为全世界"无产阶级联合起来"的战斗诗歌。

11. 罗曼·罗兰

作家,诺贝尔文学奖获得者。主要作品为长篇小说《约翰·克利斯朵夫》,描写一个以个人奋斗来反抗社会的艺术家的悲剧人物(以贝多芬为原型)。

(四)德国、俄国(苏联)

1. 歌德

德国文学最高成就的代表者。主要作品为书信体小说《少年维特之烦恼》,诗剧《浮士德》。

2. 席勒

德国诗人、剧作家。主要作品为《阴谋与爱情》(剧本)、《欢乐颂》(诗)。

3. 海涅

诗人、政论家。主要作品为《西里西亚的纺织工人》《德国——一个冬天的童话》。

4. 普希金

俄国诗人。主要作品为抒情诗《自由颂》,叙事诗《青铜骑士》,长篇诗体小说《叶甫盖尼·奥涅金》,童话诗《渔夫和金鱼的故事》等。对19世纪俄国文学的发展起了开创和奠基的作用,是俄罗斯文学语言的典范,享有世界声誉。

5. 果戈理

19世纪俄国最优秀的讽刺作家,批判现实主义文学的奠基人。主要作品为讽刺喜剧《钦差大臣》,长篇小说《死魂灵》。

6. 屠格涅夫

19世纪俄国现实主义作家。主要作品为长篇小说《罗亭》《父与子》《贵族之家》,散文故事集《猎人笔记》,中篇小说《木木》。

7. 列夫·托尔斯泰

俄国杰出的现实主义作家。主要作品为长篇小说《战争与和平》《安娜·卡列尼娜》《复活》等。列宁称之为"俄国革命的一面镜子"。

8. 陀思妥耶夫斯基

俄国作家。代表作《罪与罚》《白痴》《卡拉马佐夫兄弟》。

9. 契诃夫

俄国作家。主要作品为短篇小说《小公务员之死》《变色龙》《套中人》，中篇小说《第六病室》，剧本《海鸥》《万尼亚舅舅》《三姊妹》等，是俄罗斯唯一以短篇小说创作登上世界文坛高峰的作家。

10. 高尔基

苏联无产阶级伟大作家。主要作品为自传体三部曲《童年》《在人间》《我的大学》，长篇小说《母亲》，散文诗《海燕》等。列宁称之为"无产阶级艺术的最杰出代表"。

11. 尼古拉·奥斯特洛夫斯基

俄国作家，主要作品为《钢铁是怎样炼成的》。

12. 阿·托尔斯泰

俄国作家。著有长篇小说《苦难的历程》。

（五）其他国家

1. 但丁

意大利文艺复兴时期诗人，恩格斯评价说："他是中世纪的最后一位诗人，同时又是新时代的最初一位诗人"。主要作品为《神曲》，叙事长诗，由《地狱》《净界》《天堂》三部分组成。

2. 艺术三杰

达·芬奇（《最后的晚餐》《岩间圣母》《蒙娜丽莎》）、拉斐尔（《西斯廷圣母》《雅典学派》）和米开朗基罗（《大卫》《摩西》《创世纪》）并称为文艺复兴后三杰。

3. 薄伽丘

意大利文艺复兴时期重要作家。主要作品为短篇小说集《十日谈》。反对等级制度和禁欲主义，要求自由解放。

4. 塞万提斯

西班牙文艺复兴时期最杰出的现实主义小说家。主要作品为《堂吉诃德》，是欧洲最早的优秀现实主义长篇小说，也是摆放在成人书架上的受儿童欢迎的小说。

5. 安徒生

丹麦童话作家，被称为世界上最优秀的童话大师。主要作品有《丑小鸭》《皇帝的新装》《卖火柴的小女孩》等。

6. 密茨凯维支

波兰杰出诗人,被誉为"飞禽之王——鹰"。主要作品为《青春颂》,被誉为波兰青年的《马赛曲》。

7. 裴多菲

19世纪匈牙利积极浪漫主义诗人。主要作品为《民族之歌》《反对国王》等。

8. 易卜生

挪威戏剧家。"问题剧"的代表作家。主要作品为《玩偶之家》《国民公敌》等20多个剧本,尖锐地揭露资本主义社会的种种矛盾,是世界戏剧作品的瑰宝。

9. 梭罗

美国作家,哲学家,超经验主义理论家。其作品《瓦尔登湖》是美国浪漫主义文学的奠基之作。

10. 惠特曼

美国伟大诗人,主要作品为诗集《草叶集》,歌颂美利坚民族意识的觉醒,成为美国现代文学的鼻祖。

11. 马克·吐温

美国作家。主要作品为长篇讽刺小说《镀金时代》,儿童文学《汤姆·索耶历险记》《哈克贝里·费恩历险记》,短篇小说《竞选州长》《百万英镑》等。

12. 欧·亨利

美国短篇小说家。主要作品为《麦琪的礼物》《警察与赞美诗》《最后一片藤叶》等,约300篇。被誉为"美国生活幽默的百科全书"。

13. 海明威

美国作家,诺贝尔文学奖获得者。代表作是中篇小说《老人与海》《永别了,武器》《太阳照样升起》等。

14. 小林多喜二

日本作家,日本无产阶级文学的奠基者。代表作有中篇小说《蟹工船》等,描写渔工悲惨的生活和觉醒、斗争。

15. 泰戈尔

印度诗人、作家。诺贝尔文学奖获得者。诗集有《飞鸟集》《新月集》《园丁集》,长篇小说《沉船》等。他的《人民的意志》一诗被定为印度国歌。

三、儿童文学

儿童文学是专为儿童创作并适合他们阅读的、具有独特艺术性和丰富价值的各类文学作品的总称。

（一）外国儿童文学作品

1.《世界图解》

1658 年捷克教育家夸美纽斯发表了《世界图解》，人们才第一次表现出崭新的认识：儿童不是缩小的成人，也不是成人的预备，为他们创造读物应遵循一些区别于成人的法则。

2.《爱弥儿》

1762 年，法国启蒙运动的代表人物卢梭，发表《爱弥儿》，第一次喊出"要尊重儿童"的呼声。

3.《鹅妈妈的故事》

生活在 17 世纪的贝洛是欧洲第一个把民间童话加工成文学童话的作家。他的《鹅妈妈的故事》是世界上最早的童话集。

4.《列那狐的故事》

列那狐和依桑格兰狼的明争暗斗，构成了这部长篇童话的主要冲突，并且成了最生动的篇章。

5.《一千零一夜》

《一千零一夜》又名《天方夜谭》，是阿拉伯民族民间故事集，被高尔基誉为世界民间文学史上"最壮丽的一座纪念碑"。

6.《伊索寓言》

原书名为《埃索波斯故事集成》，奠定了欧洲寓言的基础。

7.《格林童话》

《格林童话》产生于 19 世纪初，由德国的雅各布·格林和威廉·格林兄弟收集整理的德国民间故事集，在 1812 年以《儿童与家庭童话集》的名称出版，被后世称作《格林童话》。

8.《安徒生童话》

丹麦安徒生著，是一部世界文学名著，也是一部真正可以从小读到老的书。安徒生有"现代童话之父"的美誉。他最著名的童话故事有《海的女儿》《小锡兵》《冰雪女王》《拇指姑娘》《卖火柴的小女孩》《丑小鸭》和《红鞋》等。

9.《爱丽丝漫游奇境记》

著名的数学家查尔斯·道奇森以"刘易斯·卡罗尔"为笔名发表了长篇童话名著《爱丽丝漫游奇境记》，是英国魔幻文学的代表作，为以荒诞为特征的童话高耸起了第一座里程碑。

10.《海底两万里》

19 世纪法国的凡尔纳的作品，他的著名三部曲分别是《格兰特船长的儿女》《海底两万里》《神秘岛》。凡尔纳被称为"科学幻想之父"。

11.《汤姆·索亚历险记》

马克·吐温于 1876 年发表，与他另一本小说《哈克·贝利·芬历险记》是加快了美国儿童文学进程的两部名著。在世界儿童文学史上具有划时代的意义。

12.《木偶奇遇记》

意大利科洛狄著,《木偶奇遇记》的主人公是匹诺曹。

13.《绿野仙踪》

"美国童话"之父弗克兰·鲍姆的代表作。是美国最伟大的儿童文学作品之一,开创了美国"神奇童话"之先河。

14.《骑鹅历险记》

瑞典塞尔玛·拉格洛芙著。唯一一部荣获诺贝尔文学奖的优秀儿童文学作品。

15.《长袜子皮皮》

瑞典童话泰斗林格伦的作品,她因创造了"长袜子皮皮"的形象而一举成名。《长袜子皮皮》和《小飞人卡尔松》三部曲是她的代表作。

16.《霍比特人》

英国 J.R.R.托尔金著,最初是托尔金写给自己孩子的炉边故事,由于其瑰丽的想象和动人的情节,被誉为20世纪最伟大的文学经典之一。

17.《彼得·潘》

英国作家巴里的一部童话剧。1904年在伦敦首演,并于1911年正式出版。

18.《小王子》

法国安东尼·德·圣埃克絮佩里于1942年写成的儿童文学短篇小说,是法国乃至世界最为著名的一部童话小说。

19.《纳尼亚传奇》

英国C.S刘易斯于1951—1956年间创作的七本魔幻故事,分别《魔法师的外甥》《狮子、女巫和魔衣柜》《能言马与男孩》《凯斯宾王子》《黎明踏浪号》《银椅》《最后一战》。

20.《查理和巧克力工厂》

英国罗尔德·达尔所著的儿童文学,这部书被誉为20世纪最受欢迎儿童文学之一,曾多次被改编为电影。

21.《哈里·波特》

英国作家J·K·罗琳的魔幻文学系列小说,全套共7集,该系列小说被翻译成67种语言,名列世界上最畅销小说之列,全球史上最卖座的电影系列。

22.《爱的教育》

意大利作家亚米契斯的作品,原名《考莱》,被各国公认为最富爱心和教育性的读物,并且是一部人生成长中的"必读书"。

23.《快乐王子》

英国王尔德著,是王尔德唯美主义童话的代表,在整个西方童话文学中独树一帜,堪称全世界最美的童话。

24.《猫武士》

英国艾琳·亨特著,共6册,是一部风靡欧美的动物励志传奇故事。

25.《小淘气尼古拉的故事》

法国作家勒内·戈西尼创作和著名漫画家让·雅克·桑贝于配画于1959年以小尼古拉的形象创作的系列漫画故事。

(二)中国儿童文学作品

1.《稻草人》

叶圣陶的童话集,它是中国现代儿童文学的开山之作。作品通过一个富有同情心而又无能为力的稻草人的所见所闻所思,真实而深刻地描写了20世纪20年代中国农村风雨飘摇的人间百态。鲁迅高度赞誉《稻草人》是"给中国的童话开了一条自己创作的路"。

2.《大林和小林》

现代小说家、儿童文学家张天翼的作品,它是20世纪中国最优秀的民族童话精品。张天翼的代表作有《大林和小林》《秃秃大王》《宝葫芦的秘密》

3.《葡萄仙子》

我国儿童歌舞剧的创始者黎锦晖的作品。

4.《三毛流浪记》

根据漫画家张乐平先生的漫画改编的作品,讲述了孤儿三毛的辛酸遭遇。

5.《小英雄雨来》

作家管桦的作品。雨来,是抗日战争年代里冀东少年儿童的一个缩影。

6.《我们的土壤妈妈》

科普作家高士其的作品,另有作品《揭穿小人国的秘密》《生命的起源》《和传染病作斗争》等。

7.《罗应文的故事》

张天翼的作品,获1954年全国少年儿童文学创作荣誉奖。

8.《金色的海螺》

阮章竞所著,采用现代格律诗体写成,格律严整,一气呵成,既简单明快,又含蓄耐读。

9.《野葡萄》

葛翠林的代表作,其中野葡萄是光明的象征,白鹅女则是追求光明的美好理想以及勇敢、善良、不畏强暴、勇于献身的品质的化身。

10.《"小兵"的故事》

柯岩的代表作,是由《帽子的秘密》《两个"将军"》《"军医"和"护士"》三首相对独立的单篇组成。

11.《神笔马良》

洪汛涛童话的代表作。

12.《下次开船港》

《下次开船港》是作家严文井的一部寓言作品。严文井另著有《南南和胡子伯伯》《丁丁的一次奇怪旅行》等儿童文学作品。

13.《小兵张嘎》

徐光耀的中篇小说。获全国第二届儿童文艺评奖小说一等奖，后改编成电影。

14.《小橘灯》

作家冰心的晚期代表作品之一。该文既承继了冰心早期作品的特点，又表现了冰心对旧中国的控诉，对新中国的热爱之情，这使她的作品注入了新的、充满活力的精神力量。

15.《小蝌蚪找妈妈》

该书由方惠珍、盛璐德共同创作，中国少年儿童出版社出版。1984年，由杨永青配图再版，该书被收入幼儿文学宝库。上海美术电影制片厂将《小蝌蚪找妈妈》改编成水墨画动画片。

16.《小布头奇遇记》

孙幼军是中国首位获国际安徒生儿童文学奖提名奖的童话作家。他的《小布头奇遇记》也是中国第一本获得安徒生儿童文学提名奖的作品。

17.《闪闪的红星》

李心田的作品，是"文革"时期的儿童文学。

18.《第七条猎狗》

作家沈石溪的成名作。故事讲述的是老猎人召盘巴和他第七条猎狗的故事。沈石溪最擅长写动物小说，被称为动物小说大王。代表作品：《第七条猎狗》《再被狐狸骗一次》《狼王梦》《白象家族》《斑羚飞渡》《最后一头战象》等。

19.《舒克和贝塔历险记》

郑渊洁的作品，后被上海美术电影制片厂拍摄成了动画片。郑渊洁的代表作品有《童话大王》《舒克和贝塔》《皮皮鲁和鲁西西》《魔方大厦》等。

20.《花季·雨季》

郁秀的长篇小说《花季·雨季》，是一部畅销的中学生小说。小说还被改编成电影、电视剧、连环画。

21.《草房子》

曹文轩的代表作。作品讲述了男孩桑桑刻骨铭心、终身难忘的六年小学生活。这六年，是他接受人生启蒙教育的六年。

22.《淘气包马小跳》

女作家杨红樱的儿童小说，她还著有《女生日记》《男生日记》《笑猫日记》等作品。

本章小结

1. 本章内容包括文化常识、科学常识、文学常识、基本文化习俗、科技发明、科普读物等部分，知识点多、复杂难记，需要在识记的基础上学会分析、整理、提炼，以提高记忆的效率。

2. 本章涉及的文化常识、科技常识、文学常识非常多，但大多是基础性知识，重在教师平时的积累，所以除认真学习书本上的知识外，还应注重多看书，多学习。

3. 幼儿园教师文化素养这一章的考试一般是选择题形式，所以复习时需要在容易出现混淆的时间、事件方面加强辨析理解，理清知识点相互间的关系，达到准确地识记和运用。

思考与练习

一、单项选择题

1. 古代地理中划分阴阳有一套理论，其中表述山川河流的"阳"是指（　　）。
   A. 山南水北　　B. 山北水南　　C. 山南水南　　D. 山北水北

2. "一门三父子，都是大文豪，诗赋传千古，峨眉共比高。"这首诗中的"三父子"，指的是（　　）。
   A. 曹操、曹丕、曹植　　　　B. 苏洵、苏轼、苏辙
   C. 班彪、班固、班超　　　　D. 杜甫、杜牧、杜荀鹤

3. "度重衡"是我国历史上对"计重"的称谓，其中"衡"计量的是（　　）。
   A. 长度　　　B. 重量　　　C. 容重　　　D. 面积

4. 贝多芬表达"亿万人民团结起来，大家相亲相爱"的欢乐理想的乐曲是（　　）。
   A. 第九交响曲　　B. 第五交响曲　　C. 第六交响曲　　D. 第三交响曲

二、多项选择题

1. 下列作品中，属于达·芬奇创作的作品有（　　）。
   A.《向日葵》　　B.《最后的晚餐》　　C.《蒙娜丽莎》　　D.《岩间圣母》

2. 下列选项中，属于古代四大发明的是（　　）。
   A. 指南针　　　B. 造纸术　　　C. 火药　　　D. 陶瓷

3. 在一年的节气中，下列按时间先后顺序排列正确的有（　　）。
   A. 雨水、惊蛰、清明、芒种　　B. 谷雨、清明、小满、芒种
   C. 夏至、大暑、立秋、处暑　　D. 白露、秋分、霜降、立冬

4. 古人多自喻，下列正确的是（　　）。
   A. 文天祥：磁针石　　　　B. 周敦颐：莲花
   C. 于谦：石灰　　　　　　D. 杜甫：梅花

第五章 幼儿园教师基本能力

📖 内容提要

本章就合格幼儿园教师所必须具备的阅读理解能力、逻辑思维能力、信息处理能力与写作能力这四大能力进行详细的介绍,帮助学生了解必备四大基本能力的重要性,掌握四大基本能力的内容。

◎ 教与学的目标

1. 掌握阅读理解能力的基本内容。
2. 掌握逻辑推理能力的基本内容。
3. 掌握信息处理能力的基本内容。
4. 掌握写作能力的基本内容。

第一节 阅读理解能力

❖ 案例导入

我比幼儿的阅读理解能力强就可以了

成为一名正式的幼儿教师之前,我认真地阅读了教育部新近颁发的《3—6岁儿童学习与发展指南》。《指南》中关于幼儿语言发展的目标之一为"具有初步的阅读理解能力"。这一目标落脚到不同年龄阶段的幼儿的发展表现为:

目标2 具有初步的阅读理解能力

3—4岁	4—5岁	5—6岁
1. 能听懂短小的儿歌或故事。 2. 会看画面,能根据画面说出图中有什么,发生了什么事等。 3. 能理解图书上的文字是和画面对应的,是用来表达画面意义的	1. 能大体讲出所听故事的主要内容。 2. 能根据连续画面提供的信息,大致说出故事的情节。 3. 能随着作品的展开产生喜悦、担忧等相应的情绪反应,体会作品所表达的情绪情感	1. 能说出所阅读的幼儿文学作品的主要内容。 2. 能根据故事的部分情节或图书画面的线索猜想故事情节的发展,或续编、创编故事。 3. 对看过的图书、听过的故事能说出自己的看法。 4. 能初步感受文学语言的美

作为一名学前教育专业大专学历的学生或者作为一名成年人，难道我的阅读理解能力还不能胜任我对幼儿的教学吗？俗话说得好，给学生一碗水，老师得有一桶水，我不刚好满足这一要求吗？为什么我还要不断提升自己的阅读理解能力？拥有和具备这一能力究竟有何意义？阅读理解能力到底包含哪些能力呢？

事实上，在现实生活中，具备如此困惑的准幼儿教师们不在少数。一部分学前教育专业知识扎实、专业技能强的准教师们因为"无法很好地与家长和幼儿交流、甚至与同行交流"而被用人单位拒之门外。

一、幼儿教师为什么需要掌握阅读理解的基本能力

（一）良好的阅读理解能力是自我提升与发展的基本条件

有学者这样说过："书籍是学校中的学校，对一个教师而言，读书就是最好的备课。读书，每天不间断地读书，跟书籍结下终身的友谊，就是一种真正的备课。"幼儿教师需要通过阅读教育大师的著作来充实自己，让自己在博大精深的教育思想中更透彻地领悟教育真谛，从而更加成熟。首先，读书能够改变教师人生匮乏、贫弱、苍白的状态。走上课堂，照本宣科，捉襟见肘，多是因为读书太少。读书，使学科知识得到系统整合和灵活调度，丰富广博的社会科学、自然科学、人文科学知识能信手拈来。这样，教师在活动中、在生活里，才能引经据典，妙语连珠，给幼儿以知识的充实和心灵的震撼。其次，读书能够使教师不断增长职业智慧，提升自身的专业能力。例如：

儿童在参观一个农场。沃尔特跑向栅栏大声喊："这里有马，快过来！"马格丽特在犹豫，不能确定自己想要离那个全身都是毛的大动物多近。卡洛斯和洛佩兹女士一起走向栅栏，只要洛佩兹女士在旁边，卡洛斯就能很高兴地观看。

三个不同的儿童，三种不同的行为表现。每一个都需要你个别化的反应。[①]

在阅读完这段话后，你是如何理解这段描述中儿童的行为的？事实上这段案例的描述在于向你表达"每个来到这世界的儿童都是一个唯一的个体。每个儿童都有不同的指纹、唇印和脚印"，因此，在教育上需要教师加以差异化地对待。一个善于以阅读提升自我的教师是一个精神富裕、专业化程度高的老师，能以自己特殊的职业眼光，把握课程的引人入胜之处，以最简洁的线条，拉动最丰富的信息，以最轻松的方式，让幼儿得到最有分量的收获；能从最接近幼儿现在的起点，带领他们走到离自己最远的终点。最后，读书还能消除职业倦怠。书籍中充满生命和智慧的言语，会使教师的生命变得特别开阔、灵动、开放、乐观、旷达、鲜亮。读书不仅能改变教师的人生，而且能促使教师历史性地思考人生，从而实现自我人生层次的提升和生命的升华。

（二）良好的阅读理解能力是提升幼儿成长的必备技能

阅读理解能力是幼儿非常关键的能力之一，良好的阅读理解能力在幼儿将来的学习中起着非常重要的作用。培养良好的阅读理解能力应该从四个方面入手：词汇量、语义关系理解、

---

① [美]马乔里．J．克斯特尔尼克．儿童社会性发展指南理论到实践[M]．北京：人民教育出版社，2009．

语义类别理解、语义系统理解。以语义关系理解能力为例，不同的孩子阅读同样的文本后获取到的信息量是不一样的。有的孩子阅读后能根据文本所提供的信息理解其主要内容，体验文本所描述的情境，推断并预测到相关的结果。而有的孩子阅读后则不能理解主要内容，或者不能很好地理解某些词汇的意思。导致这样不同结果的原因可能是孩子在语义关系理解方面出现了差异。[①]

同样，在孩子阅读的文本中往往出现大量的词汇，不同词汇有不同的词意，表示不同的事物关系。如果孩子没有较好地理解这些关系的能力，就不能很好地理解文本所表达的语义关系，不能理解其核心内容，更难根据这种关系进行一些类比推理进行拓展学习。

教师如果有相应的阅读理解能力，同时非常清晰地知道语义关系的理解对于发展幼儿的阅读理解能力至关重要，那么在实际的教学中教师就知道采用何种方法来解决这一问题。

例如：当孩子有了一定的生活经验后，能根据人与人、人与物、物与物、物与景之间的联系进行推理，判断出内隐的复杂关系，我们可以给孩子提供一套打乱顺序的图片，鼓励他们在看懂每幅图意的基础上，根据故事内在的逻辑规律、根据自己的理解分析，将图片按序排列。

（图1：分别观察4张图片，按自己的理解将图片进行排序）

这些活动能够帮助孩子逐渐从最初只能理解个别事物过渡到理解两样事物之间存在的某种关系；从简单、直观地理解事物明显的关联到能深刻理解事物之间内部隐蔽关联；能通过特定的关系，类比推理出生活中也具有这种关系的其他事物，逐步提高语义关系理解能力。这种能力将有助于提高孩子今后的阅读理解能力，为孩子进行有效阅读并思考、解决问题奠定了基础。

二、阅读理解能力的内容

阅读理解能力是指通过阅读获取信息的能力，包括理解阅读材料中重要概念或句子的含义；筛选并整合图表、文字、视频等阅读材料的主要信息及重要细节；分析文章结构，把握文章思路；归纳内容要点，概括中心意思；分析概括作者在文中的观点态度；根据上下文合理推断阅读材料中的隐含信息等能力。

概念和句子是构成一篇文章的基本单位，正确理解文中的概念与句子，尤其是重要概念与句子，是把握全文主旨的基本前提。

---

① 阅读理解所需要的能力[EB/OL]. http://essay.cnsece.com/article/1184.html.

1. 重要概念的理解

重要概念通常是指在文章中起关键作用，与全文的核心概念、话题主旨密切相关的名词或名词性短语，是文章主要说明或论证的对象。对这些重要概念的准确理解和把握，是理解整篇文章内容的基础。①重要概念的理解，一般可以从以下四方面来完成。

（1）浏览文段、把握主旨。

理解重要概念，首先要对文本进行整体感知，搞清楚此概念的本义是什么，该词语有什么特点，比如是情感词还是观点词，是褒义词、贬义词还是中性词等，在脑海中形成对概念的初步体会。

同时，对概念的理解要以准确判断的本质属性为基础，通过筛选文章有关重要信息，选取揭示概念特征的信息组织答案。一般，要理解的概念在材料中一定会用一定的篇幅进行说明。解题的关键是要弄清楚概念的内涵，对照选项一一对应，找出选项中与材料具体内容的区别，把握住概念的本质属性。

例如：

今天通过人工途径也能把一个人变成天才。米勒就曾表示，他能借助手术刀和一两件神经外科器材彻底改变一个人的思维方式及其个性和信仰。确实，"测错仪"，或人们称为"天才区段"的这个区域可以有意识地被激活，从而"定做"一些天才的数学家、物理学家和艺术家。

下列关于"定做"解释，不能体现本质特征的一项是（　　）。

A. 是一种根据要求通过人工途径把常人变成天才的方式
B. 一个人的思维方式等可以借助手术刀和医疗器械等彻底改变
C. 有意激活"天才区段"让人成为数学家、物理学家、艺术家
D. "天才区段"就是人体的"测错仪"，主管人的智能

在通读本段内容时，头脑中一定要率先对本段文本的大致含义形成整体认知：文本在论述什么？文本在描述"人工途径也能把一个人变成天才"。形成整体印象后，在仔细分解文本材料，逐句理解。材料由三句话组成，第一句是这则材料的总说，陈述了一件事实，通过人工可以把一个人变成天才；第二句借用一位科学家的话说明第一句话；第三句具体说明"把一个人变成天才"的具体方法。问题的提问是在第三句。从第三句可以看出，"定做"的意思是可以通过医疗手段把"天才区段"激活，让人成为聪明人，可以排除C、D两项，B项说法片面，漏掉了"个性和信仰"，这已经不再是"定做"的本质，只有A项是从"定做"的本质属性上解说"定做"含义的。

（2）借助语境来推断词语的含义。

一个词语在语言中不是孤立存在的，总是与其他词语组成句子表达某种意思；反过来看，上下文中总是或多或少、或隐或显地包含这个词语的意思，或制约这个词语的含义。解题时要有整体观念，认真理解语境，把握上下文的意思。

例如：人体中流动的红色血液是由红细胞、白细胞、血小板、血浆等成分组成的全血。目前先进的医学技术强调的是成分输血，在临床使用上很多情况不需要全血，只采用一种或几种血液成分来治疗。因此，人造血液也不需要与全血成分完全一致。现在已有血浆代用品

---

① 虞伟庚，傅建明. 综合素质：幼儿教师资格考试[M]. 上海：复旦大学出版社，2015年。

上市，血小板代用品也已经开始研究，目前许多国家着重于开发红细胞代用品。血液中红细胞最主要的功能是红细胞中的血红蛋白携带氧气的能力。如果能合成出负责搬运氧分子的血红蛋白，人造血液的关键难题就迎刃而解。

根据材料内容，下列对"成分输血"理解正确的一项是（　　）。

A. 是分离全血有效成分，根据患者需要输血

B. 是与全血成分不完全的一致的人造血浆

C. 是只采用一种或几种血液成分治疗的人造血液

D. 是应用血浆代用品代替全血的输血治疗

理解题中概念要有整体思想，从文章的整体内容出发，不能只见树木，不见森林。比如"成分输血"一词，从材料上看，是一种治疗的方法，然后从这个角度出发，用排除法对照选项与材料的区别，辨析对误。从材料可以看出，"成分输血"是一种治疗方法，不是血液的名称，可以排除 B、C 两项，D 项的"血浆代用品"是成分输血的一种成分，是片面的，所以选 A 项。

（3）结合文体特点、修辞方法来理解词语。

在阅读中，不同的文体有不同的特点。以散文为例，散文是作者运用生动活泼、形象具体的语言临摹社会生活中的人、事或自然景观、深入挖掘其中的真谛、哲理，真挚表达对社会、人生、自然的感悟的一种文体。其特征是形散而神不散。在阅读时把握这一特点，对各种修辞的指代加以明确分析，就不难理解相应的词语了。

（4）代词理解的"就近原则"。

在阅读理解中，结合上下文的语境，尤其是理解代词所指向的含义尤为重要，而在紧抓代词的时候，一定要把握就近的原则，将前后的语意与代词进行连接理解。

例如：

彩色头发基因技术

你能想象一只绿色老鼠的样子吗？科学家最近通过基因变化技术使老鼠长出了绿色的毛，试验的成功让科学家们相信，将相关基因移植入毛囊可以改变毛发的颜色，这意味着对毛囊进行基因变体疗法可能大有作为。

下面对"相关基因"这一概念理解正确的一项是（　　）。

A."相关基因"指科学家们最近通过基因变化技术使老鼠长出了绿色的毛的基因

B."相关基因"指美国加州圣迭戈的一家生物技术公司的科学家移植到老鼠的毛囊中的水母基因

C."相关基因"是科学家们将它植入毛囊内的可以改变毛皮颜色的一种基因

D."相关基因"是指老鼠皮上已经带有病毒细胞的水母基因

对"相关基因"的理解，抓住紧跟后面的代词"这"，就不难得出正确答案应该是 C。

2. 理解阅读材料中重要句子的含义

所谓"重要句子"，是指在文中起重要作用的关键性语句。可以从以下步骤来理解句子。

（1）分析特点，抓关键词。

在理解重要句子时，首先要分析句子的特点，如句子的结构是单句还是复句，是否用了比喻、拟人等修辞手法，是否表达了作者的某种情感等。另外，一句话中通常有几个关键词，

准确理解关键词对推知整句含义往往有至关重要的作用。

（2）文中定位，结合语境。

句子在文章中的位置往往说明它起着什么作用，所以要对句子进行定位，分析该句是总领句、过渡句、总结句、中心句或其他。同时上下文往往能为准确理解句意提供重要信息，可以说理解任何句子都不得不联系具体语境。

（3）渗透主旨，深化理解。

文章主旨往往能为读者理解较复杂的句子提供参考和依据，要在诵读全文、准确理解作者意图的情况下阐述自己对句子的理解。

3. 筛选并整合阅读材料中的主要信息及重要细节

所谓"筛选"，就是按照考题设定的阅读目的对材料进行分析，准确、快速、有效地辨别并获取命题所要求的信息。所谓"整合"，就是对筛选所得的信息做出正确的认知，把握各信息材料之间的关系。并能按照命题要求进行分类集中、重新整合、粗略概括。

（1）筛选信息的途径。

第一，从文章的基本概念中筛选信息；第二，从重要的句子中筛选信息；第三，从运用的材料中筛选信息。

（2）整合信息的方法。

在答题中，首先，要把文中相关的材料、语句提取出来，然后加以分析、归纳。即进行整合。其次，要根据题目的要求进行作答，表达的内容应围绕题目中提示的"陈述的内容"。最后，在整合信息时，要注意加工清晰准确的语言表达结构。

4. 分析文章结构，把握文章思路

文章结构是指对材料的组织和安排的方法。它是思路外在形式的表现。

分析文章结构可以从形式和内容两方面入手：

第一，从形式方面分析：抓住材料中的关键性词语；抓住文体特征；分析段内表达方式。

第二，从内容方面分析：根据句意归类；把握体现思路的重要语句。

5. 归纳内容要点，概括中心意思

所谓"归纳"就是把具体的内容加以抽象、提炼；所谓"要点"就是事情涉及的重要方面。"内容要点"就是指材料的主要内容，或者说是材料内容的精要之处。归纳内容要点，概括中心意思，具体可以通过抓关键词语、关键句子并分析相关文字的层次来进行。

6. 分析概括作者在文中的观点态度

观点态度指的是作者在文中对客观存在的人、事、物、现象、表现、做法等所持有的主张和看法。作者的观点态度，在不同类型的文章中有不同的表现形态。有的是直接表述出来的，有的则是分散在多处，需要经过辨别、筛选后才能掌握。具体的方法有：

（1）从关键词入手。

（2）从概括性强的句子入手。

（3）从文中运用的材料入手。

（4）从作者的评述入手。

7. 根据上下文合理推断阅读材料中的隐含信息

推断，即推测断定，要求根据已知信息对事物的发展趋势进行预测，或者是对可能产生的结果进行判断，从思维类型看属于逻辑思维，具有抽象性、严密性和理性的色彩。

主要有以下几种做法：

（1）理解文章的整体内容。
（2）抓住隐含信息。
（3）注意语言标志。
（4）掌握必要的推断方法。

【演练分析】

彩色头发基因技术

你能想象一只绿色老鼠的样子吗？科学家最近通过基因变化技术使老鼠长出了绿色的毛，试验的成功让科学家们相信，将<u>相关基因移植入毛囊可以改变毛发的颜色</u>，（7A）<u>这意味着对毛囊进行基因变体疗法可能大有作为</u>。

抗癌公司是美国加州圣迭戈的一家生物技术公司，这里的科学家将一种水母基因移植到老鼠的毛囊中，使老鼠长出了在蓝光下呈现荧光绿的毛发。该公司总裁，罗伯特·霍夫曼说："这些毛发之所以是绿色的，是因为其中有荧光绿色的蛋白质。"这种荧光绿蛋白质就是使水母在暗处发绿光的那种基因。霍夫曼将这种水母的基因移入一块剪下的老鼠皮上，他用一种名叫胶原酶的物质将老鼠皮组织软化，胶原酶可使毛囊更容易接受水母的基因。然后将老鼠皮放入培养液中。培养液含有一种腺病毒，这种病毒与平常引起感冒的腺病毒相似。该病毒很快进入老鼠皮上的水母基因细胞中。霍夫曼采取措施使病毒迅速复制，这样病毒细胞就可以将自己携带的基因成分载入老鼠的细胞中。霍夫曼在显微镜下观察细胞的变化过程，他发现，老鼠皮的毛囊中明显出现了绿色蛋白质的斑点，这是每根毛发生长的基础，此后，这块老鼠皮上80%的地方长出了绿色的毛。然后，霍夫曼将这块长有绿毛的老鼠皮移植到活老鼠缺少毛发的皮肤上，移植的毛发在老鼠身上不断生长，逐渐遍布全身。

目前，该研究最乐观的前景可能就是让灰白头发恢复成黑发。（7B）<u>研究人员已通过基因疗法使白老鼠长出了黑色的毛，这对于治疗灰白头发是重大进步。但这种基因变体技术还要在老鼠身上再做几年试验才能用于人类。</u>（7C）科学家认为，一旦人类掌握了关于头发颜色的基因，基因疗法就可以用于美发。黑头发是因为真黑素在发挥作用，红头发和褐色头发也都有其生成色素，但目前还没破解金发的分子构造。（7C）<u>一旦科学家们发现了所有决定头发颜色的基因，那么人们就可以随心所欲地改变头发的颜色</u>，只需激活或减少相关基因，而不是通过染色物质。

霍夫曼同时指出："毛囊是个了不起的工具。"他相信基因工程能使毛囊产生任何形式的蛋白质，比如胰岛素和干扰素（一种免疫系统蛋白质）。小小的毛囊其实是个巨大的工厂。（7D）<u>通过基因疗法，毛囊里不仅能长出健康的头发，还有可能承载某些基因来治疗白化病、糖尿病、癌症等</u>。实际上，把基因疗法用于美发要比治病困难得多。美

发需要把头上所有的毛囊都进行处理，而治病只在几个毛囊上进行处理就可以了。（节选自《环球时报》）

1. 下面对"相关基因"这一概念理解正确的一项是（ ）。

A. "相关基因"指科学家们最近通过基因变化技术使老鼠长出了绿色的毛的基因

B. "相关基因"指美国加州圣迭戈的一家生物技术公司的科学家移植到老鼠的毛囊中的水母基因

C. "相关基因"是科学家们将它植入毛囊内的可以改变毛皮颜色的一种基因

D. "相关基因"是指老鼠皮上已经带有病毒细胞的水母基因

2. 对老鼠身上长出的毛发是绿色的原因的解说，正确的一项是（ ）。

A. 由于胶原酶将老鼠皮组织软化，使老鼠的皮囊更容易接受水母的基因，进而生长出了绿色的毛

B. 将移植了水母基因的老鼠皮囊放入培养液后，受培养液中腺病毒的影响，所以长出的毛发呈绿色

C. 因为霍夫曼将长有绿色毛的老鼠皮移植到活老鼠的缺少毛发的皮肤上，故长出的毛发是绿色的

D. 原因是美国加州圣迭戈一家生物技术公司的科学家植入老鼠皮囊的水母基因中含有荧光绿色的蛋白质

3. 下列说法符合原文意思的一项是（ ）。

A. 基因变体技术使老鼠身上长出绿毛的试验，意味着对毛囊进行基因变体疗法必将大有作为

B. 基因疗法使白老鼠长出了黑色的毛的研究成果表明，治疗人类的灰白头发已取得了重大进展

C. 人们要能随心所欲地改变头发的颜色的关键在于科学家要发现所有决定头发颜色的基因

D. 基因疗法，既能改变头发颜色，还能使毛囊承载某些基因来根治白化病、糖尿病、癌症等

【提示】解答科技类说明文的阅读训练题，关键是对语段的熟悉掌握，对其中重要词句含义的准确理解与领悟。

一般说来，科技类说明文的阅读题干中的信息点，在原文中基本上都能找到，只是对描述对象的概括，在上下文之间，或不同的对象之间，词语涵盖意义范围的宽窄上，可以有些许的变化或是故意的张冠李戴，混淆视听，但是只要紧扣原文，对照每一个选项，认真地去琢磨思考，解决问题应该是比较轻松的。

【参考答案】

1. C【解析】A、B、D中提到的基因都是其具体实验中的基因，故不对。

2. D【解析】A、B、C不是本质原因。

3. C【解析】A"必将"说法太绝对，下结论过早；B未用于人类；D"根治"错。

第二节 逻辑思维能力

❖ **案例导入**

> **逻辑学家的选择**
>
> 一逻辑学家误入某部落,被囚于牢狱,酋长欲意放行,他对逻辑学家说:"今有两门,一为自由,一为死亡,你可任意开启一门。现从两个战士中选择一人负责解答你所提的任何一个问题(Y/N),其中一个天性诚实,一人说谎成性,今后生死任你选择。"逻辑学家沉思片刻,即向一战士发问,然后开门从容离去。逻辑学家应如何提问呢?
>
> 逻辑学家提的问题是:你的同伴会说哪扇门是"自由"?
>
> 两种情况可能发生:
>
> 1. 逻辑学家向 A 战士提问,由于 A 战士是一直说实话的,他知道 B 战士一贯说谎,一定会故意把"死亡"门说成"自由"门,但也正因为 A 战士一直说实话,所以他会指着"死亡"门告诉逻辑学家:我的同伴会说这扇门是"自由";
>
> 2. 逻辑学家向 B 战士提问,由于 B 战士是一直说谎话的,他知道 A 战士一贯说真话,一定会指着真正的"自由"门,但也正因为 B 战士一贯说谎,所以他还是会指着"死亡"门告诉逻辑学家:我的同伴会说这扇门是"自由";
>
> 鉴于以上两种情况已经包括了全部可能,而两种情况都会指向真正的"死亡"门,所以逻辑学家只需走进另一扇门,即可获得自由。逻辑学家运用逻辑推理挽救了自己的生命。逻辑思维的重要性可见一斑。

作为一名准幼儿教师,在工作与生活中虽不至于有与逻辑学家相同的遭遇,但是运用逻辑思维来解决实际的问题却是不可避免的。

一、逻辑思维能力的重要性

逻辑是人类文化的宝贵遗产,不论在历史上,还是今天,对于人类敢于否定权威,进行重大发明创造活动、推动科学发展功不可没。科学史表明,谬误常常与权威结合而得以生存,人类中的大多数迷信权威,而逻辑思维从不惧怕权威。伽利略由亚里士多德的一千多年没受到怀疑的"物体的重量与下降速度成正比"的观点中运用演绎推理推出了不可解的逻辑矛盾,敢于否定权威理论,提出著名的伽利略落体定律。正如伽利略感叹的:在真理面前,一千个权威抵不上一个谦虚的逻辑推理。在日常生活中,人们更是时时刻刻也离不开逻辑思维。①

其一,逻辑思维有助于我们对概念的辨析。我们在平时的谈话中提到各种概念时,它们的含义仿佛是很清楚的,但一对它作具体的分析,特别是下一个恰当的定义,就变得十分困难了。例如,"人"这个概念在最初形成时,曾有古希腊人把其定义为"没有羽毛的两足动物",他的反对者很幽默地把一只拔去了毛的公鸡扔在他的面前,问他这是不是人,他无言以对。

---

① 孟文静. 论逻辑思维[D]. 内蒙古师范大学,2005.

所以概念一定要反映事物的本质特征，使其与其他类事物相区分[①]。对于幼儿教师而言，为了让我们的教育行为更加科学，我们也会对某些概念加以理解。如游戏的本质特征是自主性，许多老师没能抓住"自主"二字，所以在组织游戏的过程中喜欢时时安排孩子，剥夺了孩子的自主性，所组织的活动也就不是真正的游戏。

其二，逻辑基本规律是人们正确思维、顺利交流必须遵循的原则和规律，是人们正确运用概念、做出判断、进行推理和论证时所必须遵守的思维法则。逻辑基本规律概括地反映了各种逻辑形式的特点，揭示了思维的内在的、本质的联系，是运用各种逻辑形式的总原则。任何违反逻辑基本规律的推理、思维过程都会发生逻辑错误。如我们在日常生活中也常会碰到如在电站外高挂告示牌"严禁触摸电线！500伏高压一触即死。违者法办！"的情况或者说我相信一位哲人的明言"世界上没有任何东西是可信的"的说法，这些都是"自相矛盾"的表现。在现代法律制度中我们推行无罪推定，即强调对被告人所指控的罪行，必须有充分、确凿、有效的证据，如果审判中不能证明其有罪，就应推定其无罪，这种思想恰恰是遵循了充足理由律的要求。

二、逻辑思维的内容

逻辑思维是人们在认识客观世界的过程中，通过科学抽象，通过去粗取精、去伪存真、由此及彼、由表及里的思维加工制作，撇开事物的具体形象和个别属性，揭示事物的特征、本质、形成概念，并运用概念进行判断和推理来概括地、间接地反映现实，记录人们对现实的理性认识成果。[②]

（一）概念

概念是反映事物的本质属性的思维形式。

概念具有内涵和外延两个性质。其中内涵是概念所具有的特征，外延是概念所指的对象。在同一属种序列中，内涵与外延具有反变关系。根据外延的不同，概念之间具有全同关系、真包含与真包含于关系、交叉关系、全异关系。

1. 全同关系

全同关系是两个概念的外延完全重合的关系。有两个概念a和b，如果所有a都是b，同时所有b都是a，那么，a与b之间的关系就是全同关系。如"珠穆朗玛峰"和"世界最高峰"这两个就是全同关系。

具有全同关系的两个概念，在表述时，有时可以互相替换。具有全同关系的两个概念，可以用"即"字联结；不具有全同关系的概念不能用"即"字联结。

"即"字的误用一例：1982年2月27日《中国青年报》"怎样自学哲学"一文中有这样一段话："哲学并不负责解决某一个具体问题，而是给人们提供一种总的看法，即观点、方法。学习任何科学，都离不开正确的方法指导，实践证明，正确的方法来自正确的世界观，即哲学。"

[①] 罗惠娜. 逻辑思维及其应用分析[J]. 法制与社会，2011（7）.
[②] 周光明，陈应芬. 创造性思维离不开逻辑思维[J]. 渝州大学学报：社会科学版，2001（2）.

2. 真包含和真包含于关系

真包含关系是指一个概念的部分外延与另一个概念的全部外延重合的关系。真包含于关系则是一个概念的全部外延与另一个概念的部分外延重合的关系。

如果所有 b 都是 a，但是，有的 a 不是 b，那么，a 与 b 之间的关系就是真包含关系，也叫属种关系。这里的 a 为属概念，b 为种概念。在这里，b 对于 a 而言，就是真包含于关系，也叫种属关系。注意：属种关系同整体与部分关系，应加以区别，不可混淆。

3. 交叉关系

交叉关系是一个概念的部分外延和另一个概念的部分外延相重合的关系。比如"中学生"和"运动员"。如果有的 a 是 b，而有的 a 不是 b，有的 b 不是 a，那么，a 与 b 之间的关系就是交叉关系。具有交叉关系的概念，一般不能并列使用。

"并列不当"一例：1980 年 11 月 9 日《光明日报》"什么才是真正的艺术"一文中有这么一段文字："不要把广大听众都想得那么愚昧无知，他们当中有工人、农民、解放军、大学生、教师、上了年纪的老人、严肃的工程师、文艺界的同行，听了李谷一的歌，他们感到鼓舞，感到兴奋。"

4. 全异关系

全异关系是两个概念在外延上没有任何部分相重合的关系。如果所有 a 都不是 b，那么，a 与 b 之间的关系就是全异关系。比如"小学生"和"中学生"。全异关系进一步可分为矛盾关系和反对关系。在属概念 c 中，如果 a 与 b 有全异关系，而且 a 与 b 的外延之和等于 c 的全部外延，那么，a 与 b 之间的关系就是矛盾关系。在属概念 c 中，如果 a 与 b 有全异关系，而且 a 与 b 的外延之和小于 c 的全部外延，那么，a 与 b 之间的关系就是反对关系。

（二）直言命题

命题也叫判断，是对事物情况有所判定的一种思维形式。

1. 直言命题的类型

根据所含联项和量项的不同，可以把直言命题分为六种类型：

（1）全称肯定命题：所有 S 都是 P，记为 SAP，缩写为 A。
（2）全称否定命题：所有 S 都不是 P，记为 SEP，缩写为 E。
（3）特称肯定命题：有的 S 是 P，记为 SIP，缩写为 I。
（4）特称否定命题：有的 S 不是 P，记为 SOP，缩写为 O。
（5）单称肯定命题：a（或某个 S）是 P。
（6）单称否定命题：a（或某个 S）不是 P。

2. 直言命题之间的对当关系

直言命题之间的对当关系是指有相同素材（即有相同主项和谓项）的直言命题间的真假关系。如果没有相同的主谓项，则无法比较它们的真假。可以把 A、E、I、O 之间的真假关系概括为四类，即矛盾关系、反对关系和下反对关系、差等关系。

（1）矛盾关系：不能同真，不能同假。存在于 A 与 O，E 与 I 之间。
（2）反对关系：不能同真，可能同假。存在于 A 与 E 之间。
（3）下反对关系：可能同真，不能同假。存在于 I 与 O 之间。
（4）差等关系：可能同真，可能同假。存在于 A 与 I，E 与 O 之间。

三、三段论推理

三段论推理是演绎推理中的一种简单判断推理。它包含两个直言命题构成的前提，和一个直言命题构成的结论。一个正确的三段论有且仅有三个词项，其中联系大小前提的词项叫中项，在前提中出现两次；出现在大前提中，又在结论中做谓项的词项叫大项；出现在小前提中，又在结论中做主项的词项叫小项。

要想使一个三段论推理有效，就必须遵守一般规则。三段论的一般规则有如下几条：

1. 一个正确的三段论，有且只有三个不同的项

三段论的实质就是借助于一个共同项即中项作为媒介，使大小项发生逻辑关系，从而导出结论。如果一个三段论只有两个词项或有四个词项，那么大小项就找不到一个联系的共同项，因而无从确定大小项之间的关系。因此，一个正确的三段论仅允许有三个不同的词项。

例如：凡是真理总是驳不倒的，凡是真正的科学理论都是真理，所以，凡是真正的科学理论总是驳不倒的。

例如：
① 通货是作为流通手段的货币，通货是通货；所以通货是作为流通手段的货币。
② 运动是永恒的，足球运动是运动；所以足球运动是永恒的。

上述例①仅有两个词项，造成了无意义的同语反复，不可能推出什么新的断定。例②是错误的，从词项形式看它具有三个词项推理，但实际上它犯了"四词项"逻辑错误。例②的中项"运动"在大小前提中表达的不是同一概念。大前提中的"运动"是哲学意义上概念，指物质的根本属性之一。小前提中的"运动"指"体育运动"。所以例②具有四个词项。这种表面上是三个词项，实质是四个词项的错误，就叫做"四词项错误"。

2. 三段论的中项至少要周延一次

中项是联系大小前提的媒介。如果中项在前提中一次也没有周延，那么，中项在大小前提中将会出现部分外延与大项相联系，部分外延与小项相联系，这样大小项的关系就无法确定。

例如：
某系同学都是共青团员，某班同学都是共青团员，所以，某班同学都是某系的学生。

上面的中项两次不周延的推理显然无法得出结论，因为某班同学也可能是某系的学生，也可能不是。

中项不能在大小前提中两次不周延，若中项在大小前提中周延一次或周延两次，情况又如何呢？如果中项周延一次，那么就会有一个中项的全部外延和大项或小项发生了肯定或否定的关系，从而产生媒介作用，使大小前提发生联系推出必然结论。

例如：
① 知识分子是劳动者，李教授是知识分子，所以李教授是劳动者。
② 知识分子不是剥削者，李教授是知识分子，所以李教授不是剥削者。
③ 凡作案者都有作案动机，某人没有作案动机，所以某人不是作案者。

上述例子都是仅有一个中项是周延的，它们都能推出必然结论，大小前提与结论的联系都是必然的。

如果中项周延两次，只要大小前提不都是否定的，那么，中项的全部外延就会分别与大项、小项发生联系，起到联结大小项的作用，从而使三段论推出必然的结论。

例如：
① 鸭嘴兽是卵生的哺乳动物，鸭嘴兽是澳洲的动物，所以，有的澳洲动物是卵生的哺乳动物。
② 鸭嘴兽不是胎生的哺乳动物，鸭嘴兽是澳洲的动物，所以，有的澳洲动物不是胎生的哺乳动物。
③ 鸭嘴兽不是胎生的哺乳动物，鸭嘴兽也不是亚洲的动物，所以，（？）

上述三个例子，前两个都是正确的，第三个是错误的。前两个的前提或都是肯定的，或一个肯定一个否定，这样，中项与大小项均发生了联系，中项就起到联结大小前提的作用，从而使这两个三段论推出必然结论。第三个例子，中项虽然周延两次，但两个前提都是否定的，中项无法起到联结大小前提的作用，因此不能推出结论。

综上所述，一个正确的三段论（只要两个前提不都是否定的），它的中项至少应周延一次。

3. 在前提中不周延的词项，在结论中不得周延

本条规则与性质判断直接换位推理的规则相同。如果前提中的大项或小项是不周延的，那么它们的大项或小项的外延就没有被全部断定，若结论中的大项或小项变为周延的，那么就等于断定了大项或小项的全部外延。这样，造成了前后不一致，所推出的结论当然是不可靠的，其结论也不是由前提必然推出的。违反这条规则，所犯的逻辑错误称为"大项不当扩大"或"小项不当扩大"。

例如：
① 先进工作者都是工作有成绩的人，老王不是先进工作者，所以老王不是工作有成绩的人。
② 金属都是导电体，橡胶不是金属，所以橡胶不是导电体。
③ 金属都是导电体，金属都不是绝缘体，所以，所有绝缘体都不是导电体。
④ 某人是教授，某人是北京大学的，所以，北京大学的都是教授。

上面的例子①②③所犯的逻辑错误都是"大项不当扩大"。例④所犯的逻辑错误是"小项不当扩大"。从上面的例子来看，结论有假有真，这说明违反本条规则所推出的结论是不可靠的，也就是说，从前提推出的结论不是必然得出的，而是或然的。我们不能因为有例②例③这种能够推出真实结论的推理，就认为例②例③是有效性推理。能够偶然推出真实结论的推理形式并非是有效的，凡是有效推理的逻辑形式，代入任何推理内容，只要前提真实，就一定能够推出真实的结论。

4. 两个否定前提不能推出结论

如果两个前提都是否定的，那么中项同大小项发生排斥。这样，中项就无法起到联结大小前提的作用，小项同大项的关系也就无法确定，因而推不出结论。下面举两个例子说明该规则。

① 铜（M）都不是绝缘体（P），而铁（S）不是铜（M），所以铁（S）不是绝缘体（P）。

② 羊（M）不是肉食动物（P），而虎（S）不是羊（M），所以虎（S）不是肉食动物（P）。

上面两例，前提都是真实的，但由于形式无效，所以推出的结论有或然性。

5. 前提有一个是否定的，其结论必是否定的；若结论是否定的，则前提必有一个是否定的

该规则是导出规则。若一个三段论的大前提是否定的，那么，中项与大项这两者的外延就必然是互相排斥的，据规则4"两个否定前提不能推出结论"，这样，小前提就只能是肯定的。若小前提是肯定的，那么，小前提的中项和小项的外延就必然具有相容关系。这样，通过中项的媒介作用，小项就会与大项的外延相排斥，从而推出必然性结论。同理，若小前提是否定的，那么，中项与小项的外延相排斥；据规则4，大前提只能是肯定的，则中项与大项的外延就必然具有相容关系。

从另一个角度看，若前提都是肯定的，而结论是否定的，那么，结论的小项和大项的关系，或是真包含关系，或是交叉关系，或是全异关系，而实际上大小肯定前提通过中项联结，小项和大项的外延关系可能是全同关系，或真包含于关系，或真包含关系，或交叉关系，这样在前提中蕴涵的小项与大项的关系同结论中的小项与大项的关系存在着差异，从而使结论失去可靠性，其逻辑形式也必然是无效的。

四、模态判断

在逻辑中，"必然""可能""不可能""一定"等叫作"模态词"，包含模态词的命题叫作"模态判断"。

例如：

① 破坏自然必然导致气候变化。

② 他可能对工作有看法。

模态判断依据判断中所包含的模态词的不同，分为必然判断和可能判断。而必然判断和可能判断又可以分为肯定和否定判断，因此模态判断就有四种：

① 必然肯定判断，表示为□P，读作"必然P"。

② 必然否定判断，表示为□$\bar{P}$，读作"必然非P"。

③ 可能肯定判断，表示为◇P，读作"可能P"。

④ 可能否定判断，表示为◇$\bar{P}$，读作"可能非P"。

四种模态判断之间的对当关系为：

（1）矛盾关系：必然P与可能非P；必然非P与可能P。这意味着其中一个真，另一个必假；一个假，另一个必真。二者既不可同真，也不可同假。

（2）反对关系：必然P和必然非P。这意味着其中，一个真，另一个必假；一个假，另一个则真假不定。二者可以同假但不可同真。

（3）下反对关系：可能 P 和可能非 P。其中，一个假，另一个必真；一个真，另一个则真假不定。二者可以同真但不可同假。

（4）从属关系：必然 P 和可能 P；必然非 P 和可能非 P。其中，必然 P 为真，则可能 P 必真；可能 P 为假，则必然 P 则必假；必然 P 为假，可能 P 则真假不定；可能 P 为真，则必然 P 真假不定。

必然非 P 为真，则可能非 P 必真；可能非 P 为假，则必然非 P 必假；必然非 P 为假，则可能非 P 真假不定；可能非 P 为真，则必然非 P 真假不定。

根据上面的关系，一方面，我们可以由一个模态命题的真或假，推知其他三个模态命题的真假情况。

例如：已知"今天可能有风"为真，可推知"今天可能无风"真假不定，"今天必然无风"假，"今天必然有风"真假不定。

另外一方面，我们可以由一个模态命题的负命题确定与其等值的模态命题。

例如："并非他必然来"等值于"他可能不来"，"并非他必然不来"等值于"他可能来"。

五、复合判断

复合判断就是自身含有其他判断的判断。例如"只要小李今天有空，他就会参加我们的晚会"，就是一个复合判断。它含有两个简单判断"只要小李今天有空"和"他就会参加我们的晚会"。

复合判断有两个基本组成部分，即支判断和逻辑联结词。支判断就是组成复合判断的判断。上例中的"只要小李今天有空"和"他就会参加我们的晚会"就是支判断。逻辑联结词就是将支判断联系起来构成复合判断的逻辑概念，上例中的"只要……就……"就是一种逻辑联结词。

复合判断的类型是由逻辑联结词的性质决定的，不同的逻辑联结词构成不同的复合判断。根据逻辑联结词的不同性质，将复合判断划分为联言判断、选言判断、假言判断和负判断四种基本类型。①

1. 联言判断就是断定几种事物情况都成立的判断

例如"地球是椭圆的，并且月球围绕地球转"就是一个联言判断。它断定"地球是椭圆的"和"月球围绕地球转"这两种事物情况都成立。

2. 选言判断是断定若干可能的思维对象情况中，至少有一个思维对象情况存在的复合判断

例如：

① 或者小王去参加会议，或者小李去参加会议。

② 要么武松打死老虎，要么老虎咬死武松。

3. 假言判断，又称条件判断，它是断定一种情况是另一种情况存在条件的复合判断

例如：

① 如果今天他考试顺利通过，那么他就会来和我们聚会。

---

① 朱成全，徐祥运. 形式逻辑学概论[M]. 大连：东北财经大学出版社，2012.

② 只有李明好好学习,他才能考上重点大学。

4. 负判断就是否定一个判断而形成的复合判断

负判断也称判断的否定,是一种比较特殊的复合判断。

例如:

① 并非他说的话就是正确的。

② 并非这个案件的犯罪嫌疑人或者是张某,或者是李某。

六、归纳推理

归纳推理是指从个别性知识推出一般性结论的推理。

根据前提所考查对象范围的不同,把归纳推理分为完全归纳推理和不完全归纳推理。

1. 完全归纳推理

完全归纳推理是根据某类事物中的每一个对象具有(或不具有)某种属性,从而推出该类事物具有(或不具有)某种属性。

2. 不完全归纳推理

不完全归纳推理是根据一类事物中部分个体对象具有(或不具有)某种属性,从而推出该类事物具有(或不具有)某种属性。不完全归纳推理可以分为简单枚举归纳推理和科学归纳推理。

七、类比推理

类比推理是根据两个(或两类)对象在一系列属性上是相同或相似,从而推出它们在其他属性上也有相同或相似的推理。

类比推理的结论具有或然性,既可能是真的,也可能是假的。因此,可以从以下两个方面来提高类比推理的可靠性:

第一,前提中确认的相同属性越多,那么结论的可靠程度也就越大;

第二,前提中确认的相同属性越是本质的,相同属性与要推出的属性之间越是相关的,那么结论的可靠程度也就越大。

八、逻辑基本规律

1. 矛盾律

矛盾律是指两个互相矛盾或互相反对的命题不能同真,必有一假。在两个互相矛盾或互相反对的命题中必须否定其中一个,不能两个都肯定。否则,就会犯"自相矛盾"的逻辑错误。

2. 排中律

两个互相矛盾的命题不能同假,必有一真,这就是排中律。对两个互相矛盾的命题不能都否定。

必须肯定其中一个，否则会犯"两不可"的错误。

3. 同一律

在同一思维过程中思维必须与自身保持同一，这就是同一律。在同一思维过程中，必须保持概念自身的同一，否则就会犯"混淆概念"或"偷换概念"的错误；在同一思维过程中必须保持论题自身的同一，否则就会犯"转移论题"或"偷换论题"的错误。

九、论证推理

论证推理考查的主要是批判性思维，其关注的重点是如何识别、构造、评价实际思维过程中各种推理和论证的能力。

第三节 信息处理能力

❖ **案例导入**

> **生有涯，信息无涯**
>
> 清代有一位大儒叫戴震，精通考据。有一次他看到通行版本《尚书》里有句话："光被四表"，怎么读怎么别扭。经过一番考证，他认为这句话写错了，应该是"横被四表"。戴震把这个推断写信给其他学者，希望能够找到佐证。其他学者开始对古籍进行搜检，两年以后，钱大昕在《后汉书·冯异传》里找到了这四个字的证据，七年以后，戴震的族弟戴受堂在《王莽传》里也找到了这四个字。戴震的这个学术成果，遂成定论。

这是清代学术一段很有名的典故，充分显示了考据学家们的学术功力。不过我们可以做个假设，如果戴震等人生在现代，不必花上几年时间穷经皓首来寻找证据，只需要下载一套《二十四史》电子版，点开检索功能，输入"横被四表"，几秒钟就有结果出来了。如果他想跟其他学者交流一下成果，一封电子邮件瞬息可至，甚至可以发条微博，说不定能引起全民议论。其效率和清代相比，不啻霄壤之别。对于他这样的大学者来说，能做出更多学术成果。

这就是科技发展的好处：人类获取信息的方式越来越多，速度越来越快，效率越来越高。所以今人无论是做学问还是享受信息，至少客观条件要比古人方便得多。[①]

教育信息化是社会的信息化重要组成部分，而教师教育的信息化发展，则是教育信息化发展的重要关键环节，也是促进教育信息化的重要力量。信息化社会中，教育的思想观念、教学内容、教学方法等都发生了变革，信息化社会对教师的知识体系和能力素质提出了挑战。

信息技术能力本质上属于技术学科，研究对象主要是信息，是指对各种信息的获取、加

---

① 马伯庸. 生有涯，信息无涯[J]. 看天下，2014（5）.

工、变换、存储、传输等。教师信息技术能力的培养主要指培养教师的信息技术素养，即教师的信息意识、信息知识、信息能力和信息道德等。教师信息技术能力培养的内容包括计算机应用的知识、工具软件的使用、信息资源的开发等方面使用的信息加工处理技术。信息化社会中教师的教学能力发展，需要教师具备一定的信息技术能力。信息技术能力是信息化社会中人类处理加工信息的基本能力，是教师教学技术能力直接的技术知识基础，教师的相关教学技术能力，某种程度上就是教学中信息技术能力的有效合理运用，当然信息技术能力也是教师信息化教学能力的基础。[①]对于教师而言，具备信息处理的相关能力，是发展自我、培育人才的必要条件。

信息处理能力是指根据职业活动的需要，运用各种方式和技术，收集、开发和展示信息资源的能力。

一、工具书检索能力

工具书是汇集有关门类、学科知识或信息，按特定方式编排，以供特定读者查阅的特殊类型书籍。[②]

工具书是人们在工作、学习时作为工具来使用的一种特殊类型的文献，随着数字时代的到来，工具书不仅包括传统的字、词典、百科全书、年鉴、手册、组织机构指南和名录等纸质图书及其电子版，也包括大量的网络信息资源。[③]作为检索数据与事实信息需要使用参考书，首先工具书可以为读者提供事实的检索，例如机构的名称、地址、联系方式，人物的生平资料，事件发生的时间、地点、前因后果等；其次工具书为读者提供数据的检索，例如，物理常数、调查常数、统计常数、人口常数、国民生产总值、外汇收支等；最后工具书还能为读者提供参考资料，例如，索引是将文献中具有检索意义的事项（可以是人名、地名、词语、概念或其他事项）按照一定方式有序编排起来，以供检索的工具书。

为方便大家更好地使用工具书，在此为大家介绍工具书使用的主要排检法。

1. 形序排检法

形序排检法是以汉字字形特点为基础设计的排检方法，主要包括部首法、笔画笔形法和四角号码法。其中较为普及的是部首法。这跟字典查阅时所采用的部首法一致。

2. 主题排检法

主题排检法是以规范化的主题词为标识符号来辨识文献的中心内容，再通过将这些主题词按照一定顺序排列，使同一主题的内容汇集在一起的一种排检法。如以《学前课程概论》《学前课程与幸福童年》书籍为例，确定"学前课程"为主题词，再根据主题进行排检。

3. 音序排检法

音序排检法是按照汉字的读音来排列汉字的一种方法。通俗的说，就是用拼音字母来查字的方法，也是当前最为通用的一种方法。

---

① 王卫军. 教师信息化教学能力发展研究[D]. 西北师范大学，2009.
② 侯成非. 信息检索与查询[M]. 合肥：合肥工业大学出版社，2009.
③ 王雯. 工具书的检索[J]. 科技世界，2013（5）.

4. 分类排检法

分类排检法是将词目或文献按其知识内容、学科属性分门别类地加以归并集中的一种排检方法。分类排检法又可分为学科体系排检法和事物性质排检法。

5. 自然顺序排检法

自然顺序排检法是按照某种自然规律或顺序编排的方法，常用的有时序法和地序法两种。

二、文献检索

文献检索是指根据学习和工作的需要获取文献的过程。宋代朱熹认为"文指典籍，献指熟知史实的贤人"，近代认为文献是指具有历史价值的文章和图书或与某一学科有关的重要图书资料。随着现代网络技术的发展，文献检索更多是通过计算机技术来完成。

文献检索步骤是对查找文献全过程的程序划分，一般包括检索课题分析，制定检索方案，选用检索工具和参考工具书，确定检索途径与方法，检索实践和效果评估等系列过程。

（1）检索课题分析。首先分析检索目的是什么，是深入研究还是一时学习解难析疑之需。其次分析检索内容范围的广度及其所需文献的时间跨度有多长，等等。例如，查语词解释或成语典故的出处，与查有关事实、数据及相关参考文献这两种不同层次的课题，其所需文献及所用工具书刊是有很大区别的。

（2）制定检索方案。检索方案是指导检索实践的行动纲领。内容包括对课题研究所需文献及工具书刊的文献环境进行调查，其中有哪些文献可就近利用？哪些可查到最切题的文献？

（3）选用工具书刊。

（4）确定检索途径和检索方法。

（5）进行检索。有新的发现应及时修改方案，拓宽思路，把课题研究提到更深的层次。

（6）检索效果评估。这是对检索过程的初步总结。如有失误，应重新检索，以求最佳效果。

文献检索方法有多种，主要有：

（1）时序检索法。时序检索法是按时间先后次序由近及远或由远及近地查找文献信息的方法。分顺时序法、逆时序法和分段法三种。

① 顺时序法。这是以课题研究所涉时间为检索起点，由远及近地检索所需文献的方法。适用于需要系统掌握有关文献的研究课题。优点：查全率高并可系统掌握现有的研究成果，便于分析、比较和筛选文献。缺点：所需的检索工具书刊或数据库较全、时间较多，否则反而影响文献检索质量。

例如，查汕头经济特区的发展史料，即可采用顺时序法。所涉工具书刊除《全国报刊索引·社会科学》分册及其数据库和中国人民大学书报资料中心编的复印资料有关经济类各分册和索引外，《经济年鉴》《汕头经济特区年鉴》及有关经济专题索引等检索工具，也是不可或缺的。

② 逆时序法。这是以课题研究所涉时间为检索起点，由近及远地检索所需文献的方法，又称倒查法。适用于新课题或老而有新进展的课题研究。如"汕头与深圳经济特区利用外资

结构的分析研究",即可采用此法。优点：可迅速掌握本课题的研究动态、新观点、新数据等文献信息，缩短查资料的时间。缺点：漏检率高，以至影响对现有文献的有效利用。

③ 分段法。这是顺时序法与逆时序法交替使用的检索方法，又称循环法、交替法。采用此法查找文献大致有两种情况：一是已知在某一时期内有关本课题文献的集中与分散情况；二是已知某一专题学术会议的议题与时间。凡与本课题有关的文献集中期，则列为重点检索的时间范围，其他时间内的文献可作为补充性检索。优点：目标明确，可迅速掌握切题文献信息和节省检索时间。但对本课题的研究动态及其脉络必须有清晰的了解。

（2）跟踪检索法。利用所见图书或论文的后附引文索引、脚注、参考文献等所提供的文献线索，循踪觅迹地扩大检索范围的检索方法，又称追溯法、扩展法。这种由此及彼地扩大检索范围的检索方法，往往可以查到意想不到的切题文献。在检索工具不完备的条件下，广泛地利用文献综述或述评、研究报告等文献后所附的参考文献，不失为扩大检索范围的好方法。但扩展法所索文献往往不系统、漏检率也高。

（3）综合检索法。综合检索法是上述检索法的综合利用。例如，对某一时期的文献集散情况较为了解，即先利用逆时序法或分段法越过文献稀少时期。而发现某书或某篇论文的附后索引列有切题文献时，即采用跟踪检索法以查出所需的全部文献。但综合检索法检索出的文献往往良莠不分，需要筛选。

总之，文献检索方法多种多样，各有利弊，应以课题需要和所处的文献环境，灵活采用。

三、网络信息检索

网络信息检索一般指因特网检索，是通过网络接口软件，用户可以在一终端查询各地上网的信息资源。这一类检索系统都是基于互联网的分布式特点开发和应用的，即数据分布式存储，大量的数据可以分散存储在不同的服务器上；用户分布式检索，任何地方的终端用户都可以访问存储数据；数据分布式处理，任何数据都可以在网上的任何地方进行处理。[1]

网络信息检索的方法包括：

（1）直接访问网页，通过 IP 地址或 URL 地址直接打开网站或网页。

（2）使用搜索引擎，利用分类目录或关键词，在特定搜索引擎中查找所需信息，这是目前所使用的最普遍的方式。

（3）通过新闻组搜索，时时跟踪新闻组动态，是了解学科前沿和热点问题最便捷的途径。

（4）通过大型专业数据库搜索。

（5）通过电子邮箱定制搜索。

四、信息的处理

（1）信息的筛选。

所谓信息筛选，是指对大量的原始信息以及经过加工的信息材料进行筛选和判别，从而有效地排除其他不需要的信息，选择需要的信息。

---

[1] 董守斌. 网络信息检索[M]. 西安电子科技大学出版社，2010.

（2）信息的加工、整理。

搜集到的信息经初步鉴别、筛选后，还需要进行加工整理。

首先，应对信息进行形式上的整理，即将信息加以剪贴、摘录，按学科体系归类。

其次，信息经过形式上的整理后，还要进行内容整理。

（3）信息的传递。

信息传递是指由信息的传输者（信源）经过信息载体和信道传给信息接受者（信宿）的过程。

（4）信息的存储。

信息存储是将获得的或加工后的信息保存起来，以备将来应用。信息储存不是一个孤立的环节，它始终贯穿信息处理工作的全过程。信息存储方式可以采用纸、胶卷和计算机作为载体。

五、多媒体课件的设计与开发

教学中使用的多媒体课件为演示型课件，主要应用于课堂教学中。

PowerPoint是一种非常方便、简单的制作幻灯片演示文稿的软件，它能够制作出集文字、图形、图像、声音及视频剪辑等多媒体元素于一身的多媒体演示文稿，在教师教学中的使用非常普遍。

1. 创建一个新的演示文稿

启动PowerPoint后，选择"文件/新建"命令，系统会显示"新建演示文稿"窗格。

（1）创建空白演示文稿。

在"新建演示文稿"窗格中单击"空演示文稿"，弹出幻灯片版式任务窗格，可根据需要选择合适的版式。

（2）使用设计模版创建演示文稿。

在"新建演示文稿"窗格中单击"根据设计模板"，在"幻灯片设计"任务窗格中，从"应用设计模板"框中所列出的模板中选择一种模板，即可创建一张具有艺术效果的幻灯片。

（3）根据内容提示向导创建演示文稿。

在"新建演示文稿"窗格中单击"根据内容提示向导"，打开"内容提示向导"，选择和输入必要的信息，最后单击"完成"即可。

（4）根据现有的演示文稿创建新的演示文稿。

一种方法是备份已有的演示文稿，然后打开备份文件，再将不需要的内容删除掉，并加上新的内容，通过逐步修改来制作出新的演示文稿。

另一种方法是先利用模板或内容提示向导建立一个演示文稿，将已有演示文稿中的部分内容复制和粘贴到新演示文稿中即可。

2. 演示文稿的编辑

（1）输入文本。

① 占位符中输入文本。可直接单击占位符中的示意文字，示意文字消失，再输入所需文字即可，单击占位符外的区域便退出编辑状态。

② 使用文本框输入文本。选择"插入"菜单中的"文本框"命令，根据文本要求，选择"横排文本框"或"竖排文本框"，然后再输入文字。

（2）设置文本格式。

选定需要设置的文本，单击"格式"工具栏上的相应按钮，或者选择"格式/字体"命令，打开"字体"对话框，设置字体、字形、字号、效果、颜色等。

（3）设置行距、段前距、段后距。

选定需要设置的文本，选择"格式/行距"命令，打开"行距"对话框，设置行距及段前/后间距等。

（4）插入剪贴画或图片。

选择"插入/图片/剪贴画"命令，打开"插入剪贴画"对话框，在所需的"文件类型"下选择需要的剪贴画，单击"插入"按钮即可，或者选择"插入/图片/来自文件"命令，找到图片所在的文件夹，选择需要插入的图片，单击"插入"按钮。

（5）插入艺术字。

选择"插入/图片/艺术字"命令，打开对话框后选择一种艺术字样式，并进行相应的字体格式设置。

（6）插入图表。

选择"插入/图表"命令，将插入一个图表，并打开一个数据表。在数据表中直接修改图表横轴或纵轴的坐标文字以及相应的数据内容，图表会随着发生变化。还可以从文本文件中导入数据，或插入 Microsoft Excel 工作表或图表。

（7）插入媒体文件。

① 插入影片或声音。选择"插入/影片和声音"命令，选择"剪辑管理器中的影片（或剪辑管理器中的声音）"选项，在剪贴画任务栏中选择所需的影片（或声音）的类别，然后单击要插入的影片（或声音），从弹出的菜单中选择插入即可。

② 播放 CD 乐曲文件。如果希望在播放幻灯片时，能有一些高品质的音源，可以插入 CD 音乐。

具体操作步骤同上，只要在选择"插入/影片和声音/播放 CD 乐曲"命令的对话框中进行相应的设置就可以了。

3. 演示文稿的浏览

（1）幻灯片的视图方式，有普通视图、大纲视图、幻灯片视图、幻灯片浏览视图、放映视图等多种方式，可根据不同的需要进行选择。

（2）编辑幻灯片

编辑幻灯片包括选定、插入、复制、移动和删除等操作。

4. 演示文稿的外观设计

（1）PowerPoint 母版。

PowerPoint 母版有幻灯片母版、讲义母版、备注母版三种模式。选择幻灯片模板可以更改整个演示文稿中幻灯片的外观；讲义母板的设置大多和打印页面有关；备注母版用来设置幻灯片的备注格式，一般也是用来打印输出的，所以备注母版的设置大多也和打印页面有关。

（2）改变配色方案。

配色方案是一组可以用于演示文稿的预设颜色。每个演示文稿都有一个配色方案，它是八种颜色的一个集合，是演示文稿的基本颜色。各种颜色各有其特定的用途，它们的巧妙搭配，让幻灯片的屏幕显示和打印输出的效果更加清新美观。

（3）应用设计模板。

选择"格式/幻灯片设计"命令，或者在幻灯片窗格的空白处点击，从打开的快捷菜单中选择"幻灯片设计"命令，打开"幻灯片设计"窗口，从中选择需要的模板即可。

（4）改变幻灯片版式。

选择"格式/幻灯片版式"命令，或者在幻灯片窗格的空白处点击，从打开的快捷菜单中选择"幻灯片版式"命令，打开"幻灯片版式"任务窗口，从中选择需要的版式即可。

5. 设置演示文稿的放映效果

（1）添加动画效果。

打开想要添加动画的幻灯片；执行"幻灯片放映/自定义动画"命令；选中要添加自定义动画的对象；在"自定义动画"任务窗格中单击"添加效果"按钮。

（2）设置幻灯片间的切换效果。

选择要设置切换效果的连续的或不连续的多张幻灯片（也可以只选一张）；单击"幻灯片放映/幻灯片切换"命令，将弹出幻灯片切换任务窗格；在应用于所选幻灯片列表框中选择一种切换方式，然后在修改切换效果选项区中设置切换的速度和声音；在换片方式选项区中选择换片方式；如果要将切换效果应用到演示文稿中的所有幻灯片，可单击"应用于所有幻灯片"按钮，否则只应用于选中的幻灯片；设置完毕后，单击"播放"或"幻灯片放映"按钮，即可看到已设置好的切换效果。

（3）自定义放映幻灯片。

单击"幻灯片放映"菜单下的"自定义放映"命令，弹出自定义放映对话框；在该对话框中单击"新建"按钮，弹出定义自定义放映对话框，在演示文稿中的幻灯片列表框中列出了当前演示文稿中的幻灯片，从中选择要自定义放映的幻灯片；单击"添加"按钮，在自定义放映中的幻灯片列表中会显示被选中的幻灯片，单击"确定"按钮，刚才定义的放映设置就被添加到自定义放映对话框中。单击"放映"按钮即可预览放映的幻灯片。

6. 添加超链接

在 PowerPoint 中可以使用以下三种方法来创建超链接：利用"动作设置"创建超链接；利用超链接按钮创建超链接；利用动作按钮来创建超链接。

第四节　写作能力

❖ 案例导入

作为一名每天带班的幼儿教师，我觉得自己最主要的工作应该是带好班，保证班上所有孩子的安全，促进班上每个孩子的发展。但近几年来，在繁重的保教工作之余，我

> 每天还要花大量的时间来写反思笔记、观察日记、教学案例、教学论文等各种形式的材料,园领导说这些代表着带班教师教育教学实践的"成果"。但我对这样的"成果"展示方式有着很多困惑:一方面,这些写作任务都只能在我的休息时间内完成,使得本来就劳累的身心更加疲惫;另一方面,我觉得写这些东西特别吃力,很多时候都不知道该如何下笔。而且自己写出来的各种"成果"并没有反映真实的教学状况。我该如何对待这个问题呢?[①]

写作是运用语言文字符号反映客观事物、表达思想感情、传递知识信息的创造性脑力劳动过程。良好的写作能力有助于发展幼儿教师的专业能力。实践证明,实现教师专业发展最重要的因素就是反思。反思和研究自己的日常教育教学实践,已经成为一种实现幼儿教师专业发展的有效途径。但是,反思对于幼儿教师来说只是一个原则层面的概念,还需要许多操作层面的具体方法来促成——进行专业性的写作就是其中一种非常有效的重要方式。

一、文章的分类

文章是写作的表达形式。一般情况下,按照不同的标准,可以将文章分为不同的种类。目前比较常见的是将文章分为文学类作品和非文学类作品两大类。

其中,文学类作品包括小说、散文、诗歌、戏剧等。非文学类作品包括应用类文体、新闻类文体、理论类文体和史传类文体等。下面就记叙文、说明文和议论文三种文体进行简单的说明。

(一)记叙文

记叙文是一种叙事记人文体,它以叙述、描写为主要手段,通过叙述和描写事件、人物、景物等来反映丰富多彩的现实生活,使读者如见其人、如临其境、如察其物、如观其景。记叙文具有记叙性和具象性两大特点。记叙性是记叙文的主要特征。

记叙文有六个要素:时间、地点、人物、事件、原因和结果。除了人物和事件这两个要素不可省略外,其他要素是否省略要根据读者对象、文章体裁和文章内容来确定。

叙述的方式主要有顺叙、倒叙、插叙、补叙几种方法。顺叙是按事情发展的先后顺序写。倒叙是把故事的结果或某个最突出的片段安排在文章的开头,再写事情的经过。插叙是在顺叙过程中插入另一些与记叙有关的情节。补叙是在叙述中对前面涉及的事物或情况做补充说明。

(二)说明文

说明文是介绍、说明客观事物的文章。它以说明为主要手段,对事物的性质、特点、内容、成因、功用等作出科学的解释,使读者对其有所了解,从而获取有关知识。说明文主要包括解说词、说明书、科普说明文等。说明文具有说明性、知识性、客观性、科学性四大特点。

说明的顺序有时间顺序、空间顺序、逻辑顺序、主次顺序、多种顺序等。说明的方法主要有以下几种:定义说明法,即用准确、简明的语言来说说明事物的特征和解释事物的本质;

---

① 易凌云. 幼儿教师应该怎样进行专业写作[J]. 教育导刊. 2010(5).

分类说明法，即对事物进行分门别类的说明；举例说明法，即列举事实、实例进行说明；比较说明法，即通过几个事物的比较来说明事物的方法；引用说明法，即引用各类文献、资料、故事传说等进行说明；数字说明法，即运用具体数字来说明事物或事理；图表说明法，即用绘图或表格来说明事物的特性。

（三）议论文

议论文是一种议论说理的文章，它运用概念、判断、推理、论证等逻辑思维的手段，运用分析综合的方法来论证和阐明客观事物的道理。短论、杂文、思想评论、文艺评论、学术论文等都属于议论文。议论文有内容的说理性、论证的逻辑性、表达的直接性、效果的说服性几大特点。

议论文包括论点、论据、论证三个要素。论点是作者对所论述问题的基本观点和主张，是议论的中心。论点有中心论点和分论点之分。论据是用来阐述和证明论点的依据，是作者确定观点的理由。论据有事实论据和理论论据之分，论据要求真实、典型、有针对性。论证是运用论据来证明论点的过程和方法。

议论文一般由引论（提出问题）、本论（分析问题）、结论（解决问题）三部分组成。分析问题有层层递进、并列开展两种结构。①

二、文章的构成要素

一切文章都是由主题、材料、结构、语言四个要素构成的。它们之间既有区别，又有联系，共同组成文章的有机整体。

（一）主题

主题指文章所表达的中心思想、主要问题等，是作者的思想、观点、见解、主张和情感在文章中的体现。在一篇文章中，贯穿全文的基本思想就是这篇文章的主题。主题在文章中的作用主要表现在以下两方面：

1. 主题是文章的统帅

主题在文章中的作用是非常重要的。一篇文章，其材料的选取、结构的摆布、语言的遣词造句，都需根据主题的需要来确定。明末清初学者王夫之说过："意犹帅也，无帅之兵，谓之乌合。"这个"意"就是指的文章主题。也就是说，主题如同军队的统帅，否则，这支军队就像是一群"乌合之众"。作者写文章，如果主题不明，那材料的取舍、结构的安排、语言的运用都会无所适从，即使勉强成文，也犹如没有统帅的士兵，打不了胜仗。

2. 主题是文章的灵魂

主题是衡量文章质量高低的主要依据。一篇文章，质量高低、作用如何、价值大小，衡量的关键直接在于主题深刻与否、优劣与否、强弱与否。若主题正确、深刻、鲜明地反映了事物的本质与原貌，能够揭示事物发展的客观规律，透彻地分析存在的问题，能够提出行之

---

① 虞伟庚，傅建明. 综合素质：幼儿教师资格考试[M]. 复旦大学出版社，2015.

有效的办法和措施,就能产生积极的作用和深刻的影响;反之,即使有丰富的材料、完美的结构、优美的语言以及巧妙的表达方式,文章也是没有生命力的。

(二)材料

材料既包括经过作者选择提炼后写进文章中的事实、论据等,也包括作者在写作前搜集积累的原始信息。材料适宜于各类文体,解决文章的"言之有物"问题。材料的作用主要表现在以下两方面。

1. 材料是形成主题的基础

主题不是凭空而来的,是以社会生活提供的材料为依托,对材料进行加工、制作、分析后才产生出来的。作者必须以充足的材料为源头,进行必要的分析研究,有所感、有所得,才能形成文章的主题。占有的材料越全面、越丰富,越有利于主题的表达。南宋学者朱熹说:"作文须是靠实,不可驾空纤巧。大要七分实,只二三分文。"这里的"实",指的是材料。丰富、全面、完整的材料有利于正确、深刻主题的形成。否则,主题只能是空中楼阁,站不稳、立不牢,摇摇欲坠,一推就倒。写任何文章都如此。

2. 材料是表现主题的支柱

主题并非孤立存在的,主题与材料是相互依托的。主题是文章的统帅与灵魂。没有主题,文章无法成篇,而没有材料的依托,也不能形成明晰的主题,主题就无立身之处,同时,已确立的主题,也不会得到充分的表现,只能是空洞、干巴的结论。清代文论家章学诚在《文章通义》一书中也说:"夫立言之要在于有物。"这里的"物",就是指的材料。平常我们所说的"摆事实,讲道理",事实就是材料,道理就是观点。没有事实材料,道理观点就说不清;没有道理观点,事实材料也就是一堆散乱的材料。

要获取材料,首先是在工作实践、日常生活中积累原始材料,在深入的调查活动中获取第一手材料,也可以通过查阅资料来占有材料。同时要注意选取真实材料、典型材料、恰当材料,使材料服务于主题,提高文章的质量。

(三)结构

结构原是建筑学上的一个术语,指建筑物的内部构造以及整体布局。文章的结构是指文章内部的组织构造,写文章必须按照主题的需要对材料进行合理的组织与安排,使文章各个部分的内容次序井然,有条不紊,成为一个和谐、有机的整体。结构是为了解决文章的"言之有序"问题的。

在整个文章的写作中,结构是一个很重要的环节,有十分重要的意义。人们将结构在文章中的作用比喻为人的骨骼。没有骨骼,灵魂就无所寄托,血肉就无所依附。结构的作用具体表现在:

(1)结构安排得当,有助于更好地表现主题。主题是文章的灵魂和统帅,结构安排得合理、恰当、紧密,文章层次分明、条理清晰,主题才能更好地驾驭全篇,避免头绪纷繁、淹没主题。

（2）结构安排恰当，便于更好地组织材料。结构布局对材料有支配、调度的作用。材料的好坏、主次，安置妥当与否，都在布局时得到了检验。不能孤立地使用材料。材料是否有用、材料如何使用，在结构布局时是非常关键的。

（3）结构安排恰当，便于更好地安排层次。文章的结构布局，对层次起着制约和整顿的作用。好的层次安排依赖于周密、恰当的布局结构。布局结构安排恰当，可以使层次清晰有序，条理分明，一方面避免了篇章脱节、文气不畅、杂乱无章，另一方面也避免了平板、单调，使文章的效果更好。

文章在布局结构时，一是要求遵循布局的原则，坚持符合客观事物的内在规律和人们的思维逻辑规律，坚持形式服从主题表达的需要，力求构思巧妙新颖，不落俗套。二是注意文章布局的完整协调、脉络清晰、疏密有致，使文章整体和局部之间协调统一，使文章的层次和段落划分缜密清晰、井然有序，使文章的详略得当、布局匀称。三是把握结构的基本形式，安排好开头、主体和结尾三部分，力求达到"凤头、猪肚、豹尾"的要求。四是把握文章布局的技巧，处理好文章的照应、衬托、伏笔、节奏等，力求熟练掌握，创新应用。

（四）语言

语言是人类所特有的用来表达意思、交流思想的工具。它由语音、词汇和语法构成一定的系统，是特殊的社会现象，为人们的交流服务。语言主要包括口头语言和书面语言两大类。口头语言用文字记录下来，也就成了书面语言。我们这里探讨的语言，主要是指书面语言，或者说是文章语言。

语言的作用表现在：

（1）语言是文章的第一要素。语言是人类最重要的社会交际工具，是思维和写作的工具。人们用语言交流思想、传达感情、增进了解，因此，一切文章都离不开语言文字。语言是文章的基础，是组成文章的最小单位。语言就好比人的细胞。没有细胞，不会有生命；没有语言，就不会有文章。

（2）语言能准确表达文章的思想内容。文章的主题思想、组织结构，最终都要通过语言文字表达出来。没有语言就没有文章，而没有恰切的语言，文章的思想内容就无从准确表达，社会作用也难以发挥。因此，只有使用准确、简洁的语言，才能正确传达出文章的思想内涵。

文章语言的具体表达方式，就是语言学上语体的内涵，而语体则是需要的结果。书面语体包括科学语体、艺术语体、政论语体和事务语体等。它们最基本的表达方式可归纳为叙述、描写、议论、说明和抒情五种。

文章在语言上的共同要求就是准确、简洁、生动。准确包含用词准确、合乎语法、搭配得当、语序合理、合乎逻辑。简洁即简练，要求精心选词、剪裁浮词、力戒堆砌，避免重复，力求言简意赅，陈言务去；文章语言要生动，一是要善于运用成熟的修辞手法，二是刻意求新，在遣词造句时根据文体特点和主题表现的需要使用新颖独特的语言，给人以深刻印象。[①]

[①] 普慧，董新祥，王炳社，等. 大学语文[M]. 陕西人民出版社，2003.

三、写作的步骤

（一）审题，确定体裁

审题的具体任务，就是通过对作文题目的思考和分析，了解命题者的意图，弄清写作对象、范围和重点，明确立意，并确定文章的体裁。

（1）命题作文的审题。

命题作文是指根据所出示题目进行写作的一种作文题型。从结构上来说，命题作文有三种类型：词语式命题、短语式命题和句子式命题。

对于命题作文，必须对文题进行字斟句酌的推敲，捕捉关键信息，全面、准确、深入理解文题的深层内涵。

（2）话题作文的审题。

话题作文是指用一段导引材料启发思考，激发想象，用话题限定写作范围的一种作文题型。话题作文由材料、提示语、话题、要求（或注意）四部分构成。

对于话题作文，在审题时要做到以下几点：

第一，先审材料。启发考生如何使审题完全符合题意，如何更好地立意、选材和选取表现主题的角度等。

第二，再审话题。界定话题的范围和写作的自由程度。

第三，细审提示。把握命题意图和作文内容。

第四，推敲要求。进一步明确作文的写作的自由程度和条件限制。

（3）材料作文的审题。

材料作文是指根据所给材料（文字或图画）和要求来写文章的一种作文题型。考生可以通过对材料的理解和解读，选择适合自己的文体进行写作，因此更有利于发挥考生的作文水平。

对于材料作文，在审题时要遵循以下几个原则：

第一，整体性原则。审题时要有全局意识，从材料的整体着眼，切实弄清材料的中心和实质，不要只抓住其中的只言片语，以局部代替整体。

第二，多向性原则。要学会运用发散性思维，多角度审视材料，并列出由材料引出来的多个观点。

第三，筛选性原则。从材料总结的观点具有多样性，因此，在进入写作时需要对所列出的观点进行适当的筛选。

第四，倾向性原则。有些材料明显流露出命题人的情感倾向，这样我们就可以从材料的情感倾向入手来审题立意。

（二）立意

文章的灵魂在于立意，立意的深浅往往决定了文章的成败。好的立意应该力求做到以下几点：

（1）方向正确。

方向正确是写好作文的基本要求。也是评价文章的重要标准。一般来说，立意要与目前国家社会倡导的公德相一致，要与当前的时代精神相一致。

（2）情感鲜明。

情感鲜明是指在文章中的情感指向要明确，语言饱含感情。

（3）思考深刻。

思考深刻是指要透过事物的现象去挖掘其内在的本质，思考出对人生和社会有意义、有价值的东西，要善于发现别人没有发现的那一点，并给人以启示。

（4）思维创新。

思维创新是指要克服以往的思维定式，打破常规，发表自己独特的创见，令人耳目一新。

（三）构思，安排框架

文章的构思，就是思考如何根据中心有机地组织文章的结构框架。

构思的技法主要有以下几种：

（1）画龙点睛法。

画龙点睛法是在篇末点出文章的主旨，阐发其中蕴含的哲理。点睛之笔不在多，而在乎精。"龙"要画活，"睛"要点准。

（2）双线组合法。

双线组合法是采用两条线索，各有自己的流向，但要注意选好两条线索的结合点，使之成为一个有机的统一体。

（3）往事叠套法。

往事叠套法是用回忆的方式叙事，往往能防止文章单调，如果将两个往事的回忆叠套起来，则更显不俗。但要注意将时间或空间的转换交代明白，来龙去脉说清楚。

（4）以退为进法。

以退为进法是先反向蓄势，将感情、情节或气势推向高潮，再逆向回跌，使文章跌宕起伏，引人入胜。关键是转换处要恰当，要在高潮处出现逆转。

（5）彩线串珠法。

彩线串珠法是以物、人、事或感情为线索，将多件材料贯穿起来。采用此法不仅可以使文章错综变化、波澜起伏，还能保证条理清晰、中心明确突出。

（6）蒙太奇组接法。

蒙太奇组接法是选取不同侧面的几个镜头，像电影镜头的剪接一样，组合方式灵活多样。这样构思，往往会使文章摇曳多姿，引人入胜。

（7）以虚写实法。

以虚写实法是突破时空界限，大胆独特地进行想象，用虚幻的材料表达现实的主旨。这样构思，立意便觉新颖独到、韵味无穷。

（8）单刀直入法。

单刀直入法是不绕弯子，不兜圈子，开篇入题，直指要害。这种写法在作文中值得提倡，不容易跑题。

（9）回眸一笑法。

回眸一笑法就是在前文扣住中心铺展论述的基础上，文末回扣话题，强化主题，既显得思路严密，意蕴丰富，又能使阅卷者印象深刻，迅速把握作文主旨。

（四）选材

材料对写作而言是至关重要的。在写作中，选材包括四个方面：占有材料、鉴别材料、选择材料和使用材料。

（1）占有材料。

占有材料强调一个"多"字，多多益善。占有材料关键是靠平时的积累。

（2）鉴别材料。

鉴别材料是对材料更深层次的认识，即要对材料的轻重、大小、主次、真伪、典型与否做出判断，以利于下一步选择材料时做到"胸中有数"。

（3）选择材料。

选择材料务求做到"严"：要选真实而准确的材料；要选新颖、生动、充满时代气息的材料。

（4）使用材料。

所谓材料的使用，主要在于每一个材料在文中如何安排，哪个在先，哪个在后；还在于使用具体事例时的详与略，哪个详述，哪个一笔带过，等等。使用材料重在一个"活"字。

（五）组材

组材，即组织和安排材料。组材要正确反映客观事物的内在联系和客观规律；组材要根据表达主题的需要进行；组材要适应文体的特点；组材要富于变化。

（六）进行创作

（1）段落和层次。

文章的段落和层次主要有：对照式、并列式、递进式、片段式、总分式。

（2）衔接和过渡。

衔接是利用一定的词语或相应的句式巧妙连接，常常用在意思联系比较紧密的段与段之间，使篇章前后连贯，脉络分明。衔接主要有意合和关联两种。

过渡是利用过渡段或过渡句巧妙连接，常常用在意思转折比较大的段与段之间。过渡段一般比较短小。大多是一句话或一个句群。

（3）详写和略写。

在写作时。要考虑详写和略写。应当多写的，就大笔铺陈，用墨如泼；应当少写的，就一笔带过，惜墨如金。这样才能使文章疏密相间，恰到好处，主题突出，中心分明。

（4）开头和结尾。

开头是文章结构的一个重要组成部分。作文开头的方式，主要有以下几种：设计悬念，吸引读者；开门见山，亮明观点；联想回忆，巧妙叙述；突出矛盾，渲染气氛；巧用修辞，展示文采。

与开头一样，结尾也很重要。作文结尾的方式，主要有自然收束、首尾呼应式、卒章显志式、名言警句式和抒情议论式。

本章小结

本章主要介绍幼儿园教师应该拥有的阅读理解能力、逻辑推理能力、信息处理能力和写作能力这四种基本能力。在学习与掌握四种能力主要内容的同时，一定要结合学习与工作的实际，善于思考与总结，将理论转化为实际。其中应特别注意根据材料进行写作的能力。

思考与练习

一、选择题

1. 下面不属于工具书的排检方法的选项是（　　　）。
   A. 形序排检法　　　　　　　　B. 主题排检法
   C. 音序排检法　　　　　　　　D. 部首排检法

2. 以下推论属于"三段论"的是（　　　）。
   A. 所有的真理都是不怕批评的，马克思主义是真理，所以，马克思主义是不怕批评的
   B. 通货是作为流通手段的货币，通货是通货，所以通货是作为流通手段的货币
   C. 运动是永恒的，足球运动是运动，所以足球运动是永恒的
   D. 先进工作者都是工作有成绩的人，老王不是先进工作者，所以老王不是工作有成绩的人

二、作文题

1. 有人说，现代社会能力很重要。也有人说，人品更重要，人品才是人的最高学历。就以上说法写一篇文章。
   【要求】文体不限，800～1 000字。

2. 以"教师，我所向往的职业"为题写一篇议论文。
   要求：（1）不少于800字；（2）论点鲜明，有说服力；（3）文章有逻辑效果；（4）论据充分，论证方法得当。

第六章 幼儿教师专业发展

📖 内容提要

幼儿教师专业发展问题是目前我国幼儿教育研究关注的焦点,本章将从幼儿教师专业发展的理论、政策和实践三个方面进行系统分析,从多学科视角对教师专业发展的研究进行逻辑梳理,同时对教师专业发展的理论启示、政策展望和实践举措等方面进行深入探讨,力求呈现出一个比较完整的幼儿教师专业发展架构体系。

◎ 教与学的目标

1. 掌握教师专业发展内涵及基本概念。
2. 理解反思性实践理论、终身教育理论及其对幼儿教师专业发展的启示。
3. 掌握幼儿教师专业发展实践的阶段性步骤。
4. 了解我国幼儿教师专业发展政策的研究历程及相关展望。
5. 理解我国幼儿教师专业发展实践的主要问题及其举措。

第一节 教师专业发展理论

【案例6-1】

访谈者:对你最有影响的人是谁?

新教师:我最佩服我的老师,我今天能成为老师,全是我老师的影响。

访谈者:是哪位老师呀?

新教师:是我初中的语文老师。

访谈者:她对你有怎样的影响?

新教师:第一,她的专业知识特别强;第二,她特别喜欢我们学生。我们班有26名学生,当时在全年级语文成绩总是名列前茅的。她让我们特别喜欢学习,上她的课一点儿都不累。第三,她特别喜欢钻研,爱学习,她改变了我们。

访谈者:语文老师对你选择从事幼儿园老师的工作有影响吗?

新教师:是的,对我影响非常大。那时候,我们班有的同学不爱打扫教室和宿舍卫生。当时老师就说:"一屋不扫,何以扫天下?环境这么糟,怎么学习和生活呀?只有把自己的环境变优雅了，才能有更好的环境和健康心态去学习。""我的初中老师让我们学会学习，学会生活和如何作人，对我们的影响特别大。至今我还会想起她，我也要向她那样，把全部的热情都用在幼儿身上，对幼儿的心灵和对人生的未来都有很大的影响，这就是老师的人格魅力。激发我做一名好老师。"

——摘自一位幼儿教师的教育日志

此案例中新任教师对教师专业发展的认识在很大程度上是受其初中语文教师教学态度的熏陶，由此可见，十年树木百年树人，教师的职业责任感具有传递性和内隐性。作为一名幼儿教师，面对需要保教结合、爱心培养的学前儿童，其教师专业发展更加具有特殊性、基础性和创造性。

一、幼儿教师专业发展的内涵

所谓专业，通常是指一群人经过专门教育或训练、具有较高和独特的专门知识与技能、按照一定专业标准进行专门化的处理活动，从而解决人生和社会问题，促进社会进步并获得相应报酬待遇和社会地位的专门职业。

一直以来，教师专业发展这个概念，在教育学术界一直是一个比较重要的议题，但至今仍没有一个非常清晰明确的界定。由于教师专业发展既是专属概念，又具边缘学科的内涵，导致人们对它的理解是在与其他相关概念的比较分析中才得以获得。霍伊尔（Hoyle E.，1980）、佩里（Peryr P.，1980）、戴（Day C.，1980）、叶澜等学者相继都提出过对教师专业发展的界定。其中，美国幼儿教育专家丽莲·凯兹（Lilian G.Katz，1986）在《专业的幼教老师》中首次系统地提出了教师专业化的概念，还首次提出幼儿教师的专业行为准则和专业伦理要求。①

我国关于幼儿教师专业发展的探讨，目前还主要集中在教师专业发展阶段、教师专业发展内容、幼儿教师主体的自我反思成长等内延发展上。《幼儿园教师专业标准（试行）》的颁布，是国家在法规层面认可了幼儿园教师的专业地位，明确了幼儿园教师是专业人员的专业身份，规划了幼儿园教师专业发展的方向，这既是专业发展要求，又是专业准入。②

其中比较有代表性的观点是，幼儿教师专业发展是指幼儿教师在不同发展阶段的学习中，专业理念、知识结构、能力结构、教育情感智能、服务理想等得以不断提高、不断更新，从而专业获得不断成长的过程。

（一）教师专业发展的演化过程

曾经一度，教师这个职业在相当长一段时间里是不被看作"专业"的，而非专业的职业往往社会声誉和经济地位都比较低。我国《教师法》第三条规定："教师是履行教育教学职责的专业人员。"这虽以法律的形式明确了教师的身份，但并不是表示目前我国教师就已经具有了专业水准和专业地位，而是表示教师应朝"专业人员"的方向去发展。

然而，专业发展理念在教师专业发展结构中位于较高层次，需要对从事教师的职业有正

---

① [美]Lilian G．Katz．专业的幼教老师[M]．廖凤瑞，译．信宜基金出版社，1986．
②《专业标准》将在本教材第七章《幼儿园教师专业标准》中详尽介绍。

确的理解与认识，具有较高的从业信念，从而支配教师的教学行为。幼儿教师专业发展界定正经历着一个不断推陈出新的演化过程，是动态和渐进发展的趋势，其间比较有代表的认识有：

叶澜（2003）[①]认为教师专业发展必须具备专业理念、专业知识、专业能力、专业态度与动机以及自我发展需要和意识等基本要素。专业知识包括普通文化知识、专业学科知识、一般教学法知识、学科教学法知识和个人实践性知识；专业能力包括一般能力和专业特殊能力。专业特殊能力包括教育教学实践能力和教育科研能力；专业态度和动机，是教师专业活动和行为的动力系统；自我专业发展需要和意识，是教师自我专业发展的内在主观动力，保证教师不断自觉地促进自我专业成长。

傅道春（2003）[②]认为教师专业发展是由职业知识、职业能力、教育理念构成的。职业知识和职业能力只有在教育理念统领下，才能充分地发挥其功效。需要、动机和态度是教师个体成长的内在条件，是教师专业活动和行为的动力系统。

职业知识包括文化科学知识、专业学科知识、条件性知识和教育情境知识；职业能力包括基本认知能力、教育能力和扩展能力；教师教育理念包括教育观、学生观、教育活动观。

幼儿教师专业成长既有社会角色的转变，也有专业技能的储备。顾荣芳（2005）[③]认为，幼儿教师专业成长是指幼儿园教师从非专业人员发展成为专业人员，具有角色转换与专业塑造的特性，是一个不断提升专业品质的过程。王杰（2005）[④]认为，幼儿教师的专业成长是幼儿教师在其专业生涯中，习得幼儿园教学的专门知识与技能、内化幼教专业规范、形成幼教专业精神、表现为专业自主性并实现专业责任的历程。即由"普通人"转化为"幼教工作者"。曹能秀（2008）[⑤]认为，幼儿教师发展是指幼儿园教师不断接受专业知识，提高专业能力，终身学习与成长，包括职前教育、入职教育和在职教育以及幼儿园教师在职业生涯中提升专业素质的所有活动。

（二）教师专业发展的基本概念

"专业"从社会学的角度上讲是指具有高度专门知识和技能的职业，所以也称为专门职业，英文为profession，是相对于普通职业而言的。[⑥]

从教师个人发展角度界定，教师专业发展指的是教师个人通过系统的努力来提升自身的专业能力、道德修养以及自身对从业态度的理解，关键是教师的个体专业信念、专业知识、专业技能的提升。

从社会学的角度来界定，教师的专业发展就是指教师整个行业群体符合社会对教师提出的要求，符合教师的专业标准，也即教师的职业化、专业化过程，强调教师的整体化和外在专业性的提升，特别关注教师专业化的发展。

---

① 叶澜，白益民.教师角色与教师发展新探[M].北京：教育科学出版社，2003.
② 傅道春.教师的成长与发展[M].北京：北京教育科学出版社，2003.
③ 顾荣芳，等.从新手到专家——幼儿教师专业成长研究[M].北京：北京师范大学出版社，2007.
④ 王杰.幼儿教师专业成长研究述评[J].南通大学学报，2005（4）.
⑤ 曹能秀.走向专业发展的幼儿教师教育改革——世界幼儿教育发展趋势之一[J].幼儿教育科学，2008（6）.
⑥ 陈孝彬.教育管理学[M].北京：北京师范大学出版社，1999.

因此，教师专业化发展的核心要素主要由专业理念、专业知识和专业能力构成，是一个经验不断丰富、实践能力和智慧不断提升的过程，需要一定的教学过程来证明，具有相对滞后性。

二、幼儿教师专业发展的研究

20世纪中期以来，学者卡茨（Katz）、伯顿（Burder）、费斯勒（Fessler）、伯林纳（Berliner）、司德菲（Steffy）等人对教师专业发展的阶段进行了研究。尤其富勒（Fuller，1969）是最早关注教师专业发展的，以著名的《教师关注问卷》开启了教师专业发展阶段理论的研究篇章，同时对后来研究教师专业发展理论起到了引领性作用。

（一）将教师专业发展阶段作为关注对象的研究

卡茨（Katz，1972）利用与学前教育工作者共同工作的切身体会，对学前教师进行访谈、发放问卷开展调查，针对学前教育工作者的发展需求以及工作发展方向与目标，将学前教师的生涯发展分为四个发展阶段，分别是求生期、巩固期、更新期与成熟期。

伯顿（Burden，1979）等人运用较缜密的访谈方式对数量较多的处在不同职业生涯阶段的教师进行访谈，整理访谈，总结出教师发展的阶段是求生存阶段、调整阶段和成熟阶段。

（二）将教师自身作为关注对象的研究

费斯勒（Fessler，1985）从生命自然老化的过程和周期角度将教师自身作为关注对象，开始研究教师专业发展阶段，结合教师生命发展规律并在阅读大量文献的基础之上，运用观察、调查的方法，构建和创新性提出教师发展循环理论。他认为教师生涯发展大致经历了职前、入职、能力建构、热心和成长、生涯挫折、稳定与停滞、低谷与退出八个阶段。

叶澜、白益民（2003）等学者从"自我更新"发展取向，将教师经历职前准备、入职生存、职后发展的过程分为非关注阶段、虚拟关注阶段、生存关注阶段、任务关注阶段、自我更新关注五个发展阶段。

（三）将教师关注的问题作为关注对象的研究

富勒等人揭示教师关注问题的变化规律，认为教师职前的关注主要是体现在四方面，即任教前关注、早期生存关注、关注教学情境和关注学生。在富勒之后，西特尔和拉尼尔（Sitter J.& Lainer P.，1982）更加具化研究对象，对实习教师所关注的问题开展研究，研究结果与富勒的研究基本一致，并且丰富了富勒的研究，认为教师的关注并不是按照富勒所说的按照一定的顺序出现的，而是教师自我关注、生存关注、教学情境关注、学生学习关注和教材关注等方面同时出现，要求实习教师同时解决所关注的问题。西特尔和拉尼尔对实习教师这一特殊对象开展的研究，将教师专业发展的研究进行了有效的延伸，具有积极的意义。

瑞安（Ryan K.，1980）等人对任教第一年的教师所关注的问题进行研究。其研究仍然是通过访谈的方法进行，围绕四个问题展开：其一是关于教师的个人关注，即如何形成教师身份、适应新的团队、与同事建立良好的关系和结婚以及如何能够在满足教学工作的情况下享受生活。其二是关于教师专业关注。任教第一年的教师表现出对学生关系的关注,关注是否在家长和同事面前留下好的印象等。其三是任教教师第一年所经历的变化。对教学工作熟练程度和对学生态度的变化。其四是对教师培训的启示。在此基础上得出任教第一年的教师认为对他们的初始培训应注意学校和课堂的组织与管理,并希望得到支持与帮助。

三、幼儿教师专业发展代表性理论及启示

(一)反思性实践理论及其对幼儿教师专业发展的启示

1. 反思性实践理论概述

美国教育家杜威(John Dewey)在反思的系统论述中提出了反思性实践理论,他在《民主主义与教育》中提到了反思问题,他说:"所谓思维或反思,就是识别我们所尝试的事和所发生的结果之间的关系,没有某种思维的因素便不可能产生有意义的经验"[①];他在《我们怎样思维》一书中对"反思"这样界定:"对于任何信念或假设性的知识,按其所依据的基础和进一步结论而进行的主动的、持续的和周密的思考。"[②]1983年,美国前麻省理工学院教授唐纳德·舍恩(Donald Schon)在《反思性实践者——专家如何在行动中思考》(The Reflective Practi-tioner how Professionals think in Action)一书中正式提出了"反思性实践"理论。随后,夏林清将此书翻译为《反映的实践者——专业工作者如何在行动中思考》,他认为,"实践情境是流动性、复杂性、价值冲突性的,在与情境的互动过程中发展解决问题的途径;实践不是理论的应用,而是实践者借助实践性知识和实践情境开展'反思性对话',寻求问题解决并丰富自己的实践性知识的过程,实践者也不是工具性的问题解决者,而是复杂情境中能动的探究者;专业实践者的典型特征是'行动中反思'(reflection-in-action)和'行动中认知'(know-in-action)。"[③]他指出反思有两种类型:一是对行动的反思,二是在行动中的反思。"对行动的反思"是一种事后的思考,通常借助于词语和符号进行,如教师经常使用的课后反思,教师要能够主动总结教育教学过程中出现的情况,分析原因,寻找解决问题的有效策略。"行动中的反思"发生在行动过程中,解决当时的问题,如教学中对出乎意料情况的反思,"行动中反思"的过程表现为:与情境的反思性对话——重新框定问题——行动中新的发现——新的行动中反思,螺旋式上升,欣赏——行动情境——再欣赏。[④]

随后,反思性实践的研究领域得到了进一步的拓展。布鲁巴赫(Brubacher J.W.)等人认为:反思发生在实践过程的前、中、后,在整个实践过程中都有反思,"反思性实践包括三个方面:一是对实践的反思,即反思发生在实践之后;二是实践中的反思,即反思发生在实践的过程中;三是为了实践的反思,即反思的预期结果,为前两种反思的目的最终形成的超前性反思。"[⑤]美国学者奥斯特曼(Karen F.Osterman)和科特坎普(Robter B.Kottamp)对反思实践的概念界定与舍恩的研究基础很接近,但又有所发展,他们在《教育者的反思实践——

---

① [美]约翰·杜威. 民主主义与教育[M]. 王承绪,译. 北京:人民教育出版社,1984.
② [美]约翰·杜威. 我们怎样思维[M]. 姜文闵,译. 北京:人民教育出版社,2005.
③ 王艳玲. 培养"反思性实践者"的教师教育课程[D]. 上海:华东师范大学,2008.
④ 李莉春. "行动中反思"实践认识论述评及其对教师发展的意义[J]. 教师教育研究,2007(11).
⑤ 陈兴华. 反思性实践与幼儿教师实践性知识的生成[J]. 江苏技术师范学院学报,2012(3).

通过专业发展促进学生学习》一书中论述了反思实践与专业发展、反思实践与学校改革、反思实践的基础、工作场所反思实践的开展、教师与学生成为学习过程中的反思实践者、通过反思实践赋予权力等内容。

2. 反思性实践理论对幼儿教师专业发展的启示

（1）注重实践后和实践中的教育反思。

在幼儿园保教实践中，反思型教师往往事半功倍，实效性强。幼儿教师可以通过实践反思促进专业知识、能力和技能、意志的发展，培养自身的教学能力、创造力和批判精神。教育反思既是幼儿教师专业发展的不竭动力，也是幼儿教师专业发展的一个重要途径。教师主动将教育教学行为作为观察对象，并对其及所产生的结果予以审视和分析，促使教育教学逐渐趋于完善。

尽管舍恩认为反思应在实践中和实践后进行，而布鲁巴赫认为在实践的前、中、后都要反思，但事实上，大部分幼儿教师总认为只有课后才有必要反思，没有认识到反思应在整个实践过程中进行，其实，过程反思显得更加有针对性与实效性。

因此，作为幼儿教师，若能形成良好的反思习惯和循环系统，既注重实践后的反思，也重视实践前和中间的反思，从而提高幼儿教育教学质量，往往会更有利于幼儿的发展。而且，反思性实践中的教育反思系统化、经常化，可使幼儿教师系统反思自己的教育教学实践，及时调整和完善不足，积极与自身和他人对话，及时把握自己的专业发展状况，在实践中得到持续成长。

（2）反思性实践有效改善教育理论与实践脱节的问题。

舍恩、奥斯特曼、科特坎普等关于反思性实践理论经过深层次思考，得出了"思考和行动是不可分割的过程"理论，追求教育理论和实践的"视域融合"，针对职前教育和职后教育中幼儿教师专业发展的教育理论与实践脱节问题，"思考和行动是不可分割的过程"理念重点强调在实践中思考和在思考中实践的专业发展途径，使教育实践日趋完善，将"思"的结果运用于教学实践当中，突出实践中的反思既要有"思"的成分，还要验证、升华反思结果。

幼儿教师的实践智慧与所学的理论知识、实践的紧密相连，是理论和经验的有机结合，是基于个人的经验积累。舍恩的反思性实践理念强调"行"和"思"，两者相互建构并生成意义，即实践智慧与实践活动相互关联，这种实践智慧具有动态生成性、不可言传性和个体性的特征，幼儿园工作中，我们将幼儿教师的经验提升为自身的实践知识，提高实践能力，提升实践智慧，注重对具体实践的关注和反思，以期获得教师专业发展的成长。

（3）"幼儿园专业学习共同体"是创建学习型组织的有效路径。

"幼儿园专业学习共同体"是指幼儿园在专业学习中致力于培养教师的合作精神，采用实例分析、专题讨论和活动互动等形式，以良好的、支持性的、民主开放的和真诚信任的氛围，不仅促进教师专业成长，也使教师与教师、教师与领导等之间建立融洽的伙伴关系，达到相互激发和启迪，互相交流对话和反思，共同促进新知识和经验的总结与获得，促进实践性知识的获得，形成"共同体"，从而达到整体教师专业发展的目的。

幼儿教师专业发展不仅需要个体反思，也需要团体的智慧与共识来营造反思氛围的不断激励和支持，因为，"进行反思实践需要有一个支持性的环境，需要创设一个组织环境来鼓励开放性交流"、"批判性对话"和"冒险以及合作"[1]才有成长的土壤。幼儿园要创建"专业共同体"学习型组织，就要全体教职员工组成一个学习团队，享有共同的学习愿景，相互支持和共同合作，让个体和实践汇聚成集体智慧，使反思在共同体内部和外部探讨解决教学实践问题，共同探讨有助于每一个儿童身心健康发展的新的更好方法"[2]。

（二）终身教育理论及其对幼儿教师专业发展的启示

1. 终身教育理论概述

自 20 世纪 60 年代联合国教科文组织成人教育局局长保罗·郎格朗（Parl Lengrand）提出"终身教育"思想后，国际社会就对此思想进行了广泛提倡、推广和普及。目前，全世界的终身学习理念，充盈着"人人是学习的主人""事事是学习的课题""时时是学习的机会"和"处处是学习的课堂"的氛围，尤以《学会生存——教育世界的今天和明天》一书中提出的"唯有全面的终身教育才能够培养完善的人"的观点最具影响力，其实质就是不断造就人，不断拓展和发展人的知识和潜能，不断培养人所应有的文化判断能力和行为能力，这一理念不仅仅对幼儿教师专业发展产生深远的影响，也对教育学和人的发展具有积极的意义。

2. 终身教育理论对幼儿教师专业发展的启示

（1）将终身教育理论思想贯穿幼儿教师职前培养、任职培训和在职进修的整体设计。

终身学习的思想对幼儿园教师的专业成长有着积极的作用，终身教育就是幼儿教师的存在状态与发展归属。随着终身教育理念的不断渗透，幼儿教师教育既要考虑到幼儿教师专业发展的需求，又要考虑到幼儿教师在职业发展不同阶段中其教育内容的差异性变化。

由于幼儿教师专业发展的过程就是幼儿教师主动学习不断解决问题的过程，是职业理想、职业道德、教育实践能力、教育经验等不断成熟、不断提升的历程，在终身教育理念指导下，幼儿园教师为适应社会发展、学前教育改革与发展以及教师自身专业的发展，实施职前和职后一体化教育，让幼儿教师能受到连贯的、一致的终身教育，综合构想幼儿教师职前培养、任职培训和在职进修的整体设计，逐步形成一个开放交流的适合幼儿教师专业发展的教育体系。

（2）逐步形成对幼儿教师专业发展的保障机制。

终身学习既是个人成长的需要，也是专业发展的保障。为有效促进幼儿教师的专业化发展，树立终身学习的意识，在幼儿教师教育质量保证体系中需要加强在制度、经费、实施、评估监督方面的建设，加快终身教育规范化、制度化建设的步伐，逐步形成对幼儿教师专业发展的保障机制和长效机制，主要涉及方面有：幼儿教师教育机构的准入认可制、幼儿教师资格证书制度以及幼儿教师培训制度等。

除此之外，我们还能从人本主义心理学理论、人的全面发展学说、学习型组织理论、多元智能理论、人类发展生态学理论等得出对幼儿教师专业发展的启示，这将有助于我们更加全面、深入地揭示幼儿教师专业发展的本质与规律，更好地处理幼儿教师专业发展的理论联系实践问题。

---

[1] [美]Karen F., Osterman, Robter B, Kottamp. 教育者的反思实践——通过专业发展促进学生学习[M]. 2版. 邓丹丹，译. 北京：中国轻工业出版社，2007.

[2] 易凌云，萨丽·托马斯，彭文蓉，李建忠. 幼儿园专业学习共同体：基本特征与构建过程[J]. 教育导刊，2012（11）.

第二节 教师专业发展政策

自新中国成立以来，虽然我国政府为幼儿教师的专业发展提供了许多政策支持，但幼儿教师的专业发展与日益发展的幼儿教育需求仍有相当大的差距，当前面临着幼儿教师学历普遍偏低、专业自主意识不强、综合素质不高、职前职后教育滞后、社会认可度偏低等诸多挑战。政府在进一步重视幼儿教师队伍的规划和建设的同时，不断深化创新幼儿教师培养制度改革，加快幼儿教师教育与专业发展的一体化进程，完善幼儿教育法律体系，为幼儿教师专业发展提供更有力的政策保障已经势在必行。

一、幼儿教师专业发展政策研究回顾

（一）国外教师专业发展政策研究历程

20世纪80年代至90年代，世界教师专业化发展的研究重心从关注教师群体的地位与权力，开始转向关注对教师专业发展的过程研究。1996年，在第45届国际教育大会上，特别提出在提高教师社会地位和改善工作条件中，专业化是最具有前途的中长期策略。[①]

美国在教育改革方面的理论与创新思维一直走在世界前缘。1963年和1980年的《世界教育年鉴》分别以"教育与教师培训（education and training of teachers）"和"教师专业发展（professional development of teachers）"为主题，表明教师专业发展问题的重要性。1980年6月16日，美国《时代周刊》的一篇文章掀起了民众对教学质量的担忧，这篇文章的题目是《危急！教师不会教》。此文发表之后，社会、政府更加关注教师专业发展问题，并明确了教师教育改革的发展方向。1983年之后，相继发表了众多报告，例如"高质量委员会"发表的《国家在危急中：教育改革势在必行》，1986年卡内基工作小组、霍姆斯小组发表《国家为培养21世纪的教师》《明日之教师》，1990年霍姆斯小组发表了《明日之学校》等。诸多报告强调了教师专业发展是教师教育改革的目标。1995年，霍姆斯小组发表《明日之教育学院》的报告受到学校系统和教育行政部门极大的关注。其中影响最大的是霍姆斯小组的系列报告，强调要加强教育质量，确立教学工作的专业地位，应建立起相应的标准。教师教育所应担负起的重要职责在于为未来学校培养专业水准高的教师队伍，储备师资力量，满足高质量教学的需要。以较高的专业化水平赢得较高的社会地位。《明日之教育学院》强调重新设计教师教育课程，特别强调关注那些年轻教师的学习需要以及他们整个职业生涯中专业发展的需要。

20世纪90年代，美国建立了教师专业发展学校（Professional Development Schools，简称PDS），以及类似于PDS的机构，如PPS（Professional Practice Schools，专业实践学校）、PDC（Professional Development Center，专业发展中心）、PS（Parterner Schools，合作学校）、CS（Clinical Schools，临床学校）等"[②]，促进了美国教师专业发展各项政策的推行。

[①] 教育部师范教育司. 教师专业化的理论与实践[M]. 北京：人民教育出版社，2003.
[②] 傅树京. 美国PDS政策述评[J]. 外国教育研究，2003（4）.

（二）我国幼儿教师专业发展政策研究历程

迄今为止，我国幼儿教师教育已经走完 100 年的漫长历程。追根溯源，真正意义上的幼儿教师培养却始于 1903 年湖北幼稚园附设的女学。新中国成立以来，我国幼儿教师的专业化水平有了很大的提高，这与国家相关政策支持密不可分；我国教师专业发展在这一世界背景下也得到了长足的发展与提高。

1954 年，在试行《幼儿园暂行规程》（试行草案）、《幼儿园暂行教学纲要》（试行草案）以及借鉴和推广苏联幼儿教育的理论和经验基础上，广大幼儿园结合教学实际，不断改进教养工作，创造了许多优良经验。我国教育部为推广这些经验召开了北京和天津两市幼儿园教养员工作经验交流会，并邀请 12 个省、自治区、直辖市教育厅（局）有关领导和部分幼教工作者参加[①]，这是新中国成立后第一次对幼儿园教学工作在借鉴苏联模式后的结合本土实际的有益尝试。

1956 年 6 月 18 日，中央教育部又对河北、山东、湖南、广西等 18 个省、自治区、直辖市发出了《关于组织幼教工作者收集和总结经验的通知》[②]，自此，全国各地教育主管部门与幼教工作者普遍开展了总结幼儿园教养工作经验的活动，在当时对转变幼儿园教养工作的理念，提高幼教工作质量，促进幼儿教师专业化起到了积极的推动作用，也是对幼儿教育工作较大层面的总结与推广。

1979 年 11 月，教育部颁发试行的《城市幼儿园工作条例》（试行草案）即规定："幼教工作者应热爱幼教事业，努力完成幼儿园的工作任务"，并对教养员和保育员提出了具体的基本要求。

教育部于 1983 年 9 月印发《关于发展农村幼儿教育的几点意见》，指出"农村幼儿教师应挑选思想品德好，热爱幼儿教育事业，具有初中以上文化程度，身体健康的青年担任"，并要求有计划有步骤地对未经专业训练的幼儿教师进行培训。

1988 年 8 月，国务院办公厅转发国家教委等部门《关于加强幼儿教育工作的意见》，要求"各部门、各单位举办幼儿园，应根据国家关于幼儿园教师的条件和要求聘用或任用教师"。

1996 年正式施行的《幼儿园工作规程》，共有十章六十二条，其中规定："幼儿园工作人员应热爱幼儿教育事业，爱护幼儿，努力学习专业知识和技能，提高文化和专业水平，品德良好，为人师表，忠于职守，身体健康。"同时还规定："幼儿园园长、教师应当具有幼儿师范学校（包括职业学校幼儿教育专业）毕业程度，或者经过教育行政部门合格考试。保育员应当具有初中毕业以上程度，并受过幼儿保育职业培训。"[③]

2001 年，教育部颁布《幼儿园教育指导纲要（试行）》，明确规定幼儿教师是对孩子成长发展具有重要影响的从业人员，充分肯定了幼儿教师的专业地位和职业角色。随后，成立了教育部"十五"重点课题贯彻《幼儿园教育指导纲要（试行）》行动计划项目组，构建了一支由高校教师、教研人员、一线教师共同参与的项目研究队伍，系统思考和研究我国幼儿教育事业。来自全国 15 个省（区、市）的幼儿园工作者参与了研究活动，其后出台的《关于幼儿

---
① 孙爱月. 当代中国幼儿教育[M]. 福州：福建人民出版社，1991.
② 孙爱月. 当代中国幼儿教育[M]. 福州：福建人民出版社，1991.
③ 张保庆. 贯彻《幼儿园工作规程》（试行）试点工作[C]//中国教育年鉴. 北京：人民教育出版社，1993.

教育改革与发展的若干意见》更是为《幼儿园教育指导纲要（试行）》的实施提供了有力的支持和保障，许多优秀的园长、教师和从事幼儿园理论研究工作者在此过程中成长起来，是幼儿园保教工作体系化的一次有益尝试。尽管幼儿园教育与国家义务教育在相关领域存在差异性，但是在专业发展政策方面还是弥补了幼儿园教育此前存在的不足。[①]

2005 年，教育部下发《关于规范小学和幼儿园教师培养工作的通知》，要求各省级教育行政部门，根据当地经济社会发展水平以及基础教育改革发展的实际情况，着手规划本地区小学和幼儿园教师培养工作，制定出切实可行的适合本地区小学和幼儿园教师的培养层次、培养内容、培养规模和措施保障，同时确保培养质量与效果。

2006 年 7 月，教育部基础教育司委托教育部基础教育课程教材发展中心组织实施"以园为本教研制度建设"项目，前后共有全国 103 个基地、700 多所幼儿园参与。园本教研制度的建设与发展，为提高教师专业素质和幼儿园教育质量的提高发挥了极其重要的作用。

2010 年，中共中央、国务院联合颁发的《国家中长期教育改革和发展规划纲要（2010—2020 年）》。该文件专设第三章"学前教育"，该章节第一次系统提出了要积极发展学前教育，努力提高农村学前教育的普及程度。同年，国务院又颁发了《关于当前发展学前教育的若干意见》，该文件强调要把学前教育摆在更加重要的位置，多种形式扩大学前教育资源，多种形式加强幼儿教师队伍建设，多种渠道加大学前教育投入，统筹规划，实施学前教育三年行动计划等具体内容。

2012 年，教育部颁发《3—6 岁儿童学习与发展指南》，规定了为幼儿后继学习和终身发展奠定良好素质基础为目标，以促进幼儿体、智、德、美各方面的协调发展为核心，提出结合 3—6 岁幼儿学习与发展的基本规律和特点，激发和建立对幼儿发展的合理期望，实施科学的保育和教育措施，让幼儿度过愉快而有成长意义的教育阶段。同年，我国颁布《国务院关于加强教师队伍建设的意见》，这是我国自新中国成立以来颁布的重要国家文件之一，对加强我国整体教师队伍建设、提高教师专业化发展水平具有里程碑的作用。要以补足配齐各级各类学校中的教师为重要工作，加强职前、入职、在职教师的培养与培训，依法施教。加强教师的准入、退出制度，严格按照教师的资格标准聘任教师，依据《教师法》和《教育法》的规定依法解决教师的工资、福利待遇和各项保障措施，让教师有尊严的工作，依法提高教师的社会地位，是促进和谐社会建设的重要举措。

2012 年教育部颁布《关于加强幼儿园教师队伍建设的意见》（以下简称《意见》），是《国务院关于加强教师队伍建设的意见》的具体落实举措，《意见》提出要加强幼儿园教师队伍建设，补足配齐编制与人员，明确发展目标，完善幼儿园教师资格制度和职务（职称）评聘制度，确保幼儿园教师培养培训质量，建立待遇保障机制等。《意见》规定"要严格幼儿园教师资格准入制度，幼儿园教师须取得相应教师资格证书。具有其他学段教师资格证书的教师到幼儿园工作，应在上岗前接受教育部门组织的学前教育专业培训"；"实行幼儿园教师 5 年一周期不少于 360 学时的全员培训制度，培训经费纳入同级财政预算"。这些具体的规定为加强幼儿园教师队伍建设提供了制度保障和经费支持。同年 2 月教育部颁发《幼儿园教师专业标准（试行）》相应规定："幼儿园教师是履行幼儿园教育教学职责的专业人员，需要经过严格的培养和培训，具有良好的职业道德，掌握系统的专业知识和专业技能。"

---

① 教育部基础教育司. 幼儿园教育指导纲要（试行）解读[M]. 江苏：江苏教育出版社，2002.

2014年教育部工作要点中提到：要力争完成学前教育法的起草工作。着力提高教师综合素质，全面构建教师队伍建设标准体系，出台幼儿园园长专业标准，启动幼儿园教师队伍建设攻坚计划，为学前教育健康发展作出了具体规定。

目前，尽管我国现行的《中华人民共和国教师法》《中华人民共和国教育法》《教师资格条例》《教师资格过渡的认定办法》《中小学教师继续教育规定》《小学教师职务试行条例》等教师管理法规与政策中，均有幼儿教师作为教师群体在幼儿教师职前、入职、职后的专业发展三阶段的明确规定，但我国还没有对幼儿教师专业发展做出专门的政策规定。因此，在分析厘清这些政策时，我们只是认为其中包含着我国幼儿教师专业发展的政策依据，而这些政策的分解落实目前尚未做进一步的调查，只能是在教育学、社会学等视野下对之进行相应的文本分析。

概括而言，我国重视学前教育出台的系列举措，已经将发展学前教育提到了"纳入改善民生、促进社会和谐发展、关乎国家和民族未来发展"的高度。国家相继颁布的各项法规政策更加明确了学前教育的基础性、先导性和公益性的性质，同时为推动幼儿园教师专业发展提供了强有力的政策保障。

所以，从世界范围内来看，幼儿教师专业发展政策的研究历程经历了一个"由被忽视到被关注，由关注外在教师专业地位的提升到关注教师内在专业素质提高"的发展过程，这在一定程度上助推我国尽快建立健全专门的学前教育法律体系，具有十分深远的意义。

二、我国现阶段幼儿教师专业发展面临的挑战

（一）专业学历普遍偏低，社会认可度亟待提高

我国《教师法》规定幼儿教师只需具备幼儿师范毕业及其以上学历即可。美国、英国、日本等国家则都要求幼儿教师必须取得学士学位。可见，我国关于幼儿教师的从教标准偏低。但就是这样较低的条件，仍然还有相当一部分幼儿教师未达标，这种情况在广大农村、少数民族地区、边远山区和民办幼儿园中十分普遍。据不完全统计，目前我国共有约103.2万的幼儿园园长与专任教师，其中专科以上学历仅占57.5%。由于对幼儿教师的入职条件要求不高，以及幼儿教师的从业资格相对容易获取，形成了社会对幼儿教师职业的专业认可度不高，专业认可度的高低对学前教育的良好社会氛围形成带来不利影响。

（二）教师培养课程设置欠科学，职后教育滞后

目前，我国幼儿教师的职前与职后教育均存在较多问题。职前教育方面存在的主要问题是技能技巧课程安排偏多，教育教学课程安排偏少，而且理论化过度，脱离幼儿园教学实际现象普遍；教材单一、缺乏生动性和形象性，幼儿的接受度不高。职后教育的问题主要体现在缺少培训经费保障、培训机会不均等方面。虽然1999年教育部颁发了《中小学教师继续教育规定》，将幼儿教师包括在其中，但实际上，长期以来许多的幼儿教师连专项培训经费都难以保障，[①]仅有的一些地方培训往往也只对公办园教师开放。目前，全国各地正在实施的幼

---

① 刘占兰. 幼儿园的保教质量是入园率的意义前提[J]. 学前教育研究，2010（5）.

教国培计划,一定程度上是对长期以来幼儿教师培训机会的一次大补偿,其效果还有待实践证明。

(三)教师队伍综合素质不高,从教能力不高

近几十年来,幼教机构的职能开始转向保教并重,这一发展对从业者的专业素质提出了较高的要求,但是幼儿园教师队伍专业素质的提升与学前教育事业的发展并未取得相应的效果。①根据教育部 1991—2008 年逐年发布的《全国教育事业发展统计公报》和 1997—2008 年逐年发布的《教育统计数据》,截至 2008 年,具有小学高级教师职称和中学高级教师职称的幼儿教师仅占幼儿园教师总数的 16.51%,而同年小学教师的这一职称比例达到 50.5%。调查显示,当前幼儿教师对幼儿依旧是要求得多,讲述得多,倾听、关注幼儿少;不会观察幼儿,与幼儿的情感交流的主动性不够。②无法体现幼儿教师专业的"不可替代性",加之幼教理论发展相对滞后,因此不管是教学还是保育工作,其专业化程度都未能得到充分的体现。

(四)幼儿教师工资待遇普遍不高,师资分布呈现两极分化

幼儿教师的工作责任大、辛苦程度高,但收入偏低,收入在体现工作绩效方面严重失衡。幼儿教师待遇之低直接造成了幼儿教师的大量流失。由于幼儿教育在国民教育中属于非义务教育范畴,国家允许和鼓励社会组织参与幼儿教育,加之幼儿教育资源的相对短缺,民办幼儿园与公办幼儿园教师待遇差距大,致使幼儿教育的优质师资向民营贵族幼儿园流动,呈现两极分化,这在一定程度上不利于幼儿教育的健康发展,也不利于教育资源的均衡分布。其实,决定人们社会地位的因素很多,但总离不开其经济收入。③目前的幼师生源质量急剧下滑,幼教师资流动性大和流失现象严重必然会给幼教事业的长期发展带来深远的不利影响。

三、我国幼儿教师专业发展政策展望

【案例 6-2】

某市幼儿园教师杨某经当地教育委员会和幼儿园批准后到某师范大学进修。进修一年结束她才发现,幼儿园将她进修期间的工资扣了一半,还扣发了节假日教师享有的福利。试问该幼儿园的做法是否合法?④

案例中幼儿园扣发教师杨某的工资和福利的做法,是违反法律规定的。在职幼儿教师的培训问题是幼儿教育事业发展的一个重要问题,幼儿教师的专业发展需要不断学习,需要系统的培训和进修,需要以终身学习的态度应对不断发展变化的社会生活。一般而言,幼儿教师的进修,一方面是幼儿教师自身专业发展的需要,另一方面,幼儿教师作为劳动者,其享有的劳动权包括职业培训。按照正常规定,幼儿教师进修期间,享有国家规定的工资福利待遇。

---

① 庞丽娟. 中国教育改革 30 年(学前教育卷)[M]. 北京:北京师范大学出版社,2009.
② 刘占兰. 幼儿园的保教质量是入园率的意义前提[J]. 学前教育研究,2010(5).
③ 谢维和. 教育活动的社会学分析——一种教育社会学的研究[M]. 北京:教育科学出版社,2000.
④ 武祥海,李小红. 以案释法——幼儿园涉法事务全解析[M]. 南京:南京师范大学出版社,2011.

（一）坚持以幼儿教师专业化为导向，加快幼儿教师教育一体化进程

首先，政府应将幼儿教师纳入国家统一的教师资质管理系统，幼儿教育工作应该纳入国民义务教育范畴，使幼儿教师在身份编制、社会地位、在职培训、经济收入、职称评聘等方面真正享有与中小学教师同等的权利。

其次，做好城市新区以及城镇化进程中新幼儿园的合理布局，将幼儿园建设同步纳入城镇规划建设体系。

再次，针对当前幼儿园严重缺编、公办幼儿教师队伍年龄老化等问题，应严格依照我国幼儿教育相关条例和要求，定期公开招聘新教师，合理增加幼儿教师编制，特别是农村乡镇中心幼儿园教师编制。

最后，政府应健全幼儿教师管理制度，进一步推进幼儿教师资格准入制度，聘任制度与职务制度的建设，这既有助于提高幼儿教师的社会地位，又能有效促进幼儿教师的专业发展。

（二）加强幼儿园师资队伍的规划和建设

一直以来，我国师范教育在教师培养方式和培养思路方面与国际水平差距明显，专业以理论教学居多，缺乏对学生思考力、创造力和自我意识的培养，急需加强师范教育理论与实践的联系。①

一方面，有效发挥政府的宏观调控职能，加强对幼儿师范教育改革的支持力度，如应通过政策引导，实行定向、免费培养，吸引优秀学生报考幼儿师范专业，同时落实幼儿师范教育经费，以省级行政区为主制订学前师范教育发展规划，尤其应对边远贫困地区的幼儿教师培训给予直接的经费支持等。

另一方面，积极探索大专及以上层次幼儿教师培养模式，提高幼儿教师的学历起点。同时，合理分配幼儿师范生的性别比例，严格控制各职教中心随意举办幼儿教育专业的行为，以保证幼师毕业生的整体素质。

（三）搭建区域教研平台，提高教师专业化培养的有效性

一般而言，教师职业具有特殊性，它是以人为本的职业，不同于一般生产性职业，其劳动是复杂的脑力劳动，具有极大的创造性和灵活性。搭建区域教研平台，开展园本教研，实现教学研究与教学实践一体化迫在眉睫。

其实，在常态的教育环境之中、在自己熟悉的工作岗位上为获得专业成长去发现问题、研究问题、解决问题是教师专业成长的最佳方式。然而，单凭一个幼儿园拥有的资源是远远不够的，需要政府发挥宏观调控职能整合区域资源，提供智力支持和专业引领保障，组成专家团队，在区域内园与园之间、跨区园与园之间建立协作园或协作区的关系，借助幼儿园园本教研业绩、资源共享、教学研融合，实现"资源共享，交互引领，双赢共好"的目标。

同时，加强和重视幼儿教师培训基地建设，提高教师专业化培养的有效性，具体做法是：

---

① 周艳. 教育社会学与教育研究[M]. 武汉：华中科技大学出版社，2008.

首先，要着力建立覆盖全面广的幼儿教师培训基地，由省市级教育行政部门直接管理，统筹规划，整合资源，建立面向全体幼儿教师的全员培训机制，真正做到培训无死角、人员全覆盖。其次，要构建层次分明、有机配合的职前培养和职后培训课程。职前培养要重视教师职业素养与伦理道德教育，职后课程要体现发展性、上升性和连续性。再次，制定相关评估标准，并按照标准进行督导评估验收，同时，建立立体化的省市级幼儿教师研修网站，建立互联网+的培训模式，精心选择并上传各种教育资源，供幼儿教师免费下载学习。最后，积极洽谈协商，制作针对幼儿教师需求的电视节目，以求解决幼儿教师培训受训面大、经费短缺、工学矛盾突出等问题。

（四）完善学前教育法律体系，为教师专业化发展提供法律保障

教师专业化是一种观念，也是一种要求，更是一种制度设计。它的发展和完善，必须以建立健全一整套完备的教师专业化制度作为保障。从我国幼儿教师队伍现状来看，首先应解决现有法律法规与政策文件之间相互矛盾冲突之处，如虽然《中华人民共和国教师法》明确规定幼儿园教师与中小学教师地位等同，但国家后续出台的一些法律法规却出现了与《教师法》不一致的地方，以2009年颁布的《关于义务教育学校实施绩效工资指导意见的通知》为例，该文件就没有包括幼儿园教师，致使不同教师群体之间的差距进一步加大，幼儿园教师的弱势地位进一步加剧；其次，国家应尽快制定非公办幼儿园教师工资标准和其他相关政策，尝试建立以教师职称为基础的统一的幼儿教师绩效薪酬制度，确保幼儿园教师不因民办还是公办，不因在编和不在编，不因城市还是农村，都能实现同工同酬，拥有不低于同地区同等义务制教育教师的待遇，从而保证幼儿教师的生存权与发展权，实现同地同薪。

所以，幼儿教师专业发展需要完善学前教育法律体系，尽快出台国家层面的《学前教育法》，提供专业系统的法律保障，为幼儿教师专业化发展保驾护航。

第三节 教师专业发展实践

幼儿教师专业发展实践主要从职前培训、在职培训、参与教研活动三个方面有效开展。实践中，主客观因素对幼儿教师专业发展实践形成一定的制约影响，其中，学科和专业知识是基础，实践能力是核心，专业知识是体现幼儿教师专业特点的最重要的依据；幼儿教师承担多重社会角色，以关怀、接纳、尊重的态度与幼儿交往，同时，幼儿教师专业化实践需要政府、幼儿园等多方面的努力，幼儿园内部需要改革管理体制，唤醒教师专业发展的自主意识，积极促进幼儿教师专业素养与实践能力同步发展。

一、幼儿教师专业发展实践的特点

（一）教师专业发展注重专业知识提升

专业知识是体现幼儿教师专业特点的最重要的依据，学科知识是基础，实践能力是核心。

L.S. 舒尔曼所建构的教师专业知识的分析框架比较有代表性,他认为教师必备的知识至少应该涵盖如下几个方面:学科知识、一般教学法知识、课程知识、学科教学法知识、学习者及其特点的知识、教育情景知识、关于教育的目标、目的和价值以及它们的哲学和历史背景的知识。[①]所以,幼儿教师要不断加强和优化自己的知识结构,要有丰富的学科性知识,更要有健全的教育学、心理学以及课程与情景教学相结合的知识结构。

过硬的专业知识是专业发展的基础,将专业知识转化为丰富课堂教学效果的能力则是专业发展的重要体现。《幼儿园教育指导纲要(试行)》(以下简称《纲要》)指出:"评价的过程,是教师运用专业知识审视教育实践,发现、分析、研究、解决问题的过程,也是其自我成长的重要途径","善于发现幼儿感兴趣的事物、游戏和偶发事件中所隐含的教育价值,把握时机,积极引导"。实践能力要求幼儿教师面对处于变化之中的教育情境时,善于抓住教育契机,能够快速思考和作出判断,及时根据现场的情况利用心理学、教育学的相关理论知识,制定并实施教学方案。实践能力的获得非一日之功,是教师在自己的教学活动中的亲身体会与总结的长期实践。

(二)由权威角色向多重角色转换是关键

《纲要》对教师与儿童的关系是这样界定的,幼儿教师应"以关怀、接纳、尊重的态度与幼儿交往""耐心倾听,努力理解幼儿的想法与感受,支持鼓励幼儿大胆探索与表达;关注并敏感地察觉幼儿在活动中的反应"。由此看来,幼儿教师和儿童建立良好的人际关系和情感关系至关重要,也有学者指出,幼儿教师应承担多重社会角色,在首先成为探究与创新意识的儿童教育研究者的同时,还要成为幼儿游戏的参谋和同伴、健康人格的塑造者、幼儿身体健康的护理者、适宜环境的营造者、认知发展的促进者、社会化的指导者等。[②]可见,为促进幼儿德、智、体、美全面发展,幼儿教师的身份已经由权威角色向平等角色转换,由经验型教师向学习型、研究型教师过渡,这也是广大幼儿教师专业发展的必经之路。

(三)合作精神与反思能力是重要保障

幼儿教师专业发展需要合作精神与反思能力作为重要保障。

对于合作精神,瑞吉欧教学的代表人物马拉古齐这样认为:"教师必须放弃孤立、沉默的工作模式",在团队中充分发挥合作共享、对照上进的同事关系,通过教师成员间的相互对话,使个人的思想在团体中相互交流、相互激荡、相互碰撞,彼此影响,从而产生新的见解。[③]家庭与社区也是幼儿教师合作的重要对象,《纲要》总则第三条指出:"幼儿园应与家庭、社区密切合作,与小学相互衔接,综合利用各种教育资源,共同为幼儿的发展创造良好的条件。"可见,幼儿教师除了要利用家庭、社区的力量为幼儿创设一个优良的大环境,充分体现教育活动的社会性外,还要多和家长交流,争取家长的支持,使幼儿在园所获得的经验能延伸到家庭中;同时,让每个幼儿在家庭中所获得的

---

① 潘君利. 幼儿教师专业发展必须解决的三大问题[J]. 早期教育,2009(3).
② 邓泽军. 我国幼儿教师专业化问题与建议[J]. 学前教育研究,2007(11).
③ 胡金姣. 对幼儿教师专业化发展的思考[J]. 学前教育研究,2009(8).

独特经验能在园中得到共享，使得教师、社区和家庭成为极具合作精神的幼儿教育和谐共同体。

反思能力，是指教师在教育教学实践中对自我与各方的行为表现进行分析和不断调整，进而提高自身教育教学水平的过程。美国心理学家波斯纳提出了教师成长的公式：成长＝经验＋反思。[①]因此，幼儿教师要提高教育实践能力，就要对教学活动全过程的实际教育情境与自身教育经验进行多视角、多层次的分析和批判反思，养成经常反思的习惯和能力，体现在总结中进步、在进步中提高的教学思想。

二、幼儿教师专业发展实践存在的主要问题分析

（一）幼儿园内部管理层面

1. 幼儿园教师专业自主权缺失

教师专业的自主性主要应表现在教师有权决定和表达自己专业发展兴趣与发展的方向。秩序的服从者，日复一日地按部就班的工作使教师失去了创造力和个性，极大地限制了教师专业自主权的发挥。幼儿园教师的行为受到教育行政部门、社会公众、园长、保育主任等多方面的约束与影响，幼儿园教师的自主权有争议，决定权受到怀疑，教师权威也遭到严重挑战，由不懂幼教的外行来主导幼儿教学和实施行政管理的情况不胜枚举。[②]同时，在幼儿园教育实践中，很多幼儿园营造的是层层制度包围起来的工作环境，其繁琐的规章制度常常使幼儿教师陷入事务性的忙碌中，致使他们没有时间和精力仔细观察孩子、研究孩子，不能自由安排教学时间和工作内容。

2. 业务培训得不到保障

我国幼儿教师入职要求不高，一般是中师学历，求学期间以技能、技巧的训练为主，学科知识和专业知识欠缺，专业素养不足。工作期间，幼儿园教师业务培训缺乏计划性，由于受到资金、时间、人员安排等因素的限制，得不到专业化系统性的培训，造成培训工作的随意性、不均衡性以及缺乏针对性等问题，忽视对保育员的培训更是严峻的问题。[③]特别是一些民办幼儿园的教师，他们培训的权利更无法保障，即使在一些能提供培训机会的幼儿园，往往单方面重学科理论知识的培训，忽视教学实践能力的培训和提高，其培训效果也大打折扣。

（二）幼儿教师个人意识及能力层面

1. 科研意识淡薄，科研能力欠缺

幼儿教师的专业化发展离不开积极的教育科学研究，科学研究不足就会使幼儿教师失去应有的学术声誉和专业地位。在教学实践中，一些幼儿教师漠视实践中的情景性的教育问题，往往仅凭有限的经验做出简单判断，无法进行分析总结与归纳提升，很难探究其问题的成因

---

① 刘岸英. 反思型教师与教师专业发展[J]. 教育科学，2003（4）.
② 陈金菊. 幼儿园教师专业发展阻碍因素之分析[J]. 幼儿教育：教育科学版，2006（1）.
③ 卢乐山，等. 中国学前教育百科全书教育理论卷[M]. 沈阳：沈阳出版社，1995.

及解决路径,更谈不上用教育理论对其进行深入思考与理性分析并做出行动。其实,幼儿教师要获得专业发展需要首先明了幼教事业对社会发展的重大意义,对幼教工作有着深入理解与强烈的认同感,愿意全身心地投入幼教事业中,并致力于改善自身专业素养以满足社会的期望,但现实中却有很多幼儿教师没有认识到幼儿园教师职业本身有很大发展空间与美好的发展前景,不了解自身职业的专业性,科研意识淡薄,科研能力欠缺,当然也就谈不上教师专业的发展。

2. 思想观念的偏差,专业发展主动性缺失

部分幼儿教师思想观念存在偏差,专业发展主动性缺失。由于他们缺乏勤于钻研及反思探究的敬业精神,在处理保教工作中出现的各类问题时根本无法灵活机智地应对,无法对幼儿行为进行仔细观察、探究、分析与思考,对工作失去了应有的乐趣,产生严重的职业倦怠,无法根据幼儿的兴趣准备教育活动的内容,这在很大程度上制约着教师的专业发展,也阻碍着幼儿园教育教学质量的提高。

三、我国当前幼儿教师专业发展实践的主要举措

纵观我国当前幼儿教师专业发展实践的探索过程,集中体现了两个基本特点:第一,教师专业发展是一个动态的过程,它不但关注教师专业发展所应具备的专业素质结构,而且更关注这一专业素质结构在实践中的行动体现,以及在行动中体现专业素质结构的进一步完善;第二,教师专业发展应能揭示教师专业发展的事实状态,它是事实的反映,是客观现实的提炼,同时也应当是对实践的直接引导。

关于幼儿教师专业发展的阶段性步骤,我们先来看一个案例:

【案例6-3】

幼儿教师王梅说:对一个幼儿老师来说,一般有3个关键的发展阶段,一是会不会独立上课,二是能不能独立备课,三是会不会独立组织一日活动。新老师不会独立上课,需要别人手把手地教,以后慢慢地会独立面对学生,完成教学任务;但能独立上课并不意味着会独立备课,太多的教学参考资料使教师产生了依赖,因此独立备课成了衡量一个教师专业发展的重要标志;在幼儿园,能否熟练自如地组织一日活动是对教师专业发展程度的一个重要评价,因为它需要教师对课程、教材、教学、幼儿有全面、深入而准确的了解,能够在很大程度上体现教师的综合发展水平。

案例中,王梅老师的认识正好说明了新任教师在专业发展方面的困惑与成长步骤,其实,教师专业发展需要经历一个由内而外的蝶变过程:个体被动的专业发展——个体主动的专业发展——群体共同的专业发展。

(一)幼儿教师专业发展实践的阶段性步骤

1. 初始阶段:个体被动的专业发展

教师专业发展始于个体被动的专业发展。无论是从生物化的发展过程、心理化的发展过

程还是从社会化的发展过程考察教师专业发展，①都可以发现，教师在任职初期，都表现出服从、等待被接受等特点，自我主动发展意识淡薄；当教师对工作环境和工作流程逐步熟悉并适应后，工作的琐碎、繁杂、重复及紧张，又使得他们更愿意按照一种早已熟悉的、习惯的、不变的方式做事，这个时候，如果没有客观的压力，即外在的强制力量，通常他们并不愿意也不会主动作出自觉的改变。从教师专业素质结构来看，此时教师的专业发展属于个体被动发展时期，其在专业知识、专业技能、专业道德方面均已基本合格，但缺少主动发展的意识。可以说，此时已迈上了教师专业发展的台阶，如果没有外力的推动，他们就可能原地"踏步"和安于现状；如果有外力的助推，他们才会沿着自我成长的思维不断地往上走。因此，这一时期幼儿园管理着重要解决的问题是增加外力的作用，即通过一些制度、强制性的措施、考核、奖罚等手段，形成一种强大的压力，"逼迫"教师更加关注自我成长，使专业发展成为一种内生动力和自觉行为。

2. 拼搏阶段：个体主动的专业发展

教师个体是否具有自主发展意识、能否做到主动专业发展是实现其专业发展的关键所在，在教师专业发展中，个体由被动的专业发展走向主动的专业发展是一个质的飞跃，从本质上讲，教师专业发展是非常自我的、内在的，所有的外力作用都必须通过教师内因而产生作用。

从教师专业素质结构来看，此时教师的专业发展属于个体主动发展时期，除了要具有专业道德、专业知识、专业技能，更要具有自我更新的能力。自我更新体现了"主动"的专业发展思想，它包括自我设计、自主发展、自我反思等方面的内容，也是一种职业生涯的自我规划。有主动的专业发展意识的教师一般具有较强的个人成功需求，有明确的奋斗目标。

因此，这一时期幼儿园管理者所要做的工作是建立一系列专业研究制度，为教师提供各种主动发展的机会和条件，通过合作研究等途径帮助教师形成反思与改进的机制，形成有助于个体主动专业发展的人文环境和不竭动力。

3. 理想阶段：集体共同的专业发展

从充分体现个人价值的角度来看，教师通过自身的影响力带动更多的教师共同发展，从而形成一种团体的专业力量是一种的最佳理想状态。其专业发展过程中，有来自于集体的专业力量的支持。对个体主动发展达到相当程度的教师而言，追求群体共同的专业发展，既能体现个人价值，又可使自己获得更大更快的专业发展认可。

因此，从教师专业素质结构角度来看，当个体主动发展到一定时期之后，所具备的专业素质完全能够胜任教育教学工作时，需要解决的问题是，如何不断突破专业发展的"瓶颈"，如何更好地体现自身的专业价值，如何成为一个专业发展的促进者与领导者，影响和带动教师群体的专业发展，形成：一个个体带动了一个学科群体的发展，而一个学科群体的发展，又使得个体的专业发展达到新的高度的良性循环。领头羊带领羊群的效益正是如此，这是一个互动的过程，在这样的互动过程中，教师个体主动的专业发展、教师群体共同的专业发展都得以有效实现。

---

① 教育部师范教育司. 教师专业化的理论与实践[M]. 北京：人民教育出版社，2003.

（二）形成教师专业发展的"冲击力"，营造园本文化

【案例 6-4】

某市机关幼儿园出具了这样一项奖励措施：鼓励在2013年9月1日之前，40岁以下的幼儿教师报名参加在职学习，力争达到大专以上学历，对取得学历的教师给予相应奖励，否则将转换岗位。这给幼儿园里40岁以下的老师们带来了极大的压力。为了不影响自己的前程，她们只能去报名参加提升学历的在职学习。而在此之前，这些年龄在40岁以下的老师们并没有觉得自己有再去"学习"的必要，因为她们在幼儿园已经取得了任职资格，也得到了同事的认可，现有的专业知识和技能足以"应付"幼儿教师工作。这次，她们之所以都积极报名参加学习，其实并不是所有的人都认为提高学历是教师必须要做的一件事，而在很大程度上是一种被"逼"而生的行为。

但是，幼儿园里40岁以上的老师们则基本都没有参加提升学历的学习。事实上，他们中的相当一部分人是抱着这样的态度：既然学校没有要求必须参加，那就不用参加。

这个案例说明了教师专业发展的起始阶段多来自于外力的刺激。这种外力，主要包括两个部分，"冲击力"与"教给"。"冲击力"既可以来自教育行政部门的政策、幼儿园管理制度，也可以是同行的压力。"教给"主要是指教师专业发展所需的知识、技能等要求通过"教"的方式"传递"给教师，教师"接受"并在实践中"再现"所获得的东西。

幼儿园要激发起个人专业成长的内在强烈愿望和要求，就需要着力构建以教师为本的园本文化，关心和帮助教师，了解教师面临的问题和困难，通过多种途径和方法，帮助幼儿教师认清幼教发展形势，形成开放的心态，学会渗透性学习，树立终身学习理念，建立适应教师个人专业成长的内在动力系统。同时，真正在幼儿园形成刺激教师专业发展的"冲击力"，鼓励所有教师积极参加园内外活动，有效地激发教师们的学习动力，并对学习优秀的、获奖的教师给予物质和精神的奖励，使幼儿教师们在学习中不断提高专业技能，从而主动促进教师专业发展，也带动整个幼儿园教师专业的群体发展。

（三）"临床型"教师培训机制与"园际"交流网络平台的建立

"临床型"教师培训机制的建立可以从职前培训、在职培训、参与教研活动三个维度展开：

1. 职前培训

职前培训是幼儿教师获得专业知识和专业能力的最主要的途径之一，职前培训质量的高低直接影响着幼儿教师在当前工作中的表现和今后的专业化发展水平。职前培训不仅是专业知识的学习，更是职业习惯的影响，还是园本文化的熏陶。

目前，已有学者针对我国传统幼儿教师培养目标和策略的缺陷，提出了"临床型"幼儿教师培养策略，即将学前专业的教育教学置身于幼儿园现场之中，使理论与实践交融在一起，以期提高职前培训中教师专业发展水平，最终促进幼儿教师专业发展。[①]也有学者从"虚拟现场"模式理论的视角提出了新时期幼儿教师培训策略——模拟教学，即职前幼儿教师模拟

---

① 雷湘竹. "临床型"幼儿教师培养策略研究[J]. 湖南师范大学教育科学学报，2009（5）.

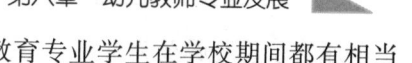

幼儿园教师教和幼儿学的教学实践活动。现在广大的学前教育专业学生在学校期间都有相当课时的实践实训，这也是一种行之有效的职前培训模式。[①]

2. 在职培训

在职培训作为幼儿教师职前培训之外的重要培训途径，对幼儿教师专业发展实践有着重要作用和影响，是教师专业成长的重要手段。

目前，幼儿教师的继续教育机会普遍太少，继续教育的体制机制尚未形成，有学者指出，这非常不利于幼儿教师的教育观念、知识结构、专业技能、学历层次的普遍提高，呼吁要不断增加幼儿教师的继续教育机会，强化各种形式的继续教育培训。[②]在职培训策略层面，有学者提出了基于学习维度论视野构建幼儿教师在职培训的策略，即从情感维度引导幼儿教师对培训及其学习活动建立积极的态度和感受；从认知维度帮助幼儿教师理解并掌握培训内容；从思维习惯入手提高幼儿教师的学习能力。[③]还有学者从校本培训视角探索了在职培训对幼儿教师专业发展的影响。[④]在职培训的效果能够在教师的工作中得到很快的实践，时效性与实用性有机结合，深受教师认可和欢迎。

3. 参与教研活动

教研实践活动具有互动性强、生动直观以及信息交流通畅等特点，幼儿教师在教研实践活动中能够激发其主动践行教师专业发展的有效路径，通过经验的不断积累和对教研结果形成主动反思。

与此同时，针对一些教师专业成长中的共性问题组织开展园与园之间的交流研修活动，建立园际交流网络平台，从唤起幼儿教师的主体意识、提升幼儿教师的社会地位和学术声誉等方面来促进其专业发展[⑤]，从而逐步提升教师的教育实践智慧。拿来主义不失为教师专业成长的一个捷径。

（四）构建"教育研究—实践—反思"良性循环机制

我们知道，专业人员的一个共同特征是具备科研意识、知识与能力。提高教师职业专业化水平，就需要强调教师教育研究的意识和能力。但是，教师教育研究、反思的意识和能力不会自然获得，必须以教育科研活动实践为中介环节，即对新的教育问题、方法、手段等方面的探索和创造的环节，并由此构建"教育研究—实践—反思"良性循环机制，以期教师能够在自我教育实践中不断学习、不断自我思考、审视、判断、总结，不断调整教育教学过程，规范自己的教育行为，使自己不断获得专业成长与成熟，从而反过来指导实践，呈螺旋式提升和进步。尤其是在实践中，优秀教师的引领作用不可低估。

概括而言，在幼儿园保教活动中，构建"教育研究—实践—反思"的良性循环机制对幼

---

① 姜勇，朱素静. 新时期幼儿教师教育"转型"研究——"虚拟现场"模式的理论与实践[J]. 学前教育研究，2009（1）.
② 吕耀坚，赵亚飞. 建构有效的幼儿教师职后培训策略——基于学习维度论的视角[J]. 学前教育研究，2008（2）.
③ 龙薇. 校本培训对幼儿教师专业发展影响的个案研究[D]. 西南大学，2006.
④ 李焕稳. 教育行动研究是幼儿教师成长的重要途径[J]. 天津师范大学学报：基础教育版，2002（4）.
⑤ 陈思. 论园本课程资源开发与幼儿教师专业发展[J]. 基础教育研究，2009（10A）.

儿教师的专业发展至关重要。

所以，幼儿教师专业发展实践的道路任重而道远，需要政府、社会和幼儿园等多方面的协同努力，达成共识，学前教育是义务教育的延伸，学前教育质量优劣对义务教育会产生重要影响。除了在宏观层面政府部门要加大投入，改善幼儿园的经济与社会地位，制定可操作性的政策为幼儿教师的专业发展提供切实的保障外，更重要的是，在微观层面，幼儿园要改革内部管理，唤醒教师自主专业发展意识，提高幼儿教师专业素养与实践能力。

本章小结

"教师专业发展"是当代教师教育研究领域在理论与实践方面有机结合的重要内容，既涉及政策层面的教师管理，也涉及学校管理层面的教师队伍建设范畴；既有群体动力学的内涵，也有个体自主选择的意愿，故而，"教师专业发展"既是学术界研究的热点领域，又是极具操作性的实践活动，可以这样说，迄今为止还没有哪一个领域能像教师专业发展这样全方位地同时触及学术理论、政策和实践等多个领域的，而幼儿教师专业发展作为教师专业发展的重要方面，在理论、政策与实践方面既有共性基础也有个性化特点。

1. 幼儿教师专业发展的内涵与基本概念。
2. 幼儿教师专业发展研究及其代表性理论。
3. 幼儿教师专业发展政策回顾。
4. 现阶段我国幼儿教师专业发展面临的挑战与展望。
5. 幼儿教师专业发展实践的特点。
6. 幼儿教师专业发展实践的主要问题与尝试。

思考与练习

一、判断题

1. 教师的人际关系实际上也是教师教育能力的有机组成部分。（　　）
2. 20世纪60年代，国际劳工组织和联合国教科文组织提出《关于教师地位的建议》，首次以官方文件形式对教师专业化做了明确说明。（　　）
3. 教师的反思就是对自己的教育教学行为进行批判。（　　）

二、简述题

1. 简述反思性实践理论及其对幼儿教师专业发展的启示。
2. 简述幼儿教师专业发展的内涵。

三、材料分析题

阅读下面材料，回答问题。

（一）某市星星幼儿园师资匮乏，急需招聘幼儿教师，小学退休刘老师就欣然前往，结果，教学经验堪称丰富的刘老师无法胜任幼儿园教师一职。星星幼儿园的王园长这样评价此事：不是学什么专业的人都能来幼儿园做的。刘老师之所以不能完成幼儿园工作，是因为小学跟幼儿园的教学模式根本不同，幼儿园以游戏为基本活动，同时还需要把各个领域的内容融合进去。所以说幼儿园教师的专业性要求特强，不仅要说得好、画得好、唱得好，还得会跟孩子沟通，会说小孩话。这不光要求教师有学历，还得有经验，没有几年的时间是练不出来的。

问题：试从教师专业特点的角度，评析刘老师为何不能胜任幼儿园教师工作。

（二）某市贝贝家幼儿园赵老师回顾自己的教学工作时，她这样说道：我现在喜欢去尝试些新的事物，这和我刚参加工作时是完全不同的，刚参加工作那会，头脑完全是一片空白，感觉在学校里学习到的知识不知道怎么运用到实践中来。在教学中，经常是处于比较被动的地位，园长规定了什么样的任务我就做什么样的工作，完全没有自己的想法，没有自己的思想。我觉得在几年的教学实践之后，我对自己的教学有了自己的认识，对于新的教育理念也能接受，并很有想把这种理论和自己的实践相结合的冲动，脑子里就会想着怎么样才能运用到实践中来，这让我逐渐有了一种得心应手的感觉。

问题：请从幼儿教师专业发展实践的阶段性步骤角度，评析赵老师的这段教学反思。

第七章 幼儿园教师专业标准

📖 内容提要

《幼儿园教师专业标准（试行）》（以下简称《专业标准》）是为满足我国学前教育事业发展需要、适应国际幼儿教师专业发展趋势、落实《国家中长期教育改革和发展规划纲要（2010—2020年）》而研制，旨在建设高素质专业化的幼儿教师队伍，全面提升我国幼教师资质量，促进学前教育事业发展。本章概括阐述了《专业标准》研制的背景、定位、基本架构，深入分析了《专业标准》的基本理念，详细解读了《专业标准》对幼儿教师专业理念与师德、专业知识、专业能力三个维度的具体要求。帮助《专业标准》实施的各类主体深刻领会《专业标准》的核心精神与具体要求，推动《专业标准》在实践中的更好践行。

◎ 教与学的目标

1. 了解《专业标准》研制的背景和基本架构，深刻理解《专业标准》的基本理念，树立专业发展的责任感、使命感。
2. 深入理解《专业标准》对幼儿教师专业素养的基本规定，在实践中认真贯彻与践行。

第一节 幼儿园教师专业标准概述

2012年2月，教育部颁布教师〔2012〕1号文件《教育部关于印发〈幼儿园教师专业标准（试行）〉〈小学教师专业标准（试行）〉和〈中学教师专业标准（试行）〉的通知》，首次以政策文件的形式明确了我国幼儿园、小学、中学教师的专业要求。《幼儿园教师专业标准（试行）》（以下简称《专业标准》）是国家对合格幼儿教师专业素质的基本要求，是幼儿教师开展保教活动的基本规范，是引领幼儿教师专业发展的基本准则，是幼儿教师培养、准入、培训、考核等工作的重要依据。它的出台"标志着幼儿园教育与幼儿教师教育开始进入标准化的发展进程，教师专业水平趋于规范化的发展方向"[①]。

一、《专业标准》的研制背景

"《专业标准》是在我国学前教育事业发展需要和国际幼儿园教师专业发展趋势的双重推

---

① 尹坚勤，管旅华.《幼儿园教师专业标准（试行）》案例式解读[M]. 上海：华东师范大学出版社，2013.

动下研制的，并作为落实《国家中长期教育改革和发展规划纲要（2010—2020年）》（以下简称《教育规划纲要》）的一项具体措施和紧迫任务而颁布实施。

（一）我国学前教育事业发展的需要

随着《教育规划纲要》的贯彻落实、《国务院关于当前发展学前教育的若干意见》（以下简称《若干意见》）的颁发、各地学前教育三年行动计划的纷纷出台、国家学前教育重大项目的启动，大力发展学前教育正成为我国教育事业发展的一道亮丽风景线。

学前教育事业发展不仅需要建设一大批坚实安全的幼儿园，更需要建设一支师德高尚、业务精良的幼儿园教师队伍。要实现"基本普及"的战略目标，满足人民群众对学前教育的热切需求，不仅仅意味着入园率的提高，更重要的是学前教育质量的提升，而其中的关键与核心便是教师队伍专业水平的提升。《专业标准》正是在回应学前教育事业发展之需，在加快普及学前教育的新形势下，为保障教育质量和幼儿健康成长而出台的一个重要文件。

（二）国际幼儿园教师专业发展的趋势

1966年联合国教科文组织发布《关于教师地位的建议》，提出了教师职业的专业化，以此提升教师地位和实现教师权益。自此，在世界范围内掀起了一场声势浩大的"教师专业化"运动。而在1980年以后，教师专业化运动追求的目标从教师权益转移到教育质量上。1986年，美国卡耐基教育和经济论坛发表《国家为培养21世纪的教师做准备》、霍姆斯小组发布《明日的教师》报告，敦促教师专业化水平提高的改革。英国于1984年成立了教师教育课程鉴定委员会（后来的教师教训署），致力于建立全国范围的教师教育质量标准体系。日本也在20世纪70年代制订了教师专业发展计划，并设立了丰富的激励机制以促使教师投入专业化发展中。

目前，欧美等国均形成了自己的教师专业发展和评价体系，而教师专业标准体系在教师专业化中起到了重要作用。从国际经验看，提升教师队伍的专业化水平，也大多是从教师专业标准的制定和实施入手的。应和国际幼儿园教师专业发展的趋势，制定我国的幼儿园教师专业标准是国际教师专业标准化运动的一部分，共同推动着国际幼儿园教师专业化的进程。

（三）落实《教育规划纲要》的紧迫任务

《教育规划纲要》指出："教育大计，教师为本。有好的教师，才有好的教育。提高教师地位，维护教师权益，改善教师待遇，使教师成为受人尊重的职业。严格教师资质，提升教师素质，努力造就一支师德高尚、业务精湛、结构合理、充满活力的高素质专业化教师队伍。"这是国家对教师队伍重要性和教师职业地位的确认，也是国家对高素质专业化教师队伍的呼唤。《教育规划纲要》还指出："严格执行幼儿园教师资格标准，切实加强幼儿园教师培养培训，提高幼儿园教师队伍整体素质，依法落实幼儿园教师地位和待遇。"这是教师专业化队伍建设在学前教育领域中的具体要求，重点是严格执行幼儿园教师资格标准。只有坚持幼儿园教师资格标准，才能确保幼儿园教师队伍的质量，才能实现幼儿园教师的专业化。《若干意见》提出"国家颁布幼儿园教师专业标准"。制定教师专业标准，明确教师专业素质要求，是建立健全教师管理制度的一项重要内容，将极大地促进我国教师专业水平的提高。建立教师专业标准体系，严格实施教师准入制度，对于提高教师队伍整体素质、提高教育质量、促进学前教育均衡发展和教育公平都将发挥重要作用。

总的来说，无论是从促进教师的专业化，还是从提升教师的教育质量来说，《专业标准》都能够起到重要的指引和支撑作用。教师专业标准的意义在于它是选拔教师的依据，是培训教师的指南，是评价教师的尺度，是引领教师自身发展的导向，还是提高整个教师队伍素质和水平的依据。面对当前我国幼儿园教师队伍水平素质参差不齐的现状，制定《专业标准》指引教师教育和教师专业发展与教育教学工作实际，成为当务之急。①

二、《专业标准》的定位

《专业标准》是国家对合格幼儿教师专业素质的基本要求，是幼儿教师开展保教活动的基本规范，是引领幼儿教师专业发展的基本准则，是幼儿教师培养、准入、培训、考核等工作的重要依据。

（一）是幼儿教师专业准入标准

《专业标准》是幼儿教师专业准入标准。它通过清晰、具体的专业素质基本要求帮助幼儿教师教育院校进一步明确了幼儿教师培养的方向，指引着幼儿教师培养方案的完善与具体培养办法的实施，规范了幼儿教师培养行为。同时，《专业标准》是对幼儿教师入职基准的规范，为教育行政部门选拔、考核优秀的幼儿教师提供了重要依据。

（二）是幼儿教师专业行为规范

《专业标准》从幼儿教师的专业理念与师德、专业知识、专业能力3个维度14个领域对幼儿教师的专业素养提出了62项具体要求。这些要求是合格的幼儿教师专业化保教行为的基本要求，它们明确具体，规范了幼儿教师专业行为。

（三）是幼儿教师专业发展标准

《专业标准》通过基本理念与对幼儿教师专业素养提出的62项具体要求，明确了幼儿教师的专业使命，表征了幼儿教师的专业形象。这些要求既是对合格幼儿教师保教行为的基本规定，又是幼儿教师专业成长的目标和指引。每一项要求既明确具体，又包含了非常大的发展空间，这些空间要求幼儿教师通过自身专业的不断成长、发展去填充。因此，《专业标准》也是幼儿教师专业发展的标准。

三、《专业标准》的基本架构

《专业标准》由基本理念、基本内容、实施建议三大部分构成。（详见图7-1）

---

① 庞丽娟.《幼儿园教师专业标准》的研制背景、指导思想与基本特点[J]. 学前教育研究，2012（7）.

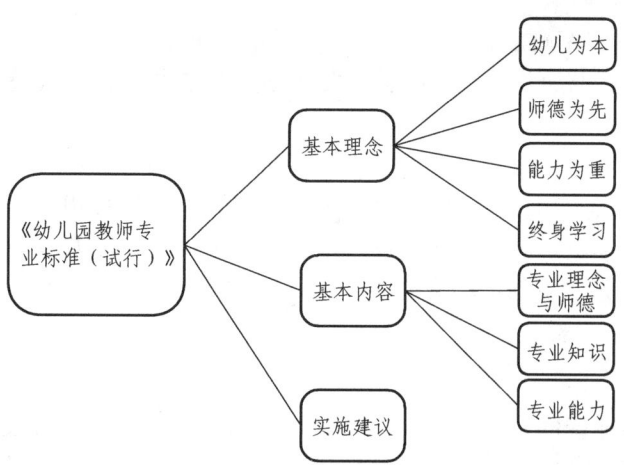

图 7-1 《幼儿园教师专业标准（试行）》的基本框架

（一）基本理念

基本理念既是《专业标准》制定所秉持的基本观念，又是对幼儿教师在保教过程中应具备的保教思想的规定。《专业标准》要求，幼儿教师应秉持的基本理念是：以幼儿为本，师德为先，能力为重，终身学习。

（二）基本内容

基本内容是《专业标准》对幼儿教师应具备的专业素养的基本规定，由维度、领域、基本要求三个层次构成。《专业标准》指出，幼儿教师的专业素养由专业理念与师德、专业知识、专业能力构成。

1. 专业理念与师德

"专业理念与师德"是《专业标准》三大维度之首，是幼儿教师专业素养的核心，是幼儿教师专业发展的关键维度。专业理念关注的是幼儿教师对幼教专业的专业性认识，师德关注的是幼儿教师的道德品质。两者共同引领着幼儿教师从思想意识上的专业化。专业理念与师德包括以下4个领域：职业理解与认识、对幼儿的态度与行为、幼儿保育和教育的态度与行为、个人修养与行为。在这4个领域下，《专业标准》对幼儿教师提出了20项基本要求。

2. 专业知识

"专业知识"是幼儿教师专业素养的核心内容之一，是幼儿教师"专业理念与师德"和"专业能力"的基础。《专业标准》指出，幼儿教师应具备的专业知识包括：幼儿发展知识、幼儿保育和教育知识、通识性知识。围绕这三个领域的知识，《专业标准》提出了15项基本要求，作为幼儿教师专业知识储备的基本标准和努力方向。

3. 专业能力

"专业能力"是指幼儿教师所具备的幼儿保教实践能力和专业发展管理能力，它指向的是幼儿教师在教育教学过程中的具体实践和自身专业化的发展过程。专业能力直接影响幼儿教师的保教实践质量和幼儿的发展。幼儿教师应具备以下7个领域的能力：环境创设与利用能力、一日生活的组织与保育能力、游戏活动的支持与引导能力、教育活动的计划与实施能力、激励与评价能力、沟通与合作能力、反思与发展能力。在此基础上，《专业标准》对幼儿教师提出了37项基本要求。

"《专业标准》的3个维度看上去是平行的，其深层却是相互影响、相互叠加、共同促进的；14个领域直接规定了幼儿园教师的德、知、能结构，也间接规定了教师资格认证的价值导向、资格考试的基本框架以及教师教育质量的评价标尺；62项基本要求表面看是对幼儿教师的规范约束，深层是对教师进行价值引领，指引教师专业发展的方向。"[1]

（三）实施建议

贯彻和实施《专业标准》，需要教育行政部门、幼儿园教师教育院校、托幼机构、幼儿教师自身共同努力、系统配合、整体协调，通过整合多方的力量，提高幼儿教师的专业素质和幼儿教师的、学前教育的专业地位。针对以上四类《专业标准》的实施主体，《专业标准》建议：

（1）"各级教育行政部门要将《专业标准》作为幼儿教师队伍建设的基本依据。根据学前教育改革发展的需要，充分发挥《专业标准》引领和导向作用，深化教师教育改革，建立教师教育质量保障体系，不断提高幼儿园教师培养培训质量。制定幼儿园教师准入标准，严把幼儿园教师入口关；制定幼儿园教师聘任（聘用）、考核、退出等管理制度，保障教师合法权益，形成科学有效的幼儿园教师队伍管理和督导机制。"

（2）"开展幼儿园教师教育的院校要将《专业标准》作为幼儿园教师培养培训的主要依据。重视幼儿园教师职业特点，加强学前教育学科和专业建设。完善幼儿园教师培养培训方案，科学设置教师教育课程，改革教育教学方式；重视幼儿园教师职业道德教育，重视社会实践和教育实习；加强从事幼儿园教师教育的师资队伍建设，建立科学的质量评价制度。"

（3）"幼儿园要将《专业标准》作为教师管理的重要依据。制定幼儿园教师专业发展规划，注重教师职业理想与职业道德教育，增强教师育人的责任感与使命感；开展园本研修，促进教师专业发展；完善教师岗位职责和考核评价制度，健全幼儿园绩效管理机制。"

（4）"幼儿园教师要将《专业标准》作为自身专业发展的基本依据。制定自我专业发展规划，爱岗敬业，增强专业发展自觉性；大胆开展保教实践，不断创新；积极进行自我评价，主动参加教师培训和自主研修，逐步提升专业发展水平。"

四、《专业标准》的基本理念

基本理念既是国家制定《专业标准》所秉持的基本思想，是国家对合格幼儿教师应具备的专业理念的规定，也是幼儿教师自身从事幼教工作以及专业发展过程中应该具备的基本观念。

（一）幼儿为本

《专业标准》指出，幼儿教师应"尊重幼儿权益，以幼儿为主体，充分调动和发挥幼儿的

---

[1] 秦金亮.《幼儿园教师专业标准（试行）》的复杂性透视[J]. 幼儿教育：教育科学，2012（3）．

主动性；遵循幼儿身心发展特点和保教活动规律，提供适合的教育，保障幼儿快乐健康成长"。

📄 **资料卡片**

> **"幼儿为本"的概念**①
>
> "幼儿为本"即"幼儿本位"之意。"本"可解释为：基础、主体、根本、本原、本质、出发点、目的等。故"幼儿为本"可具有多层含义：例如，幼儿是幼儿教育的主体和核心，必须尊重幼儿的主体地位；幼儿教育的一切工作必须以促进每一个幼儿的全面发展为出发点和归宿，等等。总之，珍惜幼儿的生命，尊重幼儿的价值，满足幼儿的需要，维护幼儿的权利，促进每一个幼儿的全面发展等，乃是幼儿教育的本质、原点、最根本的价值所在，皆为"幼儿为本"的核心内涵。

1. 尊重幼儿

以"幼儿为本"，首先是尊重幼儿。尊重幼儿的基础是将幼儿作为一个独立生命体看待，而非成人的附属品，他们不是成人可以任意涂鸦的"白板"。应该尊重幼儿作为一个独立生命体的尊严和权利，尊重幼儿的天性和自我生长的能力，尊重幼儿的年龄特点与个体差异，遵循保教规律。

（1）尊重幼儿作为"人"的尊严与权利。

1989年联合国大会通过的《儿童权利公约》（以下简称《公约》）"强调儿童应该与成人平等共享相同的价值，平等共享相同的权利"②。《公约》指出，儿童拥有生存权、发展权、受保护权和参与权，并且，这些权利应属于每一个儿童，"不因儿童或其父母或法定监护人的种族、肤色、性别、语言、宗教、政治或其他见解、民族、族裔或社会出身、财产、伤残、出生或其他身份而有任何差别"。2001年出台的《幼儿园教育指导纲要（试行）》（以下简称《纲要》）指出："幼儿园教育应尊重幼儿的人格和权利。"作为一名合格的幼儿教师，应该尊重幼儿作为"人"的尊严和基本权利，尊重幼儿独立的人格，尊重并保护幼儿的基本权利，将幼儿视为与成人平等的独立个体，而非成人的附属品。这是保证幼儿园教育质量的基础。只有在这样的理念引导下，幼儿教师才能够真正地实施优质的教育，促进幼儿的全面发展。

（2）尊重幼儿的天性与自我生长的能力。

著名法国教育家卢梭认为，"在人生的秩序中，童年有它的地位；应当把成人看作成人，把孩子看作孩子。"他认为，"儿童是有他特有的看法，想法和感情的"。因此，作为幼儿教师，应该尊重幼儿的天性，尊重幼儿作为独立生命体的存在。此外，著名意大利幼儿教育家蒙台梭利认为，儿童具有"潜在生命力"和"吸收性心理"。"她认为，人生来并不具备其它动物生来所具有的固有能力和行为方式，但是人生而具备能使自己适应环境并发展自身的潜在生命力。"③这种潜在生命力能够驱动儿童利用无意识的记忆力去吸收、利用环境。蒙台梭利认为，"儿童利用他周围的一切塑造了他自己。"④因此，幼儿并非是成人可以任意涂鸦的"白板"，他们有自己的想法、自己的感情，并有自我学习与自我生长

---

① 教育部教师工作司组.《幼儿园教师专业标准（试行）》解读[M]. 北京师范大学出版社，2013.
② 李季湄，夏如波.《幼儿园教师专业标准》的基本理念[J]. 学前教育研究，2012（8）.
③ 霍力岩. 试论蒙台梭利的儿童观[J]. 比较教育研究，2000（6）.
④ Maria Montessori. The Absorbent Mind[M]. Dell Pulsishing Co., 1973.

的能力。尊重幼儿的天性与这种自我生长能力，为幼儿提供适宜其天性展现、自我生长与发展的环境，促进幼儿全面和谐的发展，这应该成为幼儿教师进行教育教学的基本理念与实践指导思想。

（3）尊重幼儿的年龄特点与个体差异。

儿童的身心发展有着特定的规律，不同年龄阶段的幼儿其身心发展有着不同的表现形式。《纲要》指出："幼儿园教育应尊重幼儿身心发展的规律和学习特点，以游戏为基本活动。"幼儿教师应坚持这样的行为准则：设计与实施教育活动时充分考虑幼儿的年龄特点，使活动具有整合性、生活性、趣味性和动态性，适宜于幼儿的身心发展基础与需要。同时，幼儿教师应该尊重幼儿的个体差异。虽然幼儿的身心发展具有年龄特点，这些年龄特点具有普适性，但每个幼儿的身心发展情况又因先天因素和后天环境的影响而存在个体差异。例如，患有自闭症、脑瘫等特殊幼儿其身心发展情况与同龄幼儿可能会不同。即使是同龄的正常幼儿，其身心发展速度也不完全一样。《纲要》指出："幼儿园的教育是为所有在园幼儿的健康成长服务的，要为每一个儿童，包括有特殊需要的儿童提供积极的支持和帮助。"应该"尊重幼儿在发展水平、能力、经验、学习方式等方面的个体差异，因人施教，努力使每一个幼儿都能获得满足和成功"。《指南》要求幼儿园"要充分理解和尊重幼儿发展进程中的个别差异，支持和引导他们从原有水平向更高水平发展，按照自身的速度和方式到达《指南》所呈现的发展'阶梯'"。一名专业的幼儿教师应该秉持这样的理念：每一个孩子都有自己的成长进度与成长轨迹，应充分尊重这种差异，因材施教。

2. 充分调动和发挥幼儿的主动性

以"幼儿为本"，应该充分调动和发挥幼儿的主动性。蒙台梭利认为，幼儿具有"吸收性心理"，能够主动吸收周围的环境并加以利用和改造，因此，幼儿的学习和发展本身具有主动性。建构主义认为，"学习是学生主动建构自己的知识的过程，也是新旧知识经验相互作用的过程"[①]；"每个人都以自己的经验为背景建构对事物的理解"；"教师是学生知识建构的帮助者、促进者和支持者，而不是知识的提供者和灌输者；学生是知识建构的主体，而不是知识的被动接受者或被灌输的对象"。幼儿教师应该充分调动和发挥幼儿的主动性，帮助幼儿主动学习、自我成长。在教育教学过程中，幼儿教师应秉持这样的理念：尊重并保护幼儿的兴趣，利用游戏化、生活化、情境化的教学方式调动、发挥、维持幼儿的主动性，帮助幼儿在主动参与、主动建构的过程中愉快地学习、体验、发展。

3. 遵循保教规律

以"幼儿为本"，必须遵循保教规律。教育是一门科学，它本身存在客观规律。就拿教育的育人规律来说，我国古代就已经提出循序渐进、因材施教、理论与实践相结合等规律。同时，幼儿的身心发展也有其客观规律，如著名的瑞士发展心理学家皮亚杰认为，个体认知的发展存在阶段性，分别是感觉运动阶段、前运算阶段、具体运算阶段和形式运算阶段，这些阶段具有连续性和阶段性、结构性、次序不变性和交叉性。幼儿期主要处于感觉运动和前运算阶段，他们的认知发展具有这两个阶段的特点，这是客观规律。作为幼儿教师，首先应该通过学前教育学、学前心理学的学习，掌握幼儿保教与幼儿发展的相应规律；其

---

① 张大均. 教育心理学[M]. 人民教育出版社，2005.

次，应该在幼儿园教育教学实践过程中去探索、遵从保教规律；最后，还需要在教育教学实践中去发现每个幼儿的特点，根据实际去探索适宜于不同幼儿的不同教育方法，使幼儿快乐、健康地成长。

（二）师德为先

所谓师德，是指"教师的职业道德，是教师在教育教学工作中必须遵循的各种行为准则和道德规范的总和"[①]。它是幼儿教师应该具备的最基础的品德。"师德为先"，意即一名合格的幼儿教师，首先应具备良好的师德，这是幼儿教师这一职业的首要要求。选拔任用、考核评价幼儿教师，首先应该考查其师德。

1. 热爱学前教育事业，具有职业理想，践行社会主义核心价值体系，履行教师职业道德规范

首先，幼儿教师应该热爱学前教育事业，热爱才可能激发工作的激情和创造力，才能为职业的发展提供持续的动力，只有热爱学前教育事业的教师才可能成长为一名优秀的幼儿教师。其次，幼儿教师不仅需要热爱这份事业，还需要具有职业理想。理想具有导向作用，能够指引人们向着目标不断前进，具有职业理想的幼儿教师目标更明确、更能够在教育教学实践中发挥主观能动性，从而实现优质的教育教学效果。因此，幼儿教师应该具有职业理想，以更好地从事幼儿教育这一职业。再次，教育具有促进个体社会化的功能。作为社会主义制度背景下的我国的幼儿教师，应该在教育教学实践过程中践行社会主义核心价值体系，一方面，要将社会主义核心价值观作为教育教学实践过程中应遵循的基本准则；另一方面，要在这个过程中帮助幼儿更好地适应并参与社会生活。最后，履行教师职业道德规范、依法执教是幼儿教师必须遵守的行为规范。

2. 关爱幼儿，尊重幼儿人格，富有爱心、责任心、耐心和细心

爱是教育的基础，也是教师专业发展的动力源泉。爱是能感受的，幼儿更愿意亲近爱他们的老师，也更愿意接受爱他们的老师所实施的教育。同时，只有热爱幼儿，教师才可能持续地调适自己的教育教学行为，在实现自身专业发展的同时真正促进幼儿的发展。热爱幼儿的教师应该尊重幼儿的人格，避免显性和隐性的污辱幼儿人格、歧视、伤害幼儿身心的行为，应该保护幼儿的自尊，促进幼儿健康快乐地成长。此外，幼儿教师还应具备责任心、耐心和细心。幼儿还不具备保护自己的能力，同时，幼儿园教育具有极大的自主性，因此，幼儿教师必须具备高度的责任心，才能够保证幼儿的身心安全与幼儿园教育的优质。再有，受幼儿认知、思维发展特点的影响，在对幼儿实施教育教学的过程中，教师必须具有足够的耐心，去观察、分析幼儿的行为，循循善诱，促进幼儿的发展。最后，幼儿园一日生活皆教育，一日生活中，有集体教学活动、游戏活动、运动锻炼、生活活动，在这个过程中，幼儿的活动转换较多，教师的工作内容非常多，教师必须认真、细致，才能保证幼儿的安全。幼儿教师这一职业要求教师必须具备爱心、责任心、耐心和细心。

3. 为人师表，教书育人，自尊自律，做幼儿健康成长的启蒙者和引路人

教育，首先应是品德教育，教育学生成长为具有完整人格的有益于社会的人，其次才是

---

① 李季湄，夏如波.《幼儿教师专业标准》的基本理念[J]. 学前教育研究，2012（8）.

具体知识、技能的教育。作为教育者的教师，首先应该为人师表，所谓"身正为师"，只有自己"身正"，才可能成为真正的有益于学生发展的教师。模仿学习是幼儿学习的一个典型特点，正因为幼儿好模仿，因此更要求幼儿教师必须为人师表，教书育人，自尊自律，用自身的"榜样"作用引导幼儿健康成长。

（三）能力为重

"能力为重"，是指幼儿教师应该在幼儿教育改革的过程中树立新的能力观，以适应以"幼儿为本"的教育改革。2001年《指南》的出台使幼儿教育的范式从以"教"为中心转向以"学"为中心。在以"教"为中心的教育范式中，强调教师要具备良好的备课、讲课的能力。而在以"学"为中心的教育范式中，强调教师首先能够观察、理解幼儿，然后在此基础上为幼儿的学习、体验提供适宜的环境和材料，最后是支持、引导、帮助幼儿去建构自己的知识。这种教育范式的转化对幼儿教师专业能力的转型提出了要求与挑战。综观《指南》出台后的十几年时间，教师的教育观念已发生了较大转变，但专业能力还无法跟上幼儿教育改革的要求。《专业标准》提出幼儿教师必须具备三项能力：实践能力、研究幼儿的能力、反思能力。实践能力，不是盲目实践，是在科学理论指导下的实践。因此，要提高实践能力，需要幼儿教师加强理论学习，将理论运用于实践，并在此过程中调整、完善实践。研究幼儿的能力，要求幼儿教师能够观察、分析、理解幼儿，在此基础上去探索幼儿成长的规律，给予每个幼儿最适宜的教育。反思能力，是教师专业发展的核心能力，习惯反思的教师更容易成长为专家型教师。

（四）终身学习

终身学习是当前国际教师专业发展的趋势，是幼儿教师的职业要求，也是幼儿教师职业发展的必然选择。学前教育在不断向前发展，幼儿教师只有不断学习，才能跟上幼教改革的步伐，适应时代对幼儿教师提出的新要求。此外，现在是学习型社会，幼儿教师的专业发展必须依赖于持续的学习，需要在学习、实践、反思、再实践、再学习这样的循环过程中实现专业的发展。因此，终身学习理应成为幼儿教师的基本理念。

第二节 《幼儿园教师专业标准（试行）》基本内容解读

《专业标准》的基本内容分为专业理念与师德、专业知识、专业能力3个维度，每个维度下又分为14个不同的领域，每个领域下都明确了对幼儿教师的具体要求（62项基本要求）。为幼教师资的培养、幼儿教师资格的确认、幼儿教师的考核评价以及幼儿教师的专业发展奠定了坚实基础。

一、专业理念与师德

"专业理念与师德"是《专业标准》三大维度之首,是幼儿教师专业素养的核心,是幼儿教师专业发展的关键维度。理念,即理性认识和观念。幼儿教师专业理念,是指幼儿教师基于幼教工作本质形成的关于幼儿教育的理性认识和观念。师德,是指教师的职业道德。专业理念关注的是幼儿教师对幼教专业的专业性认识,师德关注的是幼儿教师的道德品质,两者的侧重点不同,但共同引领着幼儿教师从思想意识上实现专业发展。专业理念与师德包含以下4个领域:职业理解与认识、对幼儿的态度与行为、幼儿保育和教育的态度与行为、个人修养与行为。在这4个领域下,《专业标准》对幼儿教师提出了20条基本要求,作为幼儿教师专业准入与评价、专业发展的基本准则。

(一)职业理解与认识

职业理解与认识,是幼儿教师对自己所从事的幼教职业的正确认识,它是成为一名合格幼儿教师的前提。这是《专业标准》对幼儿教师的"专业理念与师德"提出的首要领域特征,它包括了:遵纪守法,爱岗敬业,专业认同,为人师表,团队合作。(详见表7.1)

表7.1 职业理解与认识

领域	基本要求
职业理解与认识	1. 贯彻党和国家教育方针政策,遵守教育法律法规 2. 理解幼儿保教工作的意义,热爱学前教育事业,具有职业理想和敬业精神 3. 认同幼儿教师的专业性和独特性,注重自身专业发展 4. 具有良好职业道德修养,为人师表 5. 具有团队合作精神,积极开展协作与交流

1. 遵纪守法

《中小学教师职业道德规范(2008年修订)》指出,教师应"全面贯彻国家教育方针,自觉遵守教育法律法规,依法履行教师职责权利。不得有违背党和国家教育方针政策的言行"。作为一名教师,认真贯彻国家教育方针政策、遵守国家教育法律法规是首要必备的专业素养。

从《幼儿园工作规程》到《幼儿园教育指导纲要(试行)》,再到《3—6岁儿童学习发展指南》和《国家中长期教育改革与发展规划纲要(2010—2020年)》,我们国家的学前教育方针政策在发展变化的过程中逐步趋向规范和完善。这些方针政策充分体现了我国学前教育对儿童利益的保障、对幼儿身心健康发展的促进。幼儿教师必须深刻理解、认真贯彻这些方针政策,才有可能通过自己的教育实践促进幼儿最优的发展。

幼儿教师应该认真学习《中华人民共和国教师法》《中华人民共和国教育法》《中华人民共和国未成年人保护法》《教师资格条例》《幼儿园管理条例》《托儿所、幼儿园卫生保健管理办法》《中小学幼儿园安全管理办法》等法律法规和文件,规范、科学地实施幼儿保教。

2. 爱岗敬业

脑科学和生命科学的研究成果证明，0—6岁是幼儿身心发展的黄金期，在这段时间采取适宜的教育，能够促进幼儿全面的发展，为其一生的发展奠定坚实的基础。幼儿教师要充分认识并理解学前教育对幼儿发展的意义，理解幼儿保教工作的意义，这是幼儿教师专业认同和专业发展的基础。同时，幼儿教师要有职业目标、职业理想、职业追求，这是幼儿教师专业发展的动力。再有，敬业才能尽职尽责、勇于面对挫折与挑战，不断向着理想迈进，因此，幼儿教师必须具有敬业精神，这是幼儿教师专业发展的必备品质。

3. 专业认同

专业认同包括对专业的认识、对专业的喜爱以及为专业所付出的努力。幼儿教师首先需要认识本身职业的专业性，要认识到这个职业对幼儿的发展具有特殊的价值与不可替代的作用。要认识到，不是任何人都可以担任幼儿教师，要成为幼儿教师需要接受专门培训和考核。要认识到，幼儿教师必须具备特定的专业知识、专业技能和专业伦理。同时，幼儿教师也要认识到，同样作为教师，幼儿教师与其他学段的教师又不同，有自身的特殊性。例如，在进行教育活动的设计与实施时，要体现整合性、趣味性、生活化和情境化。除了充分认识自身职业的专业性和特殊性以外，幼儿教师还需热爱自己的专业，并在此基础上主动树立专业发展目标，确定符合自身实际的专业发展路径，努力实现自己的专业发展。

4. 为人师表

为人师表是教师必备的道德品质，是指教师自身应具有良好的职业道德修养，并通过自己的言行举止去影响幼儿，充分发挥教师自身言行的"隐性课程"作用，让自身成为幼儿发展的有力资源。"模仿学习"是幼儿学习的主要方式之一，幼儿好模仿，因此，幼儿教师要做到品德高尚、文明礼貌，成为幼儿学习的"模范"。

5. 团队合作

幼儿园一日生活皆教育，幼儿园教育的特点是保教并重。幼儿园带班教师、保育员必须充分交流、沟通协调、密切配合才能高效完成保教工作。例如，幼儿园班级保教工作计划需要两位教师、保育员共同讨论制订，以实现教育活动的综合性和衔接的有效性；幼儿园教育活动的实施需要教师和保育员站位清楚、分工明确、配合密切，才能保证幼儿的活动安全和教育活动的顺利开展。因此，幼儿教师必须具有团队合作意识与沟通协调能力，通过团队合作的形式更好地服务于幼儿的健康发展，这是幼儿园教育特殊性的必然要求。

（二）对幼儿的态度与行为

"对幼儿的态度与行为"是《专业标准》中"专业理念与师德"维度下的重要领域特征，它是幼儿教师所持有的儿童观的直接体现。众所周知，儿童观直接影响着幼儿教师的教育理念与教育实践，从而深刻影响幼儿的发展。因此，幼儿教师对幼儿采取什么样的态度和行为体现了其儿童观，直接影响幼儿教育的效果。《专业标准》对幼儿教师面对幼儿的态度与行为提出了如下要求：关爱幼儿，尊重幼儿，信任幼儿，注重生活对幼儿成长的价值。（详见表7.2）

表 7.2 对幼儿的态度与行为

领域	基本要求
对幼儿的态度与行为	1. 关爱幼儿，重视幼儿身心健康，将保护幼儿生命安全放在首位 2. 尊重幼儿人格，维护幼儿合法权益，平等对待每一个幼儿。不讽刺、挖苦、歧视幼儿，不体罚或变相体罚幼儿 3. 信任幼儿，尊重个体差异，主动了解和满足有益于幼儿身心发展的不同需求 4. 重视生活对幼儿健康成长的重要价值，积极创造条件，让幼儿拥有快乐的幼儿园生活

1. 关爱幼儿

爱是教育的根基，关爱幼儿是幼儿教师这一职业的道德底线。关爱幼儿，教师首先应将幼儿的生命安全放在首位，保护幼儿的生命安全，既要为幼儿提供安全的教育环境，又要对幼儿进行生命安全教育。如遇威胁幼儿生命安全的危急事件，幼儿教师应挺身而出，保障幼儿的生命安全。其次，幼儿教师需照料好幼儿的在园生活，为孩子们提供安全、营养的食物，安全、整洁的生活环境，丰富有趣、富有教育价值的各类教育活动，促进幼儿的身心健康发展。最后，幼儿教师还需关注幼儿的情绪情感，以积极的方式与幼儿互动，让幼儿感受到温暖、爱和自由。

2. 尊重幼儿

尊重幼儿是现代幼儿教师应具备的基本素养。尊重幼儿，首先是尊重幼儿的人格，将幼儿作为一个"人"、一个独立的个体看待，而非成人的附属品，尊重幼儿自己的看法、想法和感情。其次是尊重幼儿作为独立个体的合法权益，尊重他们的生存权、发展权、受保护权和参与权。再次，要尊重幼儿的个体差异，幼儿教师应该知道，每个人因其先天条件和后天环境的影响，其发展情况有自己的特点，作为幼儿教师，要尊重这种差异，因材施教。接着，要尊重幼儿的兴趣爱好和需要，兴趣是最好的老师，围绕幼儿的兴趣和需要开展的教育是最有效的教育。最后，尊重幼儿落实到具体行为上，就是爱幼儿，不讽刺、挖苦幼儿，不歧视幼儿，平等对待每一个幼儿，不体罚或变相体罚幼儿。

3. 信任幼儿

信任幼儿，是指幼儿教师在观念上应该相信幼儿有自我学习、自我成长的能力。在行动上需要主动去认识、了解每一个幼儿的特点、兴趣以及发展需求，结合每个幼儿的不同情况，为其提供能够满足其兴趣和发展需求的活动环境、活动材料、活动形式、活动内容，给予每个幼儿自我学习的时间和空间，活动过程以幼儿为主体，老师只是在必要时给予帮助和支持，要相信幼儿在老师提供的适宜的时空中能够自己建构知识、获得发展。例如，幼儿园里的区角活动（区域活动或活动区），便是这种要求的具体体现。

4. 注重生活对幼儿成长的价值

我国著名教育家陶行知先生提出了"生活教育"理论，强调"给生活以教育，用生活来教育，为生活向前向上的需要而教育"[①]。幼儿教师需要充分认识到，生活本身富含多种教

---

① 陶行知. 陶行知文集[M]. 南京：江苏教育出版社，2008.

育契机，生活本身充满了教育价值，幼儿园一日生活皆教育。在教育过程中，幼儿教师应该有意识地将生活视为课程，把生活环节变为相应的教育活动。因此，幼儿教师与保育员需要密切配合，在照料幼儿生活的同时对幼儿进行相应教育。例如，在幼儿进餐环节，可以对幼儿进行讲文明讲卫生教育、遵守秩序教育、进餐礼仪教育、爱惜食物等教育。

另外，幼儿教师也应该有意识地在集体教育活动、游戏活动中融入生活内容，使活动更贴近于幼儿的生活经验、激发幼儿参与活动的兴趣。例如，角色扮演游戏中的"娃娃家""医院""超市"等，就是将生活内容融入游戏活动的典型例证。再有，幼儿教师应该有意识地将幼儿的生活环境纳入课程资源，比如参观超市等。以生活为基础的教育最贴近幼儿的经验，容易实现"最近发展区"。因此，幼儿教师需要重视生活对幼儿发展的价值，使幼儿一日在园的整个过程变为一种教育。

（三）幼儿保育和教育的态度与行为

"幼儿保育和教育的态度与行为"是《专业标准》对一个合格幼儿教师的保教观及保教行为的基本规定。幼儿教师所持有的保教观及采用的保教行为直接影响幼儿教育的质量与幼儿发展的成效。《专业标准》对幼儿教师的保教观和保教行为提出了如下要求：保教结合，遵循幼儿学习特点，重视环境和游戏的教育价值，重视幼儿的直接经验，以身为范，家园共育。（详见表7.3）

表7.3 幼儿保育和教育的态度与行为

领域	基本要求
幼儿保育和教育的态度与行为	1. 注重保教结合，培育幼儿良好的意志品质，帮助幼儿形成良好的行为习惯 2. 注重保护幼儿的好奇心，培养幼儿的想象力，发掘幼儿的兴趣爱好 3. 重视环境和游戏对幼儿发展的独特作用，创设富有教育意义的环境氛围，将游戏作为幼儿的主要活动 4. 重视丰富幼儿多方面的直接经验，将探索、交往等实践活动作为幼儿最重要的学习方式 5. 重视自身日常态度言行对幼儿发展的重要影响与作用 6. 重视幼儿园、家庭和社区的合作，综合利用各种资源

1. 保教结合

幼儿园教育与其他学段教育最大的区别在于其他学段教育的关注点是教育本身，而幼儿园教育的关注点除了教育以外，还有保育的内容，强调保教结合。保教结合原则是幼儿园工作的基本原则。保教结合原则强调：幼儿园教育既包括教育，也包括保育；在幼儿园工作中，保育和教育具有同等重要的地位；幼儿教师与保育员要密切配合，共同讨论制订班级工作计划、分工协作，在保证幼儿安全的基础上，共同努力实现幼儿的全面发展。同时，保教结合原则也是从制度上引领着幼儿园保教人员的基本保教观，帮助保教人员进一步认识到，幼儿园教育工作的重点不在于提前教会幼儿识字、书写、背诵，而在于通过保教结合，使幼儿的学习与生活紧密联系、融为一体，让幼儿在生活中学习，并视学习为生活的一部分，达到"生活即学习、学习即生活"的理想教育状态。在这个过程中使幼儿形成良好的行为习惯和意志品质，为幼儿以后的整个人生的学习和生活奠定良好基础。

2. 遵循幼儿学习特点

了解、尊重幼儿的学习特点，在教育教学过程中以幼儿学习特点为基础，因势利导，能够有效促进幼儿的发展。幼儿期的儿童对外界事物充满了好奇，在他们的心里有十万个为什么。好奇心是幼儿学习的原动力，如果幼儿教师能够充分尊重并保护幼儿的好奇心，将幼儿好奇的事物作为课程资源进行开发，既能满足幼儿的好奇心，又能在这个过程中促进幼儿认知、语言等多方面的发展。因此，尊重并保护幼儿的好奇心是幼儿教师必备的保教思想。其次，想象力是创新的基础，幼儿期是想象力非常丰富的一个时期，幼儿教师首先需要保护幼儿的想象力，了解幼儿的想法、理解幼儿的行为，尊重幼儿的"奇特"言行。幼儿教师还需有意识地培养幼儿的想象力，通过丰富幼儿的表象、开展多种艺术活动、提供丰富的游戏及材料、提供自由创造的环境等方式去促进幼儿想象力的发展。最后，幼儿教师还需要有意识地发掘幼儿的兴趣爱好。俗语说，兴趣是最好的老师，幼儿教师如果能够充分发掘幼儿的兴趣，在活动设计前了解幼儿的兴趣爱好，在活动开始时激发幼儿的兴趣，在活动过程中维持幼儿的兴趣，在活动结束时激发幼儿参加延伸活动的兴趣，则教育教学能够取得非常好的效果。因此，好奇心、想象力、兴趣爱好，这是幼儿学习的基础，幼儿教师应该利用好这些基础，因势利导，实现幼儿愉快地学习，和谐地发展。

3. 重视环境和游戏的教育价值

环境是幼儿园教育的一种隐性课程，它在幼儿全面和谐发展的过程中发挥着独特功效。《纲要》指出："环境是重要的教育资源，应通过环境的创设和利用，有效地促进幼儿的发展。"幼儿园的环境分为物质环境和精神环境，物质环境可以通过与幼儿的"互动"和"对话"促进幼儿认知、语言、社会、艺术等领域的发展；精神环境，主要是指教师对待幼儿的态度、幼儿园班级管理方式、班级氛围等，它影响着幼儿的心理发展。作为幼儿教师，应该充分认识到环境在幼儿发展过程中的重要影响，努力创设适宜于幼儿发展、能够支持幼儿发展的环境，通过环境去影响、教育幼儿。此外，《3—6岁儿童学习与发展指南》指出："要珍视游戏和生活的独特价值。"游戏是幼儿园的基本活动，是幼儿学习的基本方式。幼儿教师要尊重幼儿的学习特点，为幼儿提供丰富的游戏活动，让幼儿在游戏中去感知、去操作、去体验、去交流，在游戏过程中去建构自己的知识，去发展自己的语言、人际交往能力等。

4. 重视幼儿的经验

著名教育家杜威认为，"教育即生活""教育即生长""教育即经验改造"。杜威非常重视"经验"，他认为，"经验"就是"做与经历"，就是"一种活的生命与其环境的交互作用……它包括经验的事件和能经验的过程"。[①]简言之，"经验"就是实践与体验，是做、经历、思考的统一。杜威认为，经验是教育的基本路径。作为幼儿教师，应该珍视"经验"在幼儿园教育中的重要作用，提供环境和支持，让幼儿在"做中学"，帮助幼儿通过亲身的探索、操作、交往，去感知和体验，主动建构自己的知识和对事物的理解。

5. 重视自身的"榜样"作用

美国心理学家班杜拉提出的观察学习理论认为，人们仅仅通过观察他人（榜样）所表现出来的行为以及这个行为产生的结果，就能够学习到某种社会态度和行为。幼儿教师是幼儿

---

① 张梅. 杜威的经验概念[D]. 复旦大学，2008.

在园生活的主要指导者,是幼儿心里的"权威",幼儿教师的言行会通过幼儿的观察、模仿而影响幼儿的言行。因此,幼儿教师一定要充分认识到自身日常言行对幼儿的影响和作用,为幼儿树立良好的"榜样",通过榜样示范帮助幼儿学习良好的言行举止,养成良好的行为习惯。

6. 充分利用各种资源实现家园共育

根据教育生态学理论的观点,幼儿生活的主要直接环境是幼儿园、家庭和社区,它们共同作用于幼儿,影响着幼儿的发展。如果只注重幼儿园教育,忽视家庭和社区对幼儿的影响,势必会减弱幼儿园教育的影响力。幼儿教师需要清楚地认识到幼儿是处于一个社会环境背景下的幼儿,与幼儿直接相关的环境因素直接影响着幼儿的成长,幼儿园教育只有和家庭教育、社区教育相结合,才能使教育效果最大化。因此,幼儿教师应该为幼儿园教育和家庭教育、社区教育之间搭建一个桥梁,将三者有机结合,共同作用于幼儿的发展。幼儿教师可以通过家访、家长会、家长开放日、家园联系册等方式加强与家长的沟通交流,共同探讨针对每个幼儿的最优化家园共育方式;可以将家长作为课程资源的一部分,结合课程邀请有相关技能的家长走进课堂,使家长既体验教师这一角色,增进彼此之间的理解,又能带给幼儿一种新的学习体验;还可以将社区纳入课程资源,通过参观社区的设施等方式,丰富幼儿的经验。

(四)个人修养与行为

"个人修养与行为"是《专业标准》对一个合格幼儿教师的个性品质、人格特质、心理健康状况、个人行为规范等方面所进行的基本规定。《专业标准》对幼儿教师的个人修养与行为提出了如下要求:具有爱心、责任心、耐心、细心,具有热情乐观的性格特征,具有健康的心理状态,具有乐于学习的品质,具有良好的行为修养。(详见表7.4)

表7.4 个人修养与行为

领域	基本要求
个人修养与行为	1. 富有爱心、责任心、耐心和细心 2. 乐观向上、热情开朗,有亲和力 3. 善于自我调节情绪,保持平和心态 4. 勤于学习,不断进取 5. 衣着整洁得体,语言规范健康,举止文明礼貌

1. 具有"四心"——爱心、责任心、耐心、细心

作为一名合格的专业的幼儿教师,爱心、责任心、耐心和细心缺一不可。爱是一切教育的基础,幼儿教师首先需要具有爱心,爱幼儿,才能够给予幼儿心理的安全、关心幼儿的健康和发展。责任心是幼儿教师必备的个性品质,因为幼儿园课程的自主性与幼儿对事物认知的浅显性,只有具有高度责任心的幼儿教师才可能用心设计活动,认真组织活动,为幼儿提供安全的教育环境,给予幼儿良好的教育影响。由于幼儿园教育对象的特殊性——幼儿活泼好动、自律性较差,需要幼儿教师具有耐心,循循善诱,通过多种方式去引导幼儿。没有耐心的人是难以胜任幼儿教师这一职业角色的。同时,幼儿教师在工作中还必须细心。由于幼儿年龄小,动作、认知、语言等各方面的发展还不成熟,也就意味着幼儿园教育过程中存在着许多危害幼儿健康和安全的隐患,幼儿教师在实施保教的过程中必须细心,细心观察环境

中可能存在的安全隐患，细心留意幼儿出现的可能会引起健康问题和安全问题的行为，及时进行处理，才能够保证幼儿的健康和安全。

2. 热情乐观的性格特征

每一个职业都对从业者有相应的性格特征要求，比如会计师职业需要从业者细心、谨慎，销售员职业需要从业者善于言辞、热情大方，而幼儿教师这一职业则要求从业者乐观向上、热情开朗、有亲和力。这样的幼儿教师能够更好地与幼儿沟通交流，赢得幼儿的喜爱；能够更好地与家长沟通，做好家长工作；能够更好地通过自身性格所展现出来的热情乐观的特质为幼儿创设良好的心理环境，并为幼儿热情乐观性格的形成给予一定影响。

3. 健康的心理状态

世界上没有十全十美的人，也没有十全十美的职业，每一份职业都会有不尽如人意的地方。幼儿教师这一职业也是如此，比如工作内容繁琐，工作对象具有复杂性，既有年幼的幼儿又有家长，等等。因此，幼儿教师在工作中难免会因为一些挫折而情绪低落。但是，幼儿教师需要明白，自己所面对的主要工作对象是心灵敏感脆弱的幼儿，自己的不良情绪会影响幼儿的心理，因此，幼儿教师要善于自我调节情绪，保持平和心态，以积极、乐观的态度出现在幼儿面前，为幼儿创设一个温暖、美好的心理环境。

4. 乐于学习的品质

随着时间的推移，幼教理论在不断发展；随着实践的深入，幼儿教师在工作中遭遇的问题与困惑也会增多。要适应不断发展的幼教理论和幼教实践对幼儿教师提出的新要求，幼儿教师需要具备乐于学习的品质，在工作过程中通过发现问题、学习新知识、运用新知识解决问题、再发现新问题这样的循环方式将理论学习与保教实践紧密结合，使自己的专业知识、专业技能得以持续发展。

5. 良好的行为修养

每一职业对其从业人员的行为修养都有一定要求，幼儿教师这一职业要求从业人员衣着整洁得体，符合工作环境和工作内容的要求。例如，幼儿教师在工作时间不穿超短裙和超短裤，不穿吊带衣服，不化浓妆，不穿低腰裤，不佩戴饰品，不留长指甲，不穿高跟鞋等。同时，幼儿教师这一职业要求从业人员需要注意语言的规范健康和举止的文明礼貌。因为幼儿教师是幼儿学习、模仿的对象，是幼儿学习的"榜样"，因此，幼儿教师要特别注意自己的言行举止，做到用语规范、礼貌，举止适宜、文明，为幼儿树立良好的榜样。

二、专业知识

案例

衣着的影响[①]

家长开放日活动中，王老师展示一个小班音乐游戏"蝴蝶找花"，王老师在示范蝴

[①] 尹坚勤，管旅华.《幼儿园教师专业标准（试行）》案例式解读[M]. 华东师范大学出版社，2013.

蝶飞舞时的动作总是不到位，幅度很小，孩子们也只是跟着她轻轻地摆动着翅膀，当音乐停止，蝴蝶要找一朵花，蹲下来做闻花动作时，只见王老师用手捂着领口，只是用语言提醒幼儿要低下头闻闻花香。开放活动结束后，王老师在教育随笔中写道："今天的活动非常不成功，原因是我穿的服装不适宜。因为裤子的腰比较低，当蝴蝶飞舞时就不敢抬高手臂；因为领口比较低，在蹲下做闻花动作时，担心会走光，因此，我在活动中表现得紧张、不自然、不投入，这样的一种状态也影响了孩子的情绪，没有调动孩子的积极性。"（余倩）

"专业知识"是幼儿教师专业素养的核心内容之一，是幼儿教师"专业理念与师德"和"专业能力"的基础。要成为一名合格的幼儿教师，必须具备相应的专门化知识。"专业知识"从知识层面表明了幼儿教师这一职业的特殊性与不可替代性。《专业标准》要求合格的幼儿教师须具备以下三个领域的知识：幼儿发展知识、幼儿保育和教育知识、通识性知识。围绕这三个领域，《专业标准》对幼儿教师须具备的专业知识提出了15条基本要求，作为幼儿教师专业知识储备的基本标准和努力方向。

（一）幼儿发展知识

"幼儿发展知识"是幼儿教师专业知识结构的核心，是有效幼儿教育的基础。教育有效性的实现必须基于对教育对象的准确认识与了解。幼儿教师必须掌握幼儿发展的基本知识，了解幼儿身心发展的规律和特点，才能够在此基础上实施合乎幼儿身心发展规律的、能够有效促进幼儿发展的教育。《专业标准》对幼儿教师应具备的"幼儿发展知识"的内容进行了如下规定：儿童生存发展的法律法规与政策知识，幼儿身心发展知识与保教策略，个性化教育知识与教育策略，幼儿发展常见问题与教育策略，特殊幼儿保教知识与保教策略。（详见表7.5）

表7.5 幼儿发展知识

领域	基本要求
幼儿发展知识	1. 了解关于幼儿生存、发展和保护的有关法律法规及政策规定 2. 掌握不同年龄幼儿身心发展特点、规律和促进幼儿全面发展的策略与方法 3. 了解幼儿在发展水平、速度与优势领域等方面的个体差异，掌握对应的策略与方法 4. 了解幼儿发展中容易出现的问题与适宜的对策 5. 了解有特殊需要幼儿的身心发展特点及教育策略与方法

1. 儿童生存发展的法律法规与政策知识

专业的幼儿教师首先应了解关于儿童生存、发展方面相应的法律法规和政策规定，使自己的教育合法，这是教育的底线，也是幼儿教师作为专业工作者从业的底线。幼儿教师应认真学习了解《儿童权利公约》《教育法》《未成年人保护法》《中小学幼儿园安全管理办法》《幼儿园管理条例》《托儿所、幼儿园卫生保健管理办法》《幼儿园工作规程》《幼儿园教育指导纲要（试行）》《3—6岁儿童学习发展指南》《国家中长期教育改革与发展规划纲要（2010—2020年）》等法律法规和文件，规范、科学地实施幼儿保教。

2. 幼儿身心发展知识与保教策略

儿童心理学研究表明，幼儿的身心发展具有明显的年龄特征。所谓年龄特征，是指在儿童身心发展的每一个年龄段所表现出来的一般的、典型的、稳定的特征。年龄特征代表着某一年龄段幼儿基本的发展状况和发展特点。掌握各年龄段幼儿发展的基本特征，是幼儿教师实施有效教育的基础。在此基础上，幼儿教师还须掌握相应的保教策略，知道对不同年龄段的幼儿应主要采用哪些教育方法，才能够使教育具有适切性，促进各年龄段幼儿真实地发展。

3. 个性化教育知识与教育策略

幼儿身心发展具有顺序性、阶段性，这是幼儿身心发展的一般规律，幼儿发展在遵循一般规律的基础上，还因先天因素和后天成长环境的不同而存在个体差异，每个幼儿的发展速率和优势发展领域各不相同。"每一个孩子都不是别人的复制品，都不是另一个孩子的复制品，每一个孩子都是独特的。"因此，在遵循幼儿身心发展的一般规律和年龄特征的基础上，幼儿教师首先要从认识上树立"每个幼儿都是独特的幼儿"这一观点，尊重幼儿发展中表现出来的个体差异。其次，幼儿教师需要了解幼儿身心发展个体差异方面的相关知识，知道相关教育理论，如多元智能理论。最后，幼儿教师需要具备针对幼儿个体差异所采用的教育教学策略知识，能够有效进行针对幼儿个体的教育，从而实现每一个幼儿最好的发展。

4. 幼儿发展常见问题与教育策略

由于先天因素和后天环境的影响，一些幼儿在发展过程中会出现一些问题，有些问题是幼儿发展中的常见问题，如肥胖、攻击、违纪、多动、胆怯、任性等，这些问题若不能有效解决，不仅会影响幼儿当前的健康发展，还会对幼儿以后的生活产生不良影响。因此，幼儿教师需要知道幼儿发展中的常见问题，并认真学习、探索解决这些问题的对策，尽早帮助幼儿纠正这些问题行为。

5. 特殊幼儿发展知识与保教策略

1994年，联合国教科文组织在"世界特殊需要教育大会：入学和质量"上通过了《萨拉曼卡宣言》，正式提出"全纳教育"，强调每个人都有其独特的个性、兴趣、能力和需要，学校要接纳全体儿童，并满足他们的特殊教育需要。此后，我国许多幼儿园开始了全纳教育的实践，特殊幼儿也能够进入普通幼儿园学习生活。在这样的背景下，幼儿教师需要具备特殊幼儿发展知识，能够识别特殊幼儿，联合家长、医院尽早对特殊幼儿采取相应的治疗与教育。笔者曾接触过的几例自闭症儿童均是在幼儿园由教师初步发现、及时联系家长送到医院进行进一步检查而最后确诊。众所周知，幼儿期是身心官能发展和恢复最为迅速的时期，幼儿发展中的问题和障碍越早治疗效果越好。因此，幼儿教师需要具备特殊幼儿发展的知识，了解特殊需要幼儿的身心发展特点，同时还需了解针对特殊需要幼儿的保教策略，以便在"全纳教育"的背景下更好地实施幼儿保教。

（二）幼儿保育和教育知识

"幼儿保育和教育知识"是幼儿教师专业知识结构的重要组成部分，是幼儿教师保教能力形成的基础。《专业标准》对幼儿教师应具备的幼儿保育和教育知识内容进行了如下规定：幼教基本原理知识，幼教常规工作知识，幼儿安全管理知识，观察解读幼儿的知识，婴幼衔接

和幼小衔接知识。(详见表 7.6)

表 7.6 幼儿保育和教育知识

领域	基本要求
幼儿保育和教育知识	1. 熟悉幼儿园教育的目标、任务、内容、要求和基本原则 2. 掌握幼儿园环境创设、一日生活安排、游戏与教育活动、保育和班级管理的知识与方法 3. 熟知幼儿园的安全应急预案，掌握意外事故和危险情况下幼儿安全防护与救助的基本方法 4. 掌握观察、谈话、记录等了解幼儿的基本方法 5. 了解 0—3 岁婴幼儿保教和幼小衔接的有关知识与基本方法

1. 幼教基本原理知识

幼儿园教育目标是幼儿教育的基本方向，幼儿教师必须清楚幼儿园教育的目标，其所实施的教育才能保持正确方向。幼儿园教育的任务体现了幼儿园教育的性质和功能，幼儿教师只有深刻理解幼儿园教育的任务，才可能成为一名合格的幼儿教师。幼儿园教育与中小学教育不同，没有固定的"教材"和"课本"，强调幼儿教师根据当时、当地、幼儿园、班级、幼儿的特殊情况进行"园本"课程开发，所以幼儿教师必须深刻领会《纲要》《指南》的精神，知道幼儿园教育内容非常广泛，来源于幼儿的兴趣与需要和幼儿发展的关键要素，并能够努力去开发适合本班幼儿的课程内容，才能使所实施的教育最适宜于本班幼儿的发展需求。此外，幼儿园教育的要求、基本原则等知识，也是幼儿教师必备的知识。只有熟悉幼儿园教育的基本原理知识，幼儿教师才可能清楚幼儿园教育是什么、教什么、怎样教等问题。因此，幼儿园教育基本原理知识是幼儿教师专业知识中关于"教"的知识的基础。熟悉并掌握这些知识，是成为一名合格的幼儿教师的基础。

2. 幼教常规工作知识

幼儿教师这一职业的特殊性之一表现在职业角色的多样化上。幼儿教师既是环境创设者，又是幼儿一日生活安排者；既是教学活动的设计者、组织者、指导者，又是游戏活动的设计者、材料提供者、指导者、参与者；既是幼儿教育活动的实施者，又是幼儿生活的照料者；既是幼儿发展的观察者、记录者，又是幼儿园班级的管理者；既是幼儿发展的指导者，又是幼儿家庭教育的指导者。幼儿教师这些多样化的职业角色出现在幼儿园日常一日生活中。幼儿教师只有掌握幼儿园教育常规工作的内容和方法，才能在一日生活中顺利进行角色转换，适应幼儿园一日生活中不同活动类型和活动内容的要求，才能胜任幼儿教师这一职业角色。

3. 幼儿安全管理知识

《纲要》指出："教师应该把保护幼儿的生命和促进幼儿的健康放在教育工作的首要位置。"幼儿的安全和健康是幼儿生存发展的基础，是实施幼儿园教育的基本前提，是幼儿园生存和发展的基础。因此，确保幼儿的安全和健康是幼儿教师的首要工作，一名专业的幼儿教师必须具备幼儿安全管理知识。首先，幼儿教师要知道幼儿常见安全问题有哪些，并掌握防患幼儿常见安全问题的方法。其次，幼儿教师要具备幼儿常见疾病的相关知识，及时发现幼儿的疾病并采取相应措施，尤其要掌握幼儿流行性传染疾病的相关知识，保证幼儿的健康。再次，幼儿教师必须熟悉幼儿园的安全应急预案，掌握幼儿园突发安全事件的应急处理办法，知道发生了某个突发安全事故时应采取什么样的紧急措施以保护幼儿的生命安全和身体健康。最后，幼儿教师还必须熟悉并掌握常见幼儿安全健康事故的紧急救治办法，如流鼻血、高温惊厥、摔伤、碰伤、烫伤等事故的紧急处理。

4. 观察解读幼儿的知识

最好的教育是最适宜的教育。在强调尊重幼儿个体差异、因材施教、个性化教育、促进每个幼儿最好发展的幼儿园教育基本思想下，幼儿教师必须具备观察幼儿、分析幼儿、解读幼儿的知识，通过观察与分析，深刻认识每个幼儿的独特性与发展特点，给予其最适宜的教育。当前，我国大多数幼儿教师缺乏观察幼儿的知识和方法，无法较好地观察幼儿，并在此基础上正确解读幼儿，为其发展提供个性化的教育方案。作为一名专业的幼儿教师，必须掌握观察幼儿的方法，知道怎样观察，怎样与幼儿谈话，怎样记录观察、谈话的内容，并在此基础上去分析幼儿的行为和想法，正确解读幼儿，最后在解读幼儿的基础上为其提供最适宜的教育，帮助每个幼儿在其自身基础上更好地发展。

5. 婴幼衔接和幼小衔接知识

幼儿园教育阶段主要为 3—6 岁的幼儿提供保育与教育服务。一个人的成长发展是连续的，这就决定了任何一个学段的教育都不可能孤立存在，它存在于人成长发展过程中所经历的全部教育中的一个阶段，既与它之前的教育阶段相衔接，又与它之后的教育阶段相衔接。幼儿园教育阶段处于 0—3 岁婴幼儿保教阶段和小学教育阶段之间。刚上小班的幼儿处于婴幼衔接时期，幼儿教师只有具备 0—3 岁婴幼儿保教知识，才能在这个时期帮助婴幼儿顺利从 0—3 岁婴幼儿保教阶段过渡到幼儿园教育阶段，帮助幼儿克服入园焦虑，顺利适应幼儿园生活。大班幼儿处于幼小衔接时期，幼儿教师只有具备幼小衔接的相关知识，帮助幼儿在进入小学前从心理上、生活上、学习上做好相应调适，顺利由幼儿园的生活学习方式过渡到小学的生活学习方式上，才能让幼儿的身心更好地发展。因此，婴幼衔接和幼小衔接知识是一名合格幼儿教师必须具备的知识。

（三）通识性知识

"通识性知识"主要是指人文社会科学知识和自然科学知识，它决定了幼儿教师的基本文化和教育素养，是幼儿教师必备的教学内容知识。《专业标准》指出幼儿教师需具备的通识性知识包括：自然人文社科知识，我国教育发展知识，领域教育知识，艺术欣赏与表现知识，现代信息技术知识。（详见表 7.7）

表 7.7 通识性知识

领域	基本要求
通识性知识	1. 具有一定的自然科学和人文社会科学知识 2. 了解中国教育基本情况 3. 掌握幼儿园各领域教育的特点与基本知识 4. 具有相应的艺术欣赏与表现知识 5. 具有一定的现代信息技术知识

1. 自然人文社科知识

自然科学知识有助于幼儿教师形成科学精神，在幼儿教育的过程中遵循幼儿身心发展规律和教育规律，科学施教。同时，自然科学知识有助于幼儿教师更好地开展幼儿科学教育活动，能够用正确的科学概念、科学的探究方法引导幼儿进行科学探究活动，促进幼儿科学领域的发展。人文社会科学知识有助于幼儿教师提高自身的文化修养。同时，人文社会科学知识也能够转化为幼儿园的教学内容知识。幼儿园的教育内容广泛而丰富，幼儿教师积累的人文社会科学知识能够运用于幼儿园教育教学过程中相关内容的教学上面。因此，专业的幼儿教师应该具有一定的自然人文社科知识，并在生活中不断丰富这些知识，在提升自我文化修养的同时为幼儿的发展积累基础性知识。

2. 我国教育发展知识

幼儿园教育是整个教育体系的一部分，要做好幼儿园教育，首先需要对我国教育的基本情况有所了解。因为只有在对我国整个教育有一个综观性认识与了解以后，才能够站在一定的高度来看待幼儿园教育，才能准确把握幼儿园教育的地位以及其在个体发展中的作用，也才能帮助幼儿教师更清楚地理解幼儿园教育的目标和任务。因此，幼儿教师需要了解我国教育的基本情况，既要从纵向了解我国教育的发展历史以及未来的发展趋势，也要从横向上了解不同学段、不同地区教育发展的基本情况。只有在统观我国教育发展情况的基础上，幼儿教师看待幼儿教育的视角之广度和深度才可能拓展。

3. 领域教育知识

《纲要》指出："幼儿园的教育内容是全面的、启蒙性的，可以相对划分为健康、语言、社会、科学、艺术等五个领域。"不论是领域教学活动，还是综合主题活动，甚或探究式主题活动，其具体实施都依赖于领域教育知识。例如，在小班综合主题《美丽的蝴蝶》活动中，既可能涉及语言领域的教育知识（绘本故事），也可能涉及科学领域的教育知识（毛毛虫变蝴蝶的过程），还可能涉及健康和艺术领域的教育知识（户外活动中扮演蝴蝶完成体能训练内容、律动中以蝴蝶为主线创编动作等）。因此，幼儿教师必须掌握各领域教育的特点和相关知识，才能在具体的教育教学活动中实现优质的教育，实现幼儿"看得见"的发展。否则，再多的理论、再好的理念也无法直接转变为幼儿真实的发展。

4. 艺术欣赏与表现知识

幼儿园，英文单词是 kindergarten，即幼儿的花园。幼儿如花朵般在幼儿园这所花园里快乐成长，这可能是 kindergarten 这个单词创造者的初衷。幼儿园应该是美的，幼儿教育应该是美的，作为幼儿教育实施者的幼儿教师应该是美的使者，能够欣赏美、表达美、创造美。具有艺术欣赏与表现知识的老师更容易受到幼儿的喜爱，因为幼儿的直观性思维方式喜欢艺术化的、形象化的事物，这样的老师能够为他们提供美的环境，能够用艺术化、形象化的事物和表达方式激发他们参与活动的兴趣，能够引导他们去欣赏美、感受美、表达美和创造美。因此，《专业标准》要求幼儿教师必须具备相应的艺术欣赏与表现知识，以自己的艺术素养为基础，对幼儿实施美育，同时促进幼儿更好地参与教育教学活动。

5. 现代信息技术知识

现代信息技术是指以计算机技术和电信技术的结合而形成的对声音、图像、文字、数字等信息进行获取、加工、处理、储存和传播使用的技术。随着时代的发展，现代信息技术已经进入了人们生活的各个领域。在幼儿园教育中，课件、视频的运用已经司空见惯，编辑音乐、剪辑视频等也成了幼儿教师工作中需要掌握的知识。因此，作为一名合格的现代幼儿教师，必须掌握一定的现代信息技术知识，才能在信息化时代有效利用资源服务于幼儿的发展。

三、专业能力

"专业能力"是指幼儿教师所具备的幼儿保教实践能力和专业发展管理能力，它指向的是幼儿教师在教育教学过程中的具体实践和自身专业化的发展过程。专业能力直接影响幼儿教师的保教实践质量和幼儿的发展。《专业标准》对幼儿教师的专业能力提出7个领域共28项基本要求，占整个《专业标准》62项基本要求的43.5%，充分体现了幼儿教师专业能力的重要性。

（一）环境的创设与利用

"环境的创设与利用"是幼儿教师的常规工作之一，具备环境创设与利用能力是对一名合格幼儿教师的基本能力要求。环境创设与利用主要包括为幼儿创设积极健康的精神环境和能够促进幼儿全面发展的物质环境，充分利用环境这一教育资源去促进幼儿的发展。环境的创设与利用能力包括幼儿园精神环境的创设能力、物质环境的创设与利用能力。（详见表7.8）

表7.8 环境的创设与利用

领域	基本要求
环境的创设与利用	1. 建立良好的师幼关系，帮助幼儿建立良好的同伴关系，让幼儿感到温暖和愉悦 2. 建立班级秩序与规则，营造良好的班级氛围，让幼儿感受到安全、舒适 3. 创设有助于促进幼儿成长、学习、游戏的教育环境 4. 合理利用资源，为幼儿提供和制作适合的玩教具和学习材料，引发和支持幼儿的主动活动

1. 精神环境的创设能力

幼儿园精神环境是指幼儿园班级氛围、师幼关系、幼儿教师的教育教学风格和人格特征等。精神环境对幼儿自我意识、认知、社会性等发展具有潜移默化和持久性的影响。

《专业标准》要求，幼儿教师要"建立良好的师幼关系，帮助幼儿建立良好的同伴关系，让幼儿感到温暖和愉悦"。幼儿在园的人际关系主要是师幼关系和同伴关系，这两类关系直接影响幼儿认知、心理、社会性的发展。幼儿教师应该具备与幼儿进行积极师幼互动的能力，爱幼儿，尊重幼儿，倾听幼儿，给予幼儿积极反馈，通过日常良好的师幼互动为幼儿创设一个安全的心理环境，让幼儿感受到爱与温暖。同时，同伴关系是幼儿社会性发展过程中非常重要的关系，幼儿教师应该有意识地帮助、指导幼儿与同伴交往，帮助幼儿掌握与同伴交往的方法和策略，使幼儿与同伴之间建立友好的关系，在幼儿园生活中找到归属感。这样的心理状态更利于幼儿对所处环境的认同、对新事物的接纳，从而在幼儿园的学习生活中更好地发展。

《专业标准》要求，幼儿教师要"建立班级秩序与规则，营造良好的班级氛围，让幼儿感受到安全、舒适"。蒙台梭利认为，幼儿在发展过程中存在秩序敏感期，幼儿需要一个有秩序的环境来帮助他们认识和理解事物，一旦幼儿熟悉的环境消失，他们则会无所适从。因此，幼儿教师应该在班级管理过程中建立班级秩序和规则，使之成为幼儿在园生活的心理秩序，这样能够帮助幼儿更好地适应幼儿园生活。同时，幼儿教师应该努力营造温馨、积极、和谐、鼓励大胆表达、鼓励自由想象的班级氛围，让幼儿在这样的班级环境里感受到安全舒适，利于幼儿进一步地发展。

2. 物质环境的创设与利用能力

幼儿园物质环境是指外在的、看得见的物质，包括生活设施、教玩具材料、各类装饰布置等。物质环境既是幼儿教师保教观、儿童观在环境创设方面的体现，也是幼儿发展的实际支撑材料。幼儿的发展离不开良好物质环境的影响。专业的幼儿教师应该创设有益于幼儿安全和健康，具有视觉美感，有益于幼儿良好行为养成，有益于幼儿认知发展、社会性发展的环境。同时，幼儿教师应该能够为幼儿提供适宜的玩教具材料。幼儿玩教具材料的选择与提供能够充分反映幼儿教师的保教观和儿童观。专业的幼儿教师需要熟悉幼儿年龄特点与发展需求，尽可能为幼儿提供他们感兴趣的、能促进他们发展的、结构化较低的、有层次的、能满足班级不同发展水平幼儿操作的材料。要摒弃材料越精致越好的观念，多为幼儿提供朴素的、自然的原材料，让幼儿能够充分发挥自己的想象去自由操作这些材料，在这个过程中获得愉快的体验和全面的发展。

（二）一日生活的组织与保育

"一日生活的组织与保育"是幼儿教师的常规工作，它直接关系幼儿身心的健康发展。《专业标准》指出，幼儿教师的一日生活组织与保育能力包括：一日生活的组织能力、幼儿保育能力和随机教育的能力。（详见表7.9）

表7.9 一日生活的组织与保育

领域	基本要求
一日生活的组织与保育	1. 合理安排和组织一日生活的各个环节，将教育灵活地渗透到一日生活中 2. 科学照料幼儿日常生活，指导和协助保育员做好班级常规保育和卫生工作 3. 充分利用各种教育契机，对幼儿进行随机教育 4. 有效保护幼儿，及时处理幼儿的常见事故，危险情况优先救护幼儿

1. 幼儿一日生活的组织能力

科学合理的幼儿园一日生活安排有利于幼儿身体的健康发展，能够帮助幼儿形成良好的秩序感，为幼儿创设安全的心理环境。一名合格的幼儿教师首先应该能够科学合理地安排幼儿的一日生活，结合幼儿的年龄特点制定适宜的作息时间表，做到动静交替、室内外活动交替，直接指导活动与间接指导活动相结合，集体活动与个体自由活动相结合。其次，幼儿教师在组织幼儿一日生活的过程中，应该优化过渡性环节，尽量减少幼儿的消极等待现象和"赶场子"现象，使教育渗透于幼儿一日生活的各个环节。

2. 幼儿保育能力

幼儿教师的基本职责是实施科学保教，幼儿保育不仅是保育员的工作，也是幼儿教师的重要工作内容。在幼儿一日生活中，幼儿教师需要与保育员相互协调、相互配合，共同做好幼儿的保育，照料好幼儿的生活。同时，保证幼儿的安全健康是幼儿园的首要工作，幼儿教师需要掌握幼儿卫生保健知识与常见突发事故的应急处理措施，具备幼儿常见事故的处理能力，遇突发事故能在第一时间采用最科学的处理办法，尽量减小事故对幼儿的伤害。如遇突发危机事件，幼儿教师需要将幼儿的生命安全放在首位，优先救护幼儿。

3. 随机教育能力

生活即教育，教育即生活，幼儿的一日生活处处蕴含着教育的契机。《纲要》指出，幼儿教师要"善于发现幼儿感兴趣的事物、游戏和偶发事件中所隐含的教育价值，把握时机，积极引导"。幼儿教师应通过生活现场直观的、幼儿刚经历过或正在经历的事物及时施教，增强幼儿对事物的感知与理解。

（三）游戏活动的支持与引导

游戏是幼儿的基本活动形式，是对幼儿进行全面发展教育的重要形式，对幼儿的全面发展有着独特的价值。对"游戏活动的支持与引导"是幼儿教师的重要工作内容，也是专业的幼儿教师必须具备的能力，它包括游戏条件创设能力和游戏活动指导能力。（详见表 7.10）

表 7.10 游戏活动的支持与引导

领域	基本要求
游戏活动的支持与引导	1. 提供符合幼儿兴趣需要、年龄特点和发展目标的游戏条件 2. 充分利用与合理设计游戏活动空间，提供丰富、适宜的游戏材料，支持、引发和促进幼儿的游戏 3. 鼓励幼儿自主选择游戏内容、伙伴和材料，支持幼儿主动地、创造性地开展游戏，充分体验游戏的快乐和满足 4. 引导幼儿在游戏活动中获得身体、认知、语言和社会性等多方面的发展

1. 游戏条件创设能力

空间和材料是幼儿游戏的必备物质条件。合理布置的空间能够保证幼儿的游戏安全、保证幼儿游戏的便利与投入程度。适宜的游戏材料能够激发和维持幼儿参与游戏的兴趣，保证幼儿投入游戏的程度与愉悦度，决定幼儿在游戏中获得发展的效果。因此，为幼儿提供适宜的游戏条件是幼儿教师必须具备的能力。在游戏空间设置上，幼儿教师需要考虑不同游戏的空间大小、布局，游戏空间与其他活动空间的区分与相互转换，合理利用班级活动室空间，利用有限的空间发挥出最大的教育价值。在游戏材料的提供上，幼儿教师需要考虑幼儿的兴趣需要、年龄特点、发展目标、发展水平，以及当前开展的教育教学活动。将游戏材料与幼儿的兴趣需要、年龄特点、发展目标相结合，让幼儿在愉快的游戏过程中获得发展。将游戏材料与幼儿的发展水平相结合，能够为不同发展水平的幼儿提供不同层次的游戏，促进每一个个体的发展。将游戏材料与当前开展的教育教学活动相结合，可以通过游戏整合其他活动中获得的知识与经验。同时，也能够通过游戏激发幼儿下一次参与相关内容教育教学活动的兴趣。因此，什么样的游戏条件于幼儿而言是适宜的是幼儿教师必须思考的问题，怎样为幼儿提供适宜的游戏条件是幼儿教师必须具备的专业能力。

2. 游戏活动指导能力

"幼儿园游戏兼具自然性和教育性，即幼儿园游戏既具有自然活动的自发、自由、自在的特点，也具有教育活动的计划性、结构性、引导性的特点。相比较而言，游戏的自然性是幼儿园游戏的本质和本体价值所在，也是幼儿园游戏存在的依据。因此，专业的教师必须懂得应该让幼儿在游戏中获得快乐和满足并知道如何让幼儿在游戏中获得快乐和满足，在此基础上或者说与此同时，使幼儿获得多方面的发展。"[1]因此，专业的幼儿教师首先应该尊重游戏的自然性，鼓励幼儿自主选择、自由游戏，让幼儿在游戏中获得愉快的体验与快乐的感受。其次，幼儿教师要充分发挥游戏的教育性，通过适宜的介入游戏、引导游戏，帮助幼儿通过游戏获得多方面的发展。当前，于大多数幼儿教师而言，游戏指导是一个难点，作为一名专业的幼儿教师，应该学习观察幼儿游戏和游戏指导的知识，通过观察，适时适宜介入游戏并科学引导幼儿的游戏，使愉快的游戏服务于幼儿的发展。

（四）教育活动的计划与实施

幼儿园教育活动是教师以多种形式有目的、有计划地引导幼儿生动、活泼、主动活动的过程。"教育活动的计划与实施"是幼儿教师教育教学能力的集中体现。教育活动的计划与实施能力包括教育活动设计能力、因人施教的能力、运用适宜形式组织活动的能力、引导幼儿主动学习的能力。[2]（详见表7.11）

表 7.11　教育活动的计划与实施

领域	基本要求
教育活动的计划与实施	1. 制订阶段性的教育活动计划和具体活动方案 2. 在教育活动中观察幼儿，根据幼儿的表现和需要，调整活动，给予适宜的指导 3. 在教育活动的设计和实施中体现趣味性、综合性和生活化，灵活运用各种组织形式和适宜的教育方式 4. 提供更多的操作探索、交流合作、表达表现的机会，支持和促进幼儿主动学习

1. 教育活动设计能力

合格的幼儿教师需要具备教育活动的设计能力，能够根据班级工作情况、班级幼儿的年龄特点、发展水平、发展目标制订学期工作计划、月工作计划、周工作计划、半日活动计划和具体活动方案，将教育目标和教育措施相连接，使理想的教育可能转化为实际的、可操作的教育。专业的幼儿教师制订的计划应该是科学的、适宜的，设计的具体活动方案应该具有综合性、趣味性、发展性、生活化和可操作性，使活动方案能够转化为幼儿乐于参与的、能够促进幼儿发展的具体的活动内容。

---

[1] 教育部教育工作司组.《幼儿园教师专业标准（试行）》解读[M]. 北京：北京师范大学出版社，2013.
[2] 教育部教育工作司组.《幼儿园教师专业标准（试行）》解读[M]. 北京：北京师范大学出版社，2013.

2. 因人施教的能力

《纲要》要求，幼儿教师要"关注幼儿在活动中的表现和反应，敏感地察觉他们的需要，及时以适当的方式应答，形成合作探究式的师生互动"。专业的幼儿教师"眼里一定要看得见孩子"，不应该仅是活动方案的忠实执行者，而需要在活动中去观察幼儿的表现，了解幼儿对活动的兴趣与投入程度，了解幼儿对活动信息的反馈，根据幼儿的反应情况在活动实施过程中对活动方案进行及时调整，使以教师为主体设计的活动方案能够转化为以幼儿为主体真实参与其中的活动方案。因此，专业的幼儿教师的眼里一定要有幼儿这个人，能够做到因人施教。

3. 运用适宜活动组织形式的能力

幼儿园的活动组织形式可分为集体活动、小组活动和个别活动。专业的幼儿教师要能够根据活动需要灵活运用各种组织形式。教学活动不一定只能采用集体活动的形式，游戏活动不一定只能采用小组活动和个别活动的形式。每个活动采用什么样的组织形式要根据活动内容的特点和活动的趣味性来综合考虑。

4. 引导幼儿主动学习的能力

《指南》指出："要重视幼儿的学习品质……帮助幼儿逐步养成积极主动、认真专注、不怕困难、敢于探究和尝试、乐于想象等良好学习品质。"专业的幼儿教师不仅是知识的传递者，还应该成为幼儿主动学习的引导者。在活动中通过为幼儿提供操作探索、交流合作、表达表现的机会，让幼儿成为活动的主体、学习的主体，引导幼儿在活动中自我感知，自我操作，自我体验，自我建构知识，形成能力。

（五）激励与评价

激励与评价是幼儿教育工作的重要组成部分，《纲要》在五大领域的内容与要求上，反复提到要"鼓励幼儿……"，同时提出"教育评价是了解教育的适宜性、有效性，调整和改进工作，促进每一个幼儿发展，提高教育质量的必要手段"。专业的幼儿教师需要具备激励与评价能力，包括赏识激励幼儿的能力、全面客观评价幼儿的能力、有效利用评价结果改进保教结果的能力。（详见表7.12）

表7.12 激励与评价

领域	基本要求
激励与评价	1. 关注幼儿日常表现，及时发现和赏识每个幼儿的点滴进步，注重激发和保护幼儿的积极性、自信心 2. 有效运用观察、谈话、家园联系、作品分析等多种方法，客观地、全面地了解和评价幼儿 3. 有效运用评价结果，指导下一步教育活动的开展

1. 赏识激励幼儿的能力

每一个幼儿都是独特的，专业的幼儿教师应该运用科学的观察方法去了解每一个幼儿，去欣赏每个幼儿身上的闪光点。在一日生活中，教师应该细心发现每个幼儿的进步，及时给予表扬和鼓励,帮助幼儿建立自信心。同时,要让幼儿感受到教师对他们所寄予的爱和期望,通过"罗森塔尔效应"激励幼儿往更好的方向、更高的水平发展。

2. 全面客观评价幼儿的能力

评价具有诊断幼儿发展水平和发展需要、帮助教师改进教育教学工作的作用。全面客观地评价幼儿是专业幼儿教师的必备能力。首先,幼儿教师要通过自然观察法、谈话法、家园联系法等多种方式、多途径去了解幼儿的基本情况、发展水平与发展需要,将教师、幼儿、家长均作为评价主体,综合考量不同评价主体的评价结果,以实现对幼儿的全面客观的认识;其次,幼儿教师应采用观察记录、轶事记录、作品分析等方式在幼儿日常生活中全面、客观地记录和分析幼儿,用过程性评价的方式来全面客观评判幼儿的发展水平与发展需要。

3. 有效利用评价结果改进保教工作的能力

《纲要》指出,幼儿教师要"明确评价的目的是了解幼儿的发展需要,以便提供更适宜的帮助和指导"。幼儿教师应该明白,评价的主要目的不在评判幼儿的好坏优劣,而是通过评价来了解幼儿的实际发展水平和发展需要,根据评价结果来改进自己的教育教学,为工作成效的提高和幼儿的进一步发展奠定基础。

(六) 沟通与合作

幼儿教师的工作关系涉及幼儿、家长、同事、幼儿园行政管理人员和社区相关工作人员。专业的幼儿教师需要具备良好的沟通与合作能力,才能在工作中处理好各种关系,实现教育教学的最优化。具体而言,幼儿教师需要具备良好的语言表达能力、倾听能力、合作能力。(详见表 7.13)

表 7.13 沟通与合作

领域	基本要求
沟通与合作	1. 使用符合幼儿年龄特点的语言进行保教工作 2. 善于倾听,和蔼可亲,与幼儿进行有效沟通 3. 与同事合作交流,分享经验和资源,共同发展 4. 与家长进行有效沟通合作,共同促进幼儿发展 5. 协助幼儿园与社区建立合作互助的良好关系

1. 良好的语言表达能力

语言表达是沟通的基础,适宜的语言表达方式能够增进沟通双方的相互理解,增强沟通效果。在与幼儿沟通时,幼儿教师需要使用亲切的、拟人化的、具体表述的语言,让幼儿听得懂。同时,幼儿教师要用变化丰富的语调与幼儿交流,充分吸引幼儿的注意力和倾听意愿,用符合幼儿年龄特点的方式与幼儿沟通。在与家长沟通时,幼儿教师需要用适宜的语气语调,用既亲切又专业的语言与家长沟通,增强家长对教师和幼儿园教育的信任感。在与同事沟通时,幼儿教师需要用协商的语气平等地与同事交流,促进双方的相互理解与认同。在与幼儿园行政管理人员和社区相关工作人员沟通时,要站在幼儿教师这一角色用不卑不亢的语言表达方式进行沟通交流。

2. 倾听能力

倾听是一种能力。与幼儿沟通时，幼儿教师应蹲下来认真倾听幼儿的想法，让幼儿感受到被倾听、被关注，增强幼儿与教师沟通交流的愉悦感与幼儿沟通交流的满足感。与家长沟通时，幼儿教师需要认真倾听家长的意见和建议，让家长充分表达自己的看法，让家长感受到被倾听、被尊重，增强教师与家长之间的沟通效果。与同事沟通时，幼儿教师要能够倾听同事的看法和观点，先倾听，再交流讨论。与幼儿园行政管理人员和社区相关工作人员沟通时，幼儿教师也需要耐心倾听他们的意见和建议，先倾听，再陈述自己的观点，这样能够使沟通更顺利地进行。

3. 合作能力

为了更好地促进幼儿的发展，幼儿教师不仅需要持续学习保教知识、提升保教能力，还需要与家长、同事、幼儿园行政管理人员和社区相关工作人员密切配合、共同协商，通过合作实现幼儿更好的发展。所以，专业的幼儿教师必须具备合作能力，能够与家长相互配合，通过家园合力共同促进幼儿发展；能够与同事合作交流，相互分享经验和资源，实现共同发展；能够主动配合幼儿园行政管理人员和社区相关工作人员的相关工作安排，协助幼儿园与社区建立合作互助的良好关系。

（七）反思与发展

幼儿教师的反思能力能够提高其自身的专业能力，优化其保育和教育实践。幼儿教师的发展能力能够帮助其持续学习，不断进行自身的专业发展规划，从而实现自身的专业发展。因此，专业的幼儿教师应该具备反思能力和发展能力。（详见表 7.14）

表 7.14 反思与发展

领域	基本要求
反思与发展	1. 主动收集分析相关信息，不断进行反思，改进保教工作 2. 针对保教工作中的现实需要与问题，进行探索和研究 3. 制订专业发展规划，不断提高自身专业素质

1. 反思能力

反思，是指思考过去的事情，从中总结经验教训。教师的反思能力是指教师在教育教学过程中，将自我和教育教学实践作为意识的对象，不断地进行主动思考、评价、调整的能力。专业的幼儿教师应该不断提升反思能力，提高保教质量。首先，幼儿教师要能够主动收集与保教实践相关的信息并进行思考、分析，结合自身的保教实践进行反思，调整自己的工作思路和措施，改进保教工作，提升保教质量。其次，幼儿教师要善于发现保教工作中存在的问题，通过主动的学习、研究，寻找解决问题的方法，通过一个又一个工作难题的突破促进自我的专业发展。

2. 发展能力

教师的发展能力是指教师通过对自我以及所从事职业的专业性的综合分析，制订适宜于自我发展需要的规划，在此基础上通过专业信念的树立、专业知识的进一步积累和专业能力的进一步提升来实现自我专业化发展的能力。幼儿教师作为专业工作者,应该努力实现自我的专业化发展,提升自己的专业素养。首先,专业发展规划是专业发展的路标,幼儿教师要能够结合《专业标准》,根据自身的专业发展需求制定适宜的专业发展规划,明确发展的总目标与阶段目标、发展的方法和路径,让规划来引导自己的专业发展。其次,幼儿教师要将规划转变为自我发展的实际行为,通过信息的收集、分析获得专业发展所需知识营养,然后要结合自身保教工作实践进行思考、研究、检验,获得专业能力的提升。最后,幼儿教师还需定期进行自我专业发展情况分析与评价,通过分析与评价督促自我不断发展。

本章小结

1. 《专业标准》是在我国学前教育事业发展需要和国际幼儿园教师专业发展趋势的双重推动下研制的,并作为落实《国家中长期教育改革和发展规划纲要(2010—2020年)》的一项具体措施和紧迫任务而颁布实施。

2. 《专业标准》是国家对合格幼儿教师专业素质的基本要求,是幼儿教师开展保教活动的基本规范,是引领幼儿教师专业发展的基本准则,是幼儿教师培养、准入、培训、考核等工作的重要依据。

3. 《专业标准》由3个维度、14个领域、62项基本要求构成,以幼儿为本、师德为先、能力为重、终身学习为基本理念。

4. 《专业标准》建议:各级教育行政部门要将《专业标准》作为幼儿教师队伍建设的基本依据;开展幼儿园教师教育的院校要将《专业标准》作为幼儿园教师培养培训的主要依据;幼儿园要将《专业标准》作为教师管理的重要依据;幼儿园教师要将《专业标准》作为自身专业发展的基本依据。

思考与练习

一、简述题

1. 简述《幼儿园教师专业标准(试行)》的意义。
2. 简述《幼儿园教师专业标准(试行)》中的基本理念。

二、论述题

1. 试述幼儿园教师专业理念与师德的基本要求。
2. 试述幼儿园教师专业知识的基本要求。
3. 试述幼儿园教师能力的基本要求。

第八章 幼儿园园长专业标准

📖 内容提要

《幼儿园园长专业标准》(以下简称《园长标准》)是继《幼儿园教师专业标准(试行)》颁布后,另一项为提升幼儿教师师资队伍素质、保障学前教育质量的又一重要文件。本章概括阐述了《园长标准》的出台背景、研制基本情况、基本架构,帮助学习者把握《园长标准》基本理念、结构与内容,形成整体认识与了解。

◎ 教与学的目标

1. 了解《园长标准》研制的背景和基本架构,理解其出台的必要性以及对深化我国学前教育改革发展的重要意义。

2. 深入理解《园长标准》对园长理念、知识结构、能力结构的基本规定,掌握园长六大专业职责与专业要求,在实践中认真贯彻与践行。

3. 以辩证、联系的观点,形成对《幼儿园教师专业标准(试行)》与《幼儿园园长专业标准》的整体认识。

第一节 《幼儿园园长专业标准》概述

一、《幼儿园园长专业标准》出台的背景

1.《幼儿园教师专业标准(试行)》的颁布

继 2012 年教育部颁布《幼儿园教师专业标准(试行)》后,2015 年 1 月教育部又正式颁布《幼儿园园长专业标准》(以下简称《园长标准》)。园长是履行幼儿园领导和管理工作职责的专业人员,作为幼儿园教师队伍中的核心,一个好园长对幼儿园发展有至关重要的作用,在业界有"一个好园长能带出一所好幼儿园"的说法。园长集教育者、引领者、管理者多重角色于一身,能规划、引领幼儿园的发展,引领幼儿园教师获得专业成长,并能与家庭、社区、社会良好互动、合作,促进幼儿身心发展。《园长标准》的颁布是进一步深化幼儿园教师专业队伍建设,推动幼儿园发展从而提高学前教育质量的又一重要文件。

2. 园长专业发展中遭遇的现实困难

长期以来，幼儿园教师、幼儿园园长的专业性都未受到社会的广泛认可。甚至，存在一些误解，认为幼儿园园长、幼儿园教师就是"照顾""看管"小孩子。《园长标准》有利于转变社会对园长专业性的认识与看法，产生积极认识。此外，从20世纪90年代中期以来，幼儿园出现了明显的"社会化"和"市场化"的倾向。幼儿园园长的角色定位似乎也随之社会化、市场化和商业化，会经营、能赚钱成为衡量园长能力的潜在尺度。同时，随着民办幼儿园的急剧增长并逐渐在所有学前教育机构中占据优势，园长队伍的知识结构和经验背景也日益多样化，园长的专业性、教育者的角色日益淡化。在这种情况下，幼儿园的公益性、普惠性和保育教育质量受到严重影响。而今，《园长标准》的出台，标志着我国幼儿园园长角色将向专业性教育者转变。

3. 国际幼儿园教师专业发展趋势

美国20世纪80年代就开始教师资格认证，包括幼儿园园长资格认证。英国20世纪末也开始落实相关事项。目前欧美国家均形成自己的教师专业发展与认证体系。因此，《园长标准》的颁布顺应了当前世界学前教育改革与发展的需求。

二、《园长标准》研制基本情况

（一）研制过程

为形成有效、高质量的标准，教育部委托教育部幼儿园园长培训中心承担该专项课题，由园长中心柳海民教授牵头，开展《园长标准》研制工作，成立由3个团队（指标研制团队、调查研究团队、专家咨询团队）、6个小组（资料组、专业标准研制组、调研实施组、调研设计与分析组、秘书组、咨询专家组）构成的课题组。① 课题组深入调研，抽样出108位园长进行关键事件访谈；通过问卷调查面向全国东部、中部、西部三个地区10个省市，对1 681位园长、2 186位幼儿园教师、2 293位幼儿家长进行了调研。② 通过广泛调研获得了许多重要数据，为《园长标准》的制定提供了科学、有效的依据与体系。除此之外，《园长标准》还通过会议、现场咨询、通讯等方式进行专家咨询，并向全国各省教育厅及教育部各司、面向社会各界征求意见，最终形成文本。

（二）《园长标准》构建思路与特点

《园长标准》旨在促进园长专业发展、建设师德高尚、专业素质优质的幼儿园园长队伍以深入推进学前教育改革与质量提升。是基于我国学前教育发展现状，根据《中华人民共和国教育法》等有关法律、法规制定的重要标准。简单来说，该标准阐释了何为适宜于学前教育改革发展、儿童成长、教师专业发展的合格园长，其描述了园长应有的价值观念、专业素养与能力。

---

① 王小英，缴润凯．基于幼儿园园长专业标准的园长培训课程构建[J]．学前教育研究，2014（5）．
② 教育学部、教育部幼儿园园长培训中心组织研制的《幼儿园园长专业标准》正式颁布[EB/OL]．http://www.nenu.edu.cn/intramural/content/news/44391.php?newstype=1．

对《园长标准》进行分析，幼儿园园长基本素质与能力的内容建构基本符合"职业角色——工作内容——专业素质"的基本思路。① 先定位园长的多元职业角色，再根据园长承担不同的角色分析每一角色的工作内容，最后探讨完成这些工作所需要具备的基本专业素养与能力。这种基本思路可以很好地剖析、分析园长需要落实的工作以及与之相适应的关键能力，为引导园长专业发展提供具体、可操作性的成长路径。

《园长标准》作为规范合格幼儿园园长的基本能力与水平，规范园长对幼儿园实施管理、领导的适宜行为准则，具有以下几个特点。

1. 基础性

《园长标准》所规范的是幼儿园园长的基本专业素养，是园长任职的基准点和最基本的要求。它为选拔任用合格园长提供依据，保障园长任职资格、准入制度。

2. 引领性

从内容分析，《园长标准》阐释了园长专业发展中对教师队伍建设、幼儿园发展的引领性，包括对幼儿园未来发展规划的引领、对幼儿保育教育的引领、对教师发展的引领等。同时，作为专业标准，也引领着园长专业发展与队伍建设，促使园长提升内部专业素养、综合能力，树立科学儿童观、教育观与管理理念。专业标准作为有效的政策出台，有利于选拔、聘任、考核、培训园长，在实践管理中发挥专业引领作用，使得园长队伍建设富有专业性、科学性与可持续发展。

3. 广泛适用性

《园长标准》适用于国家和社会力量举办的幼儿园正、副职园长。该专业标准作为国家层面的文件、作为合格园长的基本准则，具有广泛的适用性。引领全国各地以此为基本标准进行园长队伍建设与园长专业发展。我国幼儿园类型多元，包括教育部门办园、企事业单位办园、政府机关办园、街道乡镇办园、公民个人办园等。加之地区、办园主体、资源、体制机制、办园水平等方面的不同，幼儿园实际情况之间存在的差异使得园长的教育、管理、引领工作会有所不同。② 因此，在广泛适用性之上，各省、自治区、直辖市教育行政部门可以依据该标准制定符合本地区实际情况的实施意见，体现国家层面引导与地方个性实施的适宜结合，也体现了《园长标准》的广泛适用性。

三、《园长标准》的基本架构与理念

（一）基本架构

《园长标准》的基本架构沿袭了教师专业标准框架，分为"办学理念""专业要求""实施意见"三部分内容，分别从理念、专业结构、操作实施三个层面提出具体要求。

1. 办学理念

"办学理念"价值观念层面提出园长要以德为先、幼儿为本、引领发展、能力为重、终身发展五大要求。

---

① 易凌云. 幼儿园园长专业标准的构建原则与基本内容[J]. 学前教育研究. 2014（5）.
② 易凌云. 幼儿园园长专业标准的构建原则与基本内容[J]. 学前教育研究，2014（5）.

2. 专业要求

"专业要求"对幼儿园园长专业素养的规范遵循"先角色后素质"的基本思路。当前大多校长职业角色研究认同校长有三种职业角色：教育者、领导者、管理者。每种角色有与之相适应的工作职责。王小英教授提出园长同样具有以上三种职业角色，领导者是进行"价值领导"，教育者是进行"教学领导"，管理者是进行"组织领导"。由以上职业角色三大范畴进一步厘清幼儿园园长六大专业职责，并根据每项专业职责再细分各个专业素养。①

职业角色范畴一：领导者——价值领导
职责1：规划幼儿园发展
职责2：营造育人文化
职业角色范畴二：教育者——教学领导
职责3：领导保育教育
职责4：引领教师成长
职业角色范畴三：管理者——组织领导
职责5：优化内部管理
职责6：调适外部环境

以上六方面专业职责共细化为60条专业要求。每项专业职责有10条专业要求：由专业理解与认识（3条）、专业知识与方法（3条）和专业能力与行为（4条）三个方面组成，分别从理念、知识结构、能力机构三个层面进行具有操作性意义的规定。

3. 实施建议

"实施建议"面向各省（区、市）教育行政部门、教师教育机构、幼儿园、学前教育机构、园长等提出相关要求，使得该标准成为园长任职选拔、评价考核、专业发展、专业培训的重要支撑，从而建设优质园长队伍引领幼儿园教师与幼儿园发展，推动我国学前教育事业深化改革。

"实施建议"说明了该标准适用的范围与适用的途径，具有很强的可操作性意义。《园长标准》是引领幼儿园园长专业发展的基本准则，为多项相关工作提供重要依据：

第一，为幼儿园园长队伍建设与管理提供重要依据。规范园长基本专业能力与素养，对园长专业性进行了阐释。充分发挥标准的引领导向作用，为幼儿园园长队伍建设规划、幼儿园园长任职资格、选拔制度等工作提供有力依据，保障幼儿园园长队伍建设与管理机制。

第二，为幼儿园园长考核评价提供重要依据。引领园长专业发展，构建良性、优质幼儿园园长队伍。

第三，为幼儿园园长培训课程提供基本标准与准则。依据园长专业标准设置适宜培训课程内容、形式、途径等。

第四，为园长自身专业发展提供方向与基准。促使园长对自身专业发展有所规划与目标，引导园长坚定教育信念，树立高尚情操，专注专业理念、能力与知识的提升与发展，增强法治观念，坚持立德树人，促进幼儿身心发展，推动学前教育改革发展。

"实施建议"说明了该标准适用的范围与适用的途径，具有很强的可操作性意义。

---

① 王小英，缴润凯. 基于幼儿园园长专业标准的园长培训课程构建[J]. 学前教育研究，2014（5）.

(1)该标准适用于国家和社会力量举办的幼儿园正、副职园长。各省、自治区、直辖市教育行政部门可以依据该标准制定符合本地区实际情况的实施意见。

(2)各级教育行政部门要将该标准作为幼儿园园长队伍建设和管理的重要依据。根据学前教育改革发展的需要,充分发挥该标准的引领和导向作用,制订幼儿园园长队伍建设规划。严格幼儿园园长任职资格标准,完善幼儿园园长选拔任用制度。建立幼儿园园长培养培训质量保障体系,形成科学有效的幼儿园园长队伍建设与管理机制,为促进学前教育发展提供制度保障。

(3)幼儿园园长培训机构要将该标准作为园长培训的主要依据。重视园长职业特点,加强相关学科和专业建设。根据园长专业发展阶段的不同需求,完善培训方案,科学设置培训课程,改革培训模式和方法。加强园长培训的师资队伍建设,开展园长专业成长的科学研究,促进园长专业发展。

(4)幼儿园园长要将该标准作为自身专业发展的基本准则。制订自我专业发展规划,爱岗敬业,增强专业发展自觉性。主动参加园长培训和自主研修,不断提升专业发展水平,努力成为学前教育和幼儿园管理专家。

第二节 幼儿园园长的办学理念

办学理念作为思想、价值、信念层面的内容,在总体上规范了园长专业发展需要坚持、追随的信念导向。当前学前教育存在例如"市场化""利益化""小学化"等错误价值观念导向的现实问题。树立科学的儿童观、教育观,坚持科学的办园方向可以使学前教育事业得到积极发展,让幼儿健康成长。

一、以德为先

1. 坚持社会主义办园方向和党对教育的领导,贯彻党和国家的教育方针政策,将社会主义核心价值观融入幼儿园工作,履行法律赋予园长的权利和义务,主动维护儿童合法权益

首先,"坚持社会主义办园方向和党对教育的领导"是园长领导幼儿园发展的基础前提,也是办园的基本方向,该前提不可动摇。我国为促进学前教育发展,保障幼儿身心健康、幸福成长,推动了多项有力措施,包括目前实施的"学前教育三年行动计划"中加强公益性幼儿园的建设、推动幼儿教师职前职后培训项目以提升师资力量等。园长办园需要贯彻党和国家的教育方针政策,防止学前教育"商业化""利益化",真正落实解决"入园难""入园贵"问题,办人民满意的幼儿园。

其次,师德作为社会主义核心价值体系在教育活动中的具体体现,《园长标准》将践行社会主义核心价值体系作为师德重要内容,也促使幼儿园园长不断在实践活动中践行,并以社会主义核心价值体系作为检验自身师德水平的重要标准。[①]

最后,《园长标准》的颁布是为了进一步推动《国家中长期教育改革和发展规划纲要(2010—2020年)》的实施。依法治校是社会主义民主法治、政治文明建设推进、教育改革不断深化的重要途径与题中之意。园长需要依据法律、法规履行自身权利与义务。依法办园、

---

① 教育部教师工作司.《幼儿园园长专业标准》解读[M].北京:北京师范大学出版集团,2013.

办学，坚持以人为本，切实落实师生主体地位，保障幼儿权益。依法办园、依法执教有利于保障幼儿园管理、运行的有效性。避免缺乏法治带来的管理混乱，阻碍学前教育教育质量，例如幼儿园收取高额费用、买卖入园名额等恶性问题。让学前教育在依法办园的良性环境下真正保障师生权益，推动学前教育深化发展，提升教育质量。

2. 热爱学前教育事业和幼儿园管理工作，具有服务国家、服务人民的社会责任感和使命感

《园长标准》要求园长以德为先，这里的"德"既是一种道德又是一种品德。园长需要具备对学前教育事业和幼儿园管理工作热爱的品德。人生最大的幸福是喜欢某样东西，又正好以此为事业。园长集"教育者""管理者""引领者"于一身，常常会面对繁忙事务与工作压力。热爱作为园长职业生涯发展的内部需求与内部动机，可以提供源源不断的动力，使工作突破行为惯式，富有创意，而不是困惑于学前教育的种种琐事之中。

除了热爱学前教育事业之外，比热情更高一层的则是"责任感"与"使命感"。当前，我国处于社会经济飞速发展阶段，学前教育作为"科教兴国""人才战略"的题中之意，需要高素质人才、创造性人才的支持与保障。园长作为幼儿园发展的引领者，我国学前教育深化改革的落实者，其职业理想、职业选择与职业规划，除了考虑个人喜好之外，更需要站在较为宏观的层面与意义去规划、行动，应具有服务国家、服务人民的使命感。

3. 践行职业道德规范，立德树人，关爱幼儿，尊重教职工，为人师表，勤勉敬业，公正廉洁

幼儿园园长职业角色中"教育者"是基础，在幼儿园中，大多数幼儿园园长都具有多年幼儿教师教育实践经历，同时在面对幼儿时，也是以幼儿教师的身份进行互动交往。因此，园长首先是"教育者"。而师德则是幼儿园教师最基本、最重要的职业准则与规范。因此，园长作为教育者，师德方面有着与《幼儿园教师专业标准（试行）》的相同要求：践行职业道德规范，立德树人，关爱幼儿，为人师表。除此之外，园长面对教职工，作为"管理者"需要"尊重教职工，为人师表，勤勉敬业，公正廉洁"。园长管理与企事业单位管理不同，需要站在"教师专业共同体"的角度去思考与落实。因此，园长在面对教职工时，应该站在教师专业的位置以实现教师专业管理与引领。最后，园长作为管理者要勤勉敬业，公正廉洁，在行为中践行社会主义核心价值观。

综上所述，"以德为先"作为办学理念的首要条件，引导支持园长始终坚持社会主义办学方向和党对教育工作的领导，贯彻党和国家的教育方针政策；坚持立德树人，培育和践行社会主义核心价值观坚定理想信念，提高道德情操，秉持仁爱之心，不断提升教师的精神境界，加强依法治校、依法办园，履行法律赋予园长的权利与义务。

二、幼儿为本

1. 以幼儿快乐健康成长为幼儿园工作的出发点和落脚点

首先，"幼儿为本"说明了学前教育与幼儿园工作开展的基点与归宿：促进幼儿身心健康发展，获得幸福童年。当前我国学前教育"小学化"现象揭示了不适宜学前教育的方式给幼儿身心发展带来的危害：幼儿机械式、无意义学习过多，学习品质缺乏、注意力不集中；小学化教育活动形式多为静止、集体学习不利幼儿直接生活经验积累、感官感受以及与周围世界的互动；偏重抽象化的小学化教育不符合幼儿学习方式，造成幼儿学习压力，形成厌学情绪，不利于幼儿终身学习可持续发展……

学前教育的目的并非让幼儿获得"清单式"的知识，而是在活动、生活中获得学习品质与能力，包括对学习的兴趣、专注、有意义学习的方法，形成对周围世界以及自我的认识；学会与人相处、发现问题、协商问题、解决问题……这些能力不仅会使幼儿的童年快乐而有意义，同时会为其终身学习与发展奠定良好的基础。

需要指出的是，"以幼儿为本"并非只注重幼儿，而忽略教育的作用，而是强调教育应该遵循幼儿身心发展规律，而非超前的拔苗助长。"以社会为本位"与"以人为本位"是教育中两大教育目的的观点。"幼儿为本"坚持"以人为本位"的教育目的与方向，强调学前教育应该遵循幼儿生长发展的大纲而不是成人的大纲。苏联心理学家维果斯基提出的"最近发展区"很好地诠释了教育与儿童生长之间的关系。教育需要发生在幼儿最近发展区，幼儿能够在成人的支持、引导下自主向下一个阶段生长、发展。而低于最近发展区的教育由于挑战度不够，可能会使幼儿兴趣不足、乏味而变得无所事事。远高于最近发展区的教育内容又会使幼儿难以承受任务压力而形成厌学情绪，打击其内部学习动机，不利于幼儿身心发展，同时也会将幼儿沦为"学习的苦役"。因此，学前教育的目的旨在以适宜的方式让幼儿获得身心发展，同时体验幸福、有意义的童年。

2. 面向全体幼儿，体现教育的公平与平等

面向全体幼儿指平等对待不同民族、种族、性别、身体状况及家庭状况的幼儿，具有全纳教育的思想。学前教育具有基础性、公益性，是人终身发展与可持续发展的奠基石。因此，园长需要在学前教育开展的每个环节注重面向全体幼儿体现教育公平与平等，包括入园资格、教育机会、资源共享等环节。园长要注意思想引领与统筹管理，引导幼儿教师树立教育公平的观念，不过分偏爱、关注某些幼儿，而忽视个别幼儿。在幼儿园文化构建中充分考虑多元文化以及幼儿个体差异之间的平衡。

3. 尊重个体差异，提供适宜教育，促进幼儿富有个性的全面发展

《幼儿园教师指导纲要（试行）》与《3—6岁儿童学习与发展指南》都指出教育要遵循个体差异原则。"幼儿园的教育是为所有在园幼儿的健康成长服务的，要为每一个儿童，包括有特殊需要的儿童提供积极的支持和帮助"。应该"尊重幼儿在发展水平、能力、经验、学习方式等方面的个体差异，因人施教，努力使每一个幼儿都能获得满足和成功"。幼儿园"要充分理解和尊重幼儿发展进程中的个别差异，支持和引导他们从原有水平向更高水平发展"。当前国际范围内，发展适宜性教育实践也要求学前教育应尊重幼儿个体差异，教育应根据幼儿不同生活经历提供支持其个性发展的相关经验。

4. 树立科学儿童观与教育观，保障教育质量

适宜教育实践的落实有赖于科学的儿童观与教育观的树立，科学观念是学前教育行为实践与教育质量保障的前提与根本。"以人为本"要求园长树立适宜的、现代儿童观，将儿童当作自身权利的主体而非成人的附庸；将幼儿看作主动、有能力的学习者而非被动的、一无所知的，尊重幼儿自身的经验结构；将幼儿看作富有个性与创造性的、发展的人，而非千篇一律的流水线上的生产品；将幼儿看作独特的、具有自身身心特点的发展体，而非"小大人"。

因此，基于科学的儿童观，要求学前教育尊重幼儿、理解幼儿，以幼儿为本，成人提供发展适宜性的教育实践活动以支持幼儿自主、主动地学习、成长与发展。在科学理念的指导下，幼儿可以积累有意义的、生成性的、发展性的经验，从而获得身心健康发展，充分保障学前教育教育质量。

三、引领发展

"引领发展"指出园长专业能力重要的职能与定位。园长作为幼儿园的引领者需要带领幼儿园深化发展，同时又需要引领幼儿教师专业发展，构建高素质幼儿教师队伍，因此，其肩负着引领"幼儿园发展"与"教师发展"的双重任务。

1. 引领幼儿园发展

引领幼儿园发展，园长作为幼儿园改革与发展的带头人，需要正确把握办园方向，规划幼儿园发展，凝聚教职工智慧，计划、落实多项有力措施提高教育质量，办人民满意的幼儿园，完善幼儿各项规章制度，落实依法办园、依法执教，实施科学、民主管理，推动幼儿有意义、可持续发展。

2. 引领教师发展

园长作为幼儿园发展、学科发展带头人，首先需要尊重幼儿教师及教师专业发展规律，充分发挥园长号召力与凝聚力，构建幼儿教师专业共同体。引导幼儿教师规划自身职业生涯路线，并提供相应支持，包括发展机会、平台与培训资源。并建立学习型组织与专业发展激励制度，保障幼儿教师专业发展，激发教师自主成长的内在动力。

四、能力为重

"能力为重"要求园长不仅仅是有丰富、先进的教育理念，最重要的是将这些理念转化为行为与实践。这与当前社会对应用型人才要求相适应，也体现了对高素质人才专业能力结构的要求。

1. 六大核心能力

《园长标准》要求园长在幼儿园工作开展、管理的过程中秉承先进教育理念和管理理念，突出园长的领导力和执行力。《园长标准》根据当前学前教育发展与改革需要指出了园长的三大核心角色与六大核心能力。作为"领导者"，园长需要具备规划幼儿园发展、营造育人文化的价值领导能力；作为"教育者"，园长需要具备领导保育教育、引领教师成长的教学领导能力；作为"管理者"，园长需要具备优化内部管理、调试外部环境的组织领导能力。整个《园长标准》也是围绕以上六大核心能力来阐述，旨在指导园长在专业发展道路上抓住基本、核心问题，成长为符合我国学前教育发展要求的园长。

2. 专业反思能力

园长除了由角色决定的六大基本核心能力之外，专业反思能力也需要贯穿于园长整个专业发展与职业生涯之中。在教育实践过程中，不断学习、反思自身专业结构与专业发展进程，从而深入认识自己，调整行为。

五、终身学习

首先，终身学习是当前全世界对学习与教育的普遍认识。欧洲终身学习创协（European Lifelong Learning Initiative，ELLI）将终身学习定义为"人类潜能的发展，透过一个持续不断的支持过程，以激励并使个体能够获得生命全程需要的所有知识、价值、技巧与了解，并在所有角色扮演、各种情形与环境中，具备自信心、创造力与喜悦以应用这些能力"。当代社会经济飞速发展，每日新知识的产生数量不计其数，传统以知识量占有为主的学习、教育方式无法支持当前世界给人带来的挑战。相对知识占有，更要求学习能力、学习品质的获得，而学习的进程则贯穿人的一生。

其次，就园长专业发展来说，牢固树立终身学习的观念是园长专业发展、改进工作的重要途径。当前学前教育正进行着多元化、高挑战的深入改革，园长需要通过不断学习优化专业知识结构，提高科学文化艺术素养。与时俱进，及时了解国内外学前教育改革与发展的趋势。

最后，终身学习不仅是园长专业发展的内在要求，也是幼儿教师专业发展的内在要求。这要求园长注重学习型组织建设，使幼儿园成为园长、教师、家长与幼儿共同成长的家园。

第三节　幼儿园园长的专业要求

一、专业职责——规划幼儿园发展

园长专业能力中第一个能力是"规划幼儿园发展"。《园长标准》从认识观念、知识结构、能力行为三个层面，提出了相关专业要求，让园长形成知、情、意、行的统一。

（一）专业理解与认识

表 8.1　专业理解与认识

	专业要求
专业理解与认识	1. 坚持学前教育的公益性、普惠性，充分认识学前教育对幼儿身心健康、习惯养成、智力发展具有重要意义 2. 重视幼儿园发展规划的制订和实施，凝聚教职工智慧，建立共同发展愿景，明确发展目标，形成办园合力 3. 尊重幼儿教育规律，继承优良办园传统，立足幼儿园实际，因地制宜办好幼儿园

1. 把握学前教育性质与价值

首先，对幼儿园发展的规划需要把握学前教育的价值与意义。学前教育是人类发展进程中的基础与开端。研究已表明，早期教育对人终身发展有着重要影响。意大利著名医学博士、教育家蒙台梭利女士提出儿童发展的"关键期"在童年早期，儿童具有"吸收性心智"特点，其感官活动丰富、敏感，在动作、语言、思维等方面都有着巨大发展潜力。美国开端计划曾追踪发现，学前教育对家庭与社会也意义非凡，受过优质学前教育的儿童在成人时期其收入、社会交往、幸福感等方面都高于没有受过学前教育的儿童。同时，从国家层面，优质学前教育有助于减少社会性犯罪与社会不稳定因素。

其次，规划幼儿园发展时，要把握住学前教育的根本性质，这是无论怎么发展都不可动摇的。应该把握学前教育公益性、普惠性的性质。学前教育旨在面向全体幼儿，提供公平、公正的教育资源与机会。幼儿园的发展应该以促进幼儿身心健康为目的，而非营利。

2. 增强幼儿园发展规划意识

首先，需要重视规划的意义与作用。规划是行动的目标与指南，能增强实践的效率与意义。幼儿园发展是一个长期、动态的过程，园长引领教师对幼儿园发展进行规划能避免盲目、冲动、无序的决策。

其次，幼儿园发展与幼儿、教师息息相关，规划并非园长一刀切、一人拍板，它需要集聚幼儿园所有教职工的集体智慧，形成共同愿景。这样不仅可以使园长、幼儿教师间思想发生碰撞，同时也能使幼儿教师理解幼儿园的现状、问题、发展方向，从而增强幼儿教师团体的凝聚力与决心。

3. 对幼儿园发展方向与途径的理解与认识

幼儿园发展规划不是"无中生有""另起炉灶"，而是需要基于可靠依据提出有针对性、具有可操作性的规划。幼儿园发展规划需要遵循以下原则：第一，关注幼儿教育规律，幼儿园的发展应与幼儿身心发展相契合。优质的学前教育就是支持、促进幼儿健康成长。第二，幼儿园发展规划应是对传统优秀经验的继承与完善，每个幼儿园都有其自身的特点与优势。因此，在规划时不是全盘推翻过去的做法，而是辩证地继承与改革。第三，每个幼儿园由于其办园特色、历史、区域位置、性质等方面的不同，会有自身的状况与问题。因此，幼儿园规划应该因地制宜，结合自身实际。

（二）专业知识与方法

园长"幼儿园发展规划"能力除了树立适宜认识之外，在知识结构上需要具备教育政策，学前教育基本理论，幼儿园发展规划制订、实施、评价的知识。

表 8.2　专业知识与方法

	专业要求
专业知识与方法	1. 掌握国家的教育方针和相关的法律法规，熟悉《幼儿园工作规程》《幼儿园教育指导纲要（试行）》《3—6岁儿童学习与发展指南》等学前教育的相关政策 2. 了解国内外学前教育改革发展的基本趋势，学习优质幼儿园的成功经验 3. 掌握幼儿园发展规划制订、实施与测评的理论、方法与技术（规划的技术层面）

1. 学前教育政策、法律法规

学前教育依法办园、依法执教要求园长充分了解我国学前教育政策、法律、法规，只有具备此类知识才可能正确解读国家关于学前教育发展的相关要求，引领正确办园方向。

我国有关学前教育的相关政策文件包括《幼儿园工作规程》《幼儿园教育指导纲要（试行）》《3—6岁儿童学习与发展指南》《幼儿园教师专业标准（试行）》《幼儿园园长专业标准》《关于当前发展学前教育的若干意见》等。基于学前教育发展不同阶段，园长也需要掌握相关政策与措施，例如"学前教育三年行动计划"的实施现状与走向、普惠性幼儿园的建设等问题。此外，还要熟悉大教育背景下相关重要政策、法律法规，包括《国家中长期教育改革与发展规划纲要（2010—2020年）》《健全中小学师德建设长效机制的意见》《中华人民共和国教师法》《中华人民共和国未成年人保护法》等。

2. 学前教育发展与改革前沿信息

当前，世界范围内学前教育发展与改革呈现出成果相互借鉴、交流的现状，学前教育发展与改革途径与方式多元化，国内外教育改革中总结出很多优秀经验。园长需要把握国内外学前教育发展与改革基本趋势，同时基于自身实际情况，借鉴优秀幼儿园做法以推进本园的可持续发展。改革前沿信息的掌握有助于园长分析、评价自身幼儿园的现状，并选择适宜的幼儿园发展路径。当前学前教育改革热点包括"小学化"问题、幼小衔接、幼儿园以游戏为基本活动、留守儿童问题、普惠型幼儿建设、优质幼儿教师队伍建设等问题。

3. 掌握规划制订、实施、评价的方法与技术

除了规划方向与信息的掌握之外，有关如何进行幼儿园发展规划的方法与技术是落实规划制订、实施、评价的重要载体。园长需要学会分析幼儿园发展现状、分析面临的问题与挑战、分析可行资源与路径、选择适宜方向、制定具有操作性的措施、建立有效评价、监督机制等方法。

（三）专业能力与行为

表8.3　专业能力与行为

	专业要求
专业能力与行为	1. 把握幼儿园发展现状，分析幼儿园发展面临的问题和挑战，形成幼儿园发展思路 2. 组织专家、教职工、家长、社区人士等多方力量参与制订幼儿园发展规划 3. 依据发展规划指导教职工制订并落实学年、学期工作计划，提供人、财、物等条件支持 4. 监测幼儿园发展规划实施过程与成效，根据实施情况修正幼儿园发展规划，调整工作计划，完善行动方案

从能力与行为层面，《园长标准》沿着幼儿园发展规划实施的步骤与环节——分析现状、制订计划、落实措施、评估与调整，提出四个能力与行为，包括：

1. 分析现状，形成规划思路

幼儿园发展规划的设计需要基于本园实际情况，因此，规划的第一步则是厘清幼儿园现状，分析当前发展中遇到的困难与问题。进一步分析其产生原因、可利用资源与可行的解决方案，从而确定幼儿园未来发展方向。幼儿园发展规划的思路可以是以问题与挑战为中心，旨在解决幼儿现实问题，落实幼儿园教育质量，从而获取发展。

2. 组织人力资源参与规划

心理学家布朗芬布伦纳提出的生态系统理论将个人发展置于环环相扣、相互联系的系统

环境之中。就幼儿园而言，它与幼儿、幼儿家庭、社区、其他社会机构、社会人士都相互联系着，并形成幼儿发展的生态系统。因此，学前教育并非只依靠幼儿园一方可以完成，它需要幼儿园与家庭的联系合作、与社区之间的资源共享、与社会各界人士的互动来完成。幼儿的身心发展也关乎着国家、社会的未来。因此，在幼儿园发展规划的过程中，园长需要积极发挥专家、教职工、家庭、社区、社会等多方面力量来参与完成。这不仅可以降低园长一人决策的武断性，同时可以让社会各界更关注幼儿园发展，了解学前教育的价值与意义。

3. 细化、落实规划实施环节

发展规划的目的是落实到教育实践中，推动幼儿园可持续发展。因此，在规划制订过程中需要细化所规划的内容，指导教职工制订学年计划、学期计划、月计划、周计划等。将规划目标细化为可以转化为行动与教育实践的可操作性目标，并给予适宜的物质、人力支持以推进。由此，规划内容才可以落到实处，而不是空口号。

4. 评价、监控，调整行动方案

发展规划具有动态性，并非静止、不变的。幼儿园发展规划不可能在设计之初就完美无缺，它会随着幼儿园实际发展状况而调整、变化。规划本身就是个自我完善、调整的过程。因此，园长还要具备评价、监控能力，时刻对幼儿园发展进程进行分析、评估，并根据发展中的状态调整行动方案，以适应幼儿园发展的最新实际。

二、专业职责——营造育人文化

学前教育的内容不仅指正式的课程，还包括儿童学习经验、预期的学习结果以及教学过程中诸多影响层面。其中儿童生活的社会共同体文化是一个重要的影响层面，是学前教育可利用的重要资源。[1]

（一）专业理解与认识

表 8.4　专业理解与认识

	专业要求
专业理解与认识	1. 把文化育人作为办园的重要内容与途径，促进幼儿体、智、德、美各方面的协调发展 2. 重视幼儿园文化潜移默化的教育功能，将中华优秀传统文化融入幼儿园文化建设 3. 将尊重和关爱师幼、体现人格尊严、感受和谐快乐作为幼儿园育人文化建设的核心，陶冶幼儿情操、启迪幼儿智慧

1. 重视幼儿园文化潜移默化的教育功能

教育实施除了显性的正式课程之外，包括环境、教师行为、文化在内的隐性课程也给幼儿身心发展带来巨大影响。幼儿通过感官、操作等直接方式与周围环境产生互动，从而形成对周围世界与对自我的认识。因此，幼儿园环境是幼儿园课程实施的重要途径。而这种环境

---

[1] 李姗泽. 学前教育应重视中华民族优秀传统文化——论民间游戏在幼儿园课程资源中的地位和作用[J]. 课程·教材·教法，2005（5）.

不仅仅是指空间、材料等物质环境，更重要是指师幼关系与幼儿园营造出的文化氛围。在良好的育人文化中，幼儿可以获得安全感、爱与美的熏陶。此外，幼儿园育人文化的营造有利于发挥环境对幼儿的积极作用，同时增强幼儿教师对幼儿园的认同感。

2. 关注中华优秀传统文化融入幼儿园文化建设

当前西方文化冲击，我国优秀传统文化一定程度上受到一些人的忽视。教育作为文化传承的重要载体，理应担负起责任。而幼儿作为发展的人，中华优秀传统文化的继承不仅有助于幼儿在德、智、体、美方面获得全面发展，同时也可以增加幼儿的民族自豪感与认同。因此，中华优秀传统文化融入幼儿园文化建设是当前我国学前教育发展与改革的一个重点。

3. 将民主、平等、和谐人际关系作为幼儿园育人文化核心

幼儿园育人文化营造是为了给幼儿以适宜的发展环境，而良好的心理环境可以使幼儿获得安全感，发挥其主体性，激发创造力与发展潜能。心理环境中核心的就是民主、平等、和谐的师幼关系。园长首先要尊重幼儿与教职工，引领幼儿园创设自由、民主的育人文化氛围。高控制、威严、压制性的心理环境会使人长期处于恐惧与压抑之中，不利于发挥其主动性与创造力，甚至会给幼儿心理带来创伤，不利于陶冶幼儿情操、启迪幼儿智慧。

（二）专业知识与方法

表 8.5　专业知识与方法

	专业要求
专业知识与方法	1. 具备一定的自然科学、人文社会科学知识，具有良好的品德和艺术修养 2. 了解幼儿园文化建设的基本理论，掌握促进优秀文化融入幼儿园教育的方法和途径 3. 掌握幼儿身心发展特点，理解和欣赏幼儿的特有表达方式

1. 具备科学、人文综合素养与通识性知识

"通识性知识"是个人掌握的广泛的、非专业性、非功利性的基本知识、技能与态度。园长育人文化的建设要求其具备一定的自然科学、人文社会科学知识、良好品德与艺术修养。综合素养的提升并非意味着大量占有知识储备，而是获得跨学科、跨领域的视野，开阔思维，形成其内在智慧。通识性知识的养成有助于园长从多元文化、跨领域角度去审思学前教育，创设适宜育人文化。

2. 掌握幼儿园文化建设的基本方法与策略

将中华游戏传统文化融入幼儿园教育是幼儿园文化建设的重要途径。首先，园长需要了解优秀传统文化对幼儿社会化发展与个性发展的价值与意义，理解教育文化传承的功能与必要性。同时，园长需要懂得适当的方式方法，例如本土教育资源开发、传统文化教育价值挖掘、民间课程资源开发、环境创设等多样化路径。

3. 理解、欣赏幼儿表达方式

文化是人类社会的一种精神表达，幼儿作为社会中的人，其对周围的环境、社会、文化有自己的表达与理解，构成了独特的儿童世界，形成了儿童自身的文化。幼儿园育人文化的创设需要理解、欣赏幼儿的表达方式，建构适宜幼儿的文化氛围。意大利瑞吉欧教育体系提倡幼儿有一百种语言，这里的语言不仅仅是口语、姿态语，更指向幼儿对周围世界的多种表达方式，通过绘画、泥塑、艺术创作、舞蹈、戏剧、音乐……在教育实践中，幼儿教师也常发现，了解幼儿的途径不仅仅是通过对话，往往图画、游戏活动、泥塑等更能观察到、分析到幼儿无法用言语表达的内容，因为幼儿正是以自己的方式来表达对世界的看法。

（三）专业能力与行为

表8.6 专业能力与行为

	专业要求
专业能力与行为	1. 营造体现办园理念的自然环境和人文环境，形成积极向上、宽容友善、充满爱心、健康活泼的园风园貌 2. 营造陶冶教师和幼儿情操的育人氛围，向教师推荐优秀的精神文化作品和幼儿经典读物，防范不良文化的负面影响 3. 根据幼儿身心发展特点和接受能力，将爱学习、爱劳动、爱祖国教育融入幼儿园一日生活和游戏活动之中 4. 凝聚幼儿园文化建设力量，鼓励幼儿积极参与，发挥教师的主导作用，鼓励社会（社区）和家庭参与幼儿园文化建设

1. 营造积极的自然环境与人文环境

除了家庭、学校之外，环境可以称之为幼儿的第三任教师，幼儿通过与周围环境的互动，在环境中感知、操作、积累经验，获得学习。适宜的环境包括良好的自然环境与人文环境。材料适宜、场地广阔、时间充裕的自然环境可以支持幼儿深入地进行活动、体验与感知。除此之外，积极向上、宽容友善、充满爱心、健康活泼的人文环境可以提供幼儿足够的安全感、自由、民主，以支持幼儿用自我的方式去探索、认知世界。

2. 陶冶师幼情操，推荐优秀精神文化作品

文化的营造除了环境创设，优秀精神文化作品也可以使幼儿与幼儿教师获得美的情感感受。幼儿绘本传递着各种美德、社会文化，在绘本阅读中幼儿自然而然地感知社会道德、美德与爱，教师也可以通过阅读优秀作品获得情操陶冶。幼儿在童年早期，社会行为呈现出"模仿"的倾向，因此，幼儿园需要选择适宜幼儿、符合幼儿身心状态的文化内容与形式，同时防止不良文化对幼儿的负面影响，特别当前是大众传媒大多以成人文化为主流，儿童文化需要其独特的形式与地位。

3. 将社会主义核心价值观融入幼儿园一日生活

教育本身承担着文化传承的作用，中华民族传统文化中体现着中华美德，包括勤学、吃苦耐劳、热爱祖国与集体等。这些可以通过文化氛围的营造传递给幼儿，产生潜移默化的影响。学前教育内容不仅仅是教学活动，也包括游戏活动、生活活动在内的一日生活。社会主义核心价值观的内容不用刻意通过教学活动传递，而是通过社会性活动融入幼儿一日生活。

例如，在排队喝水、吃水果环节时强调秩序与分享；在幼儿发生冲突时，引导幼儿学会换位思考与宽容；通过多样化的教育活动、游戏活动感受学习的乐趣等。

4. 积极组织幼儿园文化建设参与力量

发展适宜性教育提出学前教育应该遵循"文化适宜性"。其指出幼儿由于家庭文化、种族、民族文化不同，学前教育应该包容多元文化，并在教育中体现文化差异与融合。因此，《园长标准》要求园长能够凝聚幼儿园文化建设力量，鼓励幼儿积极参与，发挥教师的主导作用，鼓励社会（社区）和家庭参与幼儿园文化建设。幼儿园文化建设由于多方参与，可以体现出不同家庭、民族、种族、社会文化，让幼儿感受到文化的差异与包容。

三、专业职责——领导保育教育

（一）专业理解与认识

表 8.7　专业理解与认识

	专业要求
专业理解与认识	1. 坚持保教结合的基本原则，把幼儿的安全与健康放在首位，对幼儿发展有合理期望 2. 珍视游戏和生活的独特价值，尊重和保护幼儿的好奇心和学习兴趣，重视幼儿良好的学习品质培养。将人际交往和社会适应作为幼儿良好社会性发展的重要内容。不得以任何形式提前教授小学内容，防止和克服幼儿园教育"小学化"倾向 3. 尊重教师的保育教育经验和智慧，积极推进保育教育改革

1. 保教结合，幼儿安全、健康是首要工作

保教结合是学前教育的基本原则，与其他学校教育阶段不同，学前教育不仅担负教育功能，同时还担负保育功能。保育功能是学前教育的基本功能，只有幼儿拥有健康的身体，才可能谈教育引导身心发展。保育与教育是你中有我、我中有你的关系。幼儿教师除了教育幼儿外，自然也有承担照顾幼儿的职责，同理保育员在保育过程中自然而然也会发生教育行为，例如引导幼儿学会穿脱衣服、分享游戏材料等。因此，学前教育遵循保教结合的原则。

此外，在幼儿园中，园长需要将幼儿安全与健康作为工作的首要任务。幼儿身体正处于非成熟、发展阶段，机体各方面还比较脆弱，需要全面的养护，包括膳食搭配、身体护理、医疗保障等。幼儿园也要注意避免安全事故，排除安全隐患。

2. 形成对学前儿童与学前教育的正确理解

园长作为幼儿园的引领者与带头人，理应形成对学前儿童与学前教育的正确理解，以引领幼儿教师共同体发展。

现代学前儿童观与教育观呈现以下关键观点：第一，幼儿园以游戏为基本活动是学前教育的重要命题，它不仅强调幼儿对游戏的天性需求，同时也提出游戏是幼儿适宜的生存、生活与学习方式。第二，学前教育生活化。提出学前教育具有生活化、游戏化、活动化的特点，与其他学校教育阶段不同，幼儿通过操作、活动等直接经验的活动产生学习与体验。教育内容贯穿于幼儿一日生活之中。第三，强调幼儿学习品质与学习能力的培养。学习不是"知识的学习"，而是获得自我学习的能力。学习品质与能力表现为对学习的热情与兴趣、学习的专注力与态度、解决问题的能力、人际交往的能力、创新能力等。这些能力能支持幼儿后续发展与终身学习。第四，批判"小学化"现象。学前教育"小学化"方式以抽象知识学习为主，不符合幼儿基于感官与操作的学习方式。同时学习内容超前，给幼儿带来学习压力。多项研究表明，"小学化"不仅影响幼儿学习品质获得，同时会造成幼儿对学习失去兴趣，破坏学习内部动机。

3. 尊重教师保教智慧，积极推动教育改革

园长引领保育教育的职责需要幼儿教师专业共同体的回应。尊重教师保教智慧，引领幼儿教师对自身知识结构、实践经验进行反思、总结，是提升师资力量、保障教育质量的重要途径。教师"实践智慧"具有个性化、集成性、创新性、高效性、动态性特点，是幼儿教师各项专业知识与能力的综合体现，是在教育实践中不断反思、探索与创造的结果。它的形成大致要经历理论知识"实践化"——操作性知识活动、实践知识"理论化"——高级知识获得、实践知识"理论化"与理论知识"实践化"互动——专家知识活动、转识为智——实践智慧获得。① 因此，园长在引领教育保育过程中，要关注幼儿教师实践智慧的形成，引导幼儿教师将理论与实践相结合，在实践中不断反思、总结、修正，从而转变教育行为，积极推动教育改革。

（二）专业知识与方法

表 8.8　专业知识与方法

	专业要求
专业知识与方法	1. 掌握国家关于幼儿不同年龄阶段的发展目标和幼儿园保育教育目标 2. 熟悉幼儿园环境创设、幼儿园一日生活、游戏活动等教育活动组织与实施的知识和方法 3. 了解国内外幼儿园保育教育的发展动态和改革经验，了解教育信息技术在幼儿园管理和保育教育活动中应用的一般原理和方法

园长作为教育者，其引领保育教育所需要的专业知识与方法与幼儿园教师专业发展要求一致。简单来说，都需要掌握学前儿童身心发展知识、学前教育基本知识、组织与实施保教活动的基本策略与方法。由于《幼儿园教师专业标准（试行）》中有详细阐释，在此不再赘述。

除此之外，信息社会发展下要求园长不断更新国内外幼儿园保教发展动态与前沿信息，同时需要将信息技术引入幼儿园管理与教育之中。当前幼儿园教育渐渐普及信息技术，包括利用多媒体组织教育活动、幼儿学籍信息管理、剪切视频、音乐等。

---

① 杨彩霞. 幼儿教师实践智慧形成的过程与机制[J]. 学前教育研究，2010（1）.

（三）专业能力与行为

表 8.8　专业能力与行为

	专业要求
专业能力与行为	1. 落实国家关于保育教育的相关规定，立足本园实际，组织制定并科学实施保育教育活动方案 2. 具备较强的课程领导和管理能力，指导幼儿园教师根据每个幼儿的发展需要，制定个性化的教育方案，组织开展灵活多样的教育活动 3. 建立园长深入班级指导保育教育活动制度，利用日常观察、观摩活动等方式，及时了解、评价保育教育状况并给予建设性反馈 4. 领导和保障保育教育研究活动的开展，提升保育教育水平

分析《园长标准》信息内容，园长引领教育保育能力中，集中突出园长课程领导与管理能力，课程领导与管理能力是园长的核心领导能力。

1. 课程观念引领

帮助幼儿教师转变传统课程思维，更新教育观念。树立以学定教、以幼儿为本、生成性、发展性的课程观。

2. 课程制定引领

园长在保教活动方案的制定与实施中起着宏观指导与把握的作用。首先，园长需要将国家关于保育教育的相关规定传递给幼儿教师，以确保保教活动的正确方向。其次，园长还需要立足于本园实际，进行决策。组织幼儿教师围绕保教重点制订学年课程计划、学期课程计划、月计划、周计划，并形成详细的教育活动方案。在此过程中，园长需要帮助幼儿教师寻找活动方案主线，使得教育活动方案与幼儿生活相联系，产生有意义学习。

3. 制度引领，深入班级指导

园长的课程领导与管理能力必须立足于班级保教活动，回归于班级保教活动。园长只有深入班级指导保教活动，才能真实观察、体验到学前教育实践中教师的教与幼儿的学之间的互动，才能从真实情况中评估其状况，并给出有针对性的课程建议。园长深入班级指导保教活动不能是突发、偶然的，需要建立长效机制，保障园长深入班级指导的有目的、有计划、有针对地进行。

4. 科研引领

教育科研是教师专业成长的重要途径，也是保障学前教育质量的关键。园长需要建立相关制度以保障定时的教育研究活动的开展与进行。就幼儿教师职能与专业结构来说，基于教学反思、行动研究、园本教研的方式更符合幼儿教师的专业需要。园长需要围绕几项基本的教育科研方法对幼儿教师进行引领、指导，包括如何科学观察幼儿活动，如何分析幼儿行为与作品，如何反思自身教育行为等。以帮助幼儿教师在教育科研活动中不断反思、行动、再反思、再行动，最后获得专业能力的提升，保障幼儿获得有质量的学前教育。

四、专业职责——引领教师成长

(一) 专业理解与认识

表 8.10　专业理解与认识

	专业要求
专业理解与认识	1. 尊重、信任、团结和赏识每一位保教人员，促进保教人员的团结合作 2. 重视园长在教师专业发展过程中的引领作用，积极创设条件，激励教师的专业发展 3. 具有明确的建立教师专业发展共同体的意识

1. 尊重信任保教人员

园长需要将保教人员看作具有专业精神、专业知识结构、专业能力的人士，认识到保教人员其工作的不可替代性。因此，园长要从专业角度发现保教人员的教育实践智慧，尊重保教人员的优秀经验，认同其专业精神与努力。增强幼儿教师队伍的向心力与凝聚力。

2. 突出在教师专业发展中的引领作用

首先，园长在角色意识上要认识自身在教师专业发展中的功能与地位。一般来说园长都具有多年教育实践经验，就教师专业发展阶段来说。刚入职的新手教师会经历"新手教师—熟练教师—骨干教师—专家型教师—退出"的过程。园长从业务能力上来说大多属于骨干教师及以上。因此，从专业发展上来说拥有丰富的教育经验可以引领幼儿教师队伍发展。其次，园长作为引领者与管理者应积极创设教师专业发展的条件与平台，针对幼儿园不同教师的特点与需求，给予有针对性的指导与帮助。同时建立考核、激励机制鼓励幼儿教师参加职后培训与学历提升。

3. 树立教师专业发展共同体意识

教师专业发展共同体不仅能充分发挥教师个人在组织中的主体作用，激发个人发展潜力，还能发挥共同体的凝聚、辐合功能，凸显教师群体的智慧，从而获得经验，信息共享，相互交流学习。幼儿教师专业发展共同体可以基于园本教研建构，例如成立课题小组、年级课程组，开展教师研讨会、茶话会、行动研究小组等，通过多样化的专业活动促进共同体的形成。

(二) 专业知识与方法

表 8.11　专业知识与方法

	专业要求
专业知识与方法	1 把握保教人员的职业素养要求，明确幼儿园教师的权利和义务 2. 熟悉幼儿园教师专业发展各阶段的规律和特点，掌握指导教师开展保育教育实践与研究的方法 3. 掌握园本教研、合作学习等学习型组织建设的方法以及激励教师主动发展的策略

1. 保教职业相关知识

园长需要了解保教人员职业素养要求，明确幼儿园教师的权利与义务。该内容园长可以通过《幼儿园教师专业标准（试行）》来了解，把握幼儿教师、保育员的工作职责、权利与义务，从而认识其工作特点，以思考专业发展的相关问题。

2. 教师专业发展阶段相关知识

幼儿园教师专业发展阶段隶属于教师专业发展阶段。根据入职年限、教育经验水平不同，幼儿园教师在专业发展各阶段任务会有所不同。教师需要经过一个从适应——稳定——发展——困惑——突破——稳定的不断变化的过程。而每一个阶段都有其核心任务需要教师解决以支持自身教师职业生涯的动态、持续发展。整体来说，园长需要了解各阶段规律与特点，给教师以相适应的专业发展平台、机会与指导，并指导教师开展教育实践与研究。

3. 学习型组织建设方法

当前教育改革要求在教育实践中不断实践、反思、调整、试验、再行动、再反思，旨在将教师专业发展与学前教育改革联系在一起。传统固定、静止不变的教学遭到批判，当前呼吁优质幼儿教师队伍的构建。园长需要引领构建学习型组织以向幼儿教师[①]提供专业发展的平台。根据我国学者的研究，学习型组织具有终身学习理念和机制；建有多元回馈与开放学习系统；形成学习共享与互动组织氛围；具有实现共同愿景的学习力；工作学习化使成员活出生命意义；学习工作化使组织不断创新发展的特点。幼儿园可以基于园本教研、合作学习、优质课观摩、教研小组等方式建立学习型组织，从而使幼儿园教师共享教育经验，通过面对教育难题，讨论解决。

（三）专业能力与行为

表 8.12　专业能力与行为

	专业要求
专业能力与行为	1. 了解教师专业发展的需求，鼓励支持教师积极参加在职能力提升培训，为教师创造并提供专业发展的条件和环境 2. 建立健全教师专业发展激励和评价制度，构建教研训一体的机制，落实每位教师五年一周期不少于 360 学时的培训要求 3. 培养优良的师德师风，落实教师职业道德规范要求和违反职业道德行为处理办法，引导支持教师坚定理想信念、提高道德情操、掌握扎实学识、秉持仁爱之心，不断提升教师的精神境界。增强保教人员法治意识，严禁歧视、虐待、体罚和变相体罚等损害幼儿身心健康的行为 4. 维护和保障教职工合法权益和待遇，关爱教职工身心健康，建立优教优酬的激励制度

当前，面向幼儿园教师各级各类的培训较多，国家培训、省级培训、市区级培训等。自 2015 年年初，国家级幼儿园教师培训开始倾斜于中西部乡村幼儿教师，以体现资源分配公平。但随着培训机会增加，幼儿教师培训的热情却有所降低。结合原因分析园长引领教师成长的做法如下：

---

① 邵泽斌. 国内学习型组织研究综述[J]. 河北师范大学学报：教育科学版，2007（5）.

1. 根据教师内在需求，提供培训机会与条件

幼儿教师缺乏培训内部动机，原因之一在于培训未能真正契合不同幼儿教师的发展需求。因此，园长在提供培训机会之前需要充分了解本园幼儿教师的状况与专业发展需求，根据不同教师特点提供有针对性的培训机会。例如，擅长音乐活动组织的幼儿园教师对艺术能力提升的相关培训可能会感兴趣；喜欢组织游戏活动的教师需要以游戏为主题的培训等。通过对教师需求的分析来分配培训资源，能提高教师培训效果，真正落实幼儿教师专业发展。

2. 建立教学—研究—培训一体的机制与激励机制

《专业标准》提出幼儿园教师五年一周期不少于360学时的培训时长。从量上保障每位教师职后提升的时间，保障其培训质量与专业成长。建立教学—研究—培训一体机制与专业发展激励机制，促进幼儿园教师主动将自身教育教学实践与教育研究、专业培训结合在一起。例如，某幼儿园教师在教育实践中发现本土游戏资料开发的困难与困惑，带着这个问题其可以通过行动研究对教育行为做一定的尝试与验证，并围绕这一主题参与相关主题的职后培训以获得当前优秀经验与启示。园长可以通过绩效考核、专业评估等方式激励教职工将专业发展中的所学、所做、所感分享、交流、形成研究成果，让教职工感受到专业成长带来的益处，从而激发其专业发展内在动机。

3. 落实师德规范建设与应对机制

师德是幼儿园教师最基本的职业准则和规范，是教师在教育教学工作中必须遵循的各种行为准则和道德规范的总和。幼儿处于发展关键时期，可塑性与发展潜力巨大。教师言行举止、教育风格、教育态度作为隐性课程对幼儿有着潜移默化的影响。师德作为幼儿园教师的首要素质，对教师工作具有引领性作用。其内容包括对幼儿的仁爱之心、高尚道德情操、依法执教意识等。就幼儿园管理而言，师德建设是幼儿园制度建设、文化建设的重要内容。国家层面连续出台《国务院关于加强教师队伍建设的意见》《教育部关于建立健全中小学师德长效机制的意见》《中小学教师职业道德规范》《中小学教师违反职业道德行为处理办法》《教育部关于建立健全高校师德建设长效机制》等政策文件，旨在通过制度管理落实师德建设。园长需要把握国家政策，加强幼儿园师德规范建设与应对机制，增强教职工法制意识，规范教师行为，防止例如虐待、侮辱、打骂幼儿的恶性事件发生。

4. 维护教职工合法权益

职业生涯的核心是生活。当前幼儿园教师队伍存在师资流失、师资不稳定的问题，教师频繁更换使幼儿产生不安全感，对其身心健康不利。幼儿园教师工作任务繁重，但工资待遇、福利较低，是幼儿教师放弃当前岗位的一大重要原因。依据《中华人民共和国劳动法》规定，"劳动者享有平等就业和选择职业的权利、取得劳动报酬的权利、休息休假的权利、获得劳动安全卫生保护的权利、接受职业技能培训的权利、享受社会保险和福利的权利、提请劳动争议处理的权利以及法律规定的其他劳动权利。"园长需要建立制度以维护和保障教职工合法权益和待遇，关爱教职工身心健康，建立优教优酬的激励制度，有利于幼儿园教师激发工作热情与内部动机，从而形成良性循环。

五、专业职责 —— 优化内部管理

(一) 专业理解与认识

表 8.13 专业理解与认识

	专业要求
专业理解与认识	1. 坚持依法办园，自觉接受教职工、家长和社会的监督 2. 崇尚以德治园，注重园长榜样示范、人格魅力、专业引领在管理中的积极作用 3. 尊重幼儿园管理规律，实行科学管理与民主管理

对该项内容进行分析，园长优化内部管理在认识层面要梳理法治、德治与科学民主管理的观念。

1. 依法治园意识

首先，园长作为管理者应树立依法治园的管理新理念，并引导教职工树立依法执教理念。带领幼儿园教师学习与儿童、学前教育相关联的法律法规，例如《未成年人保护法》《教育部关于中小学师德长效机制建设的意见》《幼儿园工作规程》《中华人民共和国教师法》等，支持教职工转变观念，依法执教，知法、懂法、守法，维护自身权益。同时，引导教职工规范教育行为，依法执教，维护幼儿主权，防止对幼儿权益侵害的教育行为。其次，园长在幼儿园管理过程中，始终合乎法律规范，公开、公正、透明，自觉接受来自家长、教职工、社会的监督。

2. 以德治园意识

以德治园将道德领导置于幼儿园管理中的重要地位，在管理过程中通过教师专业发展共同体的建立，增加共同愿景、价值、理想和道德权威。从管理方法上，园长要学会善用自身榜样示范、人格魅力，转变角色，从高控制的权威者到教师专业成长的支持者、引领者，通过道德的间接引领，使教职工形成共同愿景与行为自觉，从而加强园长的领导水平，培育组织文化，以德治园。

3. 科学、民主管理意识

幼儿园科学管理要求园长管理时遵循各种客观规律，包括学前教育规律、教育管理规律、学前儿童身心法治规律、教师专业发展规律等，进行有理有据、有效、有意义的管理，注重管理方式方法的运用。

民主管理要求园长尊重幼儿、教职工、家庭与社会，充分发挥幼儿、教职工、家庭、社会在管理过程中的积极作用，建立公开、公正的管理机制与平台，营造民主、平等、良性的管理氛围。

(二) 专业知识与方法

表 8.14 专业知识与方法

	专业要求
专业知识与方法	1. 掌握国家对幼儿园管理的法律法规、政策要求和园长的职责定位 2. 熟悉幼儿园管理的基本知识，了解国内外幼儿园管理的先进经验 3. 掌握幼儿园园舍规划、卫生保健、安全保卫、教职工管理、财务资产等管理方法与实务

首先，在专业知识与方法层面，园长需要具备学前教育相关法律法规，依据法律明确自身园长职责、依法办园、依法管理、依法执教。

其次，园长作为管理者需要熟悉幼儿园管理的基本知识。包括幼儿园发展目标管理、计划管理、规章制度管理、岗位职责管理、评估管理等。

再次，园长需要汲取国内外幼儿园管理先进经验，通过专业培训、参观考察、阅读文献等多种途径提升自身管理能力。

最后，园长管理事务中除了教学管理之外还有各项事务、人力资源的管理。包括园舍规划，将幼儿园空间做合理的划分运用以支持幼儿活动；卫生保健管理，建立幼儿健康档案；安全保卫管理，建立安全隐患排查、自然灾害与安全演习、入离园登记等制度，保障幼儿在园安全；教职工管理，对人员进行岗位区分，明细职责，做好人员的分配与协作；财务资产管理等。

（三）专业能力与行为

表 8.10　专业能力与行为

	专业要求
专业能力与行为	1. 形成幼儿园领导班子的凝聚力，认真听取党组织对幼儿园重大决策的意见，充分发挥党组织的政治核心作用 2. 建立健全幼儿园管理的各项规章制度，严格落实教师、保育员、保健医、保安、厨师等岗位职责，提高幼儿园管理规范化、科学化水平 3. 建立教职工大会或教职工代表会议制度，推行园务公开，尊重和保障教职工参与幼儿园管理的民主权利，有条件的幼儿园可根据需要建立园务委员会 4. 建立和完善幼儿园应急机制，制定相应预案，定期实施安全演练，指导教职工正确应对和妥善处置各类自然灾害、公共卫生、意外伤害等突发事件

优化内部管理需要园长从组织管理与制度管理两方面入手：

1. 组织管理

第一，构建具有引导力、凝聚力、决策力的领导管理组织，充分发挥党组织的政治核心作用，在教育管理过程中落实党与国家相关政策，并转换为本园管理实际与决策。把握办园社会主义基本方向。

第二，建立教职工大会、园务委员会等组织，尊重、保障教职工参与幼儿园管理的民主权利。幼儿园重要工作事务决策需要广泛听取教职工意见，让教职工参与到管理过程中，以体现科学、民主管理。

2. 制度管理

第一，除了建立组织之外，管理过程还需要制度保障。建立健全幼儿园管理的各项规章制度，严格落实教师、保育员、保健医、保安、厨师等岗位职责，提高幼儿园管理规范化、科学化水平。制度包括园长岗位职责、教师岗位职责、保育员岗位职责、教师一日常规、工作质量考核制度、教育评价制度、例会制度、幼儿园教研学习制度、档案管理制度、幼儿园财务管理制度、职工培训制度、家园联系制度、幼儿园考勤制度等。

第二，针对幼儿身心发展，还需要建立幼儿园卫生保健制度、晨检制度、传染病疫情报告制度、卫生消毒及隔离制度、幼儿健康检查制度；幼儿人身安全措施、幼儿接送制度、交通安全制度、消防安全制度等。

六、专业职责——调试外部环境

（一）专业理解与认识

布朗芬布伦纳提出的生态系统理论将个人发展置于社会各界相互联系的环境之中，儿童的发展受到与其相关的生态环境的影响。分为微观系统、中间系统（儿童生活的周边环境，包括家庭、邻里、学校、社区以及相互之间产生的互动与联系）、外层系统（包括大众媒体、社会福利、社会组织等）、宏观系统（社会文化背景）与时代系统（时代与时间维度）。其中幼儿园、家庭、社区、社会是幼儿身心发展的重要因素，具有积极合作意义，要努力使幼儿园、家庭社区和社会形成合作，共享资源，形成教育合力。

表8.16 专业理解与认识

	专业要求
专业理解与认识	1. 充分认识家庭是幼儿园重要的合作伙伴，积极争取家长的理解、支持和主动参与，促进家园共育
	2. 重视利用自然环境和社会（社区）的教育资源，扩展幼儿生活和学习的空间
	3. 注重引导幼儿适当参与社会生活，丰富生活经验，发展社会性

1. 重视家园合作

家庭是幼儿降临到世界上接触的第一个环境，是幼儿成长的第一任老师。家庭对幼儿成长的影响巨大。幼儿年龄特点决定其缺乏一定的知识、经验，这需要家庭与幼儿园相互合作，共同促进幼儿发展。但当前家园合作存在一些问题：第一，合作地位不平等，家庭与幼儿园应该处于平等合作的地位，均为家园合作的主体，而非幼儿园领导、家长被动配合。不平等的合作地位会大大降低家庭的参与热情与责任意识。第二，家长参与意识淡薄，一些家长甚至认为自己对教育不了解，教育就是幼儿园的事情，从而推卸教育责任。园长需要建立积极的家园合作关系，增强家庭在其中的主动性。双方需要积极合作、配合，相互支持以体现合作内涵，没有家庭合作的幼儿园是不完整的，家园教育理念不一致，会阻碍幼儿健康发展。

2. 重视开发社区、社会教育资源

坚持以人为本的教育家如杜威、陶行知都强调社会、生活对儿童学习、发展的重要意义，提出生活即教育、社会即学校。支持儿童在社会活动中感知、操作，建构知识经验。而社区、社会拥有大量的教育资源，可以开拓幼儿学习范围，拓宽视野，并将幼儿园教育活动与幼儿生活联系起来，使幼儿成长为完整、有意义的人。社区的自然风景、公园、博物馆、图书馆、超市、小学、敬老院等都可以成为支持幼儿活动的教育资源。幼儿在其中感知、积累丰富的

社会经验,同时社区也可以通过人力、物力等方式支持幼儿园教育。例如,幼儿园常常邀请警察、医生、消防队员到幼儿园向幼儿开展主题活动。

3. 引导幼儿参加社会活动,丰富社会经验

学前教育资源丰富,模式多样,园长可以根据本园情况作出创新、突破,在保障安全的前提下,带领幼儿走出幼儿园,走进社区、敬老院、公园等。在周末、节日期间,充分发挥家庭的主动性,开展亲子活动,让幼儿积累社会经验,发展社会性,了解其身处的社会环境。

(二)专业知识与方法

表 8.17　专业知识与方法

	专业要求
专业知识与方法	1. 掌握幼儿园与家长、相关社会机构及部门有效沟通的策略与方法 2. 熟悉社会(社区)教育资源的功能与特点 3. 指导教师了解幼儿家庭教育的基本情况,掌握家园共育的知识与方法

1. 合作、沟通策略与方法

园长需要引领幼儿园与家庭、社会机构、部门的有效沟通,包括沟通幼儿园情况、协调教育资源利用,使幼儿园与社区的合作处于相互支持、双赢的地位。社区除了可以支持幼儿园教育之外,幼儿园作为社区中的单位也可以承担社区任务,例如在社区开展亲子游戏活动、社区讲座等。

2. 熟悉社会(社区)教育资源的功能与特点

社会、社区教育资源丰富,但在利用时,园长需要对社会(社区)教育资源进行选择、筛选,选择符合幼儿身心发展特点,适宜幼儿的内容。对于非安全、负面文化资源则需要过滤。筛选后需要对教育资源进行改编、利用转变为幼儿熟悉、喜爱的资源,融入幼儿园教育活动中。例如消防演习,除了请消防员进入幼儿园演讲之外,还可以通过游戏活动、角色扮演、故事等活动帮助幼儿深入体验。

3. 家园共育知识与方法

家园合作的内容主要基于幼儿一日生活的情况,例如生活活动状况、饮食睡眠、如厕等情况,游戏活动中表现出来的水平与需求,同伴交往能力、语言发展能力等,使家庭能够理解幼儿发展情况。为了使家园合作有效,合作形式可以多样化。传统形式包括家长会、主题讲座、茶话会、家访、随机交谈等。随着信息技术发展、家庭参与教育的观念有所转变,家园联系还需要更加符合家庭的需求与兴趣,包括微信群、qq群、博客、亲子活动、主题沙龙等家长喜欢的方式。此外,家园联系为了保障质量,也依赖于家委会的建立。家委会起着沟通幼儿园与家庭的作用,可以及时了解、收集家长想法,向幼儿园反映、支持组织、策划各类活动,保障家庭在合作中的主体性地位。

（三）专业能力与行为

表 8.18　专业能力与行为

专业要求	
专业能力与行为	1. 建立幼儿园对外合作与交流机制，开放办园，形成幼儿园与家庭、社会（社区）及园际间的良性互动 2. 面向家庭和社会（社区）开展公益性科学育儿的指导和宣传，利用家长学校、家长会、家长开放日等形式，帮助家长了解幼儿园保教情况。开展家庭教育指导，注重通过多种途径，转变家长教育观念，提高家长科学育儿能力 3. 加强幼儿园与社会（社区）的联系，利用文化、交通、消防等部门的社会教育资源，丰富幼儿园的教育活动 4. 引导家长委员会及社会有关人士参与幼儿园教育、管理工作，吸纳合理建议

调试外部环境的专业能力与行为主要涉及合作机制构建能力、沟通、组织协调能力、家园联系能力、幼儿园与社区合作的指导与宣传、资源利用与开发能力，通过多样化的活动，让幼儿视野开阔、感受社区、社会文化、关心他人、参加社会实践。园长开放办园，应充分发挥各界力量举办幼儿园，共同开展活动，促进幼儿身心发展。

本章小结

1.《园长标准》是继 2012 年教育部颁布《幼儿园教师专业标准（试行）》后，2015 年 1 月教育部又正式颁布的重要文件，旨在解决幼儿师资队伍建设、学前教育质量保障问题，符合世界学前教育发展与改革趋势。

2. 园长是履行幼儿园领导和管理工作职责的专业人员，作为幼儿园教师队伍中的核心，一个好园长对幼儿园发展有至关重要的作用。根据园长"领导者""教育者""管理者"角色，园长需要具备 6 大基本核心能力，即规划幼儿园发展、营造育人文化、领导保育教育、引领教师成长、优化内部管理、调适外部环境。

3.《园长标准》实施建议面向各省、自治区、直辖市教育行政部门、教师教育机构、幼儿园、学前教育机构、园长等提出相关要求，使得该标准成为园长任职选拔、评价考核、专业发展、专业培训的重要支撑，从而建设优质园长队伍引领幼儿园教师与幼儿园发展，推动我国学前教育事业深化改革。

思考与练习

一、简述题

1. 简述《园长标准》的基本理念。
2. 简述《园长标准》的实施要求。

二、论述题

1. 试述幼儿园园长规划幼儿园发展的专业要求。
2. 试述幼儿园园长优化幼儿园内部管理的专业要求。

第九章 幼儿园教师职业生涯规划

📖 内容提要

幼儿园教师职业生涯规划是幼儿园教师对自身整个职业生涯的预想、设计与实施。制定符合时代、社会、学校、自身发展需求的职业生涯规划可以引领幼儿园教师对自身情况与职业环境进行评估、分析,确定职业生涯发展目标,并为实现这一目标做出行之有效的安排,在职业生涯发展过程中进一步实现教师专业发展。

◎ 教与学的目标

1. 了解幼儿园教师职业生涯规划的相关概念内涵,理解职业生涯规划的价值与意义。
2. 掌握制订、实施幼儿园教师职业生涯规划的基本技能与策略。
3. 增强职业生涯规划意识,树立科学的职业生涯规划观念。

第一节 教师职业生涯规划概述

❖ 案例导入

> 丹丹是一名刚刚参加工作不久的幼儿园教师。刚开始工作,丹丹抱有热情与期待。幼儿园工作繁杂琐细,除了要组织幼儿开展活动,同时还需要对幼儿进行保育。由于缺乏经验,教育实践中常遇到"棘手"的问题,丹丹渐渐开始吃不消,情绪低落,甚至想要放弃幼儿园的工作。园长发现丹丹的异常,经过交谈,园长建议丹丹冷静下来仔细分析自身能力情况,对自身教师职业生涯作出适宜的规划,以挖掘自身的潜能,不断努力。这时,丹丹才发现自己对"职业生涯规划"一头雾水,整天埋头处理各种工作,却未曾真正想过自己的发展方向与路线,使得自己的工作常常处于"整体忙却不知在忙什么"的困惑之中。

在职业生涯中,大多数幼儿园教师未曾进行科学的教师职业生涯规划,使得自身常常受困于表面的琐事之中。教师职业生涯规划可以帮助教师跳出繁琐,从终身发展的角度审视职业生涯,使个体在职业生涯中获得幸福。那么,什么是教师职业生涯规划呢?

一、教师职业生涯的基础知识

有关教师职业生涯规划的探讨我们还需回到逻辑起点,厘清教师职业、生涯、职业生涯的内涵与外延，以进一步理解对教师职业生涯规划进行设计与实施的重要性与必要性。

（一）生涯、职业与职业生涯

"生涯"一词从词源上追溯，最早与生命、人生、生活相关联。《庄子·养生主》中记载"吾生也有涯，而知也无涯"。南朝陈沉炯在《独酌谣》写道："生涯本漫漫，神理暂超超。"此外，北周庾信在《谢赵王赉丝布等启》中解释道："望外之恩，实符大赉；非常之锡，乃溢生涯。"宋朝陈亮在《谢陈参政启》写道："暮景生涯，恍如落日；少年梦事，旋若好风。"可以看出，生涯与人的生命、人生、生活息息相关，是关于人长期、持续动态发展的过程。

"生涯"的英文为"Career"，目前大多数西方学者对"生涯"定义的理解来自于舒伯（Super，1976）的观点："生涯是生活里各种事态的演进方向和历程，它统合了人一生中的各种职业和生活角色，是个人终其一生所扮演的角色的整个过程，由此表现出个人独特的自我发展形态。"美国国家生涯发展协会将"生涯"定义为："个人通过从事工作所创造出的一个有目的、延续一定时间的生活模式。"可见，"生涯"是一个较为广泛的概念，不仅仅涉及职业，还有生活中的各种角色。

从以上对"生涯"定义的梳理，可以发现"生涯"具有以下特性：

（1）生涯具有过程性，是一个持续、动态、发展的过程，而非静止不变。

（2）生涯与人的生活息息相关，"生活"是生涯的核心。

（3）生涯与人的发展相互联系，生涯体现一定的方向性与序列性，影响着人的终身发展。

一说到"职业"，会想到教师、医生、警察、工程师等。可以从以下三个方面来认识"职业"的内涵：

（1）职业的产生与发展源于人类社会分工。职业是人类社会分工不断细化而产生发展的结果，职业反映着一种或多种社会需求。

（2）职业具有个体价值。职业角色作为人类重要的角色之一，可以使个体在社会中获得生存的物质保障与精神满足，例如收入与社会地位，对个体具有经济价值与精神价值。

（3）职业具有同一性与技术性。反映着一系列劳动者、劳动条件内部关系的同一性以及其对知识、技能的要求等。因此，职业与个体、社会、经济、文化等的发展紧密联系。

关于"职业生涯"的定义不尽相同，结合学者们的观点，职业生涯是个人终身职业的历程、演进方向与发展过程。职业生涯具体来说是以心理开发、智力开发、技能开发、伦理开发等人的潜能开发为基础，以工作内容的确定和变化、工作业绩的评价、工资待遇、职称职务的变动为标志，以满足需求为目标的工作经历和内心体验的经历。中国台湾学者林幸台认为职业生涯包括个人一生中所从事的工作，以及所担任的职务、角色，同时也涉及其他非工作或非职业的活动和个人生活中衣食住行、娱乐各方面的活动与经验。韦伯斯特（Webster）指出职业生涯是个人一生职业、社会与人际关系的总称，即个人终身发展的历程。[①]

对于职业生涯内涵的理解应与人的终身发展相联系。职业生涯也具有一些特点：

（1）职业生涯与人的终身发展相互联系，贯穿人的发展历程。

（2）职业生涯与人的生活密不可分、不可分割、相互交融，因此职业生涯受到多元因素的影响，包括主观因素与客观因素。

---

① 余孟辉. 大学生心理健康教育（第二版）[M]. 北京：中国水利水电出版社，2011.

（3）职业生涯不是某一阶段，而是由多阶段组成，是循序渐进发展的动态过程，因此职业生涯分为几个阶段。关于职业生涯周期理论，很多学者都提出了一定观点。简单来说，可以包括职业准备、职业选择、职业适应、职业稳定、职业高原、职业突破、职业衰退、职业结束等多个阶段，贯穿人的一生。

（二）教师职业生涯与幼儿园教师职业生涯

教师职业生涯从属于职业生涯，具有一般特点。由于教师职业有关人类发展与文化传承，教师职业生涯又有自身特性。人们常常将教师形容为"灵魂的工程师"，可见社会对教师的精神文明程度与道德修养十分重视。

我们可以借鉴"外职业生涯"与"内职业生涯"的相关内容来理解教师职业生涯的特性。职业生涯的内容结构包括"外职业生涯"和"内职业生涯"两个层面。"外职业生涯"强调外部条件与外部环境，例如工作单位、工作部门、工作环境、工作报酬等。"外职业生涯"来源于外部，具有不可控性，并以内职业生涯发展为前提条件。"内职业生涯"指个体通过学习、研究不断完善，在工作中获得的知识、观念、能力、体验、心理素质、内心感受等。"内职业生涯"能帮助个体自我实现，带动"外职业生涯"的发展。因此，"内职业生涯"十分重要，是个人职业生涯发展的原动力。当然两者也是相互促进的关系。

若从职业生涯的内容结构来讲，教师职业生涯重视"内职业生涯"的发展。教师作为职业不仅仅是个人获取经济利益的手段，教师职业具有更深刻的意义。教师职业生涯的构成不仅包括教师所处的学校环境、工作岗位、福利，也包括与教师职业行为相适应的教师职业道德、教育信念、职业理想以及对教师职业的认同等精神部分。从职业生涯阶段上讲，教师职业生涯包括：职前准备阶段，例如教育教学基础知识的掌握、教师职业道德的养成；入职适应阶段，例如熟悉学校环境、文化氛围、课程安排与学生，了解学校规章制度等；在职发展阶段，例如通过在职培训、深造学习、现场观摩等方式进一步提升教师专业能力；职后稳定阶段，例如进行教育总结反思。因此，教师职业生涯不是被动的过程，而是一个关注自身发展，不断认识、开发、完善自己的主动发展的过程，注重内职业生涯的发展，从而推动外职业生涯的发展，获得进一步的职业发展机会、环境与平台。

幼儿园教师职业生涯从属于教师职业生涯，具有教师职业生涯的一般属性，例如，同样遵循教师职业生涯周期规律，经历职前准备、入职适应、在职发展、职后稳定等阶段。但是，幼儿园教师由于面对的教育对象（零至六七岁）身心发展特点独特，幼儿园教师职业生涯发展过程中又有自身需要解决的问题与挑战。例如，学前教育对幼儿园教师的基本要求为保育与教育结合，其中保育是教育的基础，是幼儿园工作的基本。幼儿园教师除了掌握基本的教育知识与技能，还需要掌握儿童卫生学、婴幼儿护理、儿童心理学等有关幼儿养护的知识与技能。当前，我国学前教育事业发展迅速，对幼儿园教师队伍人数需求日益加大。为解决部分地区幼儿园师资匮乏问题，一些小学教师转岗成为幼儿园教师。但在教育实践过程中，转岗教师出现了一系列不适应问题，例如不了解学前儿童身心特点、教育教学方式小学化、不懂如何有效组织幼儿园一日生活……这些问题都反映出幼儿园教师职业生涯发展的自身特性。

总之，教师职业生涯包括时间维度与领域维度，包括职业理想、知识水平、教育观念、

教学监控能力、教学行为与策略以及对教学的心理感受。①

二、教师职业生涯规划的内涵与意义

（一）教师职业生涯规划的内涵

教师职业生涯规划是指教师从自身特点出发，基于时代、社会、学校的共同要求，作出促进教师有计划、可持续发展的预期性、系统性的自我设计与安排。②包括自我认知、建立目标、自我评估、环境评估、职业路线选择、实施、评价反馈等。

良好的教师职业生涯规划具备一般特性和专业特性。职业生涯规划的一般特性包括：① 可行性，规划是可操作的；② 计划性与可监控性，规划是可持续发展的，并可以作为监控行为的依据；③ 适应性，规划除了是有目的、有计划之外，由于职业生涯受到多因素影响，因此需要富有弹性，以适应变化；④ 持续性，每个发展阶段是连贯衔接的。

教师职业生涯规划的专业特性表现为：① 职业生涯与教师专业发展相统一。教师不仅是一种谋生方式与职业，更指向教育事业，承载着教师作为专业的发展与完善。教师职业生涯规划需要就教育信念、师德、知识技能等专业素养的提升来规划，从而推进教师专业发展，提高教师队伍整体专业素质。② 计划性与生成性相统一。"规划"一方面具有计划性与规定性，需要主体遵循既定的规划，有步骤、有条理地进行，增强效率，推进教师职业与专业发展。另一方面，教师职业生涯发展本身是一个动态发展的过程，加之教育改革的深入与推进，会对教师提出新的要求以适应教育实践与探索。因此，教师职业生涯规划也应具有一定生成性来调整、融合教育改革的最新成果，将计划性与生成性相统一。

（二）教师职业生涯规划的价值与意义

著名心理学家布朗芬布伦纳提出的生态系统理论将人的发展置于相互影响的一系列环境系统之中，以展开个人与环境相互作用并影响个体发展的相关讨论。该系统模型将人处于的生态系统分为微观系统、中间系统、外层系统、宏观系统、时间系统。可见，人的发展与周围的环境、世界相互联系，不可分割。教师职业生涯贯穿人的一生，与教师专业发展相适应。

因此，教师职业生涯规划的价值与意义不仅涉及教师个体发展与幸福指数，还关系着教师专业发展、学校、社会与时代的要求，下面逐一分析。

1. 教师职业生涯规划是时代与社会发展的需求

当前人类社会、文化、经济快速发展，对人也提出了更高要求。知识经济社会对人才培养规格提出了新的要求，强调人才需要具备创新思维与能力，具有独立自主能力，能够设计、实施计划，并对自身进行自我监控，能够解决实际问题，学会自主学习与自主教育，富有合作精神……教师自身作为人才的发展，在适应知识经济社会人才要求的过程中并非无计划、偶然获得，这样只会落后于时代发展。而应该是有目的、有计划、系统地进行规划并实施，以适应社会的变化与发展。此外，教师作为人才培养的重要载体，是人才培养的关键。自身

---

① 赵景欣，申继亮. 教师职业生涯发展与管理[J]. 中小学管理，2005（12）.
② 牟群英. 幼儿园教师职业生涯规划现状调查与分析[J]. 早期教育：教科研版，2012（1）.

不具备学习品质的教师难以培养出个性独立、创新性的人才。因此,知识经济社会要求教师不断加强自身专业能力与综合素养的提升,而专业提升需要严谨的过程,需要设计规划,而非无目的、偶然地进行。

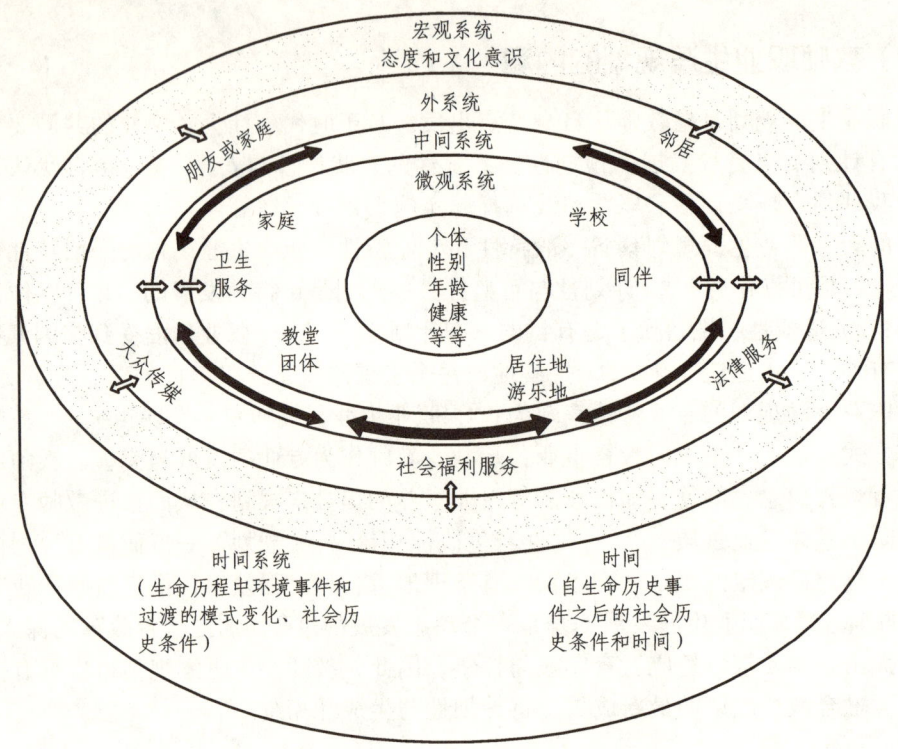

图9.1 布朗芬布伦纳生态系统理论模型

此外,教师作为人类文化的承载者之一,承担着文化传承的重要职能。在终身学习与终身教育社会要求之下,教师应自觉将学习、教育贯穿教师整个职业生涯,以获得终身发展。社会分工日趋复杂,每天产生大量的新知识,学习不再是主要基于书本、知识清单式的学习,而是主动建构、与周围世界不断互动、实践的过程。人们意识到静态知识性的学习不足以支持解决多样化问题,人的学习、发展不能停滞在知识量的储备之上,而是要养成获得知识、运用知识、创新知识的能力。学习的进程也非某一特定阶段,而应该贯穿人的一生,动态发展,由此引发了对终身学习的诉求。终身学习社会与知识经济社会都要求教师对职业生涯有贯穿式、持续发展的规划与实施,否则只会随波逐流、碌碌无为,落后于整个时代的发展,最终被淘汰。

2. 教师职业生涯规划推动学校与教师专业发展

首先,能推动学校的发展。教师作为学校工作的主体,关系着学校整体的教育质量、文化氛围与发展前景。教师通过良好的职业生涯规划,能在每个发展阶段提升自身教育能力、养成良好师德、提高综合素质。这些都会反映到校园文化、教育理念、课程设置、教学水平、管理制度等方面,从而推动学校整体的良好运转与发展。

其次,教师职业生涯规划是教师专业发展的重要途径。教师的发展不仅仅是教师个体,还指向教师作为共同体的发展与成长。要实现教师专业发展,就必须进行职业生涯规划设计与实施。教师职业生涯规划旨在帮助教师围绕时代、社会对教师专业的期望,提升教师作为专业的内在质量与素养,使教师在教育理念、教育教学能力、通识性知识背景、教育科研能力等专业素养方面获得整体发展,提升教师的专业水平与社会认同度。如何保障教师专业发展,则需要有计划、有步骤地系统规划与实施,增强行动的有效性。

3. 教师职业生涯规划引导教师走出职业倦怠

职业倦怠是个体由于外界对个人能量与资源过度要求而产生的身心疲惫状态。职业倦怠容易出现在职业发展的适应期与高原期。例如,职业适应期由于面临学生到教师的角色转变,缺乏丰富实践经验带来困惑又缺乏应对策略,职业倦怠感就会产生。教师职业生涯规划可以帮助教师认识自我、分析外部环境、进行决策,增强职业生涯发展的预见性,明确努力方向以及需要面临的调整。因此,职业生涯规划有助于减少职业问题出现时个体产生的无助感。

三、教师职业生涯发展阶段①

美国学者富勒(Fuller)是教师职业生涯发展阶段理论的先驱者,她于1969年编制《教师关注问卷》(Teacher Concerns Questionnaire)以研究教师在不同发展阶段关注事物的特征与重点。她与助手在研究结果基础之上提出教师关注的4个阶段发展模式,她认为,"教师发展历程是从关注自身、关注教学任务,最后才关注到学生的学习以及自身对学生的影响,这样阶段性地演进发展。"

1. 职前关注阶段

此阶段是职前培养时期。学生沉浸于学生角色,未曾经历教学,对教师角色的认识停留于想象。由于无教学经验,因此只关注自己。对班级教师还经常持批判甚至敌视的态度。

2. 早期生存关注阶段

此阶段处于初次接触实际教学的实习阶段。教师十分重视工作任务的完成、领导的评价,表现出对职业生存的压力与焦虑。在意自己的教学效果、班级控制、教学内容熟练程度等问题。

3. 教学情境关注阶段

在此阶段,既包括生存关注,同时也会关注教学上的需要与挫折。教师较多地关注的是自己的教学表现,例如如何有效运用教学策略与方法,而仍不是学生的学习。

4. 关注学生阶段

虽然许多教师在实习教育阶段就能表达出对学生的关注,但是他们通常要在学会应付自己的生存需要后才能对学生的需要做出反应。在这个阶段教师开始关注学生的学习、社会和情感需要以及如何通过教学更好地影响他们的成绩和表现。

富勒之后,许多学者运用不同方法、从多种角度研究教师发展,并提出看法。其中影响力较大的有卡茨、伯顿、费斯勒、司德菲、休伯曼等人的理论(如表9.1)。

---

① 教师职业生涯发展阶段的相关阐释引用、借鉴、整理于肖丽萍、王蔚虹、杜春美、杜雯等人各自关于国外教师职业生涯周期、教师专业发展研究的述评。

表 9.1　其他研究者关于教师职业发展阶段的划分

学者及理论模型	划分阶段			
教师发展时期论（卡茨，1972）	存活期	巩固期	更新期	成熟期
教师发展阶段论（伯顿，1979）	求生存阶段：1年	调整阶段：2~4年	成熟阶段：5年及以上	
教师职业生涯发展周期模型（费斯勒，1985）	职前期	职初期	能力建构期	热心和成长阶段
	职业挫折期	职业稳定停滞期	职业消退期	职业退出期
教师生涯发展模式（司德菲，1989）	预备生涯阶段	专家生涯阶段	退缩生涯阶段	更新生涯阶段
	退出生涯阶段			
教师职业周期模式（休伯曼，1993）	入职期	稳定期	实验和歧变期	重新估价期
	平静和关系疏远期	保守和抱怨期	退休期	

教师生涯发展与教师专业发展相契合，主要遵循从新手教师——熟手教师——专家型教师的发展方向，在职业生涯中会面临入职适应、稳定、瓶颈、突破、再稳定、消退、退出等职业发展阶段。这里就费斯勒的"教师职业生涯发展周期模型"做进一步介绍：

他基于对教师的成长、组织环境、激励措施、个性化专业发展等方面的诊断、思考与实证性研究，提出动态的教师职业生涯周期模型，并将教师职业周期分为八个阶段：

（1）职前期：教师角色的准备期，即教师的培养期，通常在校的教师教育，也包括在职教师接受新角色或工作时的再培训期。

（2）职初期：教师任教前几年，努力学习、熟悉教学工作的日常工作，积极寻求学生、同事、领导的认可，从而获得自我认同与信心。

（3）能力建构期：教师积极寻找新的资料、方法和策略以提升教育教学能力，希冀形成自己的教学体系。积极进行深造与后继学习，吸收新观念，求知欲强烈。

（4）热心与成长期：教师已经具有较高水平教学能力。热爱工作、不断寻求进步、创新、改进、丰富自我，有较高的工作满足感。

（5）职业挫折期：通常在职业生涯中期，教师工作上遭遇挫折，工作满足程度逐渐下降，开始审思、怀疑教师职业选择。许多相关文章中所探讨的"教师职业倦怠"常常出现在本阶段。

（6）职业稳定停滞期：教师只做分内工作，不会主动追求教师专业卓越成长，进取心不高，表现出被动。

（7）职业消退期：准备离开教育岗位的低潮时期。此阶段，有的教师感到愉悦、自由，对曾经的职业生涯有一定成就感与满足感；有的教师则会感到内心苦闷难受，因为他们或是是被迫离职或是迫不及待地想离开教育岗位。

（8）职业离岗期：教师退休或离开教职岗位的时期。

美国学者伯利纳（Berliner）基于前人研究将教师专业发展划分为新手教师、熟练新手教师、胜任型教师、业务精干型教师和专家型教师五个阶段[①]：

[①] 伯利纳教师专业发展阶段理论相关内容引用、借鉴于《成长的阶梯：贫困山区教师专业发展的研究与实践》第二章"教师专业发展规划"中第一节"教师专业发展特点及五个阶段特征"的阐述。

（1）新手教师（1~2年），新手教师在系统的师范学习之后，刚刚从事教学工作。其专业特征表现为：一是理性化，会在分析、思考基础上解决问题。二是方式方法倾向刻板，缺乏创新与灵活性。三是该时期主要任务是积累教育教学直接经验。

（2）熟练新手教师（2~3年），该阶段教师特征表现为：一是积累较多经验后，尝试将理论与实际联系。二是教育教学方式、策略提高，表现出一定灵活性。三是区分教学情境中无用与有用信息能力需要进一步提高，且教学责任感需加强。

（3）胜任型教师（3~4年），该阶段教师特征表现为：一是教学行为目的性加强。二是能区分教学情境中重要信息并选择有效的教学策略。三是表现出对自身教学行为更多的责任心以及对教学结果的情感反应。四是此时教师教学行为还未达到灵活、流畅的程度。

（4）业务精干型教师（5~10年），该阶段教师表现为：一是长期教学实践经验积累使得教师的教学机智、教学智慧、观察力、决策力增强。二是教学技能接近认知自动化水平，但未完全认知自动化。三是教学行为已经达到灵活、流畅的程度。

（5）专家型教师（10年及以上），专家型教师在教学中表现出完全认知自动化水平，且教学行为流畅、灵活，能够综合分析教育情境信息并作出适宜决策转化为教育行为与教育机智。熟练掌握教育教学方法，在长期教育实践中形成自我反思、思考，形成自我对教育的认识，情感上对教育充满热爱与责任感。

教师职业生涯阶段的相关理论可以帮助教师理解、厘清教师职业生涯的不同阶段以及可能面临的困难与挑战，对自身职业生涯与教师专业发展有所设计、准备与行动。

第二节 幼儿园教师职业生涯规划的设计

❖ **案例导入**

> 幼儿园例行会议后，园长要求每位教师近期提交一份5年职业发展规划。两周后老师们陆陆续续递交上自己的"计划"。园长一看，连连摇头。老师们写的职业规划只能称得上是"作业"。大多数老师都简单寥寥地写下几条简单的目标，例如"在学年内获得教学竞赛得奖""发表一篇论文""评中级职称"……这些都难以称之为系统有效的职业生涯规划。园长想想，觉得很有必要对老师们进行职业生涯规划培训，提高他们的职业生涯规划意识与技能。这样才能真正获得发展；而不只是拿这些"计划"应付作业、检查。

幼儿园教师职业生涯规划设计并不是简单地列几条目标那么简单。而是要基于对自我情况、外部环境的客观评估、分析，在"知己"与"知彼"的基础上选择适合自身发展的职业路线，并制定具有可操作性的目标，以保障职业规划的可行性。

一、幼儿园教师职业生涯规划的现状与必要性

当前幼儿园教师普遍缺乏职业生涯规划的意识与策略。一项调查随机抽取台州市某区20

所幼儿园教师（公办10所、民办10所）作为调查与访谈对象，以获得当前幼儿园教师职业生涯规划现状。调查结果显示[①]：

（1）幼儿园教师对职业生涯规划认知水平偏低。只有4.8%的教师对职业生涯规划的知识表示"很了解"。大多数教师很少思考职业生涯规划，并对制定"职业生涯规划书"感到无从下手。

（2）幼儿园教师的职业生涯规划行动滞后。调查中发现，高达73.9%的教师没有真正规划和落实职业生涯行为。

（3）很多幼儿园教师的职业生涯规划动机并非真正源于自身发展需要。例如，大部分教师职业生涯规划是为了进入更好的幼儿园或者为获得正式编制做准备。

由于缺乏教师职业生涯规划的意识与策略，教师容易在职业生涯中抱有"得过且过""随波逐流""不反思、不计划"的消极心态，不仅不利于自身的专业发展，同时还会大大降低整体幼儿园教师队伍素质，甚至造成师资流失、不稳定的问题。

随着《国家中长期教育改革和发展规划纲要（2010—2020年）》对学前教育的深刻重视，建立高素质、专业化的幼儿园师资队伍十分必要。幼儿园教师职业生涯规划不仅可以使教师认识自己、梳理专业发展愿望，根据时代与社会的需求制订可持续发展的自我计划，获得良好的专业发展与职业幸福指数。同时，幼儿园教师职业生涯规划也是推进教师专业发展的重要途径，提高教师队伍质量与专业化水平，促进学前儿童身心和谐发展。

二、幼儿园教师职业生涯规划考虑因素

职业生涯规划设计是一个持续的终身过程，在设计时要考虑到发展的深度与广度，以支持可持续发展。然而，在职业生涯中，人的发展不可能是一帆风顺，会经历职业不同的阶段、困难与挑战，要完成职业生涯不同阶段的任务。同时，这一过程也不是静止不变的，而是受到个人特质、周围环境、文化氛围、客观条件等影响。因此，将幼儿园教师置于系统生态环境下进行讨论，幼儿园教师职业生涯规划需要考虑以下要素，从而设计出适宜的职业生涯发展方案。

（一）个人因素——自我评估

个人因素包括基本特点、职业倾向、自身能力与经历等。个体基本特点包括性格、气质、兴趣、能力、特长、价值观、情商、智商等。例如，对幼儿园教师的描述，常有"我很喜欢小孩子""幼儿园教师能歌善舞""幼儿园教师很有爱心、耐心"等，这些体现出幼儿园教师的个体特点。

职业倾向表现在职业兴趣、职业理想、职业愿望、职业自我效能感等方面。例如，基于对儿童的爱与责任、对幼儿园教师的敬爱与尊重而选择这一职业，由此表现出幼儿园教师的职业特点，它超越作为谋生活的手段，更表现出幼儿园教师职业精神、决心与信念。自身能力与经历包括学习经历背景、为职业准备活动经验与能力等，例如幼儿园教师对人际交往能力、艺术技能、教师教学技能等方面有所要求。

个人因素可以通过自我评估的方式达到"知己"的目的，了解自我特点、职业倾向与愿望。美国职业规划专家霍兰德基于个体兴趣特点研发了有效的职业倾向测试。霍兰德职业兴趣测试将人分为六种不同类型，建立模型图（见图9.2），并给予职业建议：

---

① 牟群英. 幼儿园教师职业生涯规划现状调查与分析[J]. 早期教育：教科研版，2012（1）.

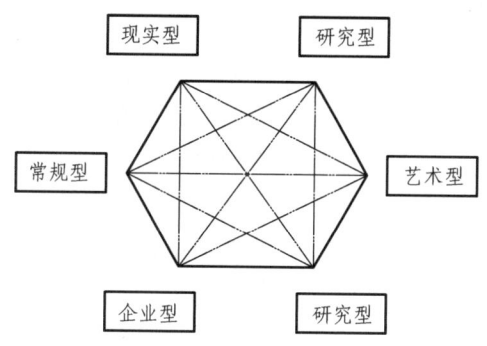

图 9.2　霍兰德职业兴趣模型图

第一种"社会型（Social）"，偏好社会活动、善于人际交往，关心社会问题，社会觉悟、责任感高；性格开朗、体贴、善意、与人友好；建议职业为社会性工作，如外交工作者、教师、咨询人员、公关、社会群体工作人员等。

第二种"现实型（Realistic）"，表现为实干、喜欢动手操作、不善社交；性格踏实、诚恳、比较迟钝；职业建议为技术性、技能型职业，例如摄影师、机械维修师、木工、技工、野生动植物家等。

第三种是"研究型（Investigative）"，善于逻辑分析与思考、求知欲强；性格独立、爱钻研、坚韧；职业建议为科研人员、医生、教师、工程师、电脑编程员等。

第四种是"艺术型（Artistic）"，个性、富有创造力、个性、理想化、喜欢表现；性格情绪化、较冲动；职业建议为要求创造力、艺术修养、审美、表达能力的工作，例如艺术设计师、广告制作、音乐人、写作人等。

第五种是"企业型（Enterprise）"，富有支配愿望、喜欢竞争与挑战、具有领导能力、目的性强；性格独断、自信；建议职业为经营者、经理、销售人员、政府官员、法官、律师等。

第六种是"常规型（Conventional）"，遵守规则、倾向按计划办事；性格较为保守、谨慎、有自我牺牲精神；职业建议为注重细节、精确度、系统、有条理、记录性的工作，例如会计、图书管理员、办公室人员、投资分析员等。

根据霍兰德职业兴趣模型图，个体可以同时具有多方面的特征、兴趣，但会有一种占优势，其余相对较弱。根据职业测试，个体可以了解自身兴趣、性格与职业倾向。

幼儿园教师可以根据霍兰德职业兴趣测试对自身职业倾向进行了解，掌握自身职业优势，确定适合自身的职业发展路线。例如"社会型"幼儿园教师善于社会交往，可以很好地与儿童互动，组织教育教学活动；"研究型"幼儿园教师可以将职业生涯发展路线定位为专业技术型，朝教学科研方向发展；"企业型"幼儿园教师具有管理潜力，可以朝教学管理、园长方向发展。当然，由于环境的多元化、复杂性以及个体发展的可能性，个体可能拥有多方面兴趣与发展方向，可以利用量表进行职业兴趣测试，获得有针对性的建议。

除了利用职业兴趣测试来认识自我之外，自我评估还可以从以下几个方面进行：

1. 评估人格特征

对自我个性、人格特征的分析以发现自身的魅力与性格的优势面，同时也发现自身的不足加以注意。例如热情开朗、富有爱心、喜爱与他人合作、善于倾听……这些个性优势都可以成为职业生涯发展的动力。

2. 评估经历经验

个体学习、经历可以反映一个人的职业素养和综合素质，要善于分析已往经验，推断未来发展空间与机会。就幼儿园教师而言，一方面，对自身已往经验进行分析，例如曾经参加的有关教师教育技能的实践活动与比赛、优质课展示、教育实践研究等，找出自身职业发展的优势与方向。另一方面可以有针对性地积累经验，挖掘潜能，例如通过职后培训、教学现场观摩、教学研究工作小组等途径。对已往的评估不仅可以分析自身优势与特长，还可以发现自身发展的潜力与不足以获得努力方向。

3. 评估专业结构

幼儿园教师职业生涯发展与教师专业发展紧密联系，专业知识、能力、理念影响着幼儿园教师职业发展。幼儿园教师可以围绕教师教育所设相关课程与我国颁布的《幼儿园教师专业标准（试行）》《3—6岁儿童学习与发展指南》等相关政策文件，进一步梳理自身的教育知识结构与体现，对自身专业结构进行分析，评价自身是否满足当前学前教育改革发展，是否符合儿童身心发展需要。幼儿园教师专业结构不仅对教师职业道德、教育信念上有高要求，还需要教师掌握科学保教方法，掌握教育学、心理学、卫生学、营养膳食、儿童护理等方面的专业知识与技能，同时还需具备一定的艺术修养与技能。幼儿园教师可以围绕自身专业结构进行分析，发现自身专业优势并获得进一步发展，例如有的教师善于组织教学活动，有的教师善于儿童舞蹈创编，有的教师善于儿童保育……就自身专业优势进行打磨与深入研究。

就当前幼儿园教师专业结构的现状，存在重艺体技能、轻教育理念与方法的现象。以往对幼儿园教师的认识是能歌善舞，好像幼儿园教师能唱歌、跳舞、画画就是好的，以至于有的教师艺体技能很好，但缺乏科学的教育观念与方法。当前学前教育改革与发展对教师专业能力提出更高要求：除了具有一定艺术技能与素养外，幼儿园教师要掌握儿童身心发展规律，对儿童进行个别化指导，能科学观察儿童活动与发展水平，有效组织游戏活动……因此，需要幼儿园教师对自身专业结构进行科学分析，扬长补短，使自身发展符合教育理念，同时又能挖掘自身优势与潜能。

（二）环境要素——外部环境评估

幼儿园教师职业生涯发展的外部环境包括家庭、学校、社会三个层次。

1. 家庭

个体在家庭中习得初步的社会行为、价值观念，会体现到职业生涯发展中。家庭对职业的认识与看法也会影响到个体的职业生涯。如果家庭对于幼儿园教师的观念与认识是基于尊重、热爱、认同的，那其职业生涯发展会得到积极的动力，反之，则会阻碍。除此之外，家庭经济条件、文化氛围也会对职业生涯发展产生影响。个体在职业生涯中也常会考虑家庭因素，例如"幼儿园教师对后代的抚养有积极作用""幼儿园教师工作稳定，能够照顾到家庭"，这些都反映出家庭对职业生涯的影响。

2. 学校

学校（幼儿园）作为幼儿园教师职业生涯的主要场地，与其发展亦是息息相关。一个学校的办学理念、文化氛围、规章制度、管理模式、课程设置、教师队伍、学生等这些都会是幼儿园教师职业生涯规划中涉及的要素。例如办学理念与文化氛围影响着幼儿园教师的职业认同感；学校的管理模式关系着教师职业发展方式、机会与平台；课程设置、教师队伍、学生关系着幼儿园教师的专业发展。学校也会成为教师在评估专业发展平台与机会的主要因素。

此外，学校、教师队伍间还存在人际环境。教师专业发展不仅仅是教师个体发展，教师职业生涯规划也非单独个体的规划。教育改革与发展要求教师作为共同体共谋发展，实现专业化。在职业生涯中，幼儿园教师间也应该意识到专业共同体的重要性。思考自身在团体中的价值、地位、作用，学会与其他教师互动、联系，通过教学课程组、教育科学研究小组、学习小组等途径，谋求个人发展与整体发展的统一。正视教师间的合作与竞争，学会积极相处、对待。

3. 社会

社会环境包含政治经济体制、人才市场管理体制、社会文化习俗、社会评价等。社会因素决定着人才培养模式、数量、结构与需求。也影响着人们对某一职业的认识与态度，从而影响个体对职业的选择、职业生涯规划等。幼儿园教师职业生涯发展亦离不开对社会因素的分析与判断，以获得发展的机会与平台。2010年我国教育部颁布的《国家中长期教育改革和发展规划纲要（2010—2020年）》推动了学前教育的快速发展。为解决"入园难""入园贵"问题，《国务院关于当前发展学前教育的若干意见》明确要求各省市落实实施学前教育三年行动计划。截止2014年年底，全国现共有幼儿园20.99万所，比上年增加1.13万所，在园幼儿（包括附设班）4 050.71万人，比上年增加156.02万人。幼儿园园长和教师共208.03万人，比上年增加19.52万人。学前教育毛入园率达到70.5%，比上年提高3个百分点。①为了解决师资问题，提高学前教育教师整体师资水平与综合素养，国家近年针对中西部地区持续开展国家级、省级幼儿教师培训计划。当前，国家政策给予幼儿园教师充分的发展空间与计划，社会对幼儿园教师的认同度也越来越高。因此，幼儿园教师要懂得分析社会环境，以寻找职业发展方法、机会与途径。将个体职业生涯发展置于社会发展与需求中，寻求支持，也会让自身发展变得有效、顺利，而非盲目、无知。

在职业生涯规划设计中，自我评估与环境评估是非常重要的前提与基础，幼儿园教师只有做到"知己""知彼"，充分了解自身条件与外部环境，客观分析自身职业生涯发展的可能性与合理性，才能找到努力方向与具有操作性的发展路径，从而做好职业生涯规划。

三、幼儿园教师职业生涯发展路线选择

做到"知己""知彼"之后，下一步就是综合考虑各方面条件、机会、发展空间，选择职业发展路线。幼儿园教师职业生涯发展路线单纯而言，主要沿袭教师专业发展路线，也就是从"新手教师"向"专家型教师"发展的路线，即专业技术路线。目标是成长为掌握学前教育规律、学前儿童身心发展特点，能根据儿童特点设计与实施科学适宜的教学活动，并能在

---

① 国家教育部. 2014年全国教育事业发展统计公报[EB/OL]http：//www. moe. gov. cn/jyb_xwfb/gzdt_gzdt/s5987/ 201507/t20150730_196698. html.

实践中进行教育研究反思的专职教师。

除此之外，教师职业生涯核心工作虽然围绕教育教学，但职业生涯发展路线也有不同的侧重点：专职教学路线，专注于教育教学、教书育人；教育科学研究路线，侧重于教育研究；教育管理路线，侧重于行政管理方向。典型的职业生涯路线图是一个"V"型图，如图9.3。

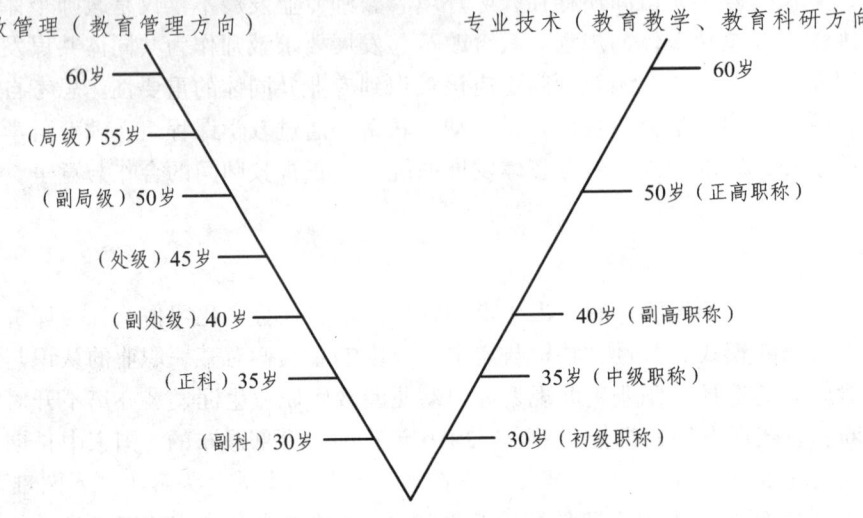

图9-3 职业生涯路线"V"型图

需要指出的是，幼儿园教师职业生涯发展路线并非单轨直线发展，在过程中，几个职业生涯路线会出现衔接发展。举一个例子：一名幼儿园教师的职业生涯发展路线可能是：

（1）新手教师——熟手教师——专家型教师——科研骨干。

（2）新手教师——熟手教师——专家型教师、教学主任、园长助理——业务园长（管理教学）——园长（管理行政事务）。

（3）新手教师——熟手教师——专家型教师——调往教育局从事行政管理工作。

……

教师作为职业，其特质不仅仅是为了生计，更多涉及价值观、文化精神、道德等方面。因此，幼儿园教师职业生涯发展路线存在几个特点：

首先，幼儿园教师职业生涯路线大多起步于"专业技术"路线。完全不懂教育教学、没有教育教学实践经验的教师也无法胜任幼儿园管理工作。因此，无论走何种职业生涯发展路线，职业发展之初，都是作为幼儿园教师，从事教育教学工作。

其次，幼儿园教师在职业生涯发展路线存在专业技术路线、行政管理路线、教育研究路线"汇合""合一"的现象。比如，一名幼儿园教师在职业生涯前十年主要致力于成为专家型教师，其过程中又可能会因为自身能力发展与客观机会，往教育科研方向与教育管理方向发展。

因此，幼儿园教师在选择自身职业发展路线时，要清楚自身特质、能力以及幼儿园教师职业生涯发展路线的特点，做好选择与设计。

职业生涯路线的选择应该是基于自我成长需要与理性的抉择，不是盲目也不是"一股脑发热"的冲动。在抉择的过程中，要思考以下三个问题：

（1）我的职业愿望是什么？

这个问题解决自身兴趣、需求、价值的需要，是理想层面的职业路线。有的教师就想走单一的教育教学路线，成为一名优秀的幼儿园教师，在教育实践中给予儿童幸福，促进儿童成长，从而获得自身的成就感与幸福感。有的教师喜欢深入探索教育科学规律，解决教育问题。喜欢思考与逻辑分析，并形成自己的观点。有的教师立志于成为优秀的管理者，决策、管理与行动。由于自身特质与兴趣不同，不同的幼儿园教师会选择不同的职业生涯发展路线。而愿望与兴趣也是很好的职业发展内部动机，促进自身朝理想奋斗。

（2）哪条职业发展路线更适合我？

这个问题是对自身能力、特长、经历、专业背景、学习经历的综合考量。也就是对自身专业能力的综合考核，以确定自身的专业优势与能力取向。就教师而言，不同的职业路线所需要的相关能力与知识背景会有所不同，需要教师对自身专业能力结构进行分析，来判断适合走什么样的路线。例如艺术技能良好、"艺术型"的幼儿园教师与喜欢思考、钻研、"研究型"的幼儿园教师，其职业生涯路线会有所不同。

（3）外部条件与可能性如何？

这个问题是通过对所处社会、经济、政治、组织环境分析，确定自己的机会取向。这是教师对周围社会资源、环境的一种判断，在过程中寻求专业发展的契机。当前，学前教育事业发展实际给幼儿园教师职业发展带来了很多良好的平台与契机。

总而言之，幼儿园教师职业生涯规划的设计并非空穴来风、随笔写写，而是应该基于对自我与外部环境的客观评估，分析后确定适合自己的职业生涯发展路线。整个过程如图9.4：

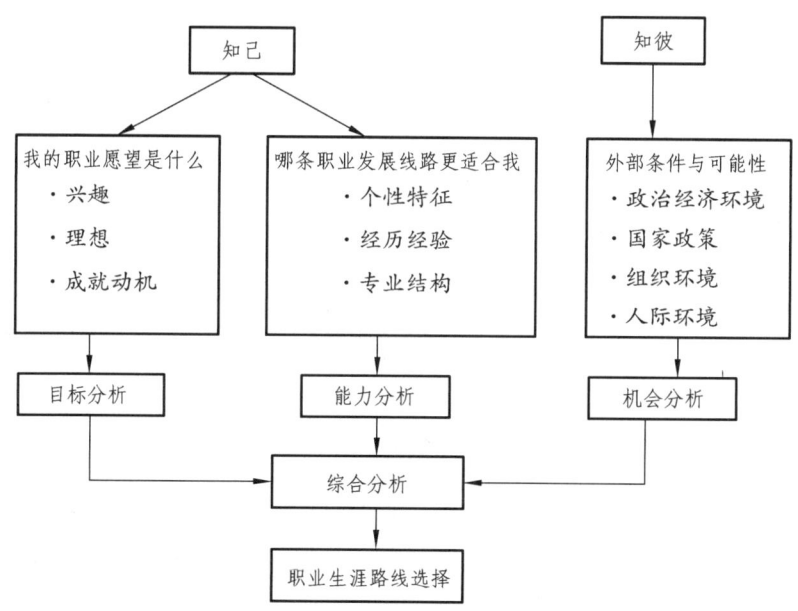

图9.4　职业生涯路线选择图

四、幼儿园教师职业生涯规划设计的目标制定

（一）职业目标的价值与意义

职业生涯发展目标制定实际是职业路线的细化。职业路线指向教师大的发展方向，通过不同层次的目标得以细化，以确定不同阶段的任务。目标是行为的预期结果，可以帮助导向、监控、调整、激励行为，以促进发展进程与方向。

目标的制定对于幼儿园教师而言，对新手教师来说可以缓解、消除入职初期的不适应，尽快投入良好状态，减少迷茫，获得心理稳定。对职业瓶颈期的教师来说可以激励自身直面挑战、努力应对，找寻突破办法。总而言之，职业生涯规划目标制定可以帮助教师适时对自身专业发展进行评估、反思，以获得终身、可持续专业发展。

（二）职业目标的合理性

制定目标其目的是为了提高行为效率，落实行动。对于幼儿园教师职业生涯规划目标，就个体发展而言是为了获得教师职业发展。如何检验目标是否合理以支持目标的达成，需要满足几个特点：

1. 幼儿园教师职业生涯规划目标最终是为了获得教师专业发展

幼儿园教师职业生涯发展目标的制定需要体现教师专业性，围绕教师专业发展的内容，制定不同阶段的目标，实现从新手教师到熟手教师再到专家型教师的发展。

2. 目标需要具有可操作性

目标不宜抽象或过于宽广，要容易转化为可操作的措施与行为。

3. 目标设计具有连续性与渐进性

目标设计需要是一个连续的、有层次的目标。因此，需要将目标——分解为不同层次、不同阶段的目标。每个小的、细化的目标都是为了更高一层目标的实现。

4. 职业目标要与生活相契合

之前论述中提到生涯的核心是"生活"，职业生涯也和人的生活息息相关。职业作为生活的一部分，其目的还是为了让人获得幸福感。因此职业的发展应该与生活的其他构成部分相契合：家庭、健康、闲暇……而不是非此即彼、相互排斥的关系。在制定职业目标时也要充分考虑生活的意义。

（三）幼儿园教师职业生涯目标的层次

按照时间，职业目标可以分为人生目标、长期目标、中期目标、短期目标。人生目标是教师对整个人生规划的终极目标，指向终身发展。长期目标一般为5~10年的目标，可以指向重要的阶段任务与发展突破点。中期目标一般为2~5年内的目标，主要指向平稳积累发展。短期目标主要是2年以内的目标，又可以细化为年目标、月目标、周目标、日目标等，主要基于可操作性，确保整个职业生涯规划的落实与目标的实现。幼儿园教师可以基于对自我与环境的评估，根据选择的职业生涯发展路线设立人生目标与长期目标，在实施过程中根据实

际情况可以对中期、短期目标进行调整以灵活应对，但整体是稳定、持续发展。

按照内容与性质，根据美国心理学教授施恩的职业生涯理论又可以将职业目标分为内职业生涯目标与外职业生涯目标。内职业生涯目标包括观念目标、工作能力目标、工作成果目标、提高心理素质目标、掌握新知识目标；外职业生涯目标包括职务目标、工作内容目标、工作环境目标、经济目标、工作地点目标。[①]就幼儿园教师来说，内职业生涯目标更多指向教师专业发展，教师在此过程中养成师德为先、能力为重、以人为本、终身发展的教师综合素养与能力。外职业生涯目标指向职业发展的客观条件、工作任务与物质条件等。实际上，内职业生涯目标与外职业生涯目标并不是非此即彼、割裂对立的关系，而是相互联系的。举例来说，内职业生涯目标促使幼儿园教师树立科学儿童发展观，提升专业能力，从而有效完成职务与工作任务，随之而来的是职称的晋升、经济收入的提高，由此又可以保障、激发教师更好地完善自我、深入专业发展，以此形成良性循环。因此，内职业生涯目标可以激发教师内部动机与发展潜能，是教师职业生涯发展的原动力；外职业生涯目标的达成又可以为教师专业发展提供良好条件保障。

整体幼儿园教师职业目标的设计可以利用分解与交叉的策略进行：

首先，目标分解。幼儿园教师职业生涯目标从人生目标、长期目标、中期目标、短期目标不断分解。若干短期目标的完成是为了中期目标的达成，依次类推，从而使整体职业生涯发展具有持续性与整体性。目标的分解也有利于职业生涯规划的实现，例如最小的目标可能是日目标。例如，"每天阅读两章教师专业书籍"。

其次，目标维度交叉。时间维度的目标层次指向职业生涯发展的时间阶段，内容与性质维度的目标层次则指向不同的发展任务。两个维度可以交叉设计，以形成幼儿园教师职业生涯发展的目标维度。例如每个时间阶段都会设计内职业生涯目标与外职业生涯目标，从而形成不同的任务内容，每个阶段根据发展程度，其核心任务有所不同。

第三节 幼儿园教师职业生涯规划的实施

❖ **案例导入**

> 小美按照自己制订的5年教师职业生涯规划，3年内在美术活动组织与实施中树立自己的特色，在5年内成为骨干教师，并朝教学管理方向发展。在工作中逐步实现自己的计划，不仅钻研美术教育活动，培养幼儿的美术兴趣与素养，同时还在幼教刊物上发表小论文。同时，发挥自身美术技能的特长，帮助幼儿园创设环境、制作教具，给予建议。由于工作努力且有所成效，得到领导肯定，最终被聘任为园长助理。[②]

从上面的案例可以看出，幼儿园教师职业生涯规划的设计想要完成，依赖于计划落实

---

① 程振响．教师职业生涯规划与发展[M]．南京：南京师范大学出版社，2012．
② 王莉娅，李怀星．幼师生职业规划与就业指导[M]．上海：复旦大学出版社，2011．

到实践、行动之中。同时,在整个职业生涯发展中,由于社会环境、自身能力的变化,实际发展状况有时与规划设计有所差异。因此,教师职业生涯规划的实施是将设计落实为具体任务与行动,并在整个过程随时评价、反馈与调整,寻求教师职业生涯发展有效途径的过程。

一、幼儿园教师职业生涯各阶段的任务[①]

根据教师职业生涯周期理论对教师职业生涯发展阶段的描述来看,教师需要经过从适应——调整成长——成熟——高原期——突破——稳定——退出的一个不断变化的过程。而每一个阶段都有其核心任务需要教师解决以支持自身教师职业生涯的动态、持续发展。

(一)入职适应期

此阶段主要指教师进入行业1~3年,幼儿园教师面临从学生到教师角色身份转变、主动适应职业环境的挑战。一方面,新教师富有工作热情与教育理想,想学以致用,表现出对幼儿的接纳与喜爱,较能接受新的教育理念,能基本胜任工作,例如基本能够组织幼儿园一日生活。另一方面,由于缺乏实践经验,以努力完成工作任务为目标,实践难以尝试新方法。此阶段,幼儿园教师需要完成以下任务:

(1)感受所在幼儿园的办园理念、办园特色、规章制度、文化氛围等。

(2)熟悉幼儿园人际环境,包括园长、教师、工作人员、幼儿的基本情况,能良好地互动交往。

(3)熟悉幼儿园工作流程,在实践中进一步感知学前教育教学规律、幼儿身心发展规律,具备基本教育教学设计与实施能力,基本胜任幼儿园教师任务。需要指出的是,相对其他学校教育阶段,学前教育有自身教育特点、模式与策略,新手幼儿园教师需要尽快习得实践技能。

(4)转变角色,形成对幼儿园教师身份的自我认同。培养积极的认知态度,努力加深对教师工作职责、任务、常规的认识和理解。

(5)监控自我对职业生涯规划进行再审思,形成具有可操作性目标。

(二)调整成长期

经过适应阶段之后,幼儿园教师从关注任务完成到意识到需要寻求自我能力提升。这一阶段,教师对自我专业发展有所期待与要求。因此,需要解决的任务有:

(1)审视自身教师专业能力结构,努力提升专业能力、积累教育实践经验,进一步提高自身保教能力。

(2)尝试形成自我对学前教育理念、方法的理解,能在教育实践中尝试新方法,而不是单纯照搬理论抑或是模仿他人。

(3)通过多种途径深入职业发展,进修与深造。如参加教研活动、职后培训、观摩等在专业知识、能力、精神、素养上得到提高,提升专业能力。

---

① 参考、借鉴程振响主编的《教师职业生涯规划与发展》中对教师职业生涯发展阶段任务的论述方式。

（4）能理解幼儿园教师工作中的困难与问题，并调整好心态。此阶段，经过几年工作积累，幼儿园教师工作状态转为平稳阶段，幼儿园教师的工作任务涉及幼儿一日生活方方面面：入园、晨检、饮食、卫生、游戏活动、户外活动、教学活动等。刚入职的新鲜感渐渐消失，同时会遭遇各种问题，例如幼儿同伴矛盾、幼儿入园焦虑、幼儿园一系列行政工作任务……此时需要及时调整教师心态。

（三）成熟期

新教师已经渐渐从新手教师向熟手教师发展。教师已经非常适应幼儿园教育工作，拥有较为丰富的教育实践经验，逐渐朝幼儿园骨干教师不断成长。这一时期教师进步快，但较适应期、调整成长期来说进步相对慢些。这一阶段，教师职业生涯发展会迎来角色决策。

一方面，教师保持一种积极成长趋向，已经完全适应教育教学工作。具有科学组织幼儿一日生活，生成教育内容，对幼儿进行个别化指导等能力，也能在教育科学研究上有所尝试，在教育实践中进行行动反思。

另一方面，部分教师在此阶段会对自身专业发展、职业生涯发展路线进行一次审思与决策：未来自我专业发展定位在哪儿？是继续深入发展"专业技术型"路线，使自己教育教学能力进一步提高，成长为专家型教师？或是对教育教学经验进行反思、研究，转向教育科研路线；或是朝教育管理方向发展，成为幼儿园发展的决策者；还是离开工作岗位，需求新的职业角色？这一时期，幼儿园教师职业生涯发展思考随之而来。

该时期教师需要完成以下任务：

（1）及时对自我专业发展进行总结、提炼与升华。

（2）再次审思自己的教师职业生涯规划设计，对自我情况、周围环境进行分析，再次确定自我职业生涯发展路线。

（3）懂得分享教育经验，关注教师共同体的发展。发挥自己在教师团体中的骨干作用，帮助新手教师尽快适应职业生涯。

（四）高原期

高原期是指教师职业生涯面临的发展停滞状态。心理学意义上的高原状态，即僵持在某种程度，难以突破。处于该阶段的教师由于缺少突破，容易产生心理懈怠、松弛状态，不愿进一步探索、进步。少数教师也可能在高原期达到高水平状态的平稳发展。在高原期，由于长期无突破，可能会出现又一次的职业困惑。

此阶段的发展任务是：

（1）保持积极向上的态度，不消极怠慢，继续积累教育实践经验并进行反思。职业发展继续积累量变，以达到质变，获得职业发展突破。

（2）尝试突破自己，激发自我潜能。形成自己的教学风格与人格魅力，尽情发挥自己的聪明才智，注意发挥自我潜能。

（3）深入思考自身职业发展规划，寻求突破路径。

（五）突破期

突破期，幼儿园教师逐渐朝专家型教师发展。经历了职业高原期后，教师职业生涯与专业发展进入重要的收获时期。此时，教师形成了一定的自我风格与职业特质，具有稳定、持续的发展动力，富有创新精神与技能。此时，教师内职业生涯目标与外职业生涯目标形成良性循环。教师获得良好的专业发展条件、待遇与地位。同时将教育当作一种事业、一种生活方式、一种价值取向。

此阶段的发展任务是：

（1）尝试运用自身专业知识、能力进行创新，尝试参与思考、解决教育热点、难点。

（2）将自身专业经验、经历提炼、升华为教育理念、思想，以内化自身教育信念。

（六）职业衰落退出阶段

职业突破阶段过后会迎来职业发展的稳定时期，随着年龄增长、变老然后渐渐走向衰落，最后退出教师职业生涯。

此阶段，幼儿园教师职业发展压力减小，更多地享受职后生活。部分教师在此阶段也会对自己整个职业生涯进行回顾，撰写心得、论文等。

二、幼儿园教师职业生涯规划实施的策略

（一）细化目标，形成具有可操作性的措施

职业生涯规划设计的实现最终依赖行动措施的落实，否则一切都是纸上谈兵。目标是行为预期的结果，因此教师职业生涯规划设计之后，需要将目标不断分解、细化，最终形成每日、每周、每月需要做的任务。同时，细化出的任务是能够完成、具有可操作性且在自身能力范围之内的。例如入职初期制定的短期目标为"熟悉幼儿基本情况"，该目标可以进一步细分为"熟悉幼儿家庭成员有哪些""熟记本班幼儿名字及乳名""了解每个幼儿特殊的生活习性"……这些子目标。为了达到"熟记本班幼儿的名字及乳名"这一目标具有操作性的措施可以有：每日坚持点名、制作幼儿成长记录档案的个人基本信息、每日负责分发与收集幼儿入园卡等。

（二）执行计划，适时监控、评价、反馈

计划的实施难点还在于难以持之以恒，在执行计划时，要对自身行动进行适时监控、评价与反馈。计划执行有效时，形成自我效能感，获得内部动机与坚韧心。对计划执行情况进行评价、反馈的目的在于使职业生涯规划可以持续进行，而不是半途而废，同时也确保计划的可操作性，从而转化为实际行动，促进个体获得职业发展，而非纸上谈兵。当目标、计划过于宽泛，任务过于繁杂、远超出能力范围之内时，幼儿园教师就需要对职业生涯规划进行调整。

（三）调整、完善职业生涯规划

职业生涯规划并非完全静止，而是在大方向下动态发展的。教师在职业生涯发展中，不同阶段，由于具体情况不同抑或内外在条件发生变化，影响因素可能引发多种挑战与问题。这些都不可能是完全在计划之内的。教师职业生涯规划既具有预见性，同时又具有生成性，需要依据具体情况进行调整、完善，以保障规划的行之有效。因此，整个教师职业生涯需要不断对规划进行评价、反馈以进行调整。调整、完善职业生涯规划会贯穿整个职业生涯发展过程。

三、幼儿园教师职业生涯发展的途径

幼儿园教师职业生涯发展除了个体探索自我发展路径，学校、幼儿园作为组织管理者在组织层面也应该搭建促进幼儿园教师职业发展的平台，提供发展契机与途径，达到教师与学校的共同发展。

（一）个体层面

1. 激发自我职业生涯规划设计与实施的主体意识

幼儿园教师职业生涯发展当前遇到的较大问题是教师缺乏基本的职业生涯规划意识。大多教师未曾深入思考、设计自身职业生涯规划，更难说实施。由于缺乏规划，很多幼儿园教师在职业生涯中缺失职业定位以及长远目标，行动常常落后于国家政策、教育改革、幼儿园管理措施，容易出现职业倦怠感，也难以获得职业自我效能感。

因此，幼儿园教师职业生涯发展的第一步就是要主动形成职业规划意识，充分调动自身主动性，对自我情况、客观环境进行评估、分析，以寻找适合自身职业发展的路线，并制定措施将其落实为行动，保障教师职业生涯良好发展。

2. 借鉴名师职业生涯成长经验

教师职业发展初期，由于还未形成自我的发展路径、策略与方法。为了避免盲目与无所适从，对幼儿园骨干教师、教学能手的观摩与模仿可以给新手教师以启示与借鉴。同时，优秀幼儿园教师的成长经历与职业生涯发展故事可以引起教师内心共鸣，激励成长与进步。个体可以有意识通过聊天、互动、阅读、网上搜索等方式了解优秀幼儿园教师职业生涯规划的故事与方法。

3. 坚持终身学习与终身发展

幼儿园教师职业生涯发展并不是某一阶段，而是贯穿一系列阶段与人的终身发展相契合。因此，个体在职业生涯发展过程中要通过多元化的方式坚持终身学习，充分发挥主观能动性，激发职业发展内部动机，探索发展路径实现终身发展。例如，通过轶事记录、日记等方式进行教学反思；参加科研小组，在教育行动中研究、探索；充分利用园内及网络教育教学资源充实自己，提升专业素养与能力；积极参与园内及园外多种教育实践活动与比赛，在实践、竞争、相互学习中获得发展。

（二）组织层面

1. 引导职业生涯规划，针对性支持

教师职业生涯发展、教师专业发展与幼儿园发展是密不可分的。因此，教师职业生涯规划不仅仅是教师个体的任务，同时幼儿园也需要参与到规划之中，使教师个体发展与幼儿园发展相适应。第一，幼儿园可以通过讲座对教师进行职业生涯规划培训，让教师获得基本策略与方法。第二，引导幼儿园教师将自身职业生涯发展与幼儿园发展目标相统一，幼儿园可以针对不同发展需求的教师提供针对性的支持与帮助，例如通过职位任命、推荐进修、参加培训等方式实现。

2. 搭建幼儿园教师专业发展平台

教师专业发展是教师职业生涯发展的题中之意，幼儿园教师职业生涯发展离不开教师专业发展的进程。因此，幼儿园需要搭建平台，提供机会促进幼儿园教师专业发展。具体措施可以有：第一，利用"茶话会"等形式营造幼儿园教师交流、分享的机会与氛围。幼儿园教师之间可以相互分享自身职业生涯故事、教育教学经验等。第二，基于园本教研，开展教育行动研究。教育行动研究是当前幼儿园教师专业发展的重要途径。可以有效地探讨、解决教育实践中的问题。在行动研究中，幼儿园教师学会在教育实践中寻找问题与突破口，在实践中研究、发现、反思，从而促进教育实践，也提升自身教育科研能力。第三，创造教师职后培训机会。当前幼儿园教师培训受到国家政策的大力支持，幼儿园常常会有国家级、省级、市级、区级等教师培训机会。幼儿园可以充分利用这个机会，根据教师们不同的专业发展需求与职业生涯发展方向，给予教师不同的培训机会。例如有"游戏与教学游戏化""音乐活动设计与实施""骨干教师培训"等不同侧重点的培训，满足教师不同的专业培训需求。此外，幼儿园自身也可以将同行、教育专家等邀请到幼儿园进行讲座，为幼儿园教师专业发展提供良好条件。第四，建立职后评价激励机制。幼儿园可以将教师职业生涯规划的设计与实施纳入教师专业评价与激励机制中。制定相应奖励措施以推进幼儿园教师职业生涯发展与教师专业发展。

◇拓展阅读

一个优秀幼儿园教师成长的故事

18岁那年，我毕业分配到一所高校附属幼儿园工作，成为一名年轻的幼儿教师，我充满工作热情，非常喜欢和孩子们在一起。一开始担任大班教师，我经常带领孩子们爬山、郊游、放风筝，其他的一些老教师会善意地提醒我，幼儿园的老师只要把孩子看好，把课上好就可以了。而那时的我却不以为然，我喜欢带领孩子们疯玩。那时候，"初生牛犊不怕虎"，虽然自己的实践经验和理论知识并不丰富，但在家长会上我用自己的理解阐述着对幼儿教育的认识；在幼儿园教学中，凭着娴熟的技能技巧和认真的教学态度，在幼儿园的教学观摩和一些竞赛活动中，我取得了很好的成绩，成为一名骨干教师。

由于教学工作出色，很快我被任命为园长助理，负责幼儿园教学管理。教育教学是幼儿园工作的重头戏，那时我的理论水平很差，我经常把园里订的《学前教育研究》作为业务学习的资料，可那上面刊登的文章我都不太看得懂。幼儿园那时正准备申请一级

园，我天天加班加点、废寝忘食地工作，可我发现仅有努力是不够的，我遇到了很大的困难，之前没有任何教学资料的积累，自己又太年轻，没有教学管理经验，刚一接手就面临一个大的挑战，我感到迷茫、想退缩，对自己没信心，担心自己不能胜任。还好，园长和老师们非常信任我，我感受到了来自于所在团体成员的鼓励和支持，我产生了一种能面对这个挑战和困难的力量。我想，既然把这个重要的工作交给我，又这么信任我，我不应该让大家失望。我鼓起勇气，更加努力地投入工作，着手建立健全教学档案，抓好常规教学管理，认真批阅教师的教案和教学笔记，发现教师教学中的闪光点，用热情诚恳的语言鼓励教师不断提高，同时对我自己也是一个学习与提高的过程。"功夫不负有心人"，最终，幼儿园以优异的成绩顺利通过验收，评审组专家对教育教学工作给予了肯定和表扬。

随着宝宝的降生，我对自己从事的幼教工作有了深层次的、理性的认识与思考，更深刻地了解并意识到幼儿教育工作的重要性，感受到教育对于儿童成长的重大意义。正如苏霍姆林斯基所说："教育技巧的全部奥秘也就在于如何爱护儿童。"真诚地爱护儿童，走进儿童，研究并发现儿童，引导和启发儿童，采用适当的教育内容和恰当的教育方法、手段，引发儿童的兴趣，促进儿童的发展。我的兴趣转向了教育研究，作为幼儿园的课题负责人参与教育部的一项子课题研究，还获得了一等奖，和大师们进行了面对面的交流，也发表了一些小文章，我品尝到了教育研究的乐趣，一发不可收拾，我又想给自己一次机会，挑战自我，去实现自己的梦想:考研。当时我想如果我努力了，拼搏了，就算失败也虽败犹荣;如果放弃，不敢参与，从此我将会与自己的人生理想失之交臂，被纠缠于纷繁复杂的事务中，随波逐流、焦虑不安。我鼓足勇气参加了研究生入学考试，第一年因为英语没过国家线失败了，但我已经看见了希望，分数就在边缘线上，大哭一场，擦干眼泪，重新再来，我终于成功了，成为了一名学前教育专业的硕士研究生。我不知道应该用什么样的语言来形容自己当时的心情。我心怀感恩，感激我的家人、老师、朋友、同事，是他们鼓励、支持和帮助我，我才坚持下来;我也肯定自己，不服输，乐观地面对自己的人生理想，做好了自己该做的和想做的事情。我很爱这样的生活，我会努力向前走，继续成长。

——节选自《教育与教学研究》2009年第6期《幼儿教师专业发展个案研究："我的成长故事"》一文的访谈故事

本章小结

幼儿园教师职业生涯规划是指幼儿园教师从自身特点出发，基于时代、社会、学校的共同要求，作出促进教师有计划、可持续发展的预期性、系统性的自我设计与安排。包括自我认知、建立目标、自我评估、环境评估、职业路线选择、实施、评价反馈等环节。

思考与练习

一、简答题

1. 教师职业生涯规划的价值与意义是什么？

2. 幼儿园教师职业生涯目标层次有哪些？
3. 简述幼儿园教师职业生涯规划实施策略。

二、操作题

1. 请基于当前学前教育改革趋势、国家政策导向、幼儿园发展需求，对自我情况进行评估分析，并选择适宜的职业生涯发展路线。
2. 按照教师职业生涯规划的设计内容与程序，拟定一份 5~10 年的教师职业生涯中期发展的规划方案。

附录

中华人民共和国教师法

（1993年10月31日第八届全国人民代表大会常务委员会第四次会议通过，1993年10月31日中华人民共和国主席令第15号公布，自1994年1月1日起施行）

第一章 总　则

第一条 为了保障教师的合法权益，建设具有良好思想品德修养和业务素质的教师队伍，促进社会主义教育事业的发展，制定本法。

第二条 本法适用于在各级各类学校和其他教育机构中专门从事教育教学工作的教师。

第三条 教师是履行教育教学职责的专业人员，承担教书育人，培养社会主义事业建设者和接班人、提高民族素质的使命。教师应当忠诚于人民的教育事业。

第四条 各级人民政府应当采取措施，加强教师的思想政治教育和业务培训，改善教师的工作条件和生活条件，保障教师的合法权益，提高教师的社会地位。全社会都应当尊重教师。

第五条 国务院教育行政部门主管全国的教师工作。

国务院有关部门在各自职权范围内负责有关的教师工作。

学校和其他教育机构根据国家规定，自主进行教师管理工作。

第六条 每年九月十日为教师节。

第二章 权利和义务

第七条 教师享有下列权利：

（一）进行教育教学活动，开展教育教学改革和实验；

（二）从事科学研究、学术交流，参加专业的学术团体，在学术活动中充分发表意见；

（三）指导学生的学习和发展，评定学生的品行和学业成绩；

（四）按时获取工资报酬，享受国家规定的福利待遇以及寒暑假期的带薪休假；

（五）对学校教育教学、管理工作和教育行政部门的工作提出意见和建议，通过教职工代表大会或者其他形式，参与学校的民主管理；

（六）参加进修或者其他方式的培训。

第八条 教师应当履行下列义务：

（一）遵守宪法、法律和职业道德，为人师表；

（二）贯彻国家的教育方针，遵守规章制度，执行学校的教学计划，履行教师聘约，完成教育教学工作任务；

（三）对学生进行宪法所确定的基本原则的教育和爱国主义、民族团结的教育，法制教育以及思想品德、文化、科学技术教育，组织、带领学生开展有益的社会活动；

（四）关心、爱护全体学生，尊重学生人格，促进学生在品德、智力、体质等方面全面发展；

（五）制止有害于学生的行为或者其他侵犯学生合法权益的行为，批评和抵制有害于学生健康成长的现象；

（六）不断提高思想政治觉悟和教育教学业务水平。

第九条 为保障教师完成教育教学任务，各级人民政府、教育行政部门、有关部门、学校和其他教育机构应当履行下列职责：

（一）提供符合国家安全标准的教育教学设施和设备；

（二）提供必需的图书、资料及其他教育教学用品；

（三）对教师在教育教学、科学研究中的创造性工作给以鼓励和帮助；

（四）支持教师制止有害于学生的行为或者其他侵犯学生合法权益的行为。

第三章 资格和任用

第十条 国家实行教师资格制度。

中国公民凡遵守宪法和法律，热爱教育事业，具有良好的思想品德，具备本法规定的学历或者经国家教师资格考试合格，有教育教学能力，经认定合格的，可以取得教师资格。

第十一条 取得教师资格应当具备的相应学历是：

（一）取得幼儿园教师资格，应当具备幼儿师范学校毕业及其以上学历；

（二）取得小学教师资格，应当具备中等师范学校毕业及其以上学历；

（三）取得初级中学教师、初级职业学校文化、专业课教师资格，应当具备高等师范专科学校或者其他大学专科毕业及其以上学历；

（四）取得高级中学教师资格和中等专业学校、技工学校、职业高中文化课、专业课教师资格，应当具备高等师范院校本科或者其他大学本科毕业及其以上学历；取得中等专业学校、技工学校和职业高中学生实习指导教师资格应当具备的学历，由国务院教育行政部门规定；

（五）取得高等学校教师资格，应当具备研究生或者大学本科毕业学历；

（六）取得成人教育教师资格，应当按照成人教育的层次、类别，分别具备高等、中等学校毕业及其以上学历。不具备本法规定的教师资格学历的公民，申请获取教师资格，必须通过国家教师资格考试。国家教师资格考试制度由国务院规定。

第十二条 本法实施前已经在学校或者其他教育机构中任教的教师，未具备本法规定学历的，由国务院教育行政部门规定教师资格过渡办法。

第十三条 中小学教师资格由县级以上地方人民政府教育行政部门认定。中等专业学校、技工学校的教师资格由县级以上地方人民政府教育行政部门组织有关主管部门认定。普通高等学校的教师资格由国务院或者省、自治区、直辖市教育行政部门或者由其委托的学校认定。具备本法规定的学历或者经国家教师资格考试合格的公民，要求有关部门认定其教师资格的，有关部门应当依照本法规定的条件予以认定。取得教师资格的人员首次任教时，应当有试用期。

第十四条 受到剥夺政治权利或者故意犯罪受到有期徒刑以上刑事处罚的，不能取得教师资格；已经取得教师资格的，丧失教师资格。

第十五条 各级师范学校毕业生，应当按照国家有关规定从事教育教学工作。国家鼓励非师范高等学校毕业生到中小学或者职业学校任教。

第十六条 国家实行教师职务制度,具体办法由国务院规定。

第十七条 学校和其他教育机构应当逐步实行教师聘任制。教师的聘任应当遵循双方地位平等的原则,由学校和教师签订聘任合同,明确规定双方的权利、义务和责任。实施教师聘任制的步骤、办法由国务院教育行政部门规定。

第四章 培养和培训

第十八条 各级人民政府和有关部门应当办好师范教育,并采取措施,鼓励优秀青年进入各级师范学校学习。各级教师进修学校承担培训中小学教师的任务。非师范学校应当承担培养和培训中小学教师的任务。各级师范学校学生享受专业奖学金。

第十九条 各级人民政府教育行政部门、学校主管部门和学校应当制定教师培训规划,对教师进行多种形式的思想政治、业务培训。

第二十条 国家机关、企业事业单位和其他社会组织应当为教师的社会调查和社会实践提供方便,给予协助。

第二十一条 各级人民政府应当采取措施,为少数民族地区和边远贫困地区培养、培训教师。

第五章 考核

第二十二条 学校或者其他教育机构应当对教师的政治思想、业务水平、工作态度和工作成绩进行考核。教育行政部门对教师的考核工作进行指导、监督。

第二十三条 考核应当客观、公正、准确,充分听取教师本人、其他教师以及学生的意见。

第二十四条 教师考核结果是受聘任教、晋升工资、实施奖惩的依据。

第六章 待遇

第二十五条 教师的平均工资水平应当不低于或者高于国家公务员的平均工资水平,并逐步提高。建立正常晋级增薪制度,具体办法由国务院规定。

第二十六条 中小学教师和职业学校教师享受教龄津贴和其他津贴,具体办法由国务院教育行政部门会同有关部门制定。

第二十七条 地方各级人民政府对教师以及具有中专以上学历的毕业生到少数民族地区和边远贫困地区从事教育教学工作的,应当予以补贴。

第二十八条 地方各级人民政府和国务院有关部门,对城市教师住房的建设、租赁、出售实行优先、优惠。县、乡两级人民政府应当为农村中小学教师解决住房提供方便。

第二十九条 教师的医疗同当地国家公务员享受同等的待遇;定期对教师进行身体健康检查,并因地制宜安排教师进行休养。医疗机构应当对当地教师的医疗提供方便。

第三十条 教师退休或者退职后,享受国家规定的退休或者退职待遇。县级以上地方人民政府可以适当提高长期从事教育教学工作的中小学退休教师的退休金比例。

第三十一条 各级人民政府应当采取措施,改善国家补助、集体支付工资的中小学教师的待遇,逐步做到在工资收入上与国家支付工资的教师同工同酬,具体办法由地方各级人民政府根据本地区的实际情况规定。

第三十二条 社会力量所办学校的教师的待遇，由举办者自行确定并予以保障。

第七章 奖励

第三十三条 教师在教育教学、培养人才、科学研究、教学改革、学校建设、社会服务、勤工俭学等方面成绩优异的，由所在学校予以表彰、奖励。国务院和地方各级人民政府及其有关部门对有突出贡献的教师，应当予以表彰、奖励。对有重大贡献的教师，依照国家有关规定授予荣誉称号。

第三十四条 国家支持和鼓励社会组织或者个人向依法成立的奖励教师的基金组织捐助资金，对教师进行奖励。

第八章 法律责任

第三十五条 侮辱、殴打教师的，根据不同情况，分别给予行政处分或者行政处罚；造成损害的，责令赔偿损失；情节严重，构成犯罪的，依法追究刑事责任。

第三十六条 对依法提出申诉、控告、检举的教师进行打击报复的，由其所在单位或者上级机关责令改正；情节严重的，可以根据具体情况给予行政处分。国家工作人员对教师打击报复构成犯罪的，依照刑法第一百四十六条的规定追究刑事责任。

第三十七条 教师有下列情形之一的，由所在学校、其他教育机构或者教育行政部门给予行政处分或者解聘：

（一）故意不完成教育教学任务给教育教学工作造成损失的；

（二）体罚学生，经教育不改的；

（三）品行不良、侮辱学生，影响恶劣的。

教师有前款第（二）项、第（三）项所列情形之一，情节严重，构成犯罪的，依法追究刑事责任。

第三十八条 地方人民政府对违反本法规定，拖欠教师工资或者侵犯教师其他合法权益的，应当责令其限期改正。违反国家财政制度、财务制度，挪用国家财政用于教育的经费，严重妨碍教育教学工作，拖欠教师工资，损害教师合法权益的，由上级机关责令限期归还被挪用的经费，并对直接责任人员给予行政处分；情节严重，构成犯罪的，依法追究刑事责任。

第三十九条 教师对学校或者其他教育机构侵犯其合法权益的，或者对学校或者其他教育机构作出的处理不服的，可以向教育行政部门提出申诉，教育行政部门应当在接到申诉的三十日内，作出处理。教师认为当地人民政府有关行政部门侵犯其根据本法规定享有的权利的，可以向同级人民政府或者上一级人民政府有关部门提出申诉，同级人民政府或者上一级人民政府有关部门应当作出处理。

第九章 附则

第四十条 本法下列用语的含义是：

（一）各级各类学校，是指实施学前教育、普通初等教育、普通中等教育、职业教育、普通高等教育以及特殊教育、成人教育的学校。

（二）其他教育机构，是指少年宫以及地方教研室、电化教育机构等。

（三）中小学教师，是指幼儿园、特殊教育机构、普通中小学、成人初等中等教育机构、职业中学以及其他教育机构的教师。

第四十一条 学校和其他教育机构中的教育教学辅助人员,其他类型的学校的教师和教育教学辅助人员,可以根据实际情况参照本法的有关规定执行。军队所属院校的教师和教育教学辅助人员,由中央军事委员会依照本法制定有关规定。

第四十二条 外籍教师的聘任办法由国务院教育行政部门规定。

第四十三条 本法自一九九四年一月一日起施行。

教育部关于印发《幼儿园教育指导纲要（试行）》的通知

教基〔2001〕20号

各省、自治区、直辖市教育厅（教委）、新疆生产建设兵团教委，部属师范大学：

为进一步贯彻第三次全国教育工作会议和全国基础教育工作会议精神，落实《国务院关于基础教育改革与发展的决定》，推进幼儿园实施素质教育，全面提高幼儿园教育质量，现将《幼儿园教育指导纲要（试行）》（以下简称《纲要》）印发给你们，从2001年9月起试行，并就贯彻实施《纲要》的有关问题通知如下：

一、《纲要》是根据党的教育方针和《幼儿园工作规程》（以下简称《规程》）制定的，是指导广大幼儿教师将《规程》的教育思想和观念转化为教育行为的指导性文件。各地教育行政部门要对《纲要》的实施工作给予充分重视，认真抓好。

要积极利用多种宣传媒介，采取多种形式，广泛、深入地宣传《纲要》，使广大幼儿教育工作者、幼儿家长以及社会人士都能了解《纲要》的指导思想和基本要求。

要通过多种形式的学习和培训，认真组织各级教育行政部门负责幼儿教育工作的行政人员、教研人员、幼儿园园长和教师学习和理解《纲要》，以有效地依据《纲要》的指导思想和基本要求，根据儿童发展的实际需要，制订教育计划和组织教育活动，进一步更新教育观念，提高教育技能。

二、贯彻实施《纲要》，要坚持因地制宜、实事求是的原则，认真制订本地贯彻《纲要》的实施方案。应从具体情况出发，切忌搞"一刀切"。各地可采取先试点的方法，对不同地区、不同类型、不同条件的幼儿园，分别提出不同的要求，待取得经验后逐步推开。

三、设有学前教育专业的高等师范院校和幼儿师范学校要认真、深入地学习《纲要》的精神，改革现行学前教育课程和师资培养方式，并主动配合教育行政部门做好贯彻实施《纲要》的宣传和培训工作。

四、各地在实施《纲要》的过程中，要注意不断研究和解决出现的困难和问题，要注意总结积累经验，并及时反映给我部。

1981年颁发的《幼儿园教育纲要（试行草案）》同时废止。

附件：

幼儿园教育指导纲要（试行）

第一部分 总则

一、为贯彻《中华人民共和国教育法》、《幼儿园管理条例》和《幼儿园工作规程》，指导幼儿园深入实施素质教育，特制定本纲要。

二、幼儿园教育是基础教育的重要组成部分，是我国学校教育和终身教育的奠基阶段。城乡各类幼儿园都应从实际出发，因地制宜地实施素质教育，为幼儿一生的发展打好基础。

三、幼儿园应与家庭、社区密切合作，与小学相互衔接，综合利用各种教育资源，共同为幼儿的发展创造良好的条件。

四、幼儿园应为幼儿提供健康、丰富的生活和活动环境，满足他们多方面发展的需要，使他们在快乐的童年生活中获得有益于身心发展的经验。

五、幼儿园教育应尊重幼儿的人格和权利，尊重幼儿身心发展的规律和学习特点，以游戏为基本活动，保教并重，关注个别差异，促进每个幼儿富有个性的发展。

第二部分　教育内容与要求

幼儿园的教育内容是全面的、启蒙性的，可以相对划分为健康、语言、社会、科学、艺术等五个领域，也可作其它不同的划分。各领域的内容相互渗透，从不同的角度促进幼儿情感、态度、能力、知识、技能等方面的发展。

一、健康

（一）目标

1. 身体健康，在集体生活中情绪安定、愉快；
2. 生活、卫生习惯良好，有基本的生活自理能力；
3. 知道必要的安全保健常识，学习保护自己；
4. 喜欢参加体育活动，动作协调、灵活。

（二）内容与要求

1. 建立良好的师生、同伴关系，让幼儿在集体生活中感到温暖，心情愉快，形成安全感、信赖感。
2. 与家长配合，根据幼儿的需要建立科学的生活常规。培养幼儿良好的饮食、睡眠、盥洗、排泄等生活习惯和生活自理能力。
3. 教育幼儿爱清洁、讲卫生，注意保持个人和生活场所的整洁和卫生。
4. 密切结合幼儿的生活进行安全、营养和保健教育，提高幼儿的自我保护意识和能力。
5. 开展丰富多彩的户外游戏和体育活动，培养幼儿参加体育活动的兴趣和习惯，增强体质，提高对环境的适应能力。
6. 用幼儿感兴趣的方式发展基本动作，提高动作的协调性、灵活性。
7. 在体育活动中，培养幼儿坚强、勇敢、不怕困难的意志品质和主动、乐观、合作的态度。

（三）指导要点

1. 幼儿园必须把保护幼儿的生命和促进幼儿的健康放在工作的首位。树立正确的健康观念，在重视幼儿身体健康的同时，要高度重视幼儿的心理健康。
2. 既要高度重视和满足幼儿受保护、受照顾的需要，又要尊重和满足他们不断增长的独立要求，避免过度保护和包办代替，鼓励并指导幼儿自理、自立的尝试。
3. 健康领域的活动要充分尊重幼儿生长发育的规律，严禁以任何名义进行有损幼儿健康的比赛、表演或训练等。
4. 培养幼儿对体育活动的兴趣是幼儿园体育的重要目标，要根据幼儿的特点组织生动有趣、形式多样的体育活动，吸引幼儿主动参与。

二、语言

（一）目标

1. 乐观与人交谈，讲话礼貌；

2. 注意倾听对方讲话，能理解日常用语；
3. 能清楚地说出自己想说的事；
4. 喜欢听故事、看图书；
5. 能听懂和会说普通话。

（二）内容与要求

1. 创造一个自由、宽松的语言交往环境，支持、鼓励、吸引幼儿与教师、同伴或其他人交谈，体验语言交流的乐趣，学习使用适当的、礼貌的语言交往。
2. 养成幼儿注意倾听的习惯，发展语言理解能力。
3. 鼓励幼儿大胆、清楚地表达自己的想法和感受，尝试说明、描述简单的事物或过程，发展语言表达能力和思维能力。
4. 引导幼儿接触优秀的儿童文学作品，使之感受语言的丰富和优美，并通过多种活动帮助幼儿加深对作品的体验和理解。
5. 培养幼儿对生活中常见的简单标记和文字符号的兴趣。
6. 利用图书、绘画和其他多种方式，引发幼儿对书籍、阅读和书写的兴趣，培养前阅读和前书写技能。
7. 提供普通话的语言环境，帮助幼儿熟悉、听懂并学说普通话。少数民族地区还应帮助幼儿学习本民族语言。

（三）指导要点

1. 语言能力是在运用的过程中发展起来的，发展幼儿语言的关键是创设一个能使他们想说、敢说、喜欢说、有机会说并能得到积极应答的环境。
2. 幼儿语言的发展与其情感、经验、思维、社会交往能力等其它方面的发展密切相关，因此，发展幼儿语言的重要途径是通过互相渗透的各领域的教育，在丰富多彩的活动中去扩展幼儿的经验，提供促进语言发展的条件。
3. 幼儿的语言学习具有个别化的特点，教师与幼儿的个别交流、幼儿之间的自由交谈等，对幼儿语言发展具有特殊意义。
4. 对有语言障碍的儿童要给予特别关注，要与家长和有关方面密切配合，积极地帮助他们提高语言能力。

三、社会

（一）目标

1. 能主动地参与各项活动，有自信心；
2. 乐意与人交往，学习互助、合作和分享，有同情心；
3. 理解并遵守日常生活中基本的社会行为规则；
4. 能努力做好力所能及的事，不怕困难，有初步的责任感；
5. 爱父母长辈、老师和同伴，爱集体、爱家乡、爱祖国。

（二）内容与要求

1. 引导幼儿参加各种集体活动，体验与教师、同伴等共同生活的乐趣，帮助他们正确认识自己和他人，养成对他人、社会亲近、合作的态度，学习初步的人际交往技能。
2. 为每个幼儿提供表现自己长处和获得成功的机会，增强其自尊心和自信心。
3. 提供自由活动的机会，支持幼儿自主地选择、计划活动，鼓励他们通过多方面的努力解决问题，不轻易放弃克服困难的尝试。

4. 在共同的生活和活动中，以多种方式引导幼儿认识、体验并理解基本的社会行为规则，学习自律和尊重他人。

5. 教育幼儿爱护玩具和其他物品，爱护公物和公共环境。

6. 与家庭、社区合作，引导幼儿了解自己的亲人以及与自己生活有关的各行各业人们的劳动，培养其对劳动者的热爱和对劳动成果的尊重。

7. 充分利用社会资源，引导幼儿实际感受祖国文化的丰富与优秀，感受家乡的变化和发展，激发幼儿爱家乡、爱祖国的情感。

8. 适当向幼儿介绍我国各民族和世界其他国家、民族的文化，使其感知人类文化的多样性和差异性，培养理解、尊重、平等的态度。

（三）指导要点

1. 社会领域的教育具有潜移默化的特点。幼儿社会态度和社会情感的培养尤应渗透在多种活动和一日生活的各个环节之中，要创设一个能使幼儿感受到接纳、关爱和支持的良好环境，避免单一呆板的言语说教。

2. 幼儿与成人、同伴之间的共同生活、交往、探索、游戏等，是其社会学习的重要途径。应为幼儿提供人际间相互交往和共同活动的机会和条件，并加以指导。

3. 社会学习是一个漫长的积累过程，需要幼儿园、家庭和社会密切合作，协调一致，共同促进幼儿良好社会性品质的形成。

四、科学

1. 对周围的事物、现象感兴趣，有好奇心和求知欲；

2. 能运用各种感官，动手动脑，探究问题；

3. 能用适当的方式表达、交流探索的过程和结果；

4. 能从生活和游戏中感受事物的数量关系并体验到数学的重要和有趣；

5. 爱护动植物，关心周围环境，亲近大自然，珍惜自然资源，有初步的环保意识。

（二）内容与要求

1. 引导幼儿对身边常见事物和现象的特点、变化规律产生兴趣和探究的欲望。

2. 为幼儿的探究活动创造宽松的环境，让每个幼儿都有机会参与尝试，支持、鼓励他们大胆提出问题，发表不同意见，学会尊重别人的观点和经验。

3. 提供丰富的可操作的材料，为每个幼儿都能运用多种感官。多种方式进行探索提供活动的条件。

4. 通过引导幼儿积极参加小组讨论、探索等方式，培养幼儿合作学习的意识和能力，学习用多种方式表现、交流、分享探索的过程和结果。

5. 引导幼儿对周围环境中的数、量、形、时间和空间等现象产生兴趣，建构初步的数概念，并学习用简单的数学方法解决生活和游戏中某些简单的问题。

6. 从生活或媒体中幼儿熟悉的科技成果入手，引导幼儿感受科学技术对生活的影响，培养他们对科学的兴趣和对科学家的崇敬。

7. 在幼儿生活经验的基础上，帮助幼儿了解自然、环境与人类生活的关系。从身边的小事入手，培养初步的环保意识和行为。

（三）指导要点

1. 幼儿的科学教育是科学启蒙教育，重在激发幼儿的认识兴趣和探究欲望。

2. 要尽量创造条件让幼儿实际参加探究活动，使他们感受科学探究的过程和方法，体验发现的乐趣。

3. 科学教育应密切联系幼儿的实际生活进行，利用身边的事物与现象作为科学探索的对象。

五、艺术

（一）目标

1. 能初步感受并喜爱环境、生活和艺术中的美；

2. 喜欢参加艺术活动，并能大胆地表现自己的情感和体验；

3. 能用自己喜欢的方式进行艺术表现活动。

（二）内容与要求

1. 引导幼儿接触周围环境和生活中美好的人、事、物，丰富他们的感性经验和审美情趣，激发他们表现美、创造美的情趣。

2. 在艺术活动中面向全体幼儿，要针对他们的不同特点和需要，让每个幼儿都得到美的熏陶和培养。对有艺术天赋的幼儿要注意发展他们的艺术潜能。

3. 提供自由表现的机会，鼓励幼儿用不同艺术形式大胆地表达自己的情感、理解和想象，尊重每个幼儿的想法和创造，肯定和接纳他们独特的审美感受和表现方式，分享他们创造的快乐。

4. 在支持、鼓励幼儿积极参加各种艺术活动并大胆表现的同时，帮助他们提高表现的技能和能力。

5. 指导幼儿利用身边的物品或废旧材料制作玩具、手工艺品等来美化自己的生活或开展其他活动。

6. 为幼儿创设展示自己作品的条件，引导幼儿相互交流、相互欣赏、共同提高。

（三）指导要点

1. 艺术是实施美育的主要途径，应充分发挥艺术的情感教育功能，促进幼儿健全人格的形成。要避免仅仅重视表现技能或艺术活动的结果，而忽视幼儿在活动过程中的情感体验和态度的倾向。

2. 幼儿的创作过程和作品是他们表达自己的认识和情感的重要方式，应支持幼儿富有个性和创造性的表达，克服过分强调技能技巧和标准化要求的偏向。

3. 幼儿艺术活动的能力是在大胆表现的过程中逐渐发展起来的，教师的作用应主要在于激发幼儿感受美、表现美的情趣，丰富他们的审美经验，使之体验自由表达和创造的快乐。在此基础上，根据幼儿的发展状况和需要，对表现方式和技能技巧给予适时、适当的指导。

第三部分 组织与实施

一、幼儿园的教育是为所有在园幼儿的健康成长服务的，要为每一个儿童，包括有特殊需要的儿童提供积极的支持和帮助。

二、幼儿园的教育活动，是教师以多种形式有目的、有计划地引导幼儿生动、活泼、主动活动的教育过程。

三、教育活动的组织与实施过程是教师创造性地开展工作的过程。教师要根据本《纲要》，从本地、本国的条件出发，结合本班幼儿的实际情况，制定切实可行的工作计划并灵活地执行。

四、教育活动目标要以《幼儿园工作规程》和本《纲要》所提出的各领域目标为指导，结合本班幼儿的发展水平、经验和需要来确定。

五、教育活动内容的选择应遵照本《纲要》第二部分的有关条款进行，同时体现以下原则：

（一）既适合幼儿的现有水平，又有一定的挑战性。

（二）既符合幼儿的现实需要，又有利于其长远发展。

（三）既贴近幼儿的生活来选择幼儿感兴趣的事物和问题，又有助于拓展幼儿的经验和视野。

六、教育活动内容的组织应充分考虑幼儿的学习特点和认识规律，各领域的内容要有机联系，相互渗透，注重综合性、趣味性、活动性，寓教育于生活、游戏之中。

七、教育活动的组织形式应根据需要合理安排，因时、因地、因内容、因材料灵活地运用。

八、环境是重要的教育资源，应通过环境的创设和利用，有效地促进幼儿的发展。

（一）幼儿园的空间、设施、活动材料和常规要求等应有利于引发、支持幼儿的游戏和各种探索活动，有利于引发、支持幼儿与周围环境之间积极的相互作用。

（二）幼儿同伴群体及幼儿园教师集体是宝贵的教育资源，应充分发挥这一资源的作用。

（三）教师的态度和管理方式应有助于形成安全、温馨的心理环境；言行举止应成为幼儿学习的良好榜样。

（四）家庭是幼儿园重要的合作伙伴。应本着尊重、平等、合作的原则，争取家长的理解、支持和主动参与，并积极支持、帮助家长提高教育能力。

（五）充分利用自然环境和社区的教育资源，扩展幼儿生活和学习的空间。幼儿园同时应为社区的早期教育提供服务。

九、科学、合理地安排和组织一日生活。

（一）时间安排应有相对的稳定性与灵活性，既有利于形成秩序，又能满足幼儿的合理需要，照顾到个体差异。

（二）教师直接指导的活动和间接指导的活动相结合，保证幼儿每天有适当的自主选择和自由活动时间。教师直接指导的集体活动要能保证幼儿的积极参与，避免时间的隐性浪费。

（三）尽量减少不必要的集体行动和过渡环节，减少和消除消极等待现象。

（四）建立良好的常规，避免不必要的管理行为，逐步引导幼儿学习自我管理。

十、教师应成为幼儿学习活动的支持者、合作者、引导者。

（一）以关怀、接纳、尊重的态度与幼儿交往。耐心倾听，努力理解幼儿的想法与感受，支持、鼓励他们大胆探索与表达。

（二）善于发现幼儿感兴趣的事物、游戏和偶发事件中所隐含的教育价值，把握时机，积极引导。

（三）关注幼儿在活动中的表现和反应，敏感地察觉他们的需要，及时以适当的方式应答，形成合作探究式的师生互动。

（四）尊重幼儿在发展水平、能力、经验、学习方式等方面的个体差异，因人施教，努力使每一个幼儿都能获得满足和成功。

（五）关注幼儿的特殊需要，包括各种发展潜能和不同发展障碍，与家庭密切配合，共同促进幼儿健康成长。

十一、幼儿园教育要与0—3岁儿童的保育教育以及小学教育相互衔接。

第四部分　教育评价

一、教育评价是幼儿园教育工作的重要组成部分，是了解教育的适宜性、有效性，调整和改进工作，促进每一个幼儿发展，提高教育质量的必要手段。

二、管理人员、教师、幼儿及其家长均是幼儿园教育评价工作的参与者。评价过程是各方共同参与、相互支持与合作的过程。

三、评价的过程，是教师运用专业知识审视教育实践，发现、分析、研究、解决问题的过程，也是其自我成长的重要途径。

四、幼儿园教育工作评价实行以教师自评为主，园长以及有关管理人员、其他教师和家长等参与评价的制度。

五、评价应自然地伴随着整个教育过程进行。综合采用观察、谈话、作品分析等多种方法。

六、幼儿的行为表现和发展变化具有重要的评价意义，教师应视之为重要的评价信息和改进工作的依据。

七、教育工作评价宜重点考察以下方面：

（一）教育计划和教育活动的目标是否建立在了解本班幼儿现状的基础上。

（二）教育的内容、方式、策略、环境条件是否能调动幼儿学习的积极性。

（三）教育过程是否能为幼儿提供有益的学习经验，并符合其发展需要。

（四）教育内容、要求能否兼顾群体需要和个体差异，使每个幼儿都能得到发展，都有成功感。

（五）教师的指导是否有利于幼儿主动、有效地学习。

八、对幼儿发展状况的评估，要注意：

（一）明确评价的目的是了解幼儿的发展需要，以便提供更加适宜的帮助和指导。

（二）全面了解幼儿的发展状况，防止片面性，尤其要避免只重知识和技能，忽略情感、社会性和实际能力的倾向。

（三）在日常活动与教育教学过程中采用自然的方法进行。平时观察所获的具有典型意义的幼儿行为表现和所积累的各种作品等，是评价的重要依据。

（四）承认和关注幼儿的个体差异，避免用划一的标准评价不同的幼儿，在幼儿面前慎用横向的比较。

（五）以发展的眼光看待幼儿，既要了解现有水平，更要关注其发展的速度、特点和倾向等。

国务院关于当前发展学前教育的若干意见

国发〔2010〕41号

各省、自治区、直辖市人民政府，国务院各部委、各直属机构：

为贯彻落实党的十七届五中全会、全国教育工作会议精神和《国家中长期教育改革和发展规划纲要（2010—2020年）》，积极发展学前教育，着力解决当前存在的"入园难"问题，满足适龄儿童入园需求，促进学前教育事业科学发展，现提出如下意见。

一、把发展学前教育摆在更加重要的位置。学前教育是终身学习的开端，是国民教育体系的重要组成部分，是重要的社会公益事业。改革开放特别是新世纪以来，我国学前教育取得长足发展，普及程度逐步提高。但总体上看，学前教育仍是各级各类教育中的薄弱环节，主要表现为教育资源短缺、投入不足，师资队伍不健全，体制机制不完善，城乡区域发展不平衡，一些地方"入园难"问题突出。办好学前教育，关系亿万儿童的健康成长，关系千家万户的切身利益，关系国家和民族的未来。

发展学前教育，必须坚持公益性和普惠性，努力构建覆盖城乡、布局合理的学前教育公共服务体系，保障适龄儿童接受基本的、有质量的学前教育；必须坚持政府主导，社会参与，公办民办并举，落实各级政府责任，充分调动各方面积极性；必须坚持改革创新，着力破除制约学前教育科学发展的体制机制障碍；必须坚持因地制宜，从实际出发，为幼儿和家长提供方便就近、灵活多样、多种层次的学前教育服务；必须坚持科学育儿，遵循幼儿身心发展规律，促进幼儿健康快乐成长。

各级政府要充分认识发展学前教育的重要性和紧迫性，将大力发展学前教育作为贯彻落实教育规划纲要的突破口，作为推动教育事业科学发展的重要任务，作为建设社会主义和谐社会的重大民生工程，纳入政府工作重要议事日程，切实抓紧抓好。

二、多种形式扩大学前教育资源。大力发展公办幼儿园，提供"广覆盖、保基本"的学前教育公共服务。加大政府投入，新建、改建、扩建一批安全、适用的幼儿园。不得用政府投入建设超标准、高收费的幼儿园。中小学布局调整后的富余教育资源和其他富余公共资源，优先改建成幼儿园。鼓励优质公办幼儿园举办分园或合作办园。制定优惠政策，支持街道、农村集体举办幼儿园。

鼓励社会力量以多种形式举办幼儿园。通过保证合理用地、减免税费等方式，支持社会力量办园。积极扶持民办幼儿园特别是面向大众、收费较低的普惠性民办幼儿园发展。采取政府购买服务、减免租金、以奖代补、派驻公办教师等方式，引导和支持民办幼儿园提供普惠性服务。民办幼儿园在审批登记、分类定级、评估指导、教师培训、职称评定、资格认定、表彰奖励等方面与公办幼儿园具有同等地位。

城镇小区没有配套幼儿园的，应根据居住区规划和居住人口规模，按照国家有关规定配套建设幼儿园。新建小区配套幼儿园要与小区同步规划、同步建设、同步交付使用。建设用地按国家有关规定予以保障。未按规定安排配套幼儿园建设的小区规划不予审批。城镇小区配套幼儿园作为公共教育资源由当地政府统筹安排，举办公办幼儿园或委托办成普惠性民办幼儿园。城镇幼儿园建设要充分考虑进城务工人员随迁子女接受学前教育的需求。

努力扩大农村学前教育资源。各地要把发展学前教育作为社会主义新农村建设的重要内容，将幼儿园作为新农村公共服务设施统一规划，优先建设，加快发展。各级政府要加大对农村学前教育的投入，从今年开始，国家实施推进农村学前教育项目，重点支持中西部地区；地方各级政府要安排专门资金，重点建设农村幼儿园。乡镇和大村独立建园，小村设分园或联合办园，人口分散地区举办流动幼儿园、季节班等，配备专职巡回指导教师，逐步完善县、乡、村学前教育网络。改善农村幼儿园保教条件，配备基本的保教设施、玩教具、幼儿读物等。创造更多条件，着力保障留守儿童入园。发展农村学前教育要充分考虑农村人口分布和流动趋势，合理布局，有效使用资源。

三、多种途径加强幼儿教师队伍建设。加快建设一支师德高尚、热爱儿童、业务精良、结构合理的幼儿教师队伍。各地根据国家要求，结合本地实际，合理确定生师比，核定公办幼儿园教职工编制，逐步配齐幼儿园教职工。健全幼儿教师资格准入制度，严把入口关。2010年国家颁布幼儿教师专业标准。公开招聘具备条件的毕业生充实幼儿教师队伍。中小学富余教师经培训合格后可转入学前教育。

依法落实幼儿教师地位和待遇。切实维护幼儿教师权益，完善落实幼儿园教职工工资保障办法、专业技术职称（职务）评聘机制和社会保障政策。对长期在农村基层和艰苦边远地区工作的公办幼儿教师，按国家规定实行工资倾斜政策。对优秀幼儿园园长、教师进行表彰。

完善学前教育师资培养培训体系。办好中等幼儿师范学校。办好高等师范院校学前教育专业。建设一批幼儿师范专科学校。加大面向农村的幼儿教师培养力度，扩大免费师范生学前教育专业招生规模。积极探索初中毕业起点五年制学前教育专科学历教师培养模式。重视对幼儿特教师资的培养。建立幼儿园园长和教师培训体系，满足幼儿教师多样化的学习和发展需求。创新培训模式，为有志于从事学前教育的非师范专业毕业生提供培训。三年内对1万名幼儿园园长和骨干教师进行国家级培训。各地五年内对幼儿园园长和教师进行一轮全员专业培训。

四、多种渠道加大学前教育投入。各级政府要将学前教育经费列入财政预算。新增教育经费要向学前教育倾斜。财政性学前教育经费在同级财政性教育经费中要占合理比例，未来三年要有明显提高。各地根据实际研究制定公办幼儿园生均经费标准和生均财政拨款标准。制定优惠政策，鼓励社会力量办园和捐资助园。家庭合理分担学前教育成本。建立学前教育资助制度，资助家庭经济困难儿童、孤儿和残疾儿童接受普惠性学前教育。发展残疾儿童学前康复教育。中央财政设立专项经费，支持中西部农村地区、少数民族地区和边疆地区发展学前教育和学前双语教育。地方政府要加大投入，重点支持边远贫困地区和少数民族地区发展学前教育。规范学前教育经费的使用和管理。

五、加强幼儿园准入管理。完善法律法规，规范学前教育管理。严格执行幼儿园准入制度。各地根据国家基本标准和社会对幼儿保教的不同需求，制定各种类型幼儿园的办园标准，实行分类管理、分类指导。县级教育行政部门负责审批各类幼儿园，建立幼儿园信息管理系统，对幼儿园实行动态监管。完善和落实幼儿园年检制度。未取得办园许可证和未办理登记注册手续，任何单位和个人不得举办幼儿园。对社会各类幼儿培训机构和早期教育指导机构，审批主管部门要加强监督管理。

分类治理、妥善解决无证办园问题。各地要对目前存在的无证办园进行全面排查，加强指导，督促整改。整改期间，要保证幼儿正常接受学前教育。经整改达到相应标准的，颁发办园许可证。整改后仍未达到保障幼儿安全、健康等基本要求的，当地政府要依法予以取缔，妥善分流和安置幼儿。

六、强化幼儿园安全监管。各地要高度重视幼儿园安全保障工作，加强安全设施建设，配备保安人员，健全各项安全管理制度和安全责任制，落实各项措施，严防事故发生。相关部门按职能分工，建立全覆盖的幼儿园安全防护体系，切实加大工作力度，加强监督指导。幼儿园要提高安全防范意识，加强内部安全管理。幼儿园所在街道、社区和村民委员会要共同做好幼儿园安全管理工作。

七、规范幼儿园收费管理。国家有关部门2011年出台幼儿园收费管理办法。省级有关部门根据城乡经济社会发展水平、办园成本和群众承受能力，按照非义务教育阶段家庭合理分担教育成本的原则，制定公办幼儿园收费标准。加强民办幼儿园收费管理，完善备案程序，加强分类指导。幼儿园实行收费公示制度，接受社会监督。加强收费监管，坚决查处乱收费。

八、坚持科学保教，促进幼儿身心健康发展。加强对幼儿园保教工作的指导，2010年国家颁布幼儿学习与发展指南。遵循幼儿身心发展规律，面向全体幼儿，关注个体差异，坚持以游戏为基本活动，保教结合，寓教于乐，促进幼儿健康成长。加强对幼儿园玩教具、幼儿图书的配备与指导，为儿童创设丰富多彩的教育环境，防止和纠正幼儿园教育"小学化"倾向。研究制定幼儿园教师指导用书审定办法。建立幼儿园保教质量评估监管体系。健全学前教育教研指导网络。要把幼儿园教育和家庭教育紧密结合，共同为幼儿的健康成长创造良好环境。

九、完善工作机制，加强组织领导。各级政府要加强对学前教育的统筹协调，健全教育部门主管、有关部门分工负责的工作机制，形成推动学前教育发展的合力。教育部门要完善政策，制定标准，充实管理、教研力量，加强学前教育的监督管理和科学指导。机构编制部门要结合实际合理确定公办幼儿园教职工编制。发展改革部门要把学前教育纳入当地经济社会发展规划，支持幼儿园建设发展。财政部门要加大投入，制定支持学前教育的优惠政策。城乡建设和国土资源部门要落实城镇小区和新农村配套幼儿园的规划、用地。人力资源和社会保障部门要制定幼儿园教职工的人事（劳动）、工资待遇、社会保障和技术职称（职务）评聘政策。价格、财政、教育部门要根据职责分工，加强幼儿园收费管理。综治、公安部门要加强对幼儿园安全保卫工作的监督指导，整治、净化周边环境。卫生部门要监督指导幼儿园卫生保健工作。民政、工商、质检、安全生产监管、食品药品监管等部门要根据职能分工，加强对幼儿园的指导和管理。妇联、残联等单位要积极开展对家庭教育、残疾儿童早期教育的宣传指导。充分发挥城市社区居委会和农村村民自治组织的作用，建立社区和家长参与幼儿园管理和监督的机制。

十、统筹规划，实施学前教育三年行动计划。各省（区、市）政府要深入调查，准确掌握当地学前教育基本状况和存在的突出问题，结合本区域经济社会发展状况和适龄人口分布、变化趋势，科学测算入园需求和供需缺口，确定发展目标，分解年度任务，落实经费，以县为单位编制学前教育三年行动计划，有效缓解"入园难"。2011年3月底前，各省（区、市）行动计划报国家教育体制改革领导小组办公室备案。

地方政府是发展学前教育、解决"入园难"问题的责任主体。各省（区、市）要建立督促检查、考核奖惩和问责机制，确保大力发展学前教育的各项举措落到实处，取得实效。各级教育督导部门要把学前教育作为督导重点，加强对政府责任落实、教师队伍建设、经费投入、安全管理等方面的督导检查，并将结果向社会公示。教育部会同有关部门对各地学前教育三年行动计划进展情况进行专项督查，组织宣传和推广先进经验，对发展学前教育成绩突出的地区予以表彰奖励，营造全社会关心支持学前教育的良好氛围。

国务院

二〇一〇年十一月二十一日

中小学和幼儿园教师资格考试标准（试行）

为加强中小学和幼儿园教师队伍建设，提高教师队伍整体素质，完善教师资格制度，严把教师入口关，促进教师专业化，根据《中华人民共和国教师法》、《教师资格条例》和《<教师资格条例>实施办法》，制定中小学和幼儿园教师资格考试标准。中小学和幼儿园教师资格考试标准是教师职业准入的国家标准，是从事中小学和幼儿园教师职业的最基本要求，是进行中小学和幼儿园教师资格考试的基本依据。

一、考试目标

中小学和幼儿园教师资格考试主要考查申请教师资格人员从事教师职业所必需的职业道德、专业知识与基本能力。

1. 具有先进的教育理念；良好的法律意识和职业道德；具有从事教师职业所必备的科学文化素养和阅读理解、语言表达、逻辑推理和信息处理等基本能力。

2. 掌握教育教学、学生指导（幼儿保育）和班级管理的基本原理和基本知识，并能正确解决教育教学中的实际问题。

3. 具备学科教学能力，掌握拟任教学科或专业领域的基本知识，掌握教学设计、教学实施和教学评价的基本原理和方法，并能在教学实践中正确运用。

二、考试内容

（一）幼儿园教师

一级指标	二级指标	三级指标
1. 职业道德与基本素养	1.1 职业理念	1.1.1 关爱幼儿，尊重每个幼儿的人格尊严与基本权利。 1.1.2 理解幼儿教育在人一生发展中的重要性，能认识到幼儿教育必须以每一个幼儿的全面发展为本。 1.1.3 理解教师职业的光荣与责任，具有从事幼儿教育工作的热情。 1.1.4 了解幼儿教师专业发展的要求，具有终身学习与自主发展的意识
	1.2 职业规范	1.2.1 了解国家主要的教育法律法规，了解《儿童权利公约》。 1.2.2 熟悉教师职业道德规范，能评析保育教育实践中的道德规范问题。 1.2.3 了解幼儿园教师的职业特点与职业行为规范，能自觉地约束自己的职业行为。 1.2.4 有爱心、耐心、责任心
	1.3 基本素养	1.3.1 了解自然和人文社会科学的一般知识，熟悉常见的幼儿科普读物和文学作品，具有较好的文化修养。 1.3.2 具有较好的艺术修养和审美能力。 1.3.3 具有较好的人际交往与沟通能力。 1.3.4 具有一定的阅读理解能力、语言与文字表达能力、信息获得与处理能力

续表

一级指标	二级指标	三级指标
2. 教育知识与应用	2.1 学前儿童发展	2.1.1 了解婴幼儿发展的基本原理。 2.1.2 了解婴幼儿生理与心理发展的基本规律，熟悉幼儿身体发育、动作发展和认知、情绪情感、个性、社会性发展的特点。 2.1.3 了解幼儿发展中的个体差异及其形成原因，能运用相关知识分析教育中的有关问题。 2.1.4 了解研究幼儿的基本方法，并能据此初步了解幼儿的发展状况和教育需求。 2.1.5 了解幼儿发展中易出现的问题或障碍
	2.2 学前教育原理	2.2.1 掌握教育的基本理论，并能据此分析教育现象与问题。 2.2.2 掌握学前教育的基本理论，并能据此分析学前教育中的现象与问题。 2.2.3 了解幼教发展简史和著名教育家的儿童教育思想，并能结合幼教现实问题进行分析。 2.2.4 掌握幼儿教育的基本原则和不同于中小学教育的基本特点，并能据此评析幼教实践中的问题。 2.2.5 理解幼儿游戏的意义与作用。 2.2.6 理解幼儿园环境创设、班级管理的目的和意义。 2.2.7 熟悉《幼儿园教育指导纲要（试行）》，了解幼教改革动态
3. 保教知识与能力	3.1 生活指导	3.1.1 熟悉幼儿园一日生活的主要环节，具有将教育融入一日生活的意识。 3.1.2 了解幼儿生活常规教育的内容和要求以及培养幼儿良好生活、卫生习惯的方法。 3.1.3 了解幼儿保健、安全方面的基本知识和处理常见问题与突发事件的基本方法
	3.2 环境创设	3.2.1 熟悉幼儿园环境创设的原则与基本方法。 3.2.2 理解教师的态度、言行对幼儿园心理环境形成中的重要性，并能进行自我调控。 3.2.3 了解幼儿园常见活动区的功能，能根据幼儿的需要创设相应的活动区。 3.2.4 理解协调家庭、社区等各种教育力量的重要性，了解与家长沟通与交流的基本方法
	3.3 游戏活动的指导	3.3.1 熟悉幼儿游戏的类型及其各类游戏的特点和主要功能。 3.3.2 了解各年龄阶段幼儿的游戏特点，能根据需要提供支持与指导
	3.4 教育活动的组织与实施	3.4.1 能根据教育目标和幼儿的兴趣需要和年龄特点选择教育内容，确定活动目标，设计教育活动方案。 3.4.2 掌握幼儿健康、语言、社会、科学、艺术等领域教育的基本知识和相应的教育方法。 3.4.3 理解各领域之间的联系和开展综合教育活动的意义与方法。 3.4.4 活动过程中关注幼儿的表现和反应，并能据此进行调整。 3.4.5 关注个体差异，能根据幼儿的个体需要给予指导
	3.5 教育评价	3.5.1 了解幼儿园教育评价的目的与方法，能对保教工作进行评价与反思。 3.5.2 能正确运用评价结果改进保教工作，促进幼儿发展

（二）小学教师

一级指标	二级指标	三级指标
1. 职业道德与素养	1.1 职业理念	1.1.1 了解国家教育方针的要求，能正确分析和评判教育现象。 1.1.2 了解小学教育阶段小学生发展的特点，能关爱学生并客观公正地对待学生，促进学生的全面发展。 1.1.3 了解教师专业发展的要求，具有终身学习与自主发展的意识
	1.2 职业规范	1.2.1 了解国家主要的教育法律法规，能分析评价教育教学实践中的法律问题。 1.2.2 熟悉教师职业道德规范，能分析评价教育教学实践中的道德规范问题。 1.2.3 熟悉教师职业行为规范，能自觉地约束自己的职业行为，为人师表
	1.3 基本素养	1.3.1 了解一定的自然和人文社会科学知识，熟悉常见的儿童科普读物和文学作品，具有较好的文化修养。 1.3.2 了解一定的艺术鉴赏知识，具有一定的审美能力 1.3.3 具有一定的阅读理解能力、表达能力、沟通能力和信息处理能力。 1.3.4 具有良好的心理素质和情绪调节能力。 1.3.5 具有肢体语言表达能力，板书规范优美
2. 教育知识与应用	2.1 教育基础	2.1.1 掌握教育理论的基本知识，能分析和解决小学教育教学实践中的问题。 2.1.2 掌握小学教育规律与学生特点的相关知识，能分析和处理教育教学中的问题。 2.1.3 了解基础教育课程改革的动态和发展情况，能分析和指导教育教学。 2.1.4 了解教育研究的基本理论和方法，能对小学教育教学实践问题进行研究。 2.1.5 了解小学组织运行的基本知识和基本要求
	2.2 学生指导	2.2.1 了解小学生思想品德发展的规律，能设计思想品德教育活动方案。 2.2.2 了解小学生身心发展的特点和个性差异，能促进小学生身心健康发展。 2.2.3 了解小学生的认知特点和学习心理发展的规律，能培养学生的学习兴趣，指导学生养成良好的学习习惯，选择不同的学习方法进行有效地学习。 2.3.4 了解小学生日常卫生保健、传染病预防和意外伤害事故的相关知识，掌握面临特殊情况时保护学生的基本方法
	2.3 班级管理	2.3.1 了解班级管理的一般原理和方法，能开展班级的日常管理工作。 2.3.2 了解学习环境、课外活动的组织和管理知识，能组织学生开展丰富多彩的课外活动。 2.3.3 了解人际沟通的方法，能主动与同事、学生、家长、社区等进行交流
3. 教学知识与能力	3.1 学科知识	3.1.1 了解小学有关学科的基础知识、基本理论和学科发展的历史、现状和趋势，能在教学中运用相关知识。 3.1.2 掌握小学有关学科课程标准的基本内容，能用以指导自己的教育教学。 3.1.3 了解相关学科的基本知识和知识之间的联系，能按照综合学习的要求运用相关知识

续表

一级指标	二级指标	三级指标
3.教学知识与能力	3.2 教学设计	3.2.1 了解分析学生学习需求的基本方法,能根据小学生的知识水平和学习经验,对其学习需求进行合理分析。 3.2.2 掌握教案设计的要求、方法和技巧,能遵循小学生的认知特点和课程标准的要求,完成指定教学内容的教案设计。 3.2.3 了解小学综合课程和综合实践活动的基本知识,能根据教学要求和学生兴趣进行相关教学设计
	3.3 教学实施	3.3.1 了解教学情景创设的基本方法,能采取多种方法和策略,有效地将学生引入学习活动。 3.3.2 掌握指导学生学习的方法和策略,能依据学科特点和小学生的认知特征,发挥学生学习的主体性和积极性,指导学生进行有效的学习。 3.3.3 掌握教学组织的形式和策略,能恰当地运用教学方法,注意与学生互动,组织丰富多彩的课堂活动。 3.3.4 掌握课堂教学总结的方法,能适时地对教学内容进行归纳、提炼,合理布置作业。 3.3.5 能运用现代教育技术进行教学
	3.4 教学评价	3.4.1 了解教学评价知识与方法,具有正确的评价观,能对学生的学习活动进行评价。 3.4.2 了解教学反思的基本方法和策略,能对自己的教学过程进行反思,提出改进的思路

(三)初中教师

一级指标	二级指标	三级指标
1.职业道德与素养	1.1 职业理念	1.1.1 了解国家实施素质教育的基本要求,能正确分析和评判教育现象。 1.1.2 了解初中教育阶段对学生发展的意义,能客观公正地对待学生,促进学生全面发展。 1.1.3 了解教师专业发展的要求,具有终身学习与自主发展的意识
	1.2 职业规范	1.2.1 了解国家主要的教育法律法规,能分析评价教育教学实践中的法律问题。 1.2.2 了解教师职业道德规范,能分析评价教育教学实践中的道德规范问题。 1.2.3 了解教师职业道德行为要求,能做到爱岗敬业、爱国守法、关爱学生、教书育人、为人师表、终身学习
	1.3 基本素养	1.3.1 掌握一定的自然和人文社会科学知识,具有较好的文化修养。 1.3.2 掌握一定的艺术鉴赏知识,具有一般的审美能力。 1.3.3 具有阅读理解能力、语言与文字表达能力、交流沟通能力、信息获取和处理能力
2.教育知识与应用	2.1 教育基础	2.1.1 掌握教育理论的基本知识,能运用教育的基本原理和方法,分析和解决初中教育教学实践中的问题。 2.1.2 掌握初中教育规律与学生特点的相关知识,能分析、处理教育教学中的问题

续表

一级指标	二级指标	三级指标
2.教育知识与应用	2.1 教育基础	2.1.3 了解基础教育课程改革的动态和发展情况，能分析和指导教育教学。 2.1.4 了解教育科学研究的基本理论和方法，能对教育教学实践的问题进行初步研究
2.教育知识与应用	2.2 学生指导	2.2.1 了解学生思想品德发展的规律和个性特征，能有针对性地开展德育工作。 2.2.2 了解初中生身体、情感发展的特性和差异性，掌握心理辅导的基本方法。 2.2.3 了解初中生学习心理发展的特点和规律，能指导学生选择不同的学习方法进行积极有效的学习
	2.3 班级管理	2.3.1 了解班级管理的一般原理和方法，能做好班级的日常管理工作。 2.3.2 了解学习环境、课外活动的组织和管理知识，能组织学生开展丰富多彩的课外活动。 2.3.3 了解人际沟通的方法，能主动与同事、学生、家长、社区等进行交流
3.教学知识与能力	3.1 学科知识	3.1.1 掌握拟任教学科的基础知识、基本理论，了解学科发展的历史、现状和趋势，能在教学中正确运用学科知识。 3.1.2 掌握拟任教学科义务教育课程标准7-9学段的教学内容和要求，能用以指导自己教学。 3.1.3 掌握学科教学论的理论知识，能指导学科教学活动
	3.2 教学设计	3.2.1 了解分析学生学习需求的基本方法，能根据学生已有的知识水平和学习经验，准确说明所选内容与学生已学知识的联系。 3.2.2 了解学习内容的选择与分析学生的基本方法，能根据学生的认知特征和课程标准的要求确定教学目标、教学重点和难点。 3.2.3 掌握教案设计的要求、方法和技巧，能恰当地描述教学目标，选择适当的教学方法，合理安排教学过程和教学内容，在规定的时间内完成所选教学内容的教案设计
	3.3 教学实施	3.3.1 了解教学情境创设、学习动力激发与培养的方法，能有效地将学生引入学习活动。 3.3.2 掌握指导学生学习的方法和策略，能依据学科特点和学生的认知特征，恰当地运用教学方法，帮助学生有效学习。 3.3.3 掌握教学组织的形式和策略，能在教学活动中调动学生的主动性，组织探究性教学与研究性学习。 3.3.4 了解课堂总结的方法，能适时地对教学内容进行归纳、总结，条理清楚、重点突出，合理布置作业。 3.3.5 能运用现代教育技术进行教学
	3.4 教学评价	3.4.1 了解教学评价的知识与方法，具有正确的评价观，能对学生的学习活动进行评价。 3.4.2 了解教学反思的基本方法和策略，能对自己的教学过程进行反思，提出改进的思路

（四）高中教师

一级指标	二级指标	三级指标
1.职业道德与素养	1.1 职业理念	1.1.1 了解国家实施素质教育的基本要求，能正确分析和评判教育现象。 1.1.2 了解高中教育阶段对学生发展的意义，能客观公正地对待学生，促进学生全面发展。 1.1.3 了解教师专业发展的要求，具有终身学习与自主发展的意识
	1.2 职业规范	1.2.1 了解国家主要的教育法律法规，能分析评价教育教学实践中的法律问题。 1.2.2 了解教师职业道德规范，能分析评价教育教学实践中的道德规范问题。 1.2.3 了解教师职业道德行为要求，能做到爱岗敬业、爱国守法、关爱学生、教书育人、为人师表、终身学习
	1.3 基本素养	1.3.1 掌握一定的自然和人文社会科学知识，具有较好的文化修养。 1.3.2 掌握一定的艺术鉴赏知识，具有一般的审美能力。 1.3.3 具有阅读理解能力、语言与文字表达能力、交流沟通能力、信息获取和处理能力
2.教育知识与应用	2.1 教育基础	2.1.1 掌握教育理论的基本知识，能运用教育的基本原理和方法，分析和解决高中教育教学实践中的问题。 2.1.2 掌握高中教育规律与学生特点的相关知识，能分析、处理教育教学中的问题。 2.1.3 了解基础教育课程改革的动态和发展情况，能分析和指导教育教学。 2.1.4 了解教育科学研究的基本理论和方法，能用以分析和研究教育教学实践问题
	2.2 学生指导	2.2.1 了解学生思想品德发展的规律和个性特征，能有针对性地开展德育工作。 2.2.2 了解高中生身体、情感发展的特性和差异性，掌握心理辅导的基本方法。 2.2.3 了解高中生的学习心理发展的特点和规律，能指导学生选择不同的学习方法进行积极有效的学习
	2.3 班级管理	2.3.1 了解班级管理的一般原理和方法，能做好班级的日常管理工作。 2.3.2 了解学习环境、课外活动的组织和管理知识，能组织学生开展丰富多彩的课外活动。 2.3.3 了解人际沟通的方法，能主动与同事、学生、家长、社区等进行交流
3.教学知识与能力	3.1 学科知识	3.1.1 掌握拟任教学科的基础知识、基本理论，了解学科发展的历史、现状和趋势，能在高中教学中融会贯通地运用学科知识。 3.1.2 熟悉拟任教学科普通高中课程标准的教学内容和要求，能用以指导自己教学。 3.1.3 掌握学科教学论的理论知识，能指导学科教学活动
	3.2 教学设计	3.2.1 了解分析学生学习需求的基本方法，能根据学生已有的知识水平和学习经验，准确说明所选内容与学生已学知识的联系。 3.2.2 掌握学习内容的选择与分析学生的基本方法，能根据学生的认知特征和课程标准的要求确定教学目标、教学重点和难点

续表

一级指标	二级指标	三级指标
3.教学知识与能力	3.2 教学设计	3.2.3 掌握教案设计的要求、方法和技巧，能恰当地描述教学目标，选择适当的教学方法，合理安排教学过程和教学内容，在规定的时间内完成所选教学内容的教案设计
	3.3 教学实施	3.3.1 了解教学情境创设、学习动力激发与培养的方法，能有效地将学生引入学习活动。 3.3.2 掌握指导学生学习的方法和策略，能依据学科特点和学生的认知特征，恰当地运用教学方法，帮助学生有效学习。 3.3.3 掌握教学组织的形式和策略，能在教学活动中调动学生的主动性，组织探究性教学与研究性学习。 3.3.4 了解课堂总结的方法，能适时地对教学内容进行归纳、总结，条理清楚、重点突出，合理布置作业。 3.3.5 能运用现代教育技术进行教学
	3.4 教学评价	3.4.1 了解教学评价知识与方法，具有正确的评价观，能对学生的学习活动进行评价。 3.4.2 了解教学反思的基本方法和策略，能对自己的教学过程进行反思，提出改进的思路

三、附则

1. 本标准是制定幼儿园、小学、初级中学和高级中学教师资格考试大纲以及命题的依据。
2. 本标准从公布之日起试行。
3. 本标准由教育部负责解释。

教育部关于大力推进教师教育课程改革的意见

教师〔2011〕6号

各省、自治区、直辖市教育厅（教委），新疆生产建设兵团教育局，部属师范大学：

为贯彻落实教育规划纲要，深化教师教育改革，全面提高教师培养质量，建设高素质专业化教师队伍，现就推进教师教育课程改革和实施《教师教育课程标准（试行）》提出如下意见。

一、创新教师教育课程理念。教师教育课程在中小学和幼儿园教师培养中发挥着重要作用，是提高教师教育质量的关键环节。要围绕培养造就高素质专业化教师的目标，坚持育人为本、实践取向、终身学习的理念，实施《教师教育课程标准（试行）》，创新教师培养模式，强化实践环节，加强师德修养和教育教学能力训练，着力培养师范生的社会责任感、创新精神和实践能力。

二、优化教师教育课程结构。以"三个面向"为指导，构建体现先进教育思想、开放兼容的教师教育课程体系。适应基础教育改革发展，遵循教师成长规律，科学设置师范教育类专业公共基础课程、学科专业课程和教师教育课程，学科理论与教育实践紧密结合，教育实践课程不少于一个学期。按照《教师教育课程标准（试行）》的学习领域、建议模块和学分要求，制订有针对性的幼儿园、小学和中学教师教育课程方案，保证新入职教师基本适应基础教育新课程的需要。

三、改革课程教学内容。把社会主义核心价值体系有机融入课程教材中，精选对培养优秀教师有重要价值的课程内容，将学科前沿知识、教育改革和教育研究最新成果充实到教学内容中，特别应及时吸收儿童研究、学习科学、心理科学、信息技术的新成果。要将优秀中小学教学案例作为教师教育课程的重要内容。加强信息技术课程建设，提升师范生信息素养和利用信息技术促进教学的能力。

四、开发优质课程资源。实施"教师教育国家精品课程建设计划"，通过科研立项、遴选评优和海外引进等途径，构建丰富多彩、高质量的教师教育国家精品课程资源库。大力推广和使用"国家精品课程"，共享优质课程资源。

五、改进教学方法和手段。把教学改革作为教师教育课程改革的核心环节，使基础教育课程改革精神落实到师范生培养过程中，全面提高新教师实施新课程的能力。在学科教学中，要注重培养师范生对学科知识的理解和学科思想的感悟。充分利用模拟课堂、现场教学、情境教学、案例分析等多样化的教学方式，增强师范生学习兴趣，提高教学效率，着力提高师范生的学习能力、实践能力和创新能力。加强以信息技术为基础的现代教育技术开发和应用，将现代教育技术渗透、运用到教学中。

六、强化教育实践环节。加强师范生职业基本技能训练，加强教育见习，提供更多观摩名师讲课的机会。师范生到中小学和幼儿园教育实践不少于一个学期。支持建立一批教师教育改革创新试验区，建设长期稳定的中小学和幼儿园教育实习基地。高校和中小学要选派工作责任心强、经验丰富的教师担任师范生实习指导教师。大力开展教育实践活动，深入农村中小学，引导和教育师范生树立强烈的社会责任感和使命感。积极开展师范生实习支教和置换培训，服务农村教育。

七、加强教师养成教育。注重未来教师气质的培养，营造良好教育文化氛围，激发师范生的教育实践兴趣，树立长期从教、终身从教信念。邀请优秀中小学校长、教师对师范生言传身教，感受名师人生追求和教师职业精神。开展丰富多彩师范生素质培养和竞赛活动，重视塑造未来教师人格魅力。加强教师职业道德教育，将《中小学教师职业道德规范》列为教师教育必修课程。

八、建设高水平师资队伍。采取有效措施，吸引和激励高水平教师承担教育类课程教学任务。支持高校教师积极开展中小学教育教学改革试验，担任教育类课程的教师要有中小学教育服务工作经历。聘任中小学和幼儿园名师为兼职教师，占教育类课程教学教师人数不少于20%。形成高校与中小学教师共同指导师范生的机制，实行双导师制。

九、建立课程管理和质量评估制度。开展师范教育类专业评估，确保教师培养质量。将师范生培养质量情况作为衡量有关高校办学水平的重要指标。要将师范生培养情况纳入高等学校教学基本状态数据年度统计和公布制度。加强教师教育课程和教材管理。

十、加强组织领导和条件保障。各地教育行政部门要统筹规划、协调指导、积极支持教师教育课程改革工作。高校把教师教育课程教学改革和实施《教师教育课程标准（试行）》列入学校发展整体计划，集中精力，精心组织，抓紧抓好。要建立和完善强有力的师范生培养教学管理组织体系。加大教师教育经费投入力度，确保教师教育课程改革工作所需的各项经费。

附件：教师教育课程标准（试行）

中华人民共和国教育部
二〇一一年十月八日

附件：

教师教育课程标准（试行）

为落实教育规划纲要，深化教师教育改革，规范和引导教师教育课程与教学，培养造就高素质专业化教师队伍，特制定《教师教育课程标准（试行）》。

教师教育课程广义上包括教师教育机构为培养和培训幼儿园、小学和中学教师所开设的公共基础课程、学科专业课程和教育类课程。本课程标准专指教育类课程。

教师教育课程标准体现国家对教师教育机构设置教师教育课程的基本要求，是制定教师教育课程方案、开发教材与课程资源、开展教学与评价，以及认定教师资格的重要依据。

一、基本理念

（一）育人为本

教师是幼儿、中小学学生发展的促进者，在研究和帮助学生健康成长的过程中实现专业发展。教师教育课程应反映社会主义核心价值观，吸收研究新成果，体现社会进步对幼儿、中小学学生发展的新要求。教师教育课程应引导未来教师树立正确的儿童观、学生观、教师观与教育观，掌握必备的教育知识与能力，参与教育实践，丰富专业体验；引导未来教师因材施教，关心和帮助每个幼儿、中小学学生逐步树立正确的世界观、人生观、价值观，培养社会责任感、创新精神和实践能力。

（二）实践取向

教师是反思性实践者，在研究自身经验和改进教育教学行为的过程中实现专业发展。教师教育课程应强化实践意识，关注现实问题，体现教育改革与发展对教师的新要求。教师教育课程应引导未来教师参与和研究基础教育改革，主动建构教育知识，发展实践能力；引导未来教师发现和解决实际问题，创新教育教学模式，形成个人的教学风格和实践智慧。

（三）终身学习

教师是终身学习者，在持续学习和不断完善自身素质的过程中实现专业发展。教师教育课程应实现职前教育与在职教育的一体化，增强适应性和开放性，体现学习型社会对个体的新要求。教师教育课程应引导未来教师树立正确的专业理想，掌握必备的知识与技能，养成独立思考和自主学习的习惯；引导教师加深专业理解，更新知识结构，形成终身学习和应对挑战的能力。

二、教师教育课程目标与课程设置

（一）幼儿园职前教师教育课程目标与课程设置

幼儿园职前教师教育课程要帮助未来教师充分认识幼儿阶段的特性和价值，理解"保教结合"的重要性，学会按幼儿的成长特点进行科学的保育和教育；理解幼儿的认知特点和学习方式，学会把教育寓于幼儿的生活和游戏中，创设适宜的教育环境，保护与发展幼儿探究、创造的兴趣，让幼儿在愉快的幼儿园生活中健康地成长。

1. 课程目标

目标领域	目标	基本要求
1.教育信念与责任	1.1 具有正确的儿童观和相应的行为	1.1.1 理解幼儿阶段在人生发展中的独特地位和价值，认识健康愉快的幼儿园生活对幼儿发展的意义。 1.1.2 尊重和维护幼儿的人格和权利，保护幼儿的好奇心和自信心。 1.1.3 尊重幼儿的个体差异，相信幼儿具有发展的潜力，乐于为幼儿创造发展的条件和机会
	1.2 具有正确的教师观和相应的行为	1.2.1 理解教师是幼儿学习的引导者和支持者，相信教师工作的意义在于帮助幼儿健康成长。 1.2.2 了解幼儿园教师的职业特点和专业要求，自觉提高自身的科学与人文素养，形成终身学习的意愿。 1.2.3 了解教师的权利和责任，遵守教师职业道德
	1.3 具有正确的教育观和相应的行为	1.3.1 理解教育对幼儿成长、教师自身发展和社会进步的重要意义，相信教育充满了创造的乐趣，愿意从事幼儿教育事业。 1.3.2 了解幼儿教育的历史、现状和发展趋势，认同素质教育理念，理解并参与教育改革。 1.3.3 形成正确的教育质量观，对与幼儿教育相关的现象进行专业思考与判断
2.教育知识与能力	2.1 具有理解幼儿的知识和能力	2.1.1 了解儿童发展的主要理论和儿童研究的最新成果。 2.1.2 了解儿童身心发展的一般规律和影响因素，熟悉幼儿年龄阶段特征和个体发展的差异性

目标领域	目标	基本要求
2. 教育知识与能力	2.1 具有理解幼儿的知识和能力	2.1.3 了解幼儿认知发展、学习方式的特点及影响因素，熟悉幼儿建构知识、获得技能的过程。 2.1.4 了解幼儿情感、社会性发展的特点，熟悉幼儿品德和行为习惯形成的过程和规律。 2.1.5 掌握观察、谈话、倾听、作品分析等基本方法，理解幼儿发展的需要。 2.1.6 了解幼儿期常见疾病、发展障碍、学习障碍的基础知识和应对方法。 2.1.7 了解我国教育的政策法规，熟悉关于儿童权利的内容以及维护儿童合法权益的途径
	2.2 具有教育幼儿的知识和能力	2.2.1 了解我国幼儿园教育的目标和任务，熟悉健康、语言、社会、科学、艺术等各领域的教育目标，学会以此指导自己的学习和实践。 2.2.2 了解幼儿教育的基本原理，理解整合各领域的内容、综合地实施教育活动的重要性，学会设计和实施幼儿教育活动。 2.2.3 了解幼儿的生活经验，学会利用实践机会，积累引导幼儿在游戏等活动中建构知识、发展创造力的经验。 2.2.4 掌握照顾幼儿健康地、安全地生活的基本方法和技能。 2.2.5 了解教育评价的理论与技术，学会通过评价改进活动与促进幼儿发展。 2.2.6 了解与家庭、社区沟通的重要性，学会利用和开发周围的资源，创设有利于幼儿发展的环境。 2.2.7 掌握幼儿心理健康教育的基本知识，学会处理幼儿常见行为问题。 2.2.8 了解0—3岁保育教育的有关知识和婴儿保育教育的一般方法。 2.2.9 了解小学教育的有关知识和幼小衔接的一般方法
	2.3 具有发展自我的知识与能力	2.3.1 了解教师专业素养的核心内容，明确自身专业发展的重点。 2.3.2 了解教师专业发展的阶段与途径，熟悉教师专业发展规划的一般方法，学会理解与分享优秀教师的成功经验。 2.3.3 了解教师专业发展的影响因素，学会利用以课程学习为主的各种机会，积累发展经验
3. 教育实践与体验	3.1 具有观摩教育实践的经历与体验	3.1.1 结合相关课程学习，观摩幼儿的生活和教育活动的组织与指导，了解幼儿园教育的规范与过程，感受不同的教育风格。 3.1.2 深入幼儿园和班级，参与幼儿活动，获得与幼儿直接交往的体验。 3.1.3 了解幼儿园保教工作的特点和幼儿园各部门工作的职责和要求，感受幼儿教育实践的丰富性和复杂性
	3.2 具有参与教育实践的经历与体验	3.2.1 了解实习班级幼儿的实际情况，在指导下设计教育活动方案，组织一日活动，获得对教育过程的真实感受。 3.2.2 参与各种教研活动，获得与幼儿园教师直接对话或交流的机会。 3.2.3 与家庭和社区合作，提高沟通能力，获得共同促进幼儿发展的实践经历与体验。 3.2.4 参与不同类型的幼教机构活动和幼儿教育实践活动
	3.3 具有研究教育实践的经历与体验	3.3.1 在日常学习和实践过程中积累所学所思所想，形成问题意识和一定的解决问题的能力。 3.3.2 了解研究教育实践的一般方法，经历和体验制订计划、开展活动、完成报告、分享结果的过程。 3.3.3 参与各种类型的科研活动，获得科学地研究幼儿的经历与体验

2. 课程设置

学习领域	建议模块	学分要求		
		三年制专科	五年制专科	四年制本科
1. 儿童发展与学习 2. 幼儿教育基础 3. 幼儿活动与指导 4. 幼儿园与家庭、社会 5. 职业道德与专业发展	儿童发展；幼儿认知与学习；特殊儿童发展与学习等。 教育发展史略；教育哲学；课程与教学理论；学前教育原理等。 幼儿游戏与指导；教育活动的设计与实施；幼儿健康教育与活动指导；幼儿语言教育与活动指导；幼儿社会教育与活动指导；幼儿科学教育与活动指导；幼儿艺术教育与活动指导；0—3岁婴儿的保育与教育；幼儿园教育环境创设；幼儿园教育评价；教育诊断与幼儿心理健康指导等。 幼儿园组织与管理；幼儿园班级管理；家庭与社区教育；教育资源的开发与利用；幼儿教育政策法规等。 教师职业道德；教育研究方法；师幼互动方法与实践；教师专业发展；教师语言技能；音乐技能；舞蹈技能；美术技能；现代教育技术应用等	最低必修学分40学分	最低必修学分50学分	最低必修学分44学分
6. 教育实践	教育见习；教育实习等	18周	18周	18周
教师教育课程最低总学分数（含选修课程）		60学分+18周	72学分+18周	64学分+18周
说明： （1）1学分相当于学生在教师指导下进行课程学习18课时，并经考核合格。 （2）学习领域是每个学习者都必修的；建议模块供教师教育机构或学习者选择或组合，可以是必修也可以是选修；每个学习领域或模块的学分数由教师教育机构按相关规定自主确定。				

（二）小学职前教师教育课程目标与课程设置

小学职前教师教育课程要引导未来教师理解小学生成长的特点与差异，学会创设富有支持性和挑战性的学习环境，满足他们的表现欲和求知欲；理解小学生的生活经验和现场资源的重要意义，学会设计和组织适宜的活动，指导和帮助他们自主、合作与探究学习，形成良好的学习习惯；理解交往对小学生发展的价值和独特性，学会组织各种集体和伙伴活动，让他们在有意义的学校生活中快乐成长。

1. 课程目标

目标领域	目标	基本要求
1. 教育信念与责任	1.1 具有正确的学生观和相应的行为	1.1.1 理解小学阶段在人生发展中的独特地位和价值，认识生动活泼的小学生活对小学生发展的意义。 1.1.2 尊重学生学习和发展的权利，保护学生的学习兴趣和自信心。 1.1.3 尊重学生的个体差异，相信学生具有发展的潜力，乐于为学生创造发展的条件和机会

目标领域	目标	基本要求
1. 教育信念与责任	1.2 具有正确的教师观和相应的行为	1.2.1 理解教师是学生学习的促进者，相信教师工作的意义在于创造条件帮助学生快乐成长。 1.2.2 了解小学教师的职业特点和专业要求，自觉提高自身的科学和人文素养，形成终身学习的意愿。 1.2.3 了解教师的权利和责任，遵守教师职业道德
	1.3 具有正确的教育观和相应的行为	1.3.1 理解教育对学生成长、教师专业发展和社会进步的重要意义，相信教育充满了创造的乐趣，愿意从事小学教育事业。 1.3.2 了解学校教育的历史、现状和发展趋势，认同素质教育理念，理解并参与教育改革。 1.3.3 形成正确的教育质量观，对与学校教育相关的现象进行专业思考与判断
2. 教育知识与能力	2.1 具有理解学生的知识与能力	2.1.1 了解儿童发展的主要理论和儿童研究的最新成果。 2.1.2 了解儿童身心发展的一般规律和影响因素，熟悉小学生年龄特征和个体发展的差异性。 2.1.3 了解小学生的认知发展、学习方式的特点及影响因素，熟悉小学生建构知识、获得技能的过程。 2.1.4 了解小学生品德和行为习惯形成的过程，了解小学生的交往特点，理解同伴交往对小学生发展的影响。 2.1.5 掌握观察、谈话、倾听、作品分析等方法，理解小学生学习和发展的需要。 2.1.6 了解我国教育的政策法规，熟悉关于儿童权利的内容以及维护儿童合法权益的途径
	2.2 具有教育学生的知识与能力	2.2.1 了解小学教育的培养目标，熟悉至少两门学科的课程标准，学会依据课程标准制定教学目标或活动目标。 2.2.2 熟悉至少两门学科的教学内容与方法，学会联系小学生的生活经验组织教学活动，将教学内容转化为对小学生有意义的学习活动。 2.2.3 了解学科整合在小学教育中的价值，了解与小学生学习内容相关的各种课程资源，学会设计综合性主题活动，创造跨学科的学习机会。 2.2.4 了解课堂组织与管理的知识，学会创设支持性与挑战性的学习环境，激发学生的学习兴趣。 2.2.5 了解课堂评价的理论与技术，学会通过评价改进教学与促进学生学习。 2.2.6 了解课程开发的知识，学会开发校本课程，设计、实施和指导简单的课外、校外活动。 2.2.7 了解班队管理的基本方法，学会引导小学生进行自我管理和形成集体观念。 2.2.8 了解小学生心理健康教育的基本知识，学会诊断和解决小学生常见学习问题和行为问题。 2.2.9 掌握教师所必需的语言技能、沟通与合作技能、运用现代教育技术的技能
	2.3 具有发展自我的知识与能力	2.3.1 了解教师专业素养的核心内容，明确自身专业发展的重点。 2.3.2 了解教师专业发展的阶段与途径，熟悉教师专业发展规划的一般方法，学会理解与分享优秀教师的成功经验。 2.3.3 了解教师专业发展的影响因素，学会利用以课程学习为主的各种机会积累发展经验

续表

目标领域	目标	基本要求
3. 教育实践与体验	3.1 具有观摩教育实践的经历与体验	3.1.1 结合相关课程学习，观摩小学课堂教学，了解课堂教学的规范与过程。 3.1.2 深入班级，了解小学生群体活动的状况以及小学班级管理、班队活动的内容和要求，获得与小学生直接交往的体验。 3.1.3 密切联系小学，了解小学的教育与管理实践，获得对小学工作内容和运作过程的感性认识
	3.2 具有参与教育实践的经历与体验	3.2.1 在有指导的情况下，根据小学生的特点和教学目标设计与实施教学方案，经历 1-2 门课程的教学活动。 3.2.2 在有指导的情况下，参与指导学习、管理班级和组织班队活动，获得与家庭、社区联系的经历。 3.2.3 参与各种教研活动，获得与其他教师直接对话或交流的机会
	3.3 具有研究教育实践的经历与体验	3.3.1 在日常学习和实践过程中积累所学所思所想，形成问题意识和一定的解决问题能力。 3.3.2 了解研究教育实践的一般方法，经历和体验制订计划、开展活动、完成报告、分享结果的过程。 3.3.3 参与各种类型的科研活动，获得科学地研究学生的经历与体验

2. 课程设置

学习领域	建议模块	学分要求		
		三年制专科	五年制专科	四年制本科
1．儿童发展与学习 2．小学教育基础 3．小学学科教育与活动指导 4．心理健康与道德教育 5．职业道德与专业发展	儿童发展；小学生认知与学习等。 教育哲学；课程设计与评价；有效教学；学校教育发展；班级管理；学校组织与管理；教育政策法规等。 小学学科课程标准与教材研究；小学学科教学设计；小学跨学科教育；小学综合实践活动等。 小学生心理辅导；小学生品德发展与道德教育等。 教师职业道德；教育研究方法；教师专业发展；现代教育技术应用；教师语言；书写技能等	最低必修学分20学分	最低必修学分26学分	最低必修学分24学分
6．教育实践	教育见习；教育实习	18周	18周	18周
教师教育课程最低总学分数（含选修课程）		28学分+18周	35学分+18周	32学分+18周
说明： （1）1学分相当于学生在教师指导下进行课程学习18课时，并经考核合格。 （2）学习领域是每个学习者都必修的；建议模块供教师教育机构或学习者选择或组合，可以是必修也可以是选修；每个学习领域或模块的学分数由教师教育机构按相关规定自主确定				

（三）中学职前教师教育课程目标与课程设置

中学职前教师教育课程要引导未来教师理解青春期的特点及其对中学生生活的影响，学习指导他们安全度过青春期；理解中学生的认知特点与学习方式，学会创建学习环境，鼓励独立思考，指导他们用多种方式探究学科知识；理解中学生的人格与文化特点，学会尊重他们的自我意识，指导他们规划自己的人生，在多样化的活动中发展社会实践能力。

1. 课程目标

目标领域	目标	基本要求
1.教育信念与责任	1.1 具有正确的学生观和相应的行为	1.1.1 理解中学阶段在人生发展中的独特地位和价值，认识积极主动的中学生活对中学生发展的意义。 1.1.2 尊重学生的学习和发展的权利，保护学生的学习自主性、独立性与选择性。 1.1.3 尊重学生的个体差异，相信学生具有发展的潜力，乐于为学生创造发展的条件和机会
	1.2 具有正确的教师观和相应的行为	1.2.1 理解教师是学生学习的促进者，相信教师工作的意义在于创造条件帮助学生自主发展。 1.2.2 了解中学教师的职业特点和专业要求，自觉提高自身的科学与人文素养，形成终身学习的意愿。 1.2.3 了解教师的权利与责任，遵守教师职业道德
	1.3 具有正确的教育观和相应的行为	1.3.1 理解教育对学生成长、教师自身发展和社会进步的重要意义，相信教育充满了创造的乐趣，愿意从事中学教育事业。 1.3.2 了解人类教育的历史、现状和发展趋势，认同素质教育理念，理解并参与教育改革。 1.3.3 形成正确的教育质量观，对与学校教育相关的现象进行专业思考与判断
2.教育知识与能力	2.1 具有理解学生的知识与技能	2.1.1 了解儿童发展的主要理论和最新研究成果。 2.1.2 了解儿童身心发展的一般规律和影响因素，熟悉中学生年龄特征和个体发展的差异性。 2.1.3 了解中学生的认知发展、学习方式的特点及影响因素，熟悉中学生建构知识和获得技能的过程。 2.1.4 了解中学生品德和行为习惯形成的过程，了解中学生交往的特点，理解同伴交往对中学生发展的影响。 2.1.5 掌握观察、谈话、倾听、作品分析等方法，理解中学生学习和发展的需要。 2.1.6 了解我国教育的政策法规，熟悉关于儿童权利的内容以及维护儿童合法权益的途径
	2.2 具有教育学生的知识和能力	2.2.1 了解中学教育的培养目标，熟悉任教学科的课程标准，学会依据课程标准制定教学目标或活动目标。 2.2.2 熟悉任教学科的教学内容和方法，学会联系并运用中学生生活经验和相关课程资源，设计教育活动，创设促进中学生学习的课堂环境。 2.2.3 了解课堂评价的理论与技术，学会通过评价改进教学与促进学生学习。 2.2.4 了解活动课程开发的知识，学会开发校本课程，设计与指导课外、校外活动。 2.2.5 了解班级管理的基本方法，学会引导中学生进行自我管理和形成集体观念。 2.2.6 了解中学生心理健康教育的基本知识，学会处理中学生特别是青春期常见的心理和行为问题。 2.2.7 掌握教师所必需的语言技能、沟通与合作技能、运用现代教育技术的技能。

续表

目标领域	目标	基本要求
2.教育知识与能力	2.3 具有发展自我的知识与能力	2.3.1 了解教师专业素养的核心内容，明确自身专业发展的重点。 2.3.2 了解教师专业发展的阶段与途径，熟悉教师专业发展规划的一般方法，学会理解和分享优秀教师的成长经验。 2.3.3 了解教师专业发展的影响因素，学会利用以课程学习为主的各种机会积累发展的经验
3.教育实践与体验	3.1 具有观摩教育实践的经历与体验	3.1.1 观摩中学课堂教学，了解中学课堂教学的规范与过程，感受不同的教学风格。 3.1.2 深入班级或其他学生组织，了解中学班级管理的内容和要求，获得与学生直接交往的体验。 3.1.3 深入中学，了解中学的组织结构与运作机制
	3.2 具有参与教育实践的经历与体验	3.2.1 在有指导的情况下，根据学生的特点，设计与实施教学方案，获得对学科教学的真实感受和初步经验。 3.2.2 在有指导的情况下，参与指导学习、管理班级和组织活动，获得与家庭、社区联系的经历。 3.2.3 参与各种教研活动，获得与其他教师直接对话或交流的机会
	3.3 具有研究教育实践的经历与体验	3.3.1 在日常学习和实践过程中积累所学所思所想，形成问题意识和一定的解决问题的能力。 3.3.2 了解研究教育实践的一般方法，经历和体验制订计划、开展活动、完成报告、分享结果的过程。 3.3.3 参与各种类型的科研活动，获得科学地研究学生的经历与体验

2. 课程设置

学习领域	建议模块	学分要求	
		三年制专科	四年制本科
1. 儿童发展与学习 2. 中学教育基础 3. 中学学科教育与活动指导 4. 心理健康与道德教育 5. 职业道德与专业发展	儿童发展；中学生认知与学习等。 教育哲学；课程设计与评价；有效教学；学校教育发展；班级管理等。 中学学科课程标准与教材研究；中学科教学设计；中学综合实践活动等。 中学生心理辅导；中学生品德发展与道德教育等。 教师职业道德；教师专业发展；教育研究方法；教师语言；现代教育技术应用等	最低必修学分8学分	最低必修学分10学分
6. 教育实践	教育见习；教育实习	18周	18周
教师教育课程最低总学分数（含选修课程）		12学分+18周	14学分+18周

说明：
（1）1学分相当于学生在教师指导下进行课程学习18课时，并经考核合格。
（2）学习领域是每个学习者都必修的；建议模块供教师教育机构或学习者选择或组合，可以是必修也可以是选修；每个学习领域或模块的学分数由教师教育机构按相关规定自主确定

(四)在职教师教育课程设置框架建议

在职教师教育课程分为学历教育课程与非学历教育课程。学历教育课程方案的制定要以本标准为依据,考虑教师教育机构自身的培养目标、学习者的性质和特点,并参照在职教师教育课程设置框架;非学历教育课程方案的制定要针对教师在不同发展阶段的特殊需求,参照在职教师教育课程设置框架,提供灵活多样、新颖实用、针对性强的课程,确保教师持续而有效的专业学习。

在职教师教育课程要满足教师专业发展的多样化需求,充分利用教师自身的经验与优势,进一步深化和发展职前教师教育的课程目标,引导教师加深专业理解、解决实际问题、提升自身经验,促进教师专业发展。

课程功能指向	主题/模块举例
加深专业理解	当代教育思潮、教师专业伦理、学科教育新进展、儿童研究新进展、学习科学新进展等;也可以选择哲学、人文、科技等研究领域的一些相关专题
解决实际问题	学科教学专题研究、特殊儿童教育、青少年发展问题研究、学校课程领导、校(园)本课程开发、综合实践活动设计与指导、档案袋评价、学生综合素质评定、教学诊断、课堂评价、课堂观察、学业成就评价、信息技术与课程的整合、校(园)本教学研究制度建设等
提升自身经验	教师专业发展专题研究、教育经验研究、反思性教学、教育行动研究、教育案例研究、教育叙事等

三、实施建议

(一)各级教育行政部门要根据基础教育改革发展的需要,加强对教师教育课程的领导和管理,提供相应的政策支持和制度保障,充分调动各方面的积极性,做好教师教育课程标准实施工作。依据课程标准,加强教师教育质量的评估和监管,确保中小学和幼儿园教师培养质量。

(二)教师教育机构要依据课程标准,制定幼儿园、小学、中学教师教育课程方案,科学安排公共基础课程、学科专业课程和教师教育课程的结构比例。根据学习领域、建议模块以及学分要求,确立相应的课程结构,提出课程实施办法,制定配套的保障措施。建立课程自我评估制度,及时发现问题,总结经验,不断完善课程方案。

强化教育实践环节,完善教育实践课程管理,确保教育实践课程的时间和质量。大力推进课程改革,创新教师培养模式,探索建立高校、地方政府、中小学合作培养师范生的新机制。

(三)教师教育机构要研究在职教师学习的特殊性,提供有针对性的在职教师教育课程,满足不同学习者的发展需求。在职教师教育课程要反映相关研究领域的新进展,联系教育实际,尊重和吸纳学习者自身的实践经验,解决实际问题,增强在职教师教育课程的针对性和实效性。

教育部关于印发《幼儿园教师专业标准（试行）》《小学教师专业标准（试行）》和《中学教师专业标准（试行）》的通知

教师〔2012〕1号

各省、自治区、直辖市教育厅（教委），新疆生产建设兵团教育局，部属师范大学：

为贯彻党的十七届六中全会精神，落实教育规划纲要，构建教师专业标准体系，建设高素质专业化教师队伍，教育部研究制定了《幼儿园教师专业标准（试行）》《小学教师专业标准（试行）》和《中学教师专业标准（试行）》（以下简称《专业标准》），现印发给你们，请结合实际认真贯彻执行。并就有关事项通知如下：

《专业标准》是国家对幼儿园、小学和中学合格教师专业素质的基本要求，是教师实施教育教学行为的基本规范，是引领教师专业发展的基本准则，是教师培养、准入、培训、考核等工作的重要依据。当前和今后一个时期，各地教育行政部门、开展教师教育的院校、中小学校和幼儿园要把贯彻落实《专业标准》作为加强教师队伍建设的重要任务和举措，认真制订工作方案，精心组织实施，务求取得实效。

各地、各校要采取宣讲、讨论、座谈、培训等多种形式，组织开展《专业标准》专题学习活动。充分利用报刊、电视、网络等各类媒体，广泛宣传《专业标准》的重要意义和主要内容，进一步提高全社会对教师专业特性的认识。通过学习宣传，帮助广大中小学、幼儿园教师和师范生准确理解《专业标准》的基本理念，全面把握《专业标准》的内容要求，切实增强专业发展的自觉性，把《专业标准》作为开展教育教学实践、提升专业发展水平的行为准则。

各地、各校要紧密结合实际，抓紧制订贯彻落实《专业标准》的具体措施。要依据《专业标准》调整教师培养方案，编写教育教学类课程教材，作为教师教育类课程的重要内容。将《专业标准》作为"国培计划"和"省培计划"等各级培训的重要内容，依据《专业标准》制定教师培训课程指南。将《专业标准》作为中小学和幼儿园教师考核的重要依据，进一步细化考核的内容和指标。教育部将组织编写《专业标准》解读，组织有关专家赴部分师范院校进行宣讲，并结合教师资格考试改革试点工作，适时修改完善教师资格考试标准和考试大纲。

各地、各部属师范大学学习宣传和贯彻落实《专业标准》情况要及时报送教育部。

附件：幼儿园教师专业标准（试行）

中华人民共和国教育部
二〇一二年二月十日

附件：

幼儿园教师专业标准（试行）

为促进幼儿园教师专业发展，建设高素质幼儿园教师队伍，根据《中华人民共和国教师法》，特制定《幼儿园教师专业标准（试行）》（以下简称《专业标准》）。

幼儿园教师是履行幼儿园教育教学工作职责的专业人员，需要经过严格的培养与培训，具有良好的职业道德，掌握系统的专业知识和专业技能。《专业标准》是国家对合格幼儿园教师专业素质的基本要求，是幼儿园教师实施保教行为的基本规范，是引领幼儿园教师专业发展的基本准则，是幼儿园教师培养、准入、培训、考核等工作的重要依据。

一、基本理念

（一）师德为先

热爱学前教育事业，具有职业理想，践行社会主义核心价值体系，履行教师职业道德规范，依法执教。关爱幼儿，尊重幼儿人格，富有爱心、责任心、耐心和细心；为人师表，教书育人，自尊自律，做幼儿健康成长的启蒙者和引路人。

（二）幼儿为本

尊重幼儿权益，以幼儿为主体，充分调动和发挥幼儿的主动性；遵循幼儿身心发展特点和保教活动规律，提供适合的教育，保障幼儿快乐健康成长。

（三）能力为重

把学前教育理论与保教实践相结合，突出保教实践能力；研究幼儿，遵循幼儿成长规律，提升保教工作专业化水平；坚持实践、反思、再实践、再反思，不断提高专业能力。

（四）终身学习

学习先进学前教育理论，了解国内外学前教育改革与发展的经验和做法；优化知识结构，提高文化素养；具有终身学习与持续发展的意识和能力，做终身学习的典范。

二、基本内容

维度	领域	基本要求
专业理念与师德	（一）职业理解与认识	1. 贯彻党和国家教育方针政策，遵守教育法律法规。 2. 理解幼儿保教工作的意义，热爱学前教育事业，具有职业理想和敬业精神。 3. 认同幼儿园教师的专业性和独特性，注重自身专业发展。 4. 具有良好职业道德修养，为人师表。 5. 具有团队合作精神，积极开展协作与交流
	（二）对幼儿的态度与行为	6. 关爱幼儿，重视幼儿身心健康，将保护幼儿生命安全放在首位。 7. 尊重幼儿人格，维护幼儿合法权益，平等对待每一位幼儿。不讽刺、挖苦、歧视幼儿，不体罚或变相体罚幼儿。 8. 信任幼儿，尊重个体差异，主动了解和满足有益于幼儿身心发展的不同需求。 9. 重视生活对幼儿健康成长的重要价值，积极创造条件，让幼儿拥有快乐的幼儿园生活
	（三）幼儿保育和教育的态度与行为	10. 注重保教结合，培育幼儿良好的意志品质，帮助幼儿养成良好的行为习惯。 11. 注重保护幼儿的好奇心，培养幼儿的想象力，发掘幼儿的兴趣爱好。 12. 重视环境和游戏对幼儿发展的独特作用，创设富有教育意义的环境氛围，将游戏作为幼儿的主要活动。 13. 重视丰富幼儿多方面的直接经验，将探索、交往等实践活动作为幼儿最重要的学习方式。 14. 重视自身日常态度言行对幼儿发展的重要影响与作用。 15. 重视幼儿园、家庭和社区的合作，综合利用各种资源

维度	领域	基本要求
专业知识	（四）个人修养与行为	16. 富有爱心、责任心、耐心和细心。 17. 乐观向上、热情开朗，有亲和力。 18. 善于自我调节情绪，保持平和心态。 19. 勤于学习，不断进取。 20. 衣着整洁得体，语言规范健康，举止文明礼貌
	（五）幼儿发展知识	21. 了解关于幼儿生存、发展和保护的有关法律法规及政策规定。 22. 掌握不同年龄幼儿身心发展特点、规律和促进幼儿全面发展的策略与方法。 23. 了解幼儿在发展水平、速度与优势领域等方面的个体差异，掌握对应的策略与方法。 24. 了解幼儿发展中容易出现的问题与适宜的对策。 25. 了解有特殊需要幼儿的身心发展特点及教育策略与方法
	（六）幼儿保育和教育知识	26. 熟悉幼儿园教育的目标、任务、内容、要求和基本原则。 27. 掌握幼儿园各领域教育的学科特点与基本知识。 28. 掌握幼儿园环境创设、一日生活安排、游戏与教育活动、保育和班级管理的知识与方法。 29. 熟悉幼儿园的安全应急预案，掌握意外事故和危险情况下幼儿安全防护与救助的基本方法。 30. 掌握观察、谈话、记录等了解幼儿的基本方法和教育心理学的基本原理和方法。 31. 了解0—3岁婴幼儿保教和幼小衔接的有关知识与基本方法
	（七）通识性知识	32. 具有一定的自然科学和人文社会科学知识。 33. 了解中国教育基本情况。 34. 具有相应的艺术欣赏与表现知识。 35. 具有一定的现代信息技术知识
专业能力	（八）环境的创设与利用	36. 建立良好的师幼关系，帮助幼儿建立良好的同伴关系，让幼儿感到温暖和愉悦。 37. 建立班级秩序与规则，营造良好的班级氛围，让幼儿感受到安全、舒适。 38. 创设有助于促进幼儿成长、学习、游戏的教育环境。 39. 合理利用资源，为幼儿提供和制作适合的玩教具和学习材料，引导和支持幼儿的主动活动
	（九）一日生活的组织与保育	40. 合理安排和组织一日生活的各个环节，将教育灵活地渗透到一日生活中。 41. 科学照料幼儿日常生活，指导和协助保育员做好班级常规保育和卫生工作。 42. 充分利用各种教育契机，对幼儿进行随机教育。 43. 有效保护幼儿，及时处理幼儿的常见事故，危险情况优先救护幼儿
	（十）游戏活动的支持与引导	44. 提供符合幼儿兴趣需要、年龄特点和发展目标的游戏条件。 45. 充分利用与合理设计游戏活动空间，提供丰富、适宜的游戏材料，支持、引发和促进幼儿的游戏。 46. 鼓励幼儿自主选择游戏内容、伙伴和材料，支持幼儿主动地、创造性地开展游戏，充分体验游戏的快乐和满足。 47. 引导幼儿在游戏活动中获得身体、认知、语言和社会性等多方面的发展

维度	领域	基本要求
	（十一）教育活动的计划与实施	48. 制订阶段性的教育活动计划和具体活动方案。 49. 在教育活动中观察幼儿，根据幼儿的表现和需要，调整活动，给予适宜的指导。 50. 在教育活动的设计和实施中体现趣味性、综合性和生活化，灵活运用各种组织形式和适宜的教育方式。 51. 提供更多的操作探索、交流合作、表达表现的机会，支持和促进幼儿主动学习
	（十二）激励与评价	52. 关注幼儿日常表现，及时发现和赏识每个幼儿的点滴进步，注重激发和保护幼儿的积极性、自信心。 53. 有效运用观察、谈话、家园联系、作品分析等多种方法，客观地、全面地了解和评价幼儿。 54. 有效运用评价结果，指导下一步教育活动的开展
	（十三）沟通与合作	55. 使用符合幼儿年龄特点的语言进行保教工作。 56. 善于倾听，和蔼可亲，与幼儿进行有效沟通。 57. 与同事合作交流，分享经验和资源，共同发展。 58. 与家长进行有效沟通合作，共同促进幼儿发展。 59. 协助幼儿园与社区建立合作互助的良好关系
	（十四）反思与发展	60. 主动收集分析相关信息，不断进行反思，改进保教工作。 61. 针对保教工作中的现实需要与问题，进行探索和研究。 62. 制订专业发展规划，积极参加专业培训，不断提高自身专业素质

三、实施建议

（一）各级教育行政部门要将《专业标准》作为幼儿园教师队伍建设的基本依据。根据学前教育改革发展的需要，充分发挥《专业标准》引领和导向作用，深化教师教育改革，建立教师教育质量保障体系，不断提高幼儿园教师培养培训质量。制定幼儿园教师准入标准，严把幼儿园教师入口关；制定幼儿园教师聘任（聘用）、考核、退出等管理制度，保障教师合法权益，形成科学有效的幼儿园教师队伍管理和督导机制。

（二）开展幼儿园教师教育的院校要将《专业标准》作为幼儿园教师培养培训的主要依据。重视幼儿园教师职业特点，加强学前教育学科和专业建设。完善幼儿园教师培养培训方案，科学设置教师教育课程，改革教育教学方式；重视幼儿园教师职业道德教育，重视社会实践和教育实习；加强从事幼儿园教师教育的师资队伍建设，建立科学的质量评价制度。

（三）幼儿园要将《专业标准》作为教师管理的重要依据。制定幼儿园教师专业发展规划，注重教师职业理想与职业道德教育，增强教师育人的责任感与使命感；开展园本研修，促进教师专业发展；完善教师岗位职责和考核评价制度，健全幼儿园教师绩效管理机制。

（四）幼儿园教师要将《专业标准》作为自身专业发展的基本依据。制定自我专业发展规划，爱岗敬业，增强专业发展自觉性；大胆开展保教实践，不断创新；积极进行自我评价，主动参加教师培训和自主研修，逐步提升专业发展水平。

幼儿园教师资格考试《综合素质》笔试大纲

一、考试目标

主要考查申请教师资格人员的下列知识、能力和素养：
1. 具有先进的教育理念。
2. 具有良好的法律意识和职业道德。
3. 具有一定的文化素养。
4. 具有阅读理解、语言表达、逻辑推理、信息处理等基本能力。

二、考试内容模块与要求

（一）职业理念

1. 教育观

理解国家实施素质教育的基本要求。

掌握在幼儿教育中实施素质教育的途径和方法。

理解幼儿教育作为人生发展的奠基教育的重要性及其特点，能够以正确的教育价值观分析和评判教育现象。

2. 儿童观

理解"人的全面发展"的思想。

理解"育人为本"的涵义，爱幼儿，尊重幼儿，相信每一个幼儿都具有发展潜力，维护每一个幼儿的人格与权利。

运用"育人为本"的幼儿观，在保教实践中公正地对待每一个幼儿，不因性别、民族、地域、经济状况、家庭背景和身心缺陷等歧视幼儿。

设计或选择丰富多样、适当的保教活动方式，因材施教，以促进幼儿的个性发展。

3. 教师观

了解教师专业发展的要求。

具备终身学习的意识。

理解教师职业的责任与价值，具有从事幼儿教育工作的热情与决心。

（二）教育法律法规

1. 有关教育的法律法规

了解国家主要的教育法律法规，如《中华人民共和国教育法》《中华人民共和国义务教育法》《中华人民共和国教师法》《中华人民共和国未成年人保护法》《幼儿园工作规程》等。

了解《国家中长期教育改革和发展规划纲要（2010—2020年）》的相关内容。

了解联合国《儿童权利公约》的相关内容。

2. 教师权利和义务

熟悉教师的权利和义务，熟悉国家有关教育法律、法规所规范的教师教育行为，依法从教。

依据国家教育法律、法规，分析评价幼儿教学实践中的实际问题。

3. 幼儿保护

熟悉幼儿权利保护的相关教育法规，保护幼儿的合法权利。

依据国家教育法律、法规，分析评价幼儿教育工作中幼儿权利保护等实际问题。

（三）教师职业道德规范

1. 教师职业道德

了解《中小学教师职业道德规范》（2008年修订），掌握教师职业道德规范的主要内容。

理解《中小学班主任工作条例》的精神。

分析评价保教实践中教师的道德规范问题。

2. 教师职业行为

熟悉教师职业行为规范的要求，熟悉幼儿园教师的职业特点。

理解教师职业行为规范的主要内容，在教育活动中运用行为规范恰当地处理与幼儿、幼儿家长、同事以及教育管理者的关系。

在保教活动中，依据教师职业行为规范，爱国守法、爱岗敬业、关爱学生、教书育人、为人师表。

（四）文化素养

具有一定的文化常识。

了解中外科技发展史上的代表人物及其主要成就，熟悉常见的幼儿科普读物。

了解中外文学史上重要的作家作品，尤其是常见的儿童文学作品。

（五）基本能力

1. 阅读理解能力

理解阅读材料中重要概念的含义。

理解阅读材料中重要句子的含意。

具有筛选并整合图画、文字、视频等阅读材料信息，并运用于保教工作的能力。

归纳内容要点，概括中心意思。

分析概括作者在文中的观点态度。

2. 逻辑思维能力

了解一定的逻辑知识，熟悉分析、综合、概括的一般方法。

掌握比较、演绎、归纳的基本方法，准确判断、分析各种事物之间的关系。

准确而有条理地进行推理、论证。

3. 信息处理能力

具有运用工具书检索信息、资料的能力。

具有运用网络检索、交流信息的能力。

具有对信息进行筛选、分类、存储和应用的能力。

具有根据保教工作的需要，设计、制作课件的能力。

4. 写作能力

掌握文体知识，能根据需要按照选定的文体写作。

能够根据文章中心组织、剪裁材料。

具有布局谋篇，有效安排文章结构的能力。

语言表达准确、鲜明、生动，能够运用多种修辞手法增强表达效果。

三、试卷结构

模块	比例	题型
职业理念	15%	单项选择题 材料分析题
教育法律法规	10%	
教师职业道德规范	15%	
文化素养	12%	
基本能力	48%	单项选择题 材料分析题 写作题
合计	100%	单项选择题：约39% 非选择题：约61%

四、题型示例

1. 单项选择题

（1）小明在课堂上突然大叫，有的同学也跟着起哄。下列处理方式，最恰当的一项是（　　）。

A. 马上制止，让小明站到讲台边
B. 不予理睬，继续课堂教学
C. 稍作停顿，批评训斥学生
D. 幽默化解，缓和课堂气氛

（2）"五岳"是我国的五大名山，下列不属于"五岳"的一项是（　　）。

A. 泰山　　B. 华山　　C. 黄山　　D. 衡山

阅读下面文段，回答问题。

子曰："学而不思则罔[1]，思而不学则殆[2]。"（《论语·为政》）

【注释】1 罔：迷惑、糊涂。2 殆：疑惑、危险。

（3）下列对孔子这段话的理解，不正确的一项是（　　）。

A. 在孔子看来，学和思二者不能偏废，主张学与思结合
B. 孔子指出了学而不思的局限，也道出了思而不学的弊端
C. 光学习不思考会越学越危险，光思考不学习会越来越糊涂
D. 孔子学与思相结合的思想，在今天仍有其值得肯定的价值

2. 材料分析题

阅读下面材料，回答问题。

学生王林在学校因同学给他起外号，将同学的鼻子打出了血。班主任徐老师给王林的爸爸打电话，让他下午到学校来。放学时，王林的爸爸刚来到校门口，等在那里的徐老师当着众人的面，第一句话就是："这么点儿大的孩子都管不好，还用我教你吗？"

问题：

请从教师职业道德规范的角度，对徐老师的做法进行评价。

3. 写作题

请以"我为什么要当教师"为题，写一篇论述文。要求观点明确，论述具体，条理清楚，语言流畅。不少于800字。

《保教知识与能力》笔试大纲

一、考试目标

1. 学前儿童发展知识和了解幼儿的能力。熟悉婴幼儿生理与心理发展的基本规律、年龄阶段特征、个体差异及其影响因素的相关知识和了解幼儿的基本方法，并能够运用这些知识了解幼儿。

2. 学前教育理论知识和应用能力。掌握教育基本理论和学前教育基本原理，理解幼儿园教育的特性，了解幼儿教育历史和幼儿园教育改革动态，并能结合幼儿教育实践问题进行分析。

3. 幼儿生活指导的基础知识与能力。掌握幼儿园一日生活和幼儿卫生、保健、营养、安全等方面的基本知识，并能在实践中应用。

4. 幼儿园环境创设的知识与能力。了解幼儿园环境创设的意义、功能和创设原则，并能结合幼儿园教育实际加以运用。

5. 游戏指导与组织实施教育活动的知识和能力。理解幼儿园游戏的意义、作用与指导方法，能根据幼儿园教育目标和幼儿实际组织和实施教育活动。

6. 幼儿园教育评价的基础知识和能力。了解教育评价的基础知识，能够运用评价知识对教育活动进行反思，改进保育教育工作。

二、考试内容模块与要求

考试内容主要涵盖学前儿童发展、学前教育原理、生活指导、环境创设、游戏活动的指导、教育活动的组织与实施、教育评价等七个模块。能力要求分为了解、理解、熟悉、掌握、运用五个层次。

具体考试内容与要求如下：

（一）学前儿童发展

1. 理解婴幼儿发展的涵义、过程及影响因素等。
2. 了解儿童发展理论主要流派的基本观点及其代表人物，并能运用有关知识分析论述儿童发展的实际问题。
3. 了解婴幼儿身心发展的年龄阶段特征、发展趋势，能运用相关知识分析教育的适宜性。
4. 掌握幼儿身体发育、动作发展的基本规律和特点，并能够在教育活动中应用。
5. 掌握幼儿认知发展的基本规律和特点，并能够在教育活动中应用。
6. 掌握幼儿情绪、情感发展的基本规律和特点，并能够在教育活动中应用。
7. 掌握幼儿个性、社会性发展的基本规律和特点，并能够在教育活动中应用。
8. 理解幼儿发展中存在个体差异，了解个体差异形成的原因，并能运用相关知识分析教育中的有关问题。
9. 掌握观察、谈话、作品分析、实验等基本研究方法，能运用这些方法初步了解幼儿的发展状况和教育需求。

10. 了解幼儿身体发育和心理发展中容易出现的问题或障碍，如发育迟缓、肥胖、自闭倾向等。

（二）学前教育原理

1. 理解教育的本质、目的和作用，理解教育与政治、经济和人的发展的关系，能够运用教育原理分析教育中的现实问题。

2. 理解幼儿教育的性质和意义，理解我国幼儿教育的目的和任务。

3. 了解中外幼儿教育发展简史和著名教育家的儿童教育思想，并能结合幼儿教育的现实问题进行分析。

4. 理解学前教育的基本原则，理解幼儿园教育的基本特点，能对教育实践中的问题进行分析。

5. 理解幼儿园以游戏为基本活动的依据。

6. 理解幼儿园环境创设的重要性。

7. 理解幼儿园班级管理的目的和意义。

8. 掌握《幼儿园教育指导纲要（试行）》在幼儿园教育活动的目标、内容、实施和评价上的基本观点和要求。

9. 了解我国幼儿教育的改革动态与发展趋势。

（三）生活指导

1. 熟悉幼儿园一日生活的主要环节，理解一日生活的教育意义。

2. 了解幼儿生活常规教育的要求与培养幼儿良好生活、卫生习惯的方法。

3. 了解幼儿卫生保健常规、疾病预防、营养等方面的基本知识。

4. 了解幼儿园常见的安全问题和处理方法，了解突发事件如火灾、地震等的应急处理方法。

（四）环境创设

1. 熟悉幼儿园环境创设的原则和基本方法。

2. 了解常见活动区的功能，能运用有关知识对活动区设置进行分析，并提出改进建议。

3. 了解心理环境对幼儿发展的影响，理解教师的态度、言行在幼儿心理环境形成中的重要作用。

4. 理解协调家庭、社区等各种教育力量的重要性，了解与家长沟通和交流的基本方法。

（五）游戏活动的指导

1. 熟悉幼儿游戏的类型以及各类游戏的特点和主要功能。

2. 了解各年龄阶段幼儿的游戏特点，并能提供相应材料支持幼儿的游戏，根据需要进行必要的指导。

（六）教育活动的组织与实施

1. 能根据教育目标和幼儿的兴趣需要和年龄特点选择教育内容，确定活动目标，设计教育活动方案。

2. 掌握幼儿健康、语言、社会、科学、艺术等领域教育的基本知识和相应教育方法。

3. 理解整合各领域教育的意义和方法，能够综合地设计并开展教育活动。

4. 能根据活动中幼儿的需要，选择相应的互动方式，调动幼儿参与活动的积极性。

5. 在活动中能根据幼儿的个体差异进行指导。

（七）教育评价

1. 了解幼儿园教育评价的目的与方法，能对保育教育工作进行评价与反思。
2. 能够利用评价手段发现教育活动中出现的问题，提出改进建议。

三、试卷结构

模　　块	比　例	题　　型
学前教育原理	31%	单项选择题 简　答　题 论　述　题
学前儿童发展	33%	单项选择题 简　答　题 材料分析题
生活指导 环境创设 游戏活动的指导 教育活动的组织与实施 教育评价	36%	单项选择题 材料分析题 活动设计题
合　　计	100%	单项选择题：约20% 非选择题：约80%

四、题型示例

1. 单项选择题。

幼儿最先掌握的实词是

A. 形容词　　　B. 动词　　C. 名词　　D. 代词

2. 简答题。

幼儿园教育与中小学教育的主要不同之处是什么？

3. 论述题。

结合实例，试论游戏的教育价值。

4. 材料分析题。

　　请分析下面案例中教师指导行为的适宜性，并说出依据。

活动片段：一场足球赛

17位幼儿自愿组成了班级足球队，老师和他们一起来到了操场草坪上。刚聚在一起，幼儿就迫不及待地展开了讨论：

　　小杰：我们大家要分成两队才能比赛。

　　老师：好啊！我们该怎么分？

　　（幼儿迅速分成了两堆，结果一边7人，另一边10人）

　　小红：不行不行，他们队多了3人，这样不公平！

　　（其他幼儿也跟着数了起来）

　　小泰：是呀，多了3人。

老师：怎样让两队的人数相等呢？
光恒：让他们队过来2人。
江昀：不对，过去1人。
宗涵：老师，到底要过来几个？
欣怡：试试不就知道了吗？
（幼儿们自己指挥起来，先让一个伙伴过去，然后大家数数，发现还是不平均）
昱煌：不行，要过去2人。
（他们又让一个伙伴过去，大家又数了起来。这次他们发现原来多一人的队现在却少了一人，大家不知该怎么办。这时，老师把多出的小朋友请到大家面前，幼儿发现两队的人数一样多了。）
老师：多出了一位小朋友怎么办？
鹭杰：就让他当裁判。
（于是，足球比赛开始了……）

5. 活动设计题。
围绕保护动物的主题，设计一个幼儿园大班活动方案。

幼儿园教师资格考试大纲（试行）

（面试部分）

一、测试性质

面试是中小学和幼儿园教师资格考试的有机组成部分，属于标准参照性考试。笔试合格者，可参加面试。

二、测试目标

面试主要考查申请幼儿园教师资格人员应具备的基本素养、职业发展潜质和保教实践能力，主要包括：

1. 良好的职业道德、心理素质和思维品质。
2. 仪表仪态得体，有一定的表达、交流、沟通能力。
3. 有一定的技能技巧，能够恰当地达成保教目标。

三、测试内容与要求

（一）职业认知
1. 爱幼儿，尊重幼儿。
2. 对幼教工作有热情、有责任心。

（二）心理素质
1. 具有一定的情绪调控能力。
2. 乐观开朗、有自信心。

（三）仪表仪态
1. 行为举止自然大方，有礼貌。
2. 服饰得体，符合幼儿教师职业特点。

（四）交流沟通
1. 有较好的言语表达能力。口齿清楚，普通话标准，语速适宜，表达比较准确、简洁、流畅、有条理，有一定的感染力。
2. 善于倾听、交流，有亲和力。

（五）思维品质
1. 能正确地理解问题，条理清晰地分析思考问题。
2. 有一定的应变能力，在教育教学上表现出一定新意。

（六）了解幼儿
1. 具有了解幼儿兴趣、需要、已有经验和个体差异的意识。
2. 能通过观察来了解幼儿。

（七）技能技巧

1. 熟悉一些幼儿喜欢的游戏和故事。
2. 具有一定的弹、唱、画、跳、手工制作等幼儿教育所必需的基本技能。

（八）评价与反思
1. 能对录像或资料中的教育活动、教育行为进行评价；或能对自己的面试表现进行评价。
2. 能根据评价结果提出进一步改善的意见。

四、测试方法

采取结构化面试和展示相结合的方法。通过展示、回答问题、陈述等方式进行。

考生按照有关规定进行准备，时间20分钟，接受面试，时间20分钟。考官根据考生面试过程中的表现，进行综合性评分。

五、评分标准

序号	测试项目	权重	分值	评分标准
一	职业认知	10	5	爱幼儿，尊重幼儿
			5	有热情、有责任心
二	心理素质	10	5	能较好地调控情绪与情感
			5	开朗、乐观、善良
三	仪表仪态	10	6	五官端正，行为举止自然大方，有礼貌
			4	服饰得体，符合幼儿教师职业特点
四	交流沟通	15	8	有较好的言语表达能力。普通话标准，口齿清楚，表达流畅，语速适当，有感染力
			7	善于倾听、交流，有亲和力
五	思维品质	15	8	能条理清晰地分析思考问题
			7	有一定的应变能力，在活动设计与实施、环境创设上表现出一定新意
六	了解幼儿	10	5	有了解幼儿兴趣、需要、已有经验和个体差异的意识
			5	能通过观察来了解幼儿
七	技能技巧	20	10	熟悉一些幼儿喜欢的游戏和故事。
			10	具有弹、唱、画、跳、讲故事、手工制作等基本技能。
八	评价与反思	10	5	能对教育活动和教育行为进行较客观的评价。
			5	能根据评价结果提出改进意见。

六、试题示例

例一：
请你给小班幼儿讲一个故事。（故事自选。如考生没有故事，可提供）。

例二：
请用绘画为大班主题活动"动物的冬眠"设计一个主题展示墙。

国务院关于加强教师队伍建设的意见

国发〔2012〕41号

各省、自治区、直辖市人民政府，国务院各部委、各直属机构：

教师是教育事业发展的基础，是提高教育质量、办好人民满意教育的关键。党中央、国务院历来高度重视教师队伍建设。改革开放特别是党的十六大以来，各地区各有关部门采取一系列政策措施，大力推进教师队伍建设，取得显著成绩。同时也要看到，当前我国教师队伍整体素质有待提高，队伍结构不尽合理，教师管理体制机制有待完善，农村教师职业吸引力亟待提升。为深入实施科教兴国战略和人才强国战略，进一步加强教师队伍建设，现提出以下意见：

一、加强教师队伍建设的指导思想、总体目标和重点任务

（一）指导思想。高举中国特色社会主义伟大旗帜，以邓小平理论和"三个代表"重要思想为指导，深入贯彻科学发展观，全面贯彻党的教育方针，认真落实教育规划纲要和人才规划纲要，遵循教育规律和教师成长发展规律，把促进学生健康成长作为教师工作的出发点和落脚点，围绕促进教育公平、提高教育质量的要求，加强教师工作薄弱环节，创新教师管理体制机制，以提高师德素养和业务能力为核心，全面加强教师队伍建设，为教育事业改革发展提供有力支撑。

（二）总体目标。到2020年，形成一支师德高尚、业务精湛、结构合理、充满活力的高素质专业化教师队伍。专任教师数量满足各级各类教育发展需要；教师队伍整体素质大幅提高，普遍具有良好的职业道德素养、先进的教育理念、扎实的专业知识基础和较强的教育教学能力；教师队伍的年龄、学历、职务（职称）、学科结构以及学段、城乡分布结构与教育事业发展相协调；教师地位待遇不断提高，农村教师职业吸引力明显增强；教师管理制度科学规范，形成富有效率、更加开放的教师工作体制机制。

（三）重点任务。幼儿园教师队伍建设要以补足配齐为重点，切实加强幼儿园教师培养培训，严格实施幼儿园教师资格制度，依法落实幼儿园教师地位待遇；中小学教师队伍建设要以农村教师为重点，采取倾斜政策，切实增强农村教师职业吸引力，激励更多优秀人才到农村从教；职业学校教师队伍建设要以"双师型"教师为重点，完善"双师型"教师培养培训体系，健全技能型人才到职业学校从教制度；高等学校教师队伍建设要以中青年教师和创新团队为重点，优化中青年教师成长发展、脱颖而出的制度环境，培育跨学科、跨领域的科研与教学相结合的创新团队；民族地区教师队伍建设要以提高政治素质和业务能力为重点，加强中小学和幼儿园双语教师培养培训，加快培养一批边疆民族地区紧缺教师人才；特殊教育教师队伍建设要以提升专业化水平为重点，提高特殊教育教师培养培训质量，健全特殊教育教师管理制度。

二、加强教师思想政治教育和师德建设

（四）全面提高教师思想政治素质。坚持和完善理论学习制度，创新理论学习的方式和载

体,加强中国特色社会主义理论体系教育,不断提高教师的理论修养和思想政治素质。推动教师在社会实践活动中进一步了解国情、社情、民情。开辟思想政治教育新阵地,建立教师思想状况定期调查分析制度,坚持解决思想问题与解决实际困难相结合,增强思想政治工作的针对性和实效性。确保教师坚持正确政治方向,践行社会主义核心价值体系,遵守宪法和有关法律法规,坚持学术研究无禁区、课堂讲授有纪律,帮助和引领学生形成正确的世界观、人生观和价值观。

（五）构建师德建设长效机制。建立健全教育、宣传、考核、监督与奖惩相结合的师德建设工作机制。开展各种形式的师德教育,把教师职业理想、职业道德、学术规范以及心理健康教育融入职前培养、准入、职后培训和管理的全过程。加大优秀师德典型宣传力度,促进形成重德养德的良好风气。研究制定科学合理的师德考评方式,完善师德考评制度,将师德建设作为学校工作考核和办学质量评估的重要指标,把师德表现作为教师资格定期注册、业绩考核、职称评审、岗位聘用、评优奖励的首要内容,对教师实行师德表现一票否决制。完善学生、家长和社会参与的师德监督机制。完善高等学校科研学术规范,健全学术不端行为惩治查处机制。对有严重失德行为、影响恶劣者按有关规定予以严肃处理直至撤销教师资格。

三、大力提高教师专业化水平

（六）完善教师专业发展标准体系。根据各级各类教育的特点,出台幼儿园、小学、中学、职业学校、高等学校、特殊教育学校教师专业标准,作为教师培养、准入、培训、考核等工作的重要依据。制定幼儿园园长、普通中小学校长、中等职业学校校长专业标准和任职资格标准,提高校长（园长）专业化水平。制定师范类专业认证标准,开展专业认证和评估,规范师范类专业办学,建立教师培养质量评估制度。

（七）提高教师培养质量。完善师范生招生制度,科学制定招生计划,确保招生培养与教师岗位需求有效衔接,实行提前批次录取,选拔乐教适教的优秀学生攻读师范类专业。发挥教育部直属师范大学师范生免费教育的示范引领作用,鼓励支持地方结合实际实施师范生免费教育制度。探索建立招收职业学校毕业生和企业技术人员专门培养职业教育师资制度。扩大教育硕士、教育博士招生规模,培养高层次的中小学和职业学校教师。创新教师培养模式,建立高等学校与地方政府、中小学（幼儿园、职业学校）联合培养教师的新机制,发挥好行业企业在培养"双师型"教师中的作用。加强教师养成教育和教育教学能力训练,落实师范生教育实践不少于一学期制度。鼓励综合性大学毕业生从事教师职业。

（八）建立教师学习培训制度。实行五年一周期不少于360学时的教师全员培训制度,推行教师培训学分制度。采取顶岗置换研修、校本研修、远程培训等多种模式,大力开展中小学、幼儿园教师特别是农村教师培训。完善以企业实践为重点的职业学校教师培训制度。推进高等学校中青年教师专业发展,建立高等学校中青年教师国内访学、挂职锻炼、社会实践制度。加大民族地区双语教师和音乐、体育、美术等师资紧缺学科教师培训。加强校长培训,重视辅导员和班主任培训。推动信息技术与教师教育深度融合,建设教师网络研修社区和终身学习支持服务体系,促进教师自主学习,推动教学方式变革。继续实施"幼儿园和中小学教师国家级培训计划"、"职业院校教师素质提高计划"。

（九）完善教师培养培训体系。构建以师范院校为主体、综合大学参与、开放灵活的中小学教师教育体系。依托相关高等学校和大中型企业,共建职业学校"双师型"教师培养培训体系。推动高等学校设立教师发展中心。依托现有资源,加强中小学幼儿园教师、职业学校教师、特殊教育教师、民族地区双语教师培养培训基地建设。推动各地结合实际,规范建设县(区)域教师发展平台。

(十)培养造就高端教育人才。实施中小学名师名校长培养工程。制定普通中小学、中等职业学校校长负责制实施细则,探索校长职级制。改进特级教师评选和管理工作,更好发挥特级教师的示范带动作用。坚持培养与引进兼顾,教学与科研并重,加强高等学校高层次创新型人才队伍建设。实施好"千人计划"、"长江学者奖励计划"和"创新团队发展计划"等人才项目,造就集聚一批具有国际影响的学科领军人才和高水平的教学科研创新团队。落实和扩大学校办学自主权,支持鼓励教师和校长在实践中大胆探索,创新教育思想、教育模式和教育方法,形成教学特色和办学风格,造就一批教育家,倡导教育家办学。

四、建立健全教师管理制度

(十一)加强教师资源配置管理。逐步实行城乡统一的中小学教职工编制标准,对农村边远地区实行倾斜政策。研究制定高等学校教职工编制标准。完善学校编制管理办法,健全编制动态管理机制,严禁挤占、挪用、截留教师编制。国家出台幼儿园教师配备标准,各地结合实际合理核定公办幼儿园教职工编制。建立县(区)域内义务教育学校教师校长轮岗交流机制,促进教师资源合理配置。大力推进城镇教师支持农村教育,鼓励支持退休的特级教师、高级教师到农村学校支教讲学。

(十二)严格教师资格和准入制度。修订《教师资格条例》,提高教师任职学历标准、品行和教育教学能力要求。全面实施教师资格考试和定期注册制度。完善符合职业教育特点的职业学校教师资格标准。健全新进教师公开招聘制度,探索符合不同学段、专业和岗位特点的教师招聘办法。继续实施并逐步完善农村义务教育阶段学校教师特设岗位计划,探索吸引高校毕业生到村小学、教学点任教的新机制。

(十三)加快推进教师职务(职称)制度改革。分类推进教师职务(职称)制度改革,完善符合各类教师职业特点的职务(职称)评价标准。建立统一的中小学教师职务(职称)系列,探索在职业学校设置正高级教师职务(职称)。研究完善符合村小学和教学点实际的职务(职称)评定标准,职务(职称)晋升向村小学和教学点专任教师倾斜。城镇中小学教师在评聘高级职务(职称)时,要有一年以上在农村学校或薄弱学校任教经历。支持符合条件的职业学校和高等学校兼职教师申报相应系列教师专业技术职务。

(十四)全面推行聘用制度和岗位管理制度。根据分类推进事业单位改革的总体部署,按照按需设岗、竞聘上岗、按岗聘用、合同管理的原则,完善以合同管理为基础的用人制度,实现教师职务(职称)评审与岗位聘用的有机结合,完善教师退出机制。鼓励普通高中聘请高等学校、科研院所和社会团体等机构的专业人才担任兼职教师。完善相关人事政策,鼓励职业学校和高等学校聘请企业管理人员、专业技术人员和高技能人才等担任专兼职教师。探索更加有利于促进协同创新、持续创新的高等学校人事管理办法。完善外籍教师管理办法,吸引更多世界一流的专家学者来华从事教学、科研和管理工作,有计划地引进海外高端人才和学术团队。

(十五)健全教师考核评价制度。完善重师德、重能力、重业绩、重贡献的教师考核评价标准,探索实行学校、学生、教师和社会等多方参与的评价办法,引导教师潜心教书育人。

严禁简单用升学率和考试成绩评价中小学教师。根据不同类型教师的岗位职责和工作特点，完善高等学校教师分类管理和评价办法；健全大学教授为本科生上课制度，把承担本科教学任务作为教授考核评价的基本内容。加强教师管理，严禁公办、在职中小学教师从事有偿补课，规范高等学校教师兼职兼薪。

五、切实保障教师合法权益和待遇

（十六）完善教师参与治校治学机制。建立健全教职工代表大会制度，保障教职工参与学校决策的合法权利。完善中小学学校管理制度，发挥好党组织的领导核心和政治核心作用，健全校长负责制，实行校务会议等制度，完善教职工参与的科学民主决策机制。完善中国特色现代大学制度，坚持党委领导下的校长负责制，探索教授治学的有效途径，充分发挥教授在教学、学术研究以及学校管理中的作用。完善教师人事争议处理途径，依法维护教师权益。

（十七）强化教师工资保障机制。依法保证教师平均工资水平不低于或者高于国家公务员的平均工资水平，并逐步提高，保障教师工资按时足额发放。健全符合教师职业特点、体现岗位绩效的工资分配激励约束机制。进一步做好义务教育学校教师绩效工资实施工作，按照"管理以县为主、经费省级统筹、中央适当支持"的原则，确保绩效工资所需资金落实到位。对长期在农村基层和艰苦边远地区工作的教师，实行工资倾斜政策。推进非义务教育教师绩效工资实施工作。

（十八）健全教师社会保障制度。按照事业单位改革的总体部署，推进教师养老保障制度改革，按规定为教师缴纳社会保险费及住房公积金。中央在基建投资中安排资金，支持加快建设农村艰苦边远地区学校教师周转宿舍。鼓励地方政府将符合条件的农村教师住房纳入当地住房保障范围统筹予以解决。

（十九）完善教师表彰奖励制度。探索建立国家级教师荣誉制度。继续做好全国模范教师和全国教育系统先进工作者表彰工作，对在农村地区长期从教、贡献突出的教师加大表彰奖励力度。定期开展教学名师奖评选，重点奖励在教学一线作出突出贡献的优秀教师。研究完善国家级教学成果奖。鼓励各地按照国家有关规定开展教师表彰奖励工作。

（二十）保障民办学校教师权益。建立健全民办学校教师管理相关制度，依法保障和落实民办学校教师在培训、职务（职称）评审、教龄和工龄计算、表彰奖励、社会活动等方面与公办学校教师享有同等权利。民办学校应依法聘用教师，明确双方权利义务，及时兑现教师工资待遇，按规定为教师足额缴纳社会保险费和住房公积金。鼓励民办学校为教师建立补充养老保险、医疗保险。

六、确保教师队伍建设政策措施落到实处

（二十一）加强组织领导。各级人民政府要切实加强对教师工作的组织领导，把教师队伍建设列入重要议事日程抓实抓好。完善部门沟通协调机制，形成责权明确、分工协作、齐抓共管的工作格局，及时研究解决教师队伍建设中的突出矛盾和重大问题。教育行政部门要加强对教师队伍建设的统筹管理、规划和指导，制定相关政策和标准。机构编制、发展改革、财政、人力资源社会保障等有关部门要在各自职责范围内，积极推进教师队伍建设有关工作。鼓励和引导社会力量参与支持教师队伍建设。

（二十二）加强经费保障。各级人民政府要加大对教师队伍建设的投入力度，新增财政教

育经费要把教师队伍建设作为投入重点之一，切实保障教师培养培训、工资待遇等方面的经费投入。教师培训经费要列入财政预算。幼儿园、中小学和中等职业学校按照年度公用经费预算总额的 5%安排教师培训经费；高等学校按照不同层次和规模情况，统筹安排一定的教师培训经费。切实加强经费监管，确保专款专用，提高经费使用效益。

（二十三）加强考核督导。要把教师队伍建设情况作为各地区各有关部门政绩考核、各级各类学校办学水平评估的重要内容，作为评优评先、表彰奖励的重要依据。建立教师工作定期督导检查制度，把教师队伍建设情况作为教育督导的重要内容，并公告督导结果，推动各项政策措施落实到位。

国务院
2012 年 8 月 20 日

教育部国家发展改革委财政部关于深化教师教育改革的意见

教师〔2012〕13号

各省、自治区、直辖市教育厅（教委）、发展改革委、财政厅（局），新疆生产建设兵团教育局、发展改革委、财务局，部属师范大学：

为深入贯彻落实《国家中长期教育改革和发展规划纲要（2010—2020年）》和《国务院关于加强教师队伍建设的意见》（国发〔2012〕41号），深化教师教育改革，推进教师教育内涵式发展，全面提高教师教育质量，培养造就高素质专业化教师队伍，现提出以下意见：

一、构建开放灵活的教师教育体系。发挥师范院校在教师教育中的主体作用，重点建设好师范大学和师范学院。鼓励综合大学发挥学科综合优势，参与教师教育。地方综合性院校、师范高等专科学校、中等师范学校要根据教师培养要求，积极调整专业结构，加强小学和幼儿园教师培养。教育部与各省级人民政府共同建设一批师范大学和职业技术师范院校。支持部属师范大学与地方师范院校合作建立区域性教师教育联盟。

建立以师范院校为主体、教师培训机构为支撑、现代远程教育为支持、立足校本的教师培训体系。各地要推进县级教师培训机构与教研、科研、电教等部门的整合与联合，规范建设县（区）域教师发展平台，统筹县域内教师全员培训工作。依托现有资源，加强中小学幼儿园教师、职业学校教师、特殊教育教师和民族地区双语教师培养培训基地建设。

二、健全教师教育标准体系。根据各级各类教育的特点，健全教师教育标准体系，全面提高教师教育专业化水平。落实幼儿园、小学、中学教师专业标准，出台职业学校、特殊教育学校教师专业标准。制订分学科、分专业教师专业标准，引导教师专业发展。落实教师教育课程标准，制订师范类专业认证标准、师范院校本科教学质量标准。制订教师培训机构资质认证标准、教师培训课程标准和培训质量评估标准体系。

三、完善教师培养培训制度。各地要根据中小学教师队伍建设需要，科学确定师范生招生规模，统筹安排招生计划，合理确定分专业招生数量，确保招生培养与教师岗位需求有效衔接。师范生实行提前批次录取，鼓励高校增加面试环节，录取乐教适教的优秀学生攻读师范类专业。扩大教育硕士、教育博士招生规模，培养高层次中小学和中等职业学校教师。探索建立招收职业学校毕业生和企业技术人员专门培养职业学校教师制度。进一步完善和推进部属师范大学师范生免费教育，发挥示范引领作用。鼓励支持地方结合实际，实行师范生免费教育制度。继续实施教师教育创新平台计划。

实行5年一周期不少于360学时的教师全员培训制度，推动教师专业发展常态化。教师培训实行学分管理，教师培训学分作为教师资格定期注册、教师考核和职务（职称）聘任的必备条件。推动教师培训管理信息化。实行教师培训项目招投标机制。实行职业学校专业教师每2年不少于2个月的企业实践制度。完善中小学（幼儿园、中等职业学校）校（园）长培训制度。

四、创新教师教育模式。实施卓越教师培养计划，推进教师培养模式改革，建立高等学校与地方政府、中小学（幼儿园、中等职业学校）联合培养教师的新机制，发挥好行业企业在培养"双师型"教师中的作用。支持师范大学与综合大学、科研院所、行业企业、地方政府及国外教育科研机构深度合作，建立教师教育协同创新中心。推进高等学校内部教师教育资源的整合，促进教师培养、培训、研究和服务一体化。积极推进"4+2"中学（中等职业学校）教师培养模式，完善小学和幼儿园教师全科培养模式。

创新教师培训模式。适应教学方式和学习方式的变化，重点采取置换研修、集中培训、校本研修、远程培训等多种有效途径，大力开展中小学（幼儿园）特别是农村教师培训，不断增强培训的针对性和实效性。推动信息技术与教师培训深度融合，建立教师网络研修社区，促进教师自主学习。鼓励有条件的地区开展教师海外研修。

五、深化教师教育课程改革。开展师范类专业综合改革试点。优化课程结构，强化教师教育课程。切实落实师范生到中小学（幼儿园）教育实践不少于一个学期制度。实施"教师教育国家级精品资源共享课程建设计划"。大力推进小班化教学，改进教学方法与手段，提高课堂教学效率。加强师德教育和养成教育，着力培养师范生的社会责任感、创新精神和实践能力。

加强优质教师培训课程资源建设，形成资源共建共享平台。改进教师培训教学组织方式，采取案例式、探究式、参与式、情景式、讨论式等多种方式，提高教师培训质量。

六、加强教师教育师资队伍建设。高等学校要根据教学需要，配足配齐教师教育类课程教师。加强兼职教师队伍建设，优秀中小学教师占教师教育类课程教师的比例不少于20%。健全优秀中小学教师与高校教师共同指导师范生教育实习的机制。完善教师教育类课程教师分类管理和考核评价办法。承担教师教育类课程的中青年教师，应到中小学从事至少1年的教学工作。

加强教师培训机构的专兼职教师队伍建设。加强专职教师培训，提高开展教师培训工作的能力。聘请优秀高校教师、中小学（幼儿园）教师担任兼职教师。建立动态调整的培训专家库。

七、开展教师教育质量评估。开展师范类专业认证及评估工作。进行新建本科师范院校教学合格评估和其他本科师范院校审核评估。建立高校教师教育自我评估制度。开展教师培训机构资质认证工作。采取学员评估、专家评估和第三方评估等多种方式，加强教师培训过程监控和绩效评估。开展教师培训专项督导工作。

八、加强教师教育经费保障。各地要切实加大教师教育财政支持力度，新增财政教育经费要把教师培养培训作为投入重点之一。高等学校要建立师范生教育实习经费保障机制，确保师范生教育实践需要。教师培训经费列入同级财政预算。中小学（幼儿园、中等职业学校）按照年度公用经费预算总额的5%安排教师培训经费。支持实施幼儿园和中小学教师国家级培训计划、职业院校教师素质提高计划和中小学（中等职业学校）名师名校长培养工程。

教育部 国家发展改革委 财政部
2012年9月6日

教育部 中央编办 财政部 人力资源社会保障部
关于加强幼儿园教师队伍建设的意见

教师〔2012〕11号

各省、自治区、直辖市教育厅（教委）、编办、财政厅（局）、人力资源社会保障厅（局），新疆生产建设兵团教育局、编办、财务局、人事局、劳动和社会保障局：

　　幼儿园教师承担着保育和教育的双重职能，关系到亿万儿童的健康成长，关系到学前教育事业的健康发展。为贯彻落实《国家中长期教育改革和发展规划纲要（2010—2020年）》《国务院关于当前发展学前教育的若干意见》（国发〔2010〕41号）和《国务院关于加强教师队伍建设的意见》（国发〔2012〕41号），大力加强幼儿园教师队伍建设，现提出以下意见：

　　一、明确幼儿园教师队伍建设的目标。 各地要按照构建覆盖城乡、布局合理的学前教育公共服务体系的要求，结合本地实际，科学确定幼儿园教师队伍建设的目标。到2015年，幼儿园教师数量基本满足办园需要，专任教师达到国家学历标准要求，取得职务（职称）的教师比例明显提高。到2020年，形成一支热爱儿童、师德高尚、业务精良、结构合理的幼儿园教师队伍。

　　二、补足配齐幼儿园教师。 国家出台幼儿园教师配备标准，满足正常教育教学需求。各地结合实际合理确定公办幼儿园教职工编制，具备条件的省（区、市）可制定公办幼儿园教职工编制标准，严禁挤占、挪用幼儿园教职工编制。企事业单位办、集体办、民办幼儿园按照配备标准，配足配齐教师。采用派驻公办教师等方式对企事业单位办、集体办幼儿园和普惠性民办幼儿园进行扶持。

　　各地根据学前教育事业发展和幼儿园实际工作需要，建立幼儿园教师长效补充机制。公办幼儿园教师实行公开招聘制度。加强对各类幼儿园教职工配备情况的动态监管，把教职工资质及流动情况作为幼儿园保教质量评估监测的重要内容。启动实施支持中西部农村边远地区开展学前教育巡回支教试点工作，吸引优秀人才到农村边远贫困地区幼儿园任教。

　　三、完善幼儿园教师资格制度。 全面实施幼儿园教师资格考试制度，印发幼儿园教师资格考试标准，深化教师资格考试内容改革。幼儿园教师须取得相应教师资格证书。具有其他学段教师资格证书的教师到幼儿园工作，应在上岗前接受教育部门组织的学前教育专业培训。

　　四、建立幼儿园园长任职资格制度。 国家制订幼儿园园长专业标准和任职资格标准，提高园长专业化水平。省级教育行政部门制定幼儿园园长任职资格制度实施办法。教育部门办幼儿园园长由县级及以上教育行政部门聘任。企事业单位办、集体办、民办幼儿园园长由举办者按国家和地方相关规定聘任，报当地教育行政部门审核。

　　五、完善幼儿园教师职务（职称）评聘制度。 合理确定幼儿园教师岗位结构比例。完善符合幼儿园教师工作特点的评价标准，重点突出幼儿园教师的师德、工作业绩和保教能力。结合事业发展和人才发展规划，合理确定幼儿园高级、中级、初级岗位之间的结构比例。对长期在农村基层和艰苦边远地区工作的幼儿园教师，在职务（职称）方面实行倾斜政策。确保民办和公办幼儿园教师公平参与职务（职称）评聘。

六、提高幼儿园教师培养培训质量。全面落实幼儿园教师专业标准，提高教师专业化水平。办好中等幼儿师范学校。重点建设一批幼儿师范高等专科学校。办好高等师范院校学前教育专业。依托高等师范院校重点建设一批幼儿园教师培养培训基地。积极探索初中毕业起点 5 年制学前教育专科学历教师培养模式。实行幼儿园教师 5 年一周期不少于 360 学时的全员培训制度，培训经费纳入同级财政预算。幼儿园按照年度公用经费总额的 5%安排教师培训经费。扩大实施幼儿园教师国家级培训计划。加大面向农村的幼儿园教师培养培训力度。

七、建立幼儿园教师待遇保障机制。公办幼儿园教师执行统一的岗位绩效工资制度，享受规定的工资倾斜政策，企事业单位办、集体办、民办幼儿园教师工资和社会保险由举办者依法保障。幼儿园教师按国家有关规定参加社会保险并依法享受社会保险待遇。对长期在农村基层和艰苦边远地区工作的幼儿园教师，实行工资倾斜政策。鼓励地方政府将符合条件的农村幼儿园教师住房纳入保障性安居工程统筹予以解决，改善农村幼儿园教师工作和生活条件。

八、确保各项政策措施落实到位。地方各级教育、编制、财政、人力资源社会保障等有关部门要充分认识加强幼儿园教师队伍建设的重要性和紧迫性，健全工作机制，加强统筹协调，建立督促检查、考核奖惩和问责机制，确保加强幼儿园教师队伍建设的各项措施落到实处、取得实效。

教育部　中央编办
财政部　人力资源社会保障部
2012 年 9 月 20 日

教育部关于印发《3—6岁儿童学习与发展指南》的通知

各省、自治区、直辖市教育厅（教委），新疆生产建设兵团教育局：

为深入贯彻教育规划纲要，落实《国务院关于当前发展学前教育的若干意见》（国发〔2010〕41号），帮助广大幼儿园教师和家长了解3—6岁幼儿学习与发展的基本规律和特点，全面提高科学保教水平，我部组织专家研究制定了《3—6岁儿童学习与发展指南》（以下简称《指南》）。《指南》广泛征求了各方面的意见，经教育部学前教育专家指导委员会审议通过。现予印发，并就《指南》贯彻落实的有关工作通知如下：

1. 开展全员培训。各地要把《指南》作为当前幼儿园教职工、学前教育教研人员和管理干部业务培训的主要内容。省级和地市级教育行政部门要重点做好幼教干部、教研人员和骨干教师培训，区县一级要组织全员培训。要全面理解和准确把握《指南》的精神实质，切实把先进的教育理念和科学的教育方法落实到幼儿园保教工作的各个环节。要创新培训方式，提高培训的针对性和实效性。

2. 建设一批实验区。地方各级教育行政部门要认真抓好贯彻落实《指南》的实验和经验推广工作。要结合本地实际确定一批实验区，省一级抓好一个地（市），地市一级抓好1-2个县（区）。要组建专家团队，有效整合资源，针对《指南》实施过程中的困难和问题，为实验区提供专业支持。

3. 抓好幼小衔接。地方各级教育行政部门要制定相关配套政策，采取有效措施，严禁幼儿园提前学习小学教育内容，严禁小学举办各种形式的入学选拔考试，严禁小学一年级以任何理由压缩课程或加快课程进度。积极探索幼儿园和小学的双向衔接，为《指南》的全面贯彻落实创造条件。

4. 加强社会宣传。要充分发挥学前教育教科研机构和幼儿园的专业优势，发挥各种大众传媒的作用，组织开展形式多样的宣传活动。要以深入浅出的语言，喜闻乐见的形式，广泛宣传《指南》的教育理念和教育方法，提高广大家长的科学育儿能力，实现家园共育。5. 加强组织领导。各地要高度重视《指南》的贯彻落实，切实解决好必要的条件保障。要特别重视《指南》在农村幼儿园的贯彻落实工作，通过专家巡回指导、城乡幼儿园帮扶结对等形式，加大对农村幼儿园的扶持力度。

我部将适时组织开展相关培训、试点经验交流等活动。各地实施《指南》的情况、实施过程中的好做法、好经验以及有关困难、问题请及时报我部基础教育二司。

附件：3—6岁儿童学习与发展指南

教育部
2012年10月9日

附件：

3—6岁儿童学习与发展指南

教育部

2012年9月

目　录

说　明 ··· 321

一、健康 ··· 323
　（一）身心状况 ··· 323
　（二）动作发展 ··· 325
　（三）生活习惯与生活能力 ··· 326

二、语言 ··· 328
　（一）倾听与表达 ·· 328
　（二）阅读与书写准备 ··· 330

三、社会 ··· 332
　（一）人际交往 ··· 332
　（二）社会适应 ··· 335

四、科学 ··· 336
　（一）科学探究 ··· 337
　（二）数学认知 ··· 339

五、艺术 ··· 342
　（一）感受与欣赏 ·· 342
　（二）表现与创造 ·· 343

说　明

一、为深入贯彻《国家中长期教育改革和发展规划纲要（2010—2020年）》和《国务院关于当前发展学前教育的若干意见》（国发〔2010〕41号），指导幼儿园和家庭实施科学的保育和教育，促进幼儿身心全面和谐发展，制定《3—6岁儿童学习与发展指南》（以下简称《指南》）。

二、《指南》以为幼儿后继学习和终身发展奠定良好素质基础为目标，以促进幼儿体、智、德、美各方面的协调发展为核心，通过提出3—6岁各年龄段儿童学习与发展目标和相应的教育建议，帮助幼儿园教师和家长了解3—6岁幼儿学习与发展的基本规律和特点，建立对幼儿发展的合理期望，实施科学的保育和教育，让幼儿度过快乐而有意义的童年。

三、《指南》从健康、语言、社会、科学、艺术五个领域描述幼儿的学习与发展。每个领域按照幼儿学习与发展最基本、最重要的内容划分为若干方面。每个方面由学习与发展目标和教育建议两部分组成。

目标部分分别对3~4岁、4~5岁、5~6岁三个年龄段末期幼儿应该知道什么、能做什么，大致可以达到什么发展水平提出了合理期望，指明了幼儿学习与发展的具体方向；教育建议部分列举了一些能够有效帮助和促进幼儿学习与发展的教育途径与方法。

四、实施《指南》应把握以下几个方面：

1．关注幼儿学习与发展的整体性。儿童的发展是一个整体，要注重领域之间、目标之间的相互渗透和整合，促进幼儿身心全面协调发展，而不应片面追求某一方面或几方面的发展。

2．尊重幼儿发展的个体差异。幼儿的发展是一个持续、渐进的过程，同时也表现出一定的阶段性特征。每个幼儿在沿着相似进程发展的过程中，各自的发展速度和到达某一水平的时间不完全相同。要充分理解和尊重幼儿发展进程中的个别差异，支持和引导他们从原有水平向更高水平发展，按照自身的速度和方式到达《指南》所呈现的发展"阶梯"，切忌用一把"尺子"衡量所有幼儿。

3．理解幼儿的学习方式和特点。幼儿的学习是以直接经验为基础，在游戏和日常生活中进行的。要珍视游戏和生活的独特价值，创设丰富的教育环境，合理安排一日生活，最大限度地支持和满足幼儿通过直接感知、实际操作和亲身体验获取经验的需要，严禁"拔苗助长"式的超前教育和强化训练。

4．重视幼儿的学习品质。幼儿在活动过程中表现出的积极态度和良好行为倾向是终身学习与发展所必需的宝贵品质。要充分尊重和保护幼儿的好奇心和学习兴趣，帮助幼儿逐步养成积极主动、认真专注、不怕困难、敢于探究和尝试、乐于想象和创造等良好学习品质。忽视幼儿学习品质培养，单纯追求知识技能学习的做法是短视而有害的。

一、健康

健康是指人在身体、心理和社会适应方面的良好状态。幼儿阶段是儿童身体发育和机能发展极为迅速的时期,也是形成安全感和乐观态度的重要阶段。发育良好的身体、愉快的情绪、强健的体质、协调的动作、良好的生活习惯和基本生活能力是幼儿身心健康的重要标志,也是其它领域学习与发展的基础。

为有效促进幼儿身心健康发展,成人应为幼儿提供合理均衡的营养,保证充足的睡眠和适宜的锻炼,满足幼儿生长发育的需要;创设温馨的人际环境,让幼儿充分感受到亲情和关爱,形成积极稳定的情绪情感;帮助幼儿养成良好的生活与卫生习惯,提高自我保护能力,形成使其终身受益的生活能力和文明生活方式。

幼儿身心发育尚未成熟,需要成人的精心呵护和照顾,但不宜过度保护和包办代替,以免剥夺幼儿自主学习的机会,养成过于依赖的不良习惯,影响其主动性、独立性的发展。

(一) 身心状况

目标 1　具有健康的体态

3～4岁	4～5岁	5～6岁
1. 身高和体重适宜。参考标准: 男孩: 身高:94.9-111.7厘米 体重:12.7-21.2公斤 女孩: 身高:94.1-111.3厘米 体重:12.3-21.5公斤 2. 在提醒下能自然坐直、站直	1. 身高和体重适宜。参考标准: 男孩: 身高:100.7-119.2厘米 体重:14.1-24.2公斤 女孩: 身高:99.9-118.9厘米 体重:13.7-24.9公斤 2. 在提醒下能保持正确的站、坐和行走姿势	1. 身高和体重适宜。参考标准: 男孩: 身高:106.1-125.8厘米 体重:15.9-27.1公斤 女孩: 身高:104.9-125.4厘米 体重:15.3-27.8公斤 2. 经常保持正确的站、坐和行走姿势

注:身高和体重数据来源:《2006年世界卫生组织儿童生长标准》4、5、6周岁儿童身高和体重的参考数据。

教育建议:

1. 为幼儿提供营养丰富、健康的饮食。如:

参照《中国孕期、哺乳期妇女和0～6岁儿童膳食指南》,为幼儿提供谷物、蔬菜、水果、肉、奶、蛋、豆制品等多样化的食物,均衡搭配。

烹调方式要科学,尽量少煎炸、烧烤、腌制。

2. 保证幼儿每天睡11～12小时,其中午睡一般应达到2小时左右。午睡时间可根据幼儿的年龄、季节的变化和个体差异适当减少。

3. 注意幼儿的体态,帮助他们形成正确的姿势。如:

提醒幼儿要保持正确的站、坐、走姿势;发现有八字脚、罗圈腿、驼背等骨骼发育异常的情况,应及时就医矫治。

桌、椅和床要合适。椅子的高度以幼儿写画时双脚能自然着地、大腿基本保持水平状为宜;桌子的高度以写画时身体能坐直,不驼背、不耸肩为宜;床不宜过软。

4. 每年为幼儿进行健康检查。

目标2　情绪安定愉快

3～4岁	4～5岁	5～6岁
1．情绪比较稳定，很少因一点小事哭闹不止。 2．有比较强烈的情绪反应时，能在成人的安抚下逐渐平静下来	1．经常保持愉快的情绪，不高兴时能较快缓解。 2．有比较强烈情绪反应时，能在成人提醒下逐渐平静下来。 3．愿意把自己的情绪告诉亲近的人，一起分享快乐或求得安慰	1．经常保持愉快的情绪。知道引起自己某种情绪的原因，并努力缓解。 2．表达情绪的方式比较适度，不乱发脾气。 3．能随着活动的需要转换情绪和注意

教育建议：

1．营造温暖、轻松的心理环境，让幼儿形成安全感和信赖感。如：

保持良好的情绪状态，以积极、愉快的情绪影响幼儿。

以欣赏的态度对待幼儿。注意发现幼儿的优点，接纳他们的个体差异，不简单与同伴做横向比较。

幼儿做错事时要冷静处理，不厉声斥责，更不能打骂。

2．帮助幼儿学会恰当表达和调控情绪。如：

成人用恰当的方式表达情绪，为幼儿做出榜样。如生气时不乱发脾气，不迁怒于人。

成人和幼儿一起谈论自己高兴或生气的事，鼓励幼儿与人分享自己的情绪。

允许幼儿表达自己的情绪，并给予适当的引导。如幼儿发脾气时不硬性压制，等其平静后告诉他什么行为是可以接受的。

发现幼儿不高兴时，主动询问情况，帮助他们化解消极情绪。

目标3　具有一定的适应能力

3～4岁	4～5岁	5～6岁
1．能在较热或较冷的户外环境中活动。 2．换新环境时情绪能较快稳定，睡眠、饮食基本正常。 3．在帮助下能较快适应集体生活	1．能在较热或较冷的户外环境中连续活动半小时左右。 2．换新环境时较少出现身体不适。 3．能较快适应人际环境中发生的变化。如换了新老师能较快适应	1．能在较热或较冷的户外环境中连续活动半小时以上。 2．天气变化时较少感冒，能适应车、船等交通工具造成的轻微颠簸。 3．能较快融入新的人际关系环境。如换了新的幼儿园或班级能较快适应

教育建议：

1．保证幼儿的户外活动时间，提高幼儿适应季节变化的能力。

幼儿每天的户外活动时间一般不少于两小时，其中体育活动时间不少于1小时，季节交替时要坚持。

气温过热或过冷的季节或地区应因地制宜，选择温度适当的时间段开展户外活动，也可根据气温的变化和幼儿的个体差异，适当减少活动的时间。

2．经常与幼儿玩拉手转圈、秋千、转椅等游戏活动，让幼儿适应轻微的摆动、颠簸、旋转，促进其平衡机能的发展。

3. 锻炼幼儿适应生活环境变化的能力。如：

注意观察幼儿在新环境中的饮食、睡眠、游戏等方面的情况，采取相应的措施帮助他们尽快适应新环境。

经常带幼儿接触不同的人际环境，如参加亲戚朋友聚会，多和不熟悉的小朋友玩，使幼儿较快适应新的人际关系。

（二）动作发展

目标1 具有一定的平衡能力，动作协调、灵敏

3～4岁	4～5岁	5～6岁
1．能沿地面直线或在较窄的低矮物体上走一段距离。 2．能双脚灵活交替上下楼梯。 3．能身体平稳地双脚连续向前跳。 4．分散跑时能躲避他人的碰撞。 5．能双手向上抛球	1．能在较窄的低矮物体上平稳地走一段距离。 2．能以匍匐、膝盖悬空等多种方式钻爬。 3．能助跑跨跳过一定距离，或助跑跨跳过一定高度的物体。 4．能与他人玩追逐、躲闪跑的游戏。 5．能连续自抛自接球	1．能在斜坡、荡桥和有一定间隔的物体上较平稳地行走。 2．能以手脚并用的方式安全地爬攀登架、网等。 3．能连续跳绳。 4．能躲避他人滚过来的球或扔过来的沙包。 5．能连续拍球

教育建议：

1. 利用多种活动发展身体平衡和协调能力。如：

走平衡木，或沿着地面直线、田埂行走。

玩跳房子、踢毽子、蒙眼走路、踩小高跷等游戏活动。

2. 发展幼儿动作的协调性和灵活性。如：

鼓励幼儿进行跑跳、钻爬、攀登、投掷、拍球等活动。

玩跳竹竿、滚铁环等传统体育游戏。

3. 对于拍球、跳绳等技能性活动，不要过于要求数量，更不能机械训练。

4. 结合活动内容对幼儿进行安全教育，注重在活动中培养幼儿的自我保护能力。

目标2 具有一定的力量和耐力

3～4岁	4～5岁	5～6岁
1．能双手抓杠悬空吊起10秒左右。 2．能单手将沙包向前投掷2米左右。 3．能单脚连续向前跳2米左右。 4．能快跑15米左右。 5．能行走1公里左右（途中可适当停歇）	1．能双手抓杠悬空吊起15秒左右。 2．能单手将沙包向前投掷4米左右。 3．能单脚连续向前跳5米左右。 4．能快跑20米左右。 5．能连续行走1.5公里左右（途中可适当停歇）	1．能双手抓杠悬空吊起20秒左右。 2．能单手将沙包向前投掷5米左右。 3．能单脚连续向前跳8米左右。 4．能快跑25米左右。 5．能连续行走1.5公里以上（途中可适当停歇）

教育建议：

1. 开展丰富多样、适合幼儿年龄特点的各种身体活动，如走、跑、跳、攀、爬等，鼓励幼儿坚持下来，不怕累。

2. 日常生活中鼓励幼儿多走路、少坐车；自己上下楼梯、自己背包。

目标3　手的动作灵活协调

3~4岁	4~5岁	5~6岁
1．能用笔涂涂画画。 2．能熟练地用勺子吃饭。 3．能用剪刀沿直线剪，边线基本吻合	1．能沿边线较直地画出简单图形，或能边线基本对齐地折纸。 2．会用筷子吃饭。 3．能沿轮廓线剪出由直线构成的简单图形，边线吻合	1．能根据需要画出图形，线条基本平滑。 2．能熟练使用筷子。 3．能沿轮廓线剪出由曲线构成的简单图形，边线吻合且平滑。 4．能使用简单的劳动工具或用具

教育建议：

1. 创造条件和机会，促进幼儿手的动作灵活协调。如：

提供画笔、剪刀、纸张、泥团等工具和材料，或充分利用各种自然、废旧材料和常见物品，让幼儿进行画、剪、折、粘等美工活动。

引导幼儿生活自理或参与家务劳动，发展其手的动作。如练习自己用筷子吃饭、扣扣子、帮助家人择菜叶、做面食等。

幼儿园在布置娃娃家、商店等活动区时，多提供原材料和半成品，让幼儿有更多机会参与制作活动。

2. 引导幼儿注意活动安全。如：

为幼儿提供的塑料粒、珠子等活动材料要足够大，材质要安全，以免造成异物进入气管、铅中毒等伤害。提供幼儿用安全剪刀。

为幼儿示范拿筷子、握笔的正确姿势以及使用剪刀、锤子等工具的方法。

提醒幼儿不要拿剪刀等锋利工具玩耍，用完后要放回原处。

（三）生活习惯与生活能力

目标1　具有良好的生活与卫生习惯

3~4岁	4~5岁	5~6岁
1．在提醒下，按时睡觉和起床，并能坚持午睡。 2．喜欢参加体育活动。 3．在引导下，不偏食、挑食。喜欢吃瓜果、蔬菜等新鲜食品。 4．愿意饮用白开水，不贪喝饮料。 5．不用脏手揉眼睛，连续看电视等不超过15分钟。 6．在提醒下，每天早晚刷牙、饭前便后洗手	1．每天按时睡觉和起床，并能坚持午睡。 2．喜欢参加体育活动。 3．不偏食、挑食，不暴饮暴食。喜欢吃瓜果、蔬菜等新鲜食品。 4．常喝白开水，不贪喝饮料。 5．知道保护眼睛，不在光线过强或过暗的地方看书，连续看电视等不超过20分钟。 6．每天早晚刷牙、饭前便后洗手，方法基本正确	1．养成每天按时睡觉和起床的习惯。 2．能主动参加体育活动。 3．吃东西时细嚼慢咽。 4．主动饮用白开水，不贪喝饮料。 5．主动保护眼睛。不在光线过强或过暗的地方看书，连续看电视等不超过30分钟。 6．每天早晚主动刷牙，饭前便后主动洗手，方法正确

教育建议：

1. 让幼儿保持有规律的生活，养成良好的作息习惯。如：早睡早起、每天午睡、按时进餐、吃好早餐等。

2. 帮助幼儿养成良好的饮食习惯。如：

合理安排餐点，帮助幼儿养成定点、定时、定量进餐的习惯。

帮助幼儿了解食物的营养价值，引导他们不偏食不挑食、少吃或不吃不利于健康的食品；多喝白开水，少喝饮料。

吃饭时不过分催促，提醒幼儿细嚼慢咽，不要边吃边玩。

3. 帮助幼儿养成良好的个人卫生习惯。如：

早晚刷牙、饭后漱口。

勤为幼儿洗澡、换衣服、剪指甲。

提醒幼儿保护五官，如不乱挖耳朵、鼻孔，看电视时保持3米左右的距离等。

4. 激发幼儿参加体育活动的兴趣，养成锻炼的习惯。如：

为幼儿准备多种体育活动材料，鼓励他选择自己喜欢的材料开展活动。

经常和幼儿一起在户外运动和游戏，鼓励幼儿和同伴一起开展体育活动。

和幼儿一起观看体育比赛或有关体育赛事的电视节目，培养他对体育活动的兴趣。

目标 2　具有基本的生活自理能力

3～4岁	4～5岁	5～6岁
1．在帮助下能穿脱衣服或鞋袜。 2．能将玩具和图书放回原处	1．能自己穿脱衣服、鞋袜、扣纽扣。 2．能整理自己的物品	1．能知道根据冷热增减衣服。 2．会自己系鞋带。 3．能按类别整理好自己的物品

教育建议：

1. 鼓励幼儿做力所能及的事情，对幼儿的尝试与努力给予肯定，不因做不好或做得慢而包办代替。

2. 指导幼儿学习和掌握生活自理的基本方法，如穿脱衣服和鞋袜、洗手洗脸、擦鼻涕、擦屁股的正确方法。

3. 提供有利于幼儿生活自理的条件。如：

提供一些纸箱、盒子，供幼儿收拾和存放自己的玩具、图书或生活用品等。

幼儿的衣服、鞋子等要简单实用，便于自己穿脱。

目标 3　具备基本的安全知识和自我保护能力

3～4岁	4～5岁	5～6岁
1．不吃陌生人给的东西，不跟陌生人走。 2．在提醒下能注意安全，不做危险的事。 3．在公共场所走失时，能向警察或有关人员说出自己和家长的名字、电话号码等简单信息	1．知道在公共场合不远离成人的视线单独活动。 2．认识常见的安全标志，能遵守安全规则。 3．运动时能主动躲避危险。 4．知道简单的求助方式	1．未经大人允许不给陌生人开门。 2．能自觉遵守基本的安全规则和交通规则。 3．运动时能注意安全，不给他人造成危险。 4．知道一些基本的防灾知识

教育建议：

1. 创设安全的生活环境，提供必要的保护措施。如：

要把热水瓶、药品、火柴、刀具等物品放到幼儿够不到的地方；阳台或窗台要有安全保护措施；要使用安全的电源插座等。

在公共场所要注意照看好幼儿；幼儿乘车、乘电梯时要有成人陪伴；不把幼儿单独留在家里或汽车里等。

2. 结合生活实际对幼儿进行安全教育。如：

外出时，提醒幼儿要紧跟成人，不远离成人的视线，不跟陌生人走，不吃陌生人给的东西；不在河边和马路边玩耍；要遵守交通规则等。

帮助幼儿了解周围环境中不安全的事物，不做危险的事。如不动热水壶，不玩火柴或打火机，不摸电源插座，不攀爬窗户或阳台等。

帮助幼儿认识常见的安全标识，如：小心触电、小心有毒、禁止下河游泳、紧急出口等。

告诉幼儿不允许别人触摸自己的隐私部位。

3. 教给幼儿简单的自救和求救的方法。如：

记住自己家庭的住址、电话号码、父母的姓名和单位，一旦走失时知道向成人求助，并能提供必要信息。

遇到火灾或其他紧急情况时，知道要拨打110、120、119等求救电话。

可利用图书、音像等材料对幼儿进行逃生和求救方面的教育，并运用游戏方式模拟练习。

幼儿园应定期进行火灾、地震等自然灾害的逃生演习。

二、语言

语言是交流和思维的工具。幼儿期是语言发展，特别是口语发展的重要时期。幼儿语言的发展贯穿于各个领域，也对其它领域的学习与发展有着重要的影响：幼儿在运用语言进行交流的同时，也在发展着人际交往能力、理解他人和判断交往情境的能力、组织自己思想的能力。通过语言获取信息，幼儿的学习逐步超越个体的直接感知。

幼儿的语言能力是在交流和运用的过程中发展起来的。应为幼儿创设自由、宽松的语言交往环境，鼓励和支持幼儿与成人、同伴交流，让幼儿想说、敢说、喜欢说并能得到积极回应。为幼儿提供丰富、适宜的低幼读物，经常和幼儿一起看图书、讲故事，丰富其语言表达能力，培养阅读兴趣和良好的阅读习惯，进一步拓展学习经验。

幼儿的语言学习需要相应的社会经验支持，应通过多种活动扩展幼儿的生活经验，丰富语言的内容，增强理解和表达能力。应在生活情境和阅读活动中引导幼儿自然而然地产生对文字的兴趣，用机械记忆和强化训练的方式让幼儿过早识字不符合其学习特点和接受能力。

（一）倾听与表达

目标1　认真听并能听懂常用语言

3~4岁	4~5岁	5~6岁
1. 别人对自己说话时能注意听并做出回应 2. 能听懂日常会话	1. 在群体中能有意识地听与自己有关的信息。 2. 能结合情境感受到不同语气、语调所表达的不同意思。 3. 方言地区和少数民族幼儿能基本听懂普通话	1. 在集体中能注意听老师或其他人讲话。 2. 听不懂或有疑问时能主动提问。 3. 能结合情境理解一些表示因果、假设等相对复杂的句子

教育建议：

1. 多给幼儿提供倾听和交谈的机会。如：经常和幼儿一起谈论他感兴趣的话题，或一起看图书、讲故事。

2. 引导幼儿学会认真倾听。如：

成人要耐心倾听别人（包括幼儿）的讲话，等别人讲完再表达自己的观点。

与幼儿交谈时，要用幼儿能听得懂的语言。

对幼儿提要求和布置任务时要求他注意听，鼓励他主动提问。

3. 对幼儿讲话时，注意结合情境使用丰富的语言，以便于幼儿理解。如：

说话时注意语气、语调，让幼儿感受语气、语调的作用。如对幼儿的不合理要求以比较坚定的语气表示不同意；讲故事时，尽量把故事人物高兴、悲伤的心情用不同的语气、语调表现出来。

根据幼儿的理解水平有意识地使用一些反映因果、假设、条件等关系的句子。

目标2　愿意讲话并能清楚地表达

3~4岁	4~5岁	5~6岁
1. 愿意在熟悉的人面前说话，能大方地与人打招呼。 2. 基本会说本民族或本地区的语言。 3. 愿意表达自己的需要和想法，必要时能配以手势动作。 4. 能口齿清楚地说儿歌、童谣或复述简短的故事。	1. 愿意与他人交谈，喜欢谈论自己感兴趣的话题。 2. 会说本民族或本地区的语言，基本会说普通话。少数民族聚居地区幼儿会用普通话进行日常会话。 3. 能基本完整地讲述自己的所见所闻和经历的事情。 4. 讲述比较连贯。	1. 愿意与他人讨论问题，敢在众人面前说话。 2. 会说本民族或本地区的语言和普通话，发音正确清晰。少数民族聚居地区幼儿基本会说普通话。 3. 能有序、连贯、清楚地讲述一件事情。 4. 讲述时能使用常见的形容词、同义词等，语言比较生动

教育建议：

1. 为幼儿创造说话的机会并体验语言交往的乐趣。

每天有足够的时间与幼儿交谈。如谈论他感兴趣的话题，询问和听取他对自己事情的意见等。

尊重和接纳幼儿的说话方式，无论幼儿的表达水平如何，都应认真地倾听并给予积极的回应。

鼓励和支持幼儿与同伴一起玩耍、交谈，相互讲述见闻、趣事或看过的图书、动画片等。

方言和少数民族地区应积极为幼儿创设用普通话交流的语言环境。

2. 引导幼儿清楚地表达。如：

和幼儿讲话时，成人自身的语言要清楚、简洁。

当幼儿因为急于表达而说不清楚的时候，提醒他不要着急，慢慢说；同时要耐心倾听，给予必要的补充，帮助他理清思路并清晰地说出来。

目标3　具有文明的语言习惯

3~4岁	4~5岁	5~6岁
1．与别人讲话时知道眼睛要看着对方。 2．说话自然，声音大小适中。 3．能在成人的提醒下使用恰当的礼貌用语	1．别人对自己讲话时能回应。 2．能根据场合调节自己说话声音的大小。 3．能主动使用礼貌用语，不说脏话、粗话。	1．别人讲话时能积极主动地回应。 2．能根据谈话对象和需要，调整说话的语气。 3．懂得按次序轮流讲话，不随意打断别人。 4．能依据所处情境使用恰当的语言。如在别人难过时会用恰当的语言表示安慰

教育建议：

1．成人注意语言文明，为幼儿做出表率。如：

与他人交谈时，认真倾听，使用礼貌用语。

在公共场合不大声说话，不说脏话、粗话。

幼儿表达意见时，成人可蹲下来，眼睛平视幼儿，耐心听他把话说完。

2．帮助幼儿养成良好的语言行为习惯。如：

结合情境提醒幼儿一些必要的交流礼节。如对长辈说话要有礼貌，客人来访时要打招呼，得到帮助时要说谢谢等。

提醒幼儿遵守集体生活的语言规则，如轮流发言，不随意打断别人讲话等。

提醒幼儿注意公共场所的语言文明，如不大声喧哗。

（二）阅读与书写准备

目标1　喜欢听故事，看图书

3~4岁	4~5岁	5~6岁
1．主动要求成人讲故事、读图书。 2．喜欢跟读韵律感强的儿歌、童谣。 3．爱护图书，不乱撕、乱扔	1．反复看自己喜欢的图书。 2．喜欢把听过的故事或看过的图书讲给别人听。 3．对生活中常见的标识、符号感兴趣，知道它们表示一定的意义	1．专注地阅读图书。 2．喜欢与他人一起谈论图书和故事的有关内容。 3．对图书和生活情境中的文字符号感兴趣，知道文字表示一定的意义

教育建议：

1．为幼儿提供良好的阅读环境和条件。如：

提供一定数量、符合幼儿年龄特点、富有童趣的图画书。

提供相对安静的地方，尽量减少干扰，保证幼儿自主阅读。

2．激发幼儿的阅读兴趣，培养阅读习惯。如：

经常抽时间与幼儿一起看图书、讲故事。

提供童谣、故事和诗歌等不同体裁的儿童文学作品，让幼儿自主选择和阅读。

当幼儿遇到感兴趣的事物或问题时，和他一起查阅图书资料，让他感受图书的作用，体会通过阅读获取信息的乐趣。

3．引导幼儿体会标识、文字符号的用途。如：

向幼儿介绍医院、公用电话等生活中的常见标识，让他知道标识可以代表具体事物。

结合生活实际，帮助幼儿体会文字的用途。如买来新玩具时，把说明书上的文字念给幼儿听，了解玩具的玩法。

目标 2　具有初步的阅读理解能力

3～4 岁	4～5 岁	5～6 岁
1.能听懂短小的儿歌或故事。 2. 会看画面，能根据画面说出图中有什么，发生了什么事等。 3. 能理解图书上的文字是和画面对应的，是用来表达画面意义的	1. 能大体讲出所听故事的主要内容。 2. 能根据连续画面提供的信息，大致说出故事的情节。 3. 能随着作品的展开产生喜悦、担忧等相应的情绪反应，体会作品所表达的情绪情感	1. 能说出所阅读的幼儿文学作品的主要内容。 2. 能根据故事的部分情节或图书画面的线索猜想故事情节的发展，或续编、创编故事。 3. 对看过的图书、听过的故事能说出自己的看法。 4. 能初步感受文学语言的美

教育建议：

1. 经常和幼儿一起阅读，引导他以自己的经验为基础理解图书的内容。如：

引导幼儿仔细观察画面，结合画面讨论故事内容，学习建立画面与故事内容的联系。

和幼儿一起讨论或回忆书中的故事情节，引导他有条理地说出故事的大致内容。

在给幼儿读书或讲故事时，可先不告诉名字，让幼儿听完后自己命名，并说出这样命名的理由。

鼓励幼儿自主阅读，并与他人讨论自己在阅读中的发现、体会和想法。

2. 在阅读中发展幼儿的想象和创造能力。如：

鼓励幼儿依据画面线索讲述故事，大胆推测、想象故事情节的发展，改编故事部分情节或续编故事结尾。

鼓励幼儿用故事表演、绘画等不同的方式表达自己对图书和故事的理解。

鼓励和支持幼儿自编故事，并为自编的故事配上图画，制成图画书。

3. 引导幼儿感受文学作品的美。如：

有意识地引导幼儿欣赏或模仿文学作品的语言节奏和韵律。

给幼儿读书时，通过表情、动作和抑扬顿挫的声音传达书中的情绪情感，让幼儿体会作品的感染力和表现力。

目标 3　具有书面表达的愿望和初步技能

3～4 岁	4～5 岁	5～6 岁
1.喜欢用涂涂画画表达一定的意思	1.愿意用图画和符号表达自己的愿望和想法。 2. 在成人提醒下，写写画画时姿势正确	1. 愿意用图画和符号表现事物或故事。 2. 会正确书写自己的名字。 3. 写画时姿势正确

教育建议：

1. 让幼儿在写写画画的过程中体验文字符号的功能，培养书写兴趣。如：

准备供幼儿随时取放的纸、笔等材料,也可利用沙地、树枝等自然材料,满足幼儿自由涂画的需要。

鼓励幼儿将自己感兴趣的事情或故事画下来并讲给别人听,让幼儿体会写写画画的方式可以表达自己的想法和情感。

把幼儿讲过的事情用文字记录下来,并念给他听,使幼儿知道说的话可以用文字记录下来,从中体会文字的用途。

2. 在绘画和游戏中做必要的书写准备,如:

通过把虚线画出的图形轮廓连成实线等游戏,促进手眼协调,同时帮助幼儿学习由上至下、由左至右的运笔技能。

鼓励幼儿学习书写自己的名字。

提醒幼儿写画时保持正确姿势。

三、社会

幼儿社会领域的学习与发展过程是其社会性不断完善并奠定健全人格基础的过程。人际交往和社会适应是幼儿社会学习的主要内容,也是其社会性发展的基本途径。幼儿在与成人和同伴交往的过程中,不仅学习如何与人友好相处,也在学习如何看待自己、对待他人,不断发展适应社会生活的能力。良好的社会性发展对幼儿身心健康和其它各方面的发展都具有重要影响。

家庭、幼儿园和社会应共同努力,为幼儿创设温暖、关爱、平等的家庭和集体生活氛围,建立良好的亲子关系、师生关系和同伴关系,让幼儿在积极健康的人际关系中获得安全感和信任感,发展自信和自尊,在良好的社会环境及文化的熏陶中学会遵守规则,形成基本的认同感和归属感。

幼儿的社会性主要是在日常生活和游戏中通过观察和模仿潜移默化地发展起来的。成人应注重自己言行的榜样作用,避免简单生硬的说教。

(一)人际交往

目标1　愿意与人交往

3～4岁	4～5岁	5～6岁
1. 愿意和小朋友一起游戏。 2. 愿意与熟悉的长辈一起活动	1. 喜欢和小朋友一起游戏,有经常一起玩的小伙伴。 2. 喜欢和长辈交谈,有事愿意告诉长辈	1. 有自己的好朋友,也喜欢结交新朋友。 2. 有问题愿意向别人请教。 3. 有高兴的或有趣的事愿意与大家分享

教育建议:

1. 主动亲近和关心幼儿,经常和他一起游戏或活动,让幼儿感受到与成人交往的快乐,建立亲密的亲子关系和师生关系。

2. 创造交往的机会,让幼儿体会交往的乐趣。如:

利用走亲戚、到朋友家做客或有客人来访的时机,鼓励幼儿与他人接触和交谈。

鼓励幼儿参加小朋友的游戏,邀请小朋友到家里玩,感受有朋友一起玩的快乐。

幼儿园应多为幼儿提供自由交往和游戏的机会,鼓励他们自主选择、自由结伴开展活动。

目标2 能与同伴友好相处

3~4岁	4~5岁	5~6岁
1. 想加入同伴的游戏时，能友好地提出请求。 2. 在成人指导下，不争抢、不独霸玩具。 3. 与同伴发生冲突时，能听从成人的劝解	1. 会运用介绍自己、交换玩具等简单技巧加入同伴游戏。 2. 对大家都喜欢的东西能轮流、分享。 3. 与同伴发生冲突时，能在他人帮助下和平解决。 4. 活动时愿意接受同伴的意见和建议。 5. 不欺负弱小	1. 能想办法吸引同伴和自己一起游戏。 2. 活动时能与同伴分工合作，遇到困难能一起克服。 3. 与同伴发生冲突时能自己协商解决。 4. 知道别人的想法有时和自己不一样，能倾听和接受别人的意见，不能接受时会说明理由。 5. 不欺负别人，也不允许别人欺负自己

教育建议：

1. 结合具体情境，指导幼儿学习交往的基本规则和技能。如：

当幼儿不知怎样加入同伴游戏，或提出请求不被接受时，建议他拿出玩具邀请大家一起玩；或者扮成某个角色加入同伴的游戏。

对幼儿与别人分享玩具、图书等行为给予肯定，让他对自己的表现感到高兴和满足。

当幼儿与同伴发生矛盾或冲突时，指导他尝试用协商、交换、轮流玩、合作等方式解决冲突。

利用相关的图书、故事，结合幼儿的交往经验，和他讨论什么样的行为受大家欢迎，想要得到别人的接纳应该怎样做。

幼儿园应多为幼儿提供需要大家齐心协力才能完成的活动，让幼儿在具体活动中体会合作的重要性，学习分工合作。

2. 结合具体情境，引导幼儿换位思考，学习理解别人。如：

幼儿有争抢玩具等不友好行为时，引导他们想想"假如你是那个小朋友，你有什么感受？"让幼儿学习理解别人的想法和感受。

3. 和幼儿一起谈谈他的好朋友，说说喜欢这个朋友的原因，引导他多发现同伴的优点、长处。

目标3 具有自尊、自信、自主的表现

3~4岁	4~5岁	5~6岁
1. 能根据自己的兴趣选择游戏或其它活动。 2. 为自己的好行为或活动成果感到高兴。 3. 自己能做的事情愿意自己做。 4. 喜欢承担一些小任务	1. 能按自己的想法进行游戏或其他活动。 2. 知道自己的一些优点和长处，并对此感到满意。 3. 自己的事情尽量自己做，不愿意依赖别人。 4. 敢于尝试有一定难度的活动和任务。	1. 能主动发起活动或在活动中出主意、想办法。 2. 做了好事或取得了成功后还想做得更好。 3. 自己的事情自己做，不会的愿意学。 4. 主动承担任务，遇到困难能够坚持而不轻易求助。 5. 与别人的看法不同时，敢于坚持自己的意见并说出理由

教育建议：
1. 关注幼儿的感受，保护其自尊心和自信心。如：

能以平等的态度对待幼儿，使幼儿切实感受到自己被尊重。

对幼儿好的行为表现多给予具体、有针对性的肯定和表扬，让他对自己优点和长处有所认识并感到满足和自豪。

不要拿幼儿的不足与其他幼儿的优点作比较。

2. 鼓励幼儿自主决定，独立做事，增强其自尊心和自信心。如：

与幼儿有关的事情要征求他的意见，即使他的意见与成人不同，也要认真倾听，接受他的合理要求。

在保证安全的情况下，支持幼儿按自己的想法做事；或提供必要的条件，帮助他实现自己的想法。

幼儿自己的事情尽量放手让他自己做，即使做得不够好，也应鼓励并给予一定的指导，让他在做事中树立自尊和自信。

鼓励幼儿尝试有一定难度的任务，并注意调整难度，让他感受经过努力获得的成就感。

目标4　关心尊重他人

3～4岁	4～5岁	5～6岁
1. 长辈讲话时能认真听，并能听从长辈的要求。 2. 身边的人生病或不开心时表示同情。 3. 在提醒下能做到不打扰别人。	1. 会用礼貌的方式向长辈表达自己的要求和想法。 2. 能注意到别人的情绪，并有关心、体贴的表现。 3. 知道父母的职业，能体会到父母为养育自己所付出的辛劳。	1. 能有礼貌地与人交往。 2. 能关注别人的情绪和需要，并能给予力所能及的帮助。 3. 尊重为大家提供服务的人，珍惜他们的劳动成果。 4. 接纳、尊重与自己的生活方式或习惯不同的人。

教育建议：
1. 成人以身作则，以尊重、关心的态度对待自己的父母、长辈和其他人。如：

经常问候父母，主动做家务。

礼貌地对待老年人，如坐车时主动为老人让座。

看到别人有困难能主动关心并给予一定的帮助。

2. 引导幼儿尊重、关心长辈和身边的人，尊重他人劳动及成果。如：

提醒幼儿关心身边的人，如妈妈累了，知道让她安静休息一会儿。

借助故事、图书等给幼儿讲讲父母抚育孩子成长的经历，让幼儿理解和体会父爱与母爱。

结合实际情境，提醒幼儿注意别人的情绪，了解他们的需要，给予适当的关心和帮助。

利用生活机会和角色游戏，帮助幼儿了解与自己关系密切的社会服务机构及其工作，如商场、邮局、医院等，体会这些机构给大家提供的便利和服务，懂得尊重工作人员的劳动，珍惜劳动成果。

3. 引导幼儿学习用平等、接纳和尊重的态度对待差异。如：

了解每个人都有自己的兴趣、爱好和特长，可以相互学习。

利用民间游戏、传统节日等，适当向幼儿介绍我国主要民族和世界其它国家和民族的文化，帮助幼儿感知文化的多样性和差异性，理解人们之间是平等的，应该互相尊重，友好相处。

（二）社会适应

目标 1　喜欢并适应群体生活

3～4岁	4～5岁	5～6岁
1．对群体活动有兴趣。 2．对幼儿园的生活好奇，喜欢上幼儿园	1．愿意并主动参加群体活动。 2．愿意与家长一起参加社区的一些群体活动	1．在群体活动中积极、快乐。 2．对小学生活有好奇和向往

教育建议：

1．经常和幼儿一起参加一些群体性的活动，让幼儿体会群体活动的乐趣。如：参加亲戚、朋友和同事间的聚会以及适合幼儿参加的社区活动等，支持幼儿和不同群体的同伴一起游戏，丰富其群体活动的经验。

2．幼儿园组织活动时，可以经常打破班级的界限，让幼儿有更多机会参加不同群体的活动。

3．带领大班幼儿参观小学，讲讲小学有趣的活动，唤起他们对小学生活的好奇和向往，为入学做好心理准备。

目标 2　遵守基本的行为规范

3～4岁	4～5岁	5～6岁
1．在提醒下，能遵守游戏和公共场所的规则。 2．知道不经允许不能拿别人的东西，借别人的东西要归还。 3．在成人提醒下，爱护玩具和其他物品	1．感受规则的意义，并能基本遵守规则。 2．不私自拿不属于自己的东西。 3．知道说谎是不对的。 4．知道接受了的任务要努力完成。 5．在提醒下，能节约粮食、水电等	1．理解规则的意义，能与同伴协商制定游戏和活动规则。 2．爱惜物品，用别人的东西时也知道爱护。 3．做了错事敢于承认，不说谎。 4．能认真负责地完成自己所接受的任务。 5．爱护身边的环境，注意节约资源

教育建议：

1．成人要遵守社会行为规则，为幼儿树立良好的榜样。如：答应幼儿的事一定要做到、尊老爱幼、爱护公共环境、节约水电等。

2．结合社会生活实际，帮助幼儿了解基本行为规则或其它游戏规则，体会规则的重要性，学习自觉遵守规则。如：

经常和幼儿玩带有规则的游戏，遵守共同约定的游戏规则。

利用实际生活情境和图书故事，向幼儿介绍一些必要的社会行为规则，以及为什么要遵守这些规则。

在幼儿园的区域活动中，创设情境，让幼儿体会没有规则的不方便，鼓励他们讨论制定规则并自觉遵守。

对幼儿表现出的遵守规则的行为要及时肯定，对违规行为给予纠正。如：幼儿主动为老人让座时要表扬；幼儿损害别人的物品或公共物品时要及时制止并主动赔偿。

3. 教育幼儿要诚实守信。如：

对幼儿诚实守信的行为要及时肯定。

允许幼儿犯错误，告诉他改了就好。不要打骂幼儿，以免他因害怕惩罚而说谎。

小年龄幼儿经常分不清想象和现实，成人不要误认为他是在说谎。

发现幼儿说谎时，要反思是否是因自己对幼儿的要求过高过严造成的。如果是，要及时调整自己的行为，同时要严肃地告诉幼儿说谎是不对的。

经常给幼儿分配一些力所能及的任务，要求他完成并及时给予表扬，培养他的责任感和认真负责的态度。

目标3　具有初步的归属感

3~4岁	4~5岁	5~6岁
1. 知道和自己一起生活的家庭成员及与自己的关系，体会到自己是家庭的一员。 2. 能感受到家庭生活的温暖，爱父母，亲近与信赖长辈。 3. 能说出自己家所在街道、小区（乡镇、村）的名称。 4. 认识国旗，知道国歌	1. 喜欢自己所在的幼儿园和班级，积极参加集体活动。 2. 能说出自己家所在地的省、市、县（区）名称，知道当地有代表性的物产或景观。 3. 知道自己是中国人。 4. 奏国歌、升国旗时能自动站好	1. 愿意为集体做事，为集体的成绩感到高兴。 2. 能感受到家乡的发展变化并为此感到高兴。 3. 知道自己的民族，知道中国是一个多民族的大家庭，各民族之间要互相尊重，团结友爱。 4. 知道国家一些重大成就，爱祖国，为自己是中国人感到自豪

教育建议：

1. 亲切地对待幼儿，关心幼儿，让他感到长辈是可亲、可近、可信赖的，家庭和幼儿园是温暖的。如：

多和孩子一起游戏、谈笑，尽量在家庭和班级中营造温馨的氛围。

通过和幼儿一起翻阅照片、讲幼儿成长的故事等，让幼儿感受到家庭和幼儿园的温暖，老师的和蔼可亲，对养育自己的人产生感激之情。

2. 吸引和鼓励幼儿参加集体活动，萌发集体意识。如：

幼儿园和班级里的重大事情和计划，请幼儿集体讨论决定。

幼儿园应经常组织多种形式的集体活动，萌发幼儿的集体荣誉感。

3. 运用幼儿喜闻乐见和能够理解的方式激发幼儿爱家乡、爱祖国的情感。如：

和幼儿说一说或在地图上找一找自己家所在的省、市、县（区）名称。

和幼儿一起外出游玩，一起看有关的电视节目或画报等；和他们一起收集有关家乡、祖国各地的风景名胜、著名的建筑、独特物产的图片等，在观看和欣赏的过程中激发幼儿的自豪感和热爱之情。

利用电视节目或参加升旗等活动，向幼儿介绍国旗、国歌以及观看升旗、奏国歌的礼仪。

向幼儿介绍反映中国人聪明才智的发明和创造，激发幼儿的民族自豪感。

四、科学

幼儿的科学学习是在探究具体事物和解决实际问题中，尝试发现事物间的异同和联系的过程。幼儿在对自然事物的探究和运用数学解决实际生活问题的过程中，不仅获得丰富的感性经验，充分发展形象思维，而且初步尝试归类、排序、判断、推理，逐步发展逻辑思维能力，为其它领域的深入学习奠定基础。

幼儿科学学习的核心是激发探究兴趣，体验探究过程，发展初步的探究能力。成人要善于发现和保护幼儿的好奇心，充分利用自然和实际生活机会，引导幼儿通过观察、比较、操作、实验等方法，学习发现问题、分析问题和解决问题；帮助幼儿不断积累经验，并运用于新的学习活动，形成受益终身的学习态度和能力。

幼儿的思维特点是以具体形象思维为主，应注重引导幼儿通过直接感知、亲身体验和实际操作进行科学学习，不应为追求知识和技能的掌握，对幼儿进行灌输和强化训练。

（一）科学探究

目标1　亲近自然，喜欢探究

3~4岁	4~5岁	5~6岁
1. 喜欢接触大自然，对周围的很多事物和现象感兴趣。 2. 经常问各种问题，或好奇地摆弄物品	1. 喜欢接触新事物，经常问一些与新事物有关的问题。 2. 常常动手动脑探索物体和材料，并乐在其中	1. 对自己感兴趣的问题总是刨根问底。 2. 能经常动手动脑寻找问题的答案。 3. 探索中有所发现时感到兴奋和满足

教育建议：

1. 经常带幼儿接触大自然，激发其好奇心与探究欲望。如：

为幼儿提供一些有趣的探究工具，用自己的好奇心和探究积极性感染和带动幼儿。

和幼儿一起发现并分享周围新奇、有趣的事物或现象，一起寻找问题的答案。

通过拍照和画图等方式保留和积累有趣的探索与发现。

2. 真诚地接纳、多方面支持和鼓励幼儿的探索行为。如：

认真对待幼儿的问题，引导他们猜一猜、想一想，有条件时和幼儿一起做一些简易的调查或有趣的小实验。

容忍幼儿因探究而弄脏、弄乱、甚至破坏物品的行为，引导他们活动后做好收拾整理。

多为幼儿选择一些能操作、多变化、多功能的玩具材料或废旧材料，在保证安全的前提下，鼓励幼儿拆装或动手自制玩具。

目标2　具有初步的探究能力

3~4岁	4~5岁	5~6岁
1. 对感兴趣的事物能仔细观察，发现其明显特征。 能用多种感官或动作去探索物体，关注动作所产生的结果	1. 能对事物或现象进行观察比较，发现其相同与不同。 2. 能根据观察结果提出问题，并大胆猜测答案。 3. 能通过简单的调查收集信息。 4. 能用图画或其他符号进行记录	1. 能通过观察、比较与分析，发现并描述不同种类物体的特征或某个事物前后的变化。 2. 能用一定的方法验证自己的猜测。 3. 在成人的帮助下能制定简单的调查计划并执行。 4. 能用数字、图画、图表或其他符号记录。 5. 探究中能与他人合作与交流

教育建议：

1. 有意识地引导幼儿观察周围事物，学习观察的基本方法，培养观察与分类能力。如：

支持幼儿自发的观察活动，对其发现表示赞赏。

通过提问等方式引导幼儿思考并对事物进行比较观察和连续观察。

引导幼儿在观察和探索的基础上，尝试进行简单的分类、概括。如：根据运动方式给动物分类，根据生长环境给植物分类，根据外部特征给物体分类等等。

2. 支持和鼓励幼儿在探究的过程中积极动手动脑寻找答案或解决问题。如：

鼓励幼儿根据观察或发现提出值得继续探究的问题，或成人提出有探究意义且能激发幼儿兴趣的问题。如：皮球、轮胎、竹筒等物体滚动时都走直线吗？怎样让橡皮泥球浮在水面上？

支持和鼓励幼儿大胆联想、猜测问题的答案，并设法验证。如：玩风车时，鼓励幼儿猜测风车转动方向及速度快慢的原因和条件，并实际去验证。

支持、引导幼儿学习用适宜的方法探究和解决问题，或为自己的想法收集证据。如：想知道院子里有多少种植物，可以进行实地调查；想知道球在平地上还是在斜坡上滚得快，可以动手试一试；想证明影子的方向与太阳的位置有关，可以做个小实验进行验证等。

3. 鼓励和引导幼儿学习做简单的计划和记录，并与他人交流分享。如：

和幼儿共同制定调查计划，讨论调查对象、步骤和方法等，也可以和幼儿一起设法用图画、箭头等标识呈现计划。

鼓励幼儿用绘画、照相、做标本等办法记录观察和探究的过程与结果，注意要让记录有意义，通过记录帮助幼儿丰富观察经验、建立事物之间的联系和分享发现。

支持幼儿与同伴合作探究与分享交流，引导他们在交流中尝试整理、概括自己探究的成果，体验合作探究和发现的乐趣。如一起讨论和分享自己的问题与发现，一起想办法收集资料和验证猜测。

4. 帮助幼儿回顾自己探究过程，讨论自己做了什么，怎么做的，结果与计划目标是否一致，分析一下原因以及下一步要怎样做等。

目标3　在探究中认识周围事物和现象

3~4岁	4~5岁	5~6岁
1. 认识常见的动植物，能注意并发现周围的动植物是多种多样的。 2. 能感知和发现物体和材料的软硬、光滑和粗糙等特性。 3. 能感知和体验天气对自己生活和活动的影响。 4. 初步了解和体会动植物和人们生活的关系	1. 能感知和发现动植物的生长变化及其基本条件。 2. 能感知和发现常见材料的溶解、传热等性质或用途。 3. 能感知和发现简单物理现象，如物体形态或位置变化等。 4. 能感知和发现不同季节的特点，体验季节对动植物和人的影响。 5. 初步感知常用科技产品与自己生活的关系，知道科技产品有利也有弊	1. 能察觉到动植物的外形特征、习性与生存环境的适应关系。 2. 能发现常见物体的结构与功能之间的关系。 3. 能探索并发现常见的物理现象产生的条件或影响因素，如影子、沉浮等。 4. 感知并了解季节变化的周期性，知道变化的顺序。 5. 初步了解人们的生活与自然环境的密切关系，知道尊重和珍惜生命，保护环境

教育建议：

1. 支持幼儿在接触自然、生活事物和现象中积累有益的直接经验和感性认识。如：

和幼儿一起通过户外活动、参观考察、种植和饲养活动，感知生物的多样性和独特性，以及生长发育、繁殖和死亡的过程。

给幼儿提供丰富的材料和适宜的工具，支持幼儿在游戏过程中探索并感知常见物质、材料的特性和物体的结构特点。

2. 引导幼儿在探究中思考，尝试进行简单的推理和分析，发现事物之间明显的关联。如：

引导5岁以上幼儿关注和思考动植物的外部特征、习性与生活环境对动植物生存的意义。如兔子的长耳朵具有自我保护的作用；植物种子的形状有助于其传播等。

引导幼儿根据常见物质、材料的特性和物体的结构特点，推测和证实它们的用途。如：带轮子的物体方便移动；不同用途的车辆有不同的结构等等。

3. 引导幼儿关注和了解自然、科技产品与人们生活的密切关系，逐渐懂得热爱、尊重、保护自然。如：

结合幼儿的生活需要，引导他们体会人与自然、动植物的依赖关系。如：动植物、季节变化与人们生活的关系、常见灾害性天气给人们生产和生活带来的影响等。

和幼儿一起讨论常见科技产品的用途和弊端，如：汽车等交通工具给生活带来的方便和对环境的污染等。

（二）数学认知

目标1　初步感知生活中数学的有用和有趣

3～4岁	4～5岁	5～6岁
1. 感知和发现周围物体的形状是多种多样的，对不同的形状感兴趣。 2. 体验和发现生活中很多地方都用到数	1. 在指导下，感知和体会有些事物可以用形状来描述。 2. 在指导下，感知和体会有些事物可以用数来描述，对环境中各种数字的含义有进一步探究的兴趣	1. 能发现事物简单的排列规律，并尝试创造新的排列规律。 2. 能发现生活中许多问题都可以用数学的方法来解决，体验解决问题的乐趣

教育建议：

1. 引导幼儿注意事物的形状特征，尝试用表示形状的词来描述事物，体会描述的生动形象性和趣味性。如：

参观游览后，和幼儿一起谈论所看到的事物的形状，鼓励幼儿产生联想，并用自己的语言进行描述。如：熊猫的身体圆圆的，全身好像是一个个的圆形组成的。

和幼儿交谈或读书讲故事时，适当地运用一些有关形状的词汇来描述事物，如看图片时，和幼儿讨论奥运会场馆的形状，体会为什么有的场馆叫"水立方"，有的叫"鸟巢"。

2. 引导幼儿感知和体会生活中很多地方都用到数，关注周围与自己生活密切相关的数的信息，体会数可以代表不同的意义。如：

和幼儿一起寻找发现生活中用数字作标识的事物，如电话号码、时钟、日历和商品的价签等。

引导幼儿了解和感受数用在不同的地方，表示的意义是不一样的。如天气预报中表示气温的数代表冷热状况；钟表上的数表明时间的早晚等。

鼓励幼儿尝试使用数的信息进行一些简单的推理。如知道今天是星期五，能推断明天是星期六，爸爸妈妈休息。

3. 引导幼儿观察发现按照一定规律排列的事物，体会其中的排列特点与规律，并尝试自己创造出新的排列规律。如：

和幼儿一起发现和体会按一定顺序排列的队形整齐有序。

提供具有重复性旋律和词语的音乐、儿歌和故事，或利用环境中有序排列的图案（如按颜色间隔排列的瓷砖、按形状间隔排列的珠帘等），鼓励幼儿发现和感受其中的规律。

鼓励幼儿尝试自己设计有规律的花边图案、创编有一定规律的动作，或者按某种规律进行搭建活动。

引导幼儿体会生活中很多事情都是有一定顺序和规律的，如一周七天的顺序是从周一到周日，一年四季按照春夏秋冬轮回等。

4. 鼓励和支持幼儿发现、尝试解决日常生活中需要用到数学的问题，体会数学的用处。如：

拍球、跳绳、跳远或投沙包时，可通过数数、测量的方法确定名次。

讨论春游去哪里玩时，让幼儿商量想去哪里玩？每个想去的地方有多少人？根据统计结果做出决定。

滑滑梯时，按照"先来先玩"的规则有序地排队玩。

目标2 感知和理解数、量及数量关系

3~4岁	4~5岁	5~6岁
1. 能感知和区分物体的大小、多少、高矮长短等量方面的特点，并能用相应的词表示。 2. 能通过一一对应的方法比较两组物体的多少。 3. 能手口一致地点数5个以内的物体，并能说出总数。能按数取物。 4. 能用数词描述事物或动作。如我有4本图书	1. 能感知和区分物体的粗细、厚薄、轻重等量方面的特点，并能用相应的词语描述。 2. 能通过数数比较两组物体的多少。 3. 能通过实际操作理解数与数之间的关系，如5比4多1；2和3合在一起是5。 会用数词描述事物的排列顺序和位置	1. 初步理解量的相对性。 2. 借助实际情境和操作（如合并或拿取）理解"加"和"减"的实际意义。 3. 能通过实物操作或其它方法进行10以内的加减运算。 4. 能用简单的记录表、统计图等表示简单的数量关系

教育建议：

1. 引导幼儿感知和理解事物"量"的特征。如：

感知常见事物的大小、多少、高矮、粗细等量的特征，学习使用相应的词汇描述这些特征。

结合具体事物让幼儿通过多次比较逐渐理解"量"是相对的。如小亮比小明高，但比小强矮。

收拾物品时，根据情况，鼓励幼儿按照物体量的特征分类整理。如整理图书时按照大小摆放。

2. 结合日常生活，指导幼儿学习通过对应或数数的方式比较物体的多少。如：

鼓励幼儿在一对一配对的过程中发现两组物体的多少。如，在给桌子上的每个碗配上勺子时，发现碗和勺多少的不同。

鼓励幼儿通过数数比较两样东西的多少。如数一数有多少个苹果，多少个梨，判断苹果和梨哪个多，哪个少。

3. 利用生活和游戏中的实际情境，引导幼儿理解数概念。如：

结合生活需要，和幼儿一起手口一致点数物体，得出物体的总数。

通过点数的方式让幼儿体会物体的数量不会因排列形式、空间位置的不同而发生变化。如鼓励幼儿将一定数量的扣子以不同的形式摆放，体会扣子的数量是不变的。

结合日常生活，为幼儿提供"按数取物"的机会，如游戏时，请幼儿按要求拿出几个球。

4. 通过实物操作引导幼儿理解数与数之间的关系，并用"加"或"减"的办法来解决问题。如：

游戏中遇到让 4 个小动物住进两间房子的问题，或生活中遇到将 5 块饼干分给两个小朋友问题时，让幼儿尝试不同的分法。

鼓励幼儿尝试自己解决生活中的数学问题。如家里来了 5 位客人，桌子上只有 3 个杯子，还需要几个杯子等。

购少量物品时，有意识地鼓励幼儿参与计算和付款的过程等。

目标 3　感知形状与空间关系

3～4 岁	4～5 岁	5～6 岁
1. 能注意物体较明显的形状特征，并能用自己的语言描述。 2. 能感知物体基本的空间位置与方位，理解上下、前后、里外等方位词。	1. 能感知物体的形体结构特征，画出或拼搭出该物体的造型。 2. 能感知和发现常见几何图形的基本特征，并能进行分类。 3. 能使用上下、前后、里外、中间、旁边等方位词描述物体的位置和运动方向。	1. 能用常见的几何形体有创意地拼搭和画出物体的造型。 2. 能按语言指示或根据简单示意图正确取放物品。 3. 能辨别自己的左右。

教育建议：

1. 用多种方法帮助幼儿在物体与几何形体之间建立联系。如：

引导幼儿感受生活中各种物品的形状特征，并尝试识别和描述。如感受和识别盘子、桌子、车轮、地砖等物品的形状特征。

鼓励和支持幼儿用积木、纸盒、拼板等各种形状材料进行建构游戏或制作活动。如用长方形的纸盒加两个圆形瓶盖制作"汽车"。

收拾整理积木时，引导幼儿体验图形之间的转换。如两个三角形可组合成一个正方形，两个正方形可组合成一个长方形。

引导幼儿注意观察生活物品的图形特征，鼓励他们按形状分类整理物品。

2. 丰富幼儿空间方位识别的经验，引导幼儿运用空间方位经验解决问题。如：

请幼儿取放物体时，使用他们能够理解的方位词，如把桌子下面的东西放到窗台上，把花盆放在大树旁边等。

和幼儿一起识别熟悉场所的位置。如超市在家的旁边，邮局在幼儿园的前面。

在体育、音乐和舞蹈活动中，引导幼儿感受空间方位和运动方向。

和幼儿玩按指令找宝的游戏。对年龄小的幼儿要求他们按语言指令寻找，对年龄大些的幼儿可要求按照简单的示意图寻找。

五、艺术

艺术是人类感受美、表现美和创造美的重要形式,也是表达自己对周围世界的认识和情绪态度的独特方式。

每个幼儿心里都有一颗美的种子。幼儿艺术领域学习的关键在于充分创造条件和机会,在大自然和社会文化生活中萌发幼儿对美的感受和体验,丰富其想象力和创造力,引导幼儿学会用心灵去感受和发现美,用自己的方式去表现和创造美。

幼儿对事物的感受和理解不同于成人,他们表达自己认识和情感的方式也有别于成人。幼儿独特的笔触、动作和语言往往蕴含着丰富的想象和情感,成人应对幼儿的艺术表现给予充分的理解和尊重,不能用自己的审美标准去评判幼儿,更不能为追求结果的"完美"而对幼儿进行千篇一律的训练,以免扼杀其想象与创造的萌芽。

(一)感受与欣赏

目标 1　喜欢自然界与生活中美的事物

3~4 岁	4~5 岁	5~6 岁
1. 喜欢观看花草树木、日月星空等大自然中美的事物。 2. 容易被自然界中的鸟鸣、风声、雨声等好听的声音所吸引	1. 在欣赏自然界和生活环境中美的事物时,关注其色彩、形态等特征。 2. 喜欢倾听各种好听的声音,感知声音的高低、长短、强弱等变化	1. 乐于收集美的物品或向别人介绍所发现的美的事物。 2. 乐于模仿自然界和生活环境中有特点的声音,并产生相应的联想

教育建议:

1. 和幼儿一起感受、发现和欣赏自然环境和人文景观中美的事物。如:

让幼儿多接触大自然,感受和欣赏美丽的景色和好听的声音。

经常带幼儿参观园林、名胜古迹等人文景观,讲讲有关的历史故事、传说,与幼儿一起讨论和交流对美的感受。

2. 和幼儿一起发现美的事物的特征,感受和欣赏美。如:

让幼儿观察常见动植物以及其它物体,引导幼儿用自己的语言、动作等描述它们美的方面,如颜色、形状、形态等。

让幼儿倾听和分辨各种声响,引导幼儿用自己的方式来表达他对音色、强弱、快慢的感受。

支持幼儿收集喜欢的物品并和他一起欣赏。

目标 2　喜欢欣赏多种多样的艺术形式和作品

3~4 岁	4~5 岁	5~6 岁
1. 喜欢听音乐或观看舞蹈、戏剧等表演。 2. 乐于观看绘画、泥塑或其它艺术形式的作品	1. 能够专心地观看自己喜欢的文艺演出或艺术品,有模仿和参与的愿望。 2. 欣赏艺术作品时会产生相应的联想和情绪反应	1. 艺术欣赏时常常用表情、动作、语言等方式表达自己的理解。 2. 愿意和别人分享、交流自己喜爱的艺术作品和美感体验

教育建议:

1. 创造条件让幼儿接触多种艺术形式和作品。如:

经常让幼儿接触适宜的、各种形式的音乐作品，丰富幼儿对音乐的感受和体验。

和幼儿一起用图画、手工制品等装饰和美化环境。

带幼儿观看或共同参与传统民间艺术和地方民俗文化活动，如皮影戏、剪纸和捏面人等。

有条件的情况下，带幼儿去剧院、美术馆、博物馆等欣赏文艺表演和艺术作品。

2. 尊重幼儿的兴趣和独特感受，理解他们欣赏时的行为。如：

理解和尊重幼儿在欣赏艺术作品时的手舞足蹈、即兴模仿等行为。

当幼儿主动介绍自己喜爱的舞蹈、戏曲、绘画或工艺品时，要耐心倾听并给予积极回应和鼓励。

（二）表现与创造

目标1　喜欢进行艺术活动并大胆表现

3~4岁	4~5岁	5~6岁
1. 经常自哼自唱或模仿有趣的动作、表情和声调。 2. 经常涂涂画画、粘粘贴贴并乐在其中	1. 经常唱唱跳跳，愿意参加歌唱、律动、舞蹈、表演等活动。 2. 经常用绘画、捏泥、手工制作等多种方式表现自己的所见所想	1. 积极参与艺术活动，有自己比较喜欢的活动形式。 2. 能用多种工具、材料或不同的表现手法表达自己的感受和想象。 3. 艺术活动中能与他人相互配合，也能独立表现

教育建议：

1. 创造机会和条件，支持幼儿自发的艺术表现和创造。

提供丰富的便于幼儿取放的材料、工具或物品，支持幼儿进行自主绘画、手工、歌唱、表演等艺术活动。

经常和幼儿一起唱歌、表演、绘画、制作，共同分享艺术活动的乐趣。

2. 营造安全的心理氛围，让幼儿敢于并乐于表达表现。如：

欣赏和回应幼儿的哼哼唱唱、模仿表演等自发的艺术活动，赞赏他独特的表现方式。

在幼儿自主表达创作过程中，不做过多干预或把自己的意愿强加给幼儿，在幼儿需要时再给予具体的帮助。

了解并倾听幼儿艺术表现的想法或感受，领会并尊重幼儿的创作意图，不简单用"像不像"、"好不好"等成人标准来评价。

展示幼儿的作品，鼓励幼儿用自己的作品或艺术品布置环境。

目标2　具有初步的艺术表现与创造能力

3~4岁	4~5岁	5~6岁
1. 能模仿学唱短小歌曲。 2. 能跟随熟悉的音乐做身体动作。 3. 能用声音、动作、姿态模拟自然界的事物和生活情景。 能用简单的线条和色彩大体画出自己想画的人或事物	1. 能用自然的、音量适中的声音基本准确地唱歌。 2. 能通过即兴哼唱、即兴表演或给熟悉的歌曲编词来表达自己的心情。 3. 能用拍手、踏脚等身体动作或可敲击的物品敲打节拍和基本节奏。 4. 能运用绘画、手工制作等表现自己观察到或想象的事物	1. 能用基本准确的节奏和音调唱歌。 2. 能用律动或简单的舞蹈动作表现自己的情绪或自然界的情景。 3. 能自编自演故事，并为表演选择和搭配简单的服饰、道具或布景。 4. 能用自己制作的美术作品布置环境、美化生活

教育建议：

尊重幼儿自发的表现和创造，并给予适当的指导。如：

鼓励幼儿在生活中细心观察、体验，为艺术活动积累经验与素材。如，观察不同树种的形态、色彩等。

提供丰富的材料，如图书、照片、绘画或音乐作品等，让幼儿自主选择，用自己喜欢的方式去模仿或创作，成人不做过多要求。

根据幼儿的生活经验，与幼儿共同确定艺术表达表现的主题，引导幼儿围绕主题展开想象，进行艺术表现。

幼儿绘画时，不宜提供范画，特别不应要求幼儿完全按照范画来画。

肯定幼儿作品的优点，用表达自己感受的方式引导其提高。如，"你的画用了这么多红颜色，感觉就像过年一样喜庆"、"你扮演的大灰狼声音真像，要是表情再凶一点就更好了"等。

教育部关于印发《幼儿园教职工配备标准（暂行）》的通知

教师〔2013〕1号

各省、自治区、直辖市教育厅（教委），新疆生产建设兵团教育局：

为贯彻落实《国家中长期教育改革和发展规划纲要（2010—2020年）》、《国务院关于加强教师队伍建设的意见》（国发〔2012〕41号）和《教育部 中央编办 财政部 人力资源社会保障部关于加强幼儿园教师队伍建设的意见》（教师〔2012〕11号），进一步规范各类幼儿园用人行为，我部研究制定了《幼儿园教职工配备标准（暂行）》（以下简称《标准》）。现印发给你们，并提出如下要求：

一、明确执行时间。自印发之日起，各地新设幼儿园教职工配备按照《标准》执行，已设幼儿园在三年内逐步达到《标准》要求。

二、制定实施方案。《标准》为基本标准，各地可根据当地经济社会发展水平和学前教育发展的实际情况，制定适合本地的具体实施方案。

三、加强动态监管。各地要高度重视幼儿园教师队伍建设，将《标准》作为办园的基本标准之一，补足配齐幼儿园教师，切实加强对各类幼儿园教职工配备情况的动态监管。

附件：幼儿园教职工配备标准（暂行）

教育部
2013年1月8日

附件：

幼儿园教职工配备标准（暂行）

幼儿园教职工配备标准是幼儿园办园标准的重要内容，是促进幼儿园教师队伍建设的重要手段。为规范幼儿园办园行为，促进幼儿园教师队伍建设，满足幼儿在园生活、游戏和学习的需要，确保幼儿接受基本的、有质量的学前教育，促进幼儿健康成长，特制定本标准。

一、教职工与幼儿的比例

幼儿园教职工包括专任教师、保育员、卫生保健人员、行政人员、教辅人员、工勤人员。幼儿园保教人员包括专任教师和保育员。幼儿园应当按照服务类型、教职工与幼儿以及保教人员与幼儿的一定比例配备教职工，满足保教工作的基本需要。不同服务类型幼儿园教职工与幼儿的配备比例见表1。

表1 不同服务类型幼儿园教职工与幼儿的配备比例

服务类型	全园教职工与幼儿比	全园保教人员与幼儿比
全日制	1：5～1：7	1：7～1：9
半日制	1：8～1：10	1：11～1：13

二、专任教师和保育员配备

幼儿园应根据服务类型、幼儿年龄和班级规模配备数量适宜的专任教师和保育员,使每位幼儿在一日生活、游戏和学习中都能得到成人适当的照顾、帮助和指导。

全日制幼儿园每班配备2名专任教师和1名保育员,或配备3名专任教师;半日制幼儿园每班配备2名专任教师,有条件的可配备1名保育员。

寄宿制幼儿园至少应在全日制幼儿园基础上每班增配1名专任教师和1名保育员。

单班学前教育机构,如村学前教育教学点、幼儿班等,一般应配备2名专任教师,有条件的可配备1名保育员。

对所辖社区或村级幼儿园(班)负有管理和指导职责的中心幼儿园,应根据实际工作任务和需要增配巡回指导教师。

招收特殊需要儿童的幼儿园应根据特殊需要儿童的数量、类型及残疾程度,配备相应的特殊教育教师,并增加保教人员的配备数量。

幼儿园应根据当地学前教育发展的实际情况,增设教师岗位类别和数量,满足本园发展和保教工作的需要,并确保在教师进修、支教、病产假等情况下有可供临时顶岗的保教人员。

不同服务类型幼儿园各年龄班和混龄班班级规模、专任教师和保育员的配备标准见表2。寄宿制幼儿园每班幼儿人数酌减。

表2 幼儿园班级规模及专任教师和保育员配备标准

年龄班	班级规模(人)	全日制		半日制	
		专任教师	保育员	专任教师	保育员
小班(3~4岁)	20~25	2	1	2	有条件的应配备1名保育员
中班(4~5岁)	25~30	2	1	2	
大班(5~6岁)	30~35	2	1	2	
混龄班	<30	2	1	2~3	

三、其他人员配备

园长:6个班以下的幼儿园设1名,6~9个班的幼儿园不超过2名,10个班及以上的幼儿园可设3名。

卫生保健人员:根据《托儿所幼儿园卫生保健工作规范》配备。

炊事人员:幼儿园应根据餐点提供的实际需要和就餐幼儿人数配备适宜的炊事人员。每日三餐一点的幼儿园每40~45名幼儿配1名;少于三餐一点的幼儿园酌减;在园幼儿人数少于40名的供餐幼儿园(班)应配备1名专职炊事员。

财会人员:根据国家和地方有关财会工作规定配备。

安保人员:根据国家和地方有关安保工作规定配备。

幼儿园应根据实际需要配备数量适宜的教职工,积极实行一岗多责,提高用人效益。

四、本标准为各级各类幼儿园的合格标准。

各地可根据当地经济社会发展水平和学前教育发展的实际情况,制定适合本地的具体实施方案。

五、本标准自发布之日起实行。

附录

教育部关于印发《中小学教师资格考试暂行办法》《中小学教师资格定期注册暂行办法》的通知

教师〔2013〕9号

各省、自治区、直辖市教育厅（教委），新疆生产建设兵团教育局：

  为确保中小学教师资格考试和定期注册改革扩大试点工作平稳顺利实施，现将《中小学教师资格考试暂行办法》《中小学教师资格定期注册暂行办法》印发给你们，请结合本地实际情况，认真执行。扩大改革试点实施过程中遇有重要情况，请及时报送我部教师工作司。

教育部
2013年8月15日

中小学教师资格考试暂行办法

第一章 总 则

  第一条 为建立国家教师资格考试制度，严格教师职业准入，保障教师队伍质量，依据《教师法》《教师资格条例》和《国家中长期教育改革和发展规划纲要（2010—2020年）》，制定本办法。

  第二条 中小学教师资格考试（以下简称教师资格考试）是评价申请教师资格人员（以下简称申请人）是否具备从事教师职业所必需的教育教学基本素质和能力的考试。

  第三条 承担教师资格考试改革试点的省（区、市）组织实施教师资格考试，适用本办法。

  第四条 参加教师资格考试合格是教师职业准入的前提条件。申请幼儿园、小学、初级中学、普通高级中学、中等职业学校教师和中等职业学校实习指导教师资格的人员须分别参加相应类别的教师资格考试。

  第五条 教师资格考试实行全国统一考试。考试坚持育人导向、能力导向、实践导向和专业化导向，坚持科学、公平、安全、规范的原则。

第二章 报考条件

  第六条 符合以下基本条件的人员，可以报名参加教师资格考试：

（一）具有中华人民共和国国籍；

（二）遵守宪法和法律，热爱教育事业，具有良好的思想品德；

（三）符合申请认定教师资格的体检标准；

（四）符合《教师法》规定的学历要求。

普通高等学校在校三年级以上学生，可凭学校出具的在籍学习证明报考。

第七条　申请人应在户籍或人事关系所在地报名参加教师资格考试。普通高等学校在校生可在就读学校所在地报名参加教师资格考试。

第八条　试点省份试点工作启动前已入学的全日制普通高校师范类专业学生，可以持毕业证书申请直接认定相应的教师资格。试点工作启动后入学的师范类专业学生，申请中小学教师资格应参加教师资格考试。

第九条　被撤销教师资格的，5年内不得报名参加考试；受到剥夺政治权利，或故意犯罪受到有期徒刑以上刑事处罚的，不得报名参加考试。曾参加教师资格考试有作弊行为的，按照《国家教育考试违规处理办法》的相关规定执行。

第三章　考试内容与形式

第十条　教师资格考试包括笔试和面试两部分。

第十一条　笔试主要考查申请人从事教师职业所应具备的教育理念、职业道德、法律法规知识、科学文化素养、阅读理解、语言表达、逻辑推理和信息处理等基本能力；教育教学、学生指导和班级管理的基本知识；拟任教学科领域的基本知识，教学设计实施评价的知识和方法，运用所学知识分析和解决教育教学实际问题的能力。

第十二条　笔试主要采用计算机考试和纸笔考试两种方式进行。采用计算机考试和纸笔考试的范围和规模，根据各省（区、市）实际情况和条件确定。

第十三条　幼儿园教师资格考试笔试科目为《综合素质》《保教知识与能力》2科；小学教师资格考试笔试科目为《综合素质》《教育教学知识与能力》2科；初级中学、普通高级中学教师和中等职业学校文化课教师资格考试笔试科目为《综合素质》《教育知识与能力》《学科知识与教学能力》3科；中等职业学校专业课教师和实习指导教师资格考试笔试科目为《综合素质》《教育知识与能力》《专业知识与教学能力》3科。

中等职业学校教师的《专业知识与教学能力》科目测试，暂由各省（区、市）自行命题和组织实施。

第十四条　面试主要考查申请人的职业认知、心理素质、仪表仪态、言语表达、思维品质等教师基本素养和教学设计、教学实施、教学评价等教学基本技能。

第十五条　面试采取结构化面试、情境模拟等方式，通过抽题、备课（活动设计）、回答规定问题、试讲（演示）、答辩（陈述）、评分等环节进行。

第十六条　国家确定笔试成绩合格线，省级教育行政部门确定面试成绩合格线。

第十七条　考生在笔试和面试成绩公布后，可通过教师资格考试网站查询本人的考试成绩。考生如对本人的考试成绩有异议，可在考试成绩公布后10个工作日内向本省（区、市）教师资格考试机构提出复核申请。

第十八条　笔试单科成绩有效期为2年。笔试和面试均合格者由教育部考试中心（教育部教师资格考试中心）颁发教师资格考试合格证明。教师资格考试合格证明有效期为3年。教师资格考试合格证明是考生申请认定教师资格的必备条件。

第四章　考试实施

第十九条　笔试一般在每年3月和11月各举行一次。面试一般在每年5月和12月各举行一次。

第二十条 省级教师资格考试机构按照《中小学教师资格考试考务工作规定》《中小学教师资格考试机考考务细则》组织实施笔试考务工作；按照《中小学教师资格考试面试工作规程》，制定面试实施细则，组织实施面试工作。

第二十一条 省级教师资格考试机构使用教师资格考试考务管理信息系统进行笔试和面试的报名受理、考点设置、考场编排等考务管理工作。

第二十二条 笔试和面试考生通过教师资格考试网站进行报名后，需携带省级教师资格考试机构规定的相关材料，到指定考点进行报名审核，并现场确认报考信息。

考生笔试各科成绩合格并在有效期内的，方可报名参加面试。

第二十三条 省级教师资格考试机构组织开展本省（区、市）考务相关人员的安全保密教育和考务流程培训工作。

第二十四条 笔试和面试机考软件系统的使用实行首席技术负责人制度，采取分级培训方式进行。

第二十五条 面试一般按学科分组进行。每个考评组由不少于3名考官组成，设主考官1名。

第二十六条 面试考官由高校专家、中小学和幼儿园优秀教师、教研机构专家等组成。面试考官须具备以下条件：

（一）熟悉教师资格考试相关政策；

（二）具有良好的职业道德，公道正派，身体健康；

（三）具有扎实的专业知识、较强的分析概括能力、判断能力和语言表达能力；

（四）从事相关专业教学或研究工作5年以上，一般应具有副高级以上专业技术职务（职称）；

（五）参加省级或国家级教师资格考试机构组织的培训并获得证书。

第二十七条 各级教育行政部门及教师资格考试机构不得组织教师资格考试培训。

第五章　考试安全与违规处罚

第二十八条 省级教师资格考试机构根据《中小学教师资格考试应急处置预案实施办法（试行）》处置和应对考试期间的突发事件。

第二十九条 对试题命制、考务管理、监考等考试相关人员发生的违规行为按照《保守国家秘密法》《国家教育考试违规处理办法》进行处罚。情节严重，构成犯罪的，由司法机关依法追究刑事责任。

第三十条 对考生违规行为按照《国家教育考试违规处理办法》认定和处理。

第六章　组织管理

第三十一条 教育部依据教师专业标准和教师教育课程标准，制订教师资格考试标准，组织审定教师资格考试大纲。教育部考试中心（教育部教师资格考试中心），负责教师资格考试的组织实施。主要职责是：

（一）依据考试标准拟定考试大纲；

（二）组织命制笔试和面试试题，建设试题库；

（三）制定考务管理规定，研发和维护考试管理系统；
（四）组织考务工作，培训技术人员；
（五）组织阅卷，负责考试成绩管理与评价；
（六）指导、监督、检查各省、自治区、直辖市考试实施工作。

第三十二条 省级教育行政部门全面负责本行政区域内教师资格考试工作。可成立教师资格考试领导小组，由省级教育行政部门的主要领导兼任领导小组组长。指定专业化教育（教师资格）考试机构，在省级教育行政部门领导下具体负责考务组织工作，主要职责是：

（一）制定本地区考务管理具体措施；
（二）组织本地区考务工作；
（三）组织面试考官及考务工作人员培训；
（四）管理、指导、监督本行政区域各考区工作；
（五）负责本行政区域教师资格考试安全保密工作。

第三十三条 教师资格考试以市（地、州、盟）为单位设立考区。各考区的教师资格考试的组织实施由市（地、州、盟）教育行政部门和教师资格考试机构负责。

第三十四条 教师资格考试费用按照财政部、国家发展改革委《关于同意收取教师资格考试考务费等有关问题的通知》（财综〔2012〕41号）规定收取。

第七章 附则

第三十五条 省级教育行政部门可以依据本办法制定实施细则，并抄送教育部。
第三十六条 本办法自发布之日起实施。

中小学教师资格定期注册暂行办法

第一章 总则

第一条 为完善教师资格制度，健全教师管理机制，建设高素质专业化教师队伍，根据《教师法》《教师资格条例》和《国家中长期教育改革和发展规划纲要（2010—2020年）》，制定本办法。

第二条 教师资格定期注册是对教师入职后从教资格的定期核查。中小学教师资格实行5年一周期的定期注册。定期注册不合格或逾期不注册的人员，不得从事教育教学工作。

第三条 承担中小学教师资格定期注册改革试点的省（区、市）组织实施教师资格定期注册工作，适用本办法。

第四条 中小学教师资格定期注册的对象为公办普通中小学、中等职业学校和幼儿园在编在岗教师（以下简称教师）。

省级教育行政部门可根据本地教师队伍建设的实际需要，将依法举办的民办普通中小学、中等职业学校和幼儿园教师纳入定期注册范围。

第五条 教师资格定期注册应与教师人事管理工作紧密结合，将严格教师考核和促进教师专业发展作为重要的工作目标。定期注册应坚持以人为本、科学规范和公开公平公正原则，客观体现教师职业道德、业务水平和工作业绩情况。

第六条 国务院教育行政部门主管教师资格定期注册工作。县级以上地方教育行政部门负责本地教师资格定期注册的组织、管理、监督和实施。

第二章 注册条件

第七条 申请首次注册的，应当具备下列条件：

（一）具有与任教岗位相应的教师资格；

（二）聘用为中小学在编在岗教师；

（三）省级教育行政部门规定的其他条件。

对于首次任教人员须试用期满且考核合格。

第八条 满足下列条件的，定期注册合格：

（一）遵守国家法律法规和《中小学教师职业道德规范》，达到省级教育行政部门规定的师德考核评价标准，有良好的师德表现；

（二）每年年度考核合格以上等次；

（三）每个注册有效期内完成不少于国家规定的360个培训学时或省级教育行政部门规定的等量学分；

（四）身心健康，胜任教育教学工作；

（五）省级教育行政部门规定的其他条件。

第九条 有下列情形之一的，应暂缓注册：

（一）注册有效期内未完成国家规定的教师培训学时或省级教育行政部门规定的等量学分；

（二）中止教育教学和教育管理工作一学期以上，但经所在学校或教育行政部门批准的进修、培训、学术交流、病休、产假等情形除外；

（三）一个注册周期内任何一年年度考核不合格。

暂缓注册者达到定期注册条件后，可重新申请定期注册。具体办法由省级教育行政部门根据实际情况制定。

第十条 有下列情形之一的，注册不合格：

（一）违反《中小学教师职业道德规范》和师德考核评价标准，影响恶劣；

（二）一个定期注册周期内连续两年以上（含两年）年度考核不合格；

（三）依法被撤销或丧失教师资格。

第三章 注册程序

第十一条 取得教师资格，初次聘用为教师的，试用期满考核合格之日起60日内，申请首次注册。经首次注册后，每5年应申请一次定期注册。

第十二条 教师资格定期注册须由本人申请，所在学校集体办理，按照人事隶属关系报县级以上教育行政部门审核注册。

第十三条 教师应当在定期注册有效期满前60日内，申请办理下一次教师资格定期注册。定期注册实行网上申请。

第十四条 申请教师资格定期注册，应当提交下列材料：

（一）《教师资格定期注册申请表》一式2份；
（二）《教师资格证书》；
（三）中小学或主管部门聘用合同；
（四）所在学校出具的师德表现证明；
（五）5年的各年度考核证明；
（六）省级教育行政部门认可的教师培训证明；
（七）省级以上教育行政部门根据当地实际要求提供的其他材料。

申请首次注册的，应当提交上述（一）（二）（四）（七）项材料，同时提交试用期考核合格证明。

第十五条　对于本办法实施之日前已获得教师资格证书的中小学在编在岗教师，首次注册的办法由省级教育行政部门规定。

第十六条　定期注册工作不收取教师和学校任何费用。

第十七条　县级以上教育行政部门在受理注册申请终止之日起90个工作日内，对申请人提交的材料进行审核并给出注册结论。注册结论应提前进行公示。

第十八条　县级教育行政部门负责申报材料的初审，提出注册结论的建议；地市级教育行政部门负责申报工作的复核；省级教育行政部门对注册申请进行终审，并在全国中小学教师资格定期注册管理信息系统中填报注册结论及有关信息。

第十九条　县级以上教育行政部门将申请人的《教师资格注册申请表》一份存入个人人事档案，一份归档保存。同时在申请人《教师资格证书》附页上标明注册结论。

第四章　罚则

第二十条　申请人隐瞒有关情况或提供虚假材料申请教师资格注册的，视情况暂缓注册或注册不合格，并给予相应处罚；已经注册的，应当撤销注册。

第二十一条　所在学校未按期如实提供申请人定期注册证明材料的，上级教育行政部门应当责令改正，对直接负责的主管人员和其他直接责任人依法给予行政处分。

第二十二条　地方教育行政部门实施定期注册，有下列情形之一的，由其上级教育行政部门或者监察机关责令改正，对直接负责的主管人员或者其他直接责任人员依法给予行政处分：

（一）对不符合教师定期注册条件者准予定期注册的；
（二）对符合教师定期注册条件者不予定期注册的。

第二十三条　注册范围内的教师无故逾期不申请定期注册，按照注册不合格处理。

第五章　附则

第二十四条　教师资格定期注册申请人对定期注册结果有异议的，可依法提出申诉或者行政复议。

第二十五条　省级教育行政部门可以依据本办法制定实施细则，并抄送教育部。

第二十六条　本办法自发布之日起施行。

教育部关于建立健全中小学师德建设长效机制的意见

教师〔2013〕10号

各省、自治区、直辖市教育厅（教委），新疆生产建设兵团教育局，部属师范大学：

教师是教育的根本，师德是教师的灵魂。长期以来，全国广大中小学教师教书育人，敬业奉献，为我国教育事业改革和发展作出了重要贡献，赢得了全社会的广泛赞誉和普遍尊重。但是，近年来极少数教师严重违反师德的现象时有发生，引起社会广泛关注，损害了教师队伍的整体形象。为贯彻落实《国务院关于加强教师队伍建设的意见》，以社会主义核心价值体系为引领，充分尊重教师主体地位，大力弘扬高尚师德，切实解决当前出现的师德突出问题，引导教师立德树人，为人师表，不断提升人格修养和学识修养，努力建设一支师德高尚、业务精湛、结构合理、充满活力的中小学教师队伍。现就建立健全教育、宣传、考核、监督与奖惩相结合的中小学师德建设长效机制提出如下意见：

一、**创新师德教育，引导教师树立远大职业理想**。将师德教育纳入教师教育课程体系。师范生培养必须开设师德教育课程，新任教师岗前培训开设师德教育专题，在职教师培训把师德教育作为重要内容，记入培训学分。重视法制教育、心理健康教育和民族团结教育。创新师德教育内容、模式和方法，突出针对性和实效性。采取实践反思，师德典型案例评析，情景教学等丰富师德教育形式，把教书育人楷模、一线优秀教师等请进课堂，用优秀教师的感人事迹诠释师德内涵。结合教育教学、社会实践活动开展师德教育，切实增强师德教育效果。

二、**加强师德宣传，营造尊师重教社会氛围**。将师德宣传作为教育行政部门和学校重点工作。坚持正确舆论导向，大力宣传教师的地位和作用，让全社会广泛了解教师工作的重要性和特殊性。大力树立和宣传优秀教师先进典型，通过组织举办形式多样、务实有效的活动，深入宣传优秀教师先进事迹，充分展现当代教师的精神风貌，弘扬高尚师德，弘扬主旋律，增强正能量。针对师德建设中出现的热点、难点问题，要及时应对并加以引导。充分利用教师节等重大节庆日、纪念日的契机，联合电视、广播、报纸、网络等多种媒体集中宣传优秀教师先进事迹，努力营造尊师重教的浓厚社会氛围。

三、**严格师德考核，促进教师自觉加强师德修养**。将师德考核作为教师考核的核心内容，摆在首要位置。各级教育行政部门要制定师德考核办法，学校制定具体的实施细则。师德考核应充分尊重教师主体地位，符合教师职业性质，促进教师专业发展；坚持公平、公正、公开原则；采取教师个人自评、家长和学生参与测评、考核工作小组综合评定等多种方式进行。考核结果一般分为优秀、合格、基本合格、不合格四个等次。考核结果公示后存入师德考核档案并报学校主管部门备案。师德考核不合格者年度考核应评定为不合格，并在教师资格定期注册、职务（职称）评审、岗位聘用、评优奖励和特级教师评选等环节实行一票否决。

四、**突出师德激励，促进形成重德养德良好风气**。将师德表彰奖励纳入教师和教育工作者奖励范围。完善师德表彰奖励制度。把师德表现作为评选教书育人楷模、模范教师、教育系统先进工作者，优秀教师、优秀教育工作者，中小学优秀班主任、中小学德育先进工作者等表彰奖励的必要条件。在同等条件下，师德表现突出的，优先评选特级教师和晋升教师职务（职称）、选培学科带头人和骨干教师。

五、强化师德监督，有效防止失德行为。教育行政部门和学校要建立健全师德年度评议制度，师德问题报告制度，师德状况定期调查分析制度和师德舆情快速反应制度，及时研究加强和改进师德建设的政策和措施。构建学校、教师、学生、家长和社会广泛参与的师德监督体系。教育行政部门和学校要建立行之有效的多种形式的师德投诉、举报平台，及时获取掌握师德信息动态，及时发现并纠正不良倾向和问题，将违反师德行为消除在萌芽状态。要将师德建设纳入教育督导评估体系。

六、规范师德惩处，坚决遏制失德行为蔓延。建立健全违反师德行为的惩处制度。依据有关法律法规和《中小学教师职业道德规范》，教育部研究制定《中小学教师违反职业道德行为处理办法》，明确教师不可触犯的师德禁行性行为，并提出相应处理办法。对危害严重、影响恶劣者，要坚决清除出教师队伍。建立问责制度。对教师严重违反师德行为监管不力、拒不处分、拖延处分或推诿隐瞒，造成不良影响或严重后果的，要追究学校或教育主管部门主要负责人的责任。对涉及违法犯罪的要及时移交司法部门。

七、注重师德保障，将师德建设工作落到实处。建立师德建设领导责任制度。地方各级教育行政部门负责对师德建设工作的指导和监管，主要负责人是师德建设工作第一责任人，有关职责要落实到具体的职能机构和人员。各地要结合实际，制订本地师德建设规划和实施方案。充分发挥教育工会等教师行业组织在师德建设中的积极作用。中小学校要把师德建设摆在教师工作首位，贯穿于管理工作全过程。中小学校长要亲自抓师德建设。学校基层党组织、广大党员教师要充分发挥政治核心和先锋模范作用。学校教代会和群团组织紧密配合，形成加强和推进师德建设合力。

教育部
2013年9月2日

教育部关于印发《中小学教师违反职业道德行为处理办法》的通知

教师〔2014〕1号

各省、自治区、直辖市教育厅（教委），新疆生产建设兵团教育局：

现将《中小学教师违反职业道德行为处理办法》印发给你们，请遵照执行。

教育部

2014年1月11日

中小学教师违反职业道德行为处理办法

第一条　为规范教师职业行为，保障教师、学生的合法权益，根据《中华人民共和国教育法》《中华人民共和国未成年人保护法》《中华人民共和国教师法》《教师资格条例》等法律法规，制定本办法。

第二条　本办法所称中小学教师是指幼儿园、特殊教育机构、普通中小学、中等职业学校、少年宫以及地方教研室、电化教育等机构的教师。

前款所称中小学教师包括民办学校教师。

第三条　本办法所称处分包括警告、记过、降低专业技术职务等级、撤销专业技术职务或者行政职务、开除或者解除聘用合同。其中，警告期限为6个月，记过期限为12个月，降低专业技术职务等级、撤销专业技术职务或者行政职务期限为24个月。

第四条　教师有下列行为之一的，视情节轻重分别给予相应处分：

（一）在教育教学活动中有违背党和国家方针政策言行的；

（二）在教育教学活动中遇突发事件时，不履行保护学生人身安全职责的；

（三）在教育教学活动和学生管理、评价中不公平公正对待学生，产生明显负面影响的；

（四）在招生、考试、考核评价、职务评审、教研科研中弄虚作假、营私舞弊的；

（五）体罚学生的和以侮辱、歧视等方式变相体罚学生，造成学生身心伤害的；

（六）对学生实施性骚扰或者与学生发生不正当关系的；

（七）索要或者违反规定收受家长、学生财物的；

（八）组织或者参与针对学生的经营性活动，或者强制学生订购教辅资料、报刊等谋取利益的；

（九）组织、要求学生参加校内外有偿补课，或者组织、参与校外培训机构对学生有偿补课的；

（十）其他严重违反职业道德的行为应当给予相应处分的。

第五条　学校及学校主管教育部门发现教师可能存在第四条列举行为的，应当及时组织调查，核实有关事实。作出处理决定前，应当听取教师的陈述和申辩，听取学生、其他教师、家长委员会或者家长代表意见，并告知教师有要求举行听证的权利。对于拟给予降低专业技术职务等级以上的处分，教师要求听证的，拟作出处理决定的部门应当组织听证。

第六条 给予教师处分，应当坚持公正、公平和教育与惩处相结合的原则；应当与其违反职业道德行为的性质、情节、危害程度相适应；应当事实清楚、证据确凿、定性准确、处理恰当、程序合法、手续完备。

第七条 给予教师处分按照以下权限决定：

（一）警告和记过处分，公办学校教师由所在学校提出建议，学校主管教育部门决定。民办学校教师由所在学校决定，报主管教育部门备案。

（二）降低专业技术职务等级、撤销专业技术职务或者行政职务处分，由教师所在学校提出建议，学校主管教育部门决定并报同级人事部门备案。

（三）开除处分，公办学校教师由所在学校提出建议，学校主管教育部门决定并报同级人事部门备案；民办学校教师或者未纳入人事编制管理的教师由所在学校决定并解除其聘任合同，报主管教育部门备案。

第八条 处分决定应当书面通知教师本人并载明认定的事实、理由、依据、期限及救济途径等内容。

第九条 教师有第四条列举行为受到处分的，符合《教师资格条例》第十九条规定的，由县级以上教育行政部门依法撤销其教师资格。教师受处分期间暂缓教师资格定期注册。依据《中华人民共和国教师法》第十四条规定丧失教师资格的，不能重新取得教师资格。教师受降低专业技术职务等级处分期间不能申报高一级专业技术职务。教师受撤销专业技术职务处分期间不能重新申报专业技术职务。

第十条 教师不服处分决定的，可以向学校主管教育部门申请复核。对复核结果不服的，可以向学校主管教育部门的上一级行政部门提出申诉。

第十一条 学校及主管教育部门拒不处分、拖延处分或者推诿隐瞒造成不良影响或者严重后果的，上一级行政部门应当追究有关领导责任。

第十二条 教师被依法判处刑罚的，依据《事业单位工作人员处分暂行规定》给予撤销专业技术职务或者行政职务以上处分。教师受到剥夺政治权利或者故意犯罪受到有期徒刑以上刑事处罚的，丧失教师资格。

第十三条 省级教育行政部门应当结合当地实际情况制定实施细则，并报国务院教育行政部门备案。第十四条本办法自发布之日起施行。

附录

教育部办公厅关于印发《中小学教师信息技术应用能力标准（试行）》的通知

教师厅〔2014〕3号

各省、自治区、直辖市教育厅（教委），新疆生产建设兵团教育局：

  为贯彻党的十八届三中全会精神，落实教育规划纲要，构建教师队伍建设标准体系，全面提升中小学教师信息技术应用能力，促进信息技术与教育教学深度融合，教育部研究制定了《中小学教师信息技术应用能力标准（试行）》，现印发给你们，请结合实际认真贯彻执行。

  中小学教师信息技术应用能力标准（试行）

教育部办公厅
2014年5月27日

中小学教师信息技术应用能力标准（试行）

  信息技术应用能力是信息化社会教师必备专业能力。为全面提升中小学教师的信息技术应用能力，促进信息技术与教育教学深度融合，特制定《中小学教师信息技术应用能力标准（试行）》（以下简称《能力标准》）。

一、总则

  （一）《能力标准》是规范与引领中小学教师在教育教学和专业发展中有效应用信息技术的准则，是各地开展教师信息技术应用能力培养、培训和测评等工作的基本依据。幼儿园、中等职业学校教师参照执行。

  （二）《能力标准》根据我国中小学校信息技术实际条件的不同、师生信息技术应用情境的差异，对教师在教育教学和专业发展中应用信息技术提出了基本要求和发展性要求。其中，I.应用信息技术优化课堂教学的能力为基本要求，主要包括教师利用信息技术进行讲解、启发、示范、指导、评价等教学活动应具备的能力；II.应用信息技术转变学习方式的能力为发展性要求，主要针对教师在学生具备网络学习环境或相应设备的条件下，利用信息技术支持学生开展自主、合作、探究等学习活动所应具有的能力。本标准根据教师教育教学工作与专业发展主线，将信息技术应用能力区分为技术素养、计划与准备、组织与管理、评估与诊断、学习与发展五个维度。

二、基本内容

维度	I. 应用信息技术优化课堂教学	II. 应用信息技术转变学习方式
技术素养	1. 理解信息技术对改进课堂教学的作用，具有主动运用信息技术优化课堂教学的意识	1. 了解信息时代对人才培养的新要求，具有主动探索和运用信息技术变革学生学习方式的意识
	2. 了解多媒体教学环境的类型与功能，熟练操作常用设备	2. 掌握互联网、移动设备及其他新技术的常用操作，了解其对教育教学的支持作用

维度	I. 应用信息技术优化课堂教学	II. 应用信息技术转变学习方式
	3. 了解与教学相关的通用软件及学科软件的功能及特点，并能熟练应用	3. 探索使用支持学生自主、合作、探究学习的网络教学平台等技术资源
	4. 通过多种途径获取数字教育资源，掌握加工、制作和管理数字教育资源的工具与方法	4. 利用技术手段整合多方资源，实现学校、家庭、社会相连接，拓展学生的学习空间
	5. 具备信息道德与信息安全意识，能够以身示范	5. 帮助学生树立信息道德与信息安全意识，培养学生良好行为习惯
计划与准备	6. 依据课程标准、学习目标、学生特征和技术条件，选择适当的教学方法，找准运用信息技术解决教学问题的契合点	6. 依据课程标准、学习目标、学生特征和技术条件，选择适当的教学方法，确定运用信息技术培养学生综合能力的契合点
	7. 设计有效实现学习目标的信息化教学过程	7. 设计有助于学生进行自主、合作、探究学习的信息化教学过程与学习活动
	8. 根据教学需要，合理选择与使用技术资源	8. 合理选择与使用技术资源，为学生提供丰富的学习机会和个性化的学习体验
	9. 加工制作有效支持课堂教学的数字教育资源	9. 设计学习指导策略与方法，促进学生的合作、交流、探索、反思与创造
	10. 确保相关设备与技术资源在课堂教学环境中正常使用	10. 确保学生便捷、安全地访问网络和利用资源
	11. 预见信息技术应用过程中可能出现的问题，制订应对方案	11. 预见学生在信息化环境中进行自主、合作、探究学习可能遇到的问题，制订应对方案
组织与管理	12. 利用技术支持，改进教学方式，有效实施课堂教学	12. 利用技术支持，转变学习方式，有效开展学生自主、合作、探究学习
	13. 让每个学生平等地接触技术资源，激发学生学习兴趣，保持学生学习注意力	13. 让学生在集体、小组和个别学习中平等获得技术资源和参与学习活动的机会
	14. 在信息化教学过程中，观察和收集学生的课堂反馈，对教学行为进行有效调整	14. 有效使用技术工具收集学生学习反馈，对学习活动进行及时指导和适当干预
	15. 灵活处置课堂教学中因技术故障引发的意外状况	15. 灵活处置学生在信息化环境中开展学习活动发生的意外状况
	16. 鼓励学生参与教学过程，引导学生提升技术素养并发挥其技术优势	16. 支持学生积极探索使用新的技术资源，创造性地开展学习活动
评估与诊断	17. 根据学习目标科学设计并实施信息化教学评价方案	17. 根据学习目标科学设计并实施信息化教学评价方案，并合理选取或加工利用评价工具
	18. 尝试利用技术工具收集学生学习过程信息，并能整理与分析，发现教学问题，提出针对性的改进措施	18. 综合利用技术手段进行学情分析，为促进学生的个性化学习提供依据
	19. 尝试利用技术工具开展测验、练习等工作，提高评价工作效率	19. 引导学生利用评价工具开展自评与互评，做好过程性和终结性评价
	20. 尝试建立学生学习电子档案，为学生综合素质评价提供支持	20. 利用技术手段持续收集学生学习过程及结果的关键信息，建立学生学习电子档案，为学生综合素质评价提供支持
学习与发展	21. 理解信息技术对教师专业发展的作用，具备主动运用信息技术促进自我反思与发展的意识	
	22. 利用教师网络研修社区，积极参与技术支持的专业发展活动，养成网络学习的习惯，不断提升教育教学能力	

维度	I. 应用信息技术优化课堂教学	II. 应用信息技术转变学习方式
	23.利用信息技术与专家和同行建立并保持业务联系，依托学习共同体，促进自身专业成长	
	24.掌握专业发展所需的技术手段和方法，提升信息技术环境下的自主学习能力	
	25.有效参与信息技术支持下的校本研修，实现学用结合	

三、实施要求

（一）地方各级教育行政部门要将《能力标准》作为加强中小学教师队伍建设的重要依据，充分发挥《能力标准》的引领和导向作用，将信息技术应用能力提升纳入教师全员培训，开展教师信息技术应用能力测评，建立并完善推动教师主动应用信息技术的机制，切实提升广大教师信息技术应用能力，为全面推动教育信息化，深化课程改革，实现教师专业自主发展奠定坚实基础。

（二）有关高等学校和教师培训机构要将《能力标准》作为教师培养培训工作的重要依据，加强相关学科专业建设，完善培养培训方案，科学设置培养培训课程，创新培养培训模式，加强师资队伍和课程资源建设，开展相关研究，促进教师专业发展。

（三）中小学校要将《能力标准》作为推动教师专业发展和教师管理的重要依据。制订教师信息技术应用能力提升规划，整合利用校内外培训资源，做好校本研修，为教师提升信息技术应用能力提供有效支持。要完善教师岗位职责和考核评价制度，推动教师在教育教学和日常工作中主动应用信息技术。

（四）中小学教师要将《能力标准》作为自身专业发展的重要依据。要主动适应信息化社会的挑战，充分利用各种学习机会，更新观念、补充知识、提升技能，不断增强信息技术应用能力。要养成良好的应用习惯，积极反思，勇于探索，将信息技术融于教学和师生交流等各个环节，转变教育教学方式，促进学生有效学习和个性化发展。要善于利用信息技术，拓宽成长路径，实现专业自主发展，做终身学习的典范。

附录：

术语表

1. 多媒体教学环境：包括简易多媒体教学环境与交互多媒体教学环境。简易多媒体教学环境主要由多媒体计算机、投影机、电视机等构成，以呈现数字教育资源为主。交互多媒体教学环境主要由多媒体计算机、交互式电子白板、触控电视等构成，在支持数字教育资源呈现的同时还能实现人机交互。

2. 通用软件：是指广泛应用于教育教学活动中的通用性软件，例如办公软件、即时交流软件、音视频编辑软件等。

3. 学科软件：是指特别适用于某些学科的软件，如几何画板、在线地图、听力训练软件、虚拟实验室等。

4. 数字教育资源：是对教学素材、多媒体课件、主题学习资源包、电子书、专题网站等各类与教育教学内容相关的数字资源的统称。

5. 信息化教学：与传统教学相对而言，泛指以信息技术支持为显著特征的教学形态。

6. 技术资源：是对通用软件、学科软件、数字教育资源和网络教学平台等资源的统称。

7. 网络教学平台：是对能够为教育教学活动开展提供支持的网络平台的统称，如网络资源平台、网络互动平台、课程管理平台、在线测评系统、在线教学与学习空间等。

8. 移动设备：是对便携式计算通讯设备的统称，如笔记本电脑、平板电脑、智能手机等。

9. 评价工具：是指开展评价所使用的各种支持工具，如试卷、调查问卷、测试量表、评价量规、观察记录表、成长记录或电子档案袋等。

10. 教师网络研修社区：是指支持教师进行学习、交流、研讨等活动的网络平台，一般具备个人空间、教师工作坊等功能，能够建立不同类型的学习共同体，汇聚与生成研修资源，支持教师进行常态化研修。

教育部关于印发《普通高中校长专业标准》《中等职业学校校长专业标准》《幼儿园园长专业标准》的通知

教师〔2015〕2号

各省、自治区、直辖市教育厅（教委），新疆生产建设兵团教育局：

为贯彻党的十八届三中、四中全会精神，落实教育规划纲要和《国务院关于加强教师队伍建设的意见》（国发〔2012〕41号），构建教师队伍建设标准体系，建设高素质普通高中校长、中等职业学校校长、幼儿园园长队伍，我部研究制定了《普通高中校长专业标准》《中等职业学校校长专业标准》《幼儿园园长专业标准》，现印发给你们，请结合实际认真贯彻执行。

附：幼儿园园长专业标准

教育部
2015年1月10日

幼儿园园长专业标准

为促进幼儿园园长专业发展，建设高素质幼儿园园长队伍，深入推进学前教育改革与发展，根据《中华人民共和国教育法》等有关法律法规，特制定本标准。

园长是履行幼儿园领导与管理工作职责的专业人员。本标准是对幼儿园合格园长专业素质的基本要求，是引领幼儿园园长专业发展的基本准则，是制订幼儿园园长任职资格标准、培训课程标准、考核评价标准的重要依据。

一、办学理念

（一）以德为先

坚持社会主义办园方向和党对教育的领导，贯彻党和国家的教育方针政策，将社会主义核心价值观融入幼儿园工作，履行法律赋予园长的权利和义务，主动维护儿童合法权益；热爱学前教育事业和幼儿园管理工作，具有服务国家、服务人民的社会责任感和使命感；践行职业道德规范，立德树人，关爱幼儿，尊重教职工，为人师表，勤勉敬业，公正廉洁。

（二）幼儿为本

坚持幼儿为本的办园理念，把促进幼儿快乐健康成长作为幼儿园工作的出发点和落脚点，让幼儿度过快乐而有意义的童年；面向全体幼儿，平等对待不同民族、种族、性别、身体状况及家庭状况的幼儿；尊重个体差异，提供适宜教育，促进幼儿富有个性的全面发展；树立科学的儿童观与教育观，使每个幼儿都能接受有质量的教育。

（三）引领发展

园长作为幼儿园改革与发展的带头人，担负引领幼儿园和教师发展的重任。把握正确办园方向，坚持依法办园，建立健全幼儿园各项规章制度，实施科学管理、民主管理，推动幼儿园可持续发展；尊重教师专业发展规律，激发教师自主成长的内在动力。

（四）能力为重

秉承先进教育理念和管理理念，突出园长的领导力和执行力。不断提高规划幼儿园发展、营造育人文化、领导保育教育、引领教师成长、优化内部管理和调适外部环境等方面的能力；坚持在不断的实践与反思过程中，提升自身的专业能力。

（五）终身学习

牢固树立终身学习的观念，将学习作为园长专业发展、改进工作的重要途径；优化专业知识结构，提高科学文化艺术素养；与时俱进，及时了解国内外学前教育改革与发展的趋势；注重学习型组织建设，使幼儿园成为园长、教师、家长与幼儿共同成长的家园。

二、专业要求

专业职责		专业要求
一 规划幼儿园发展	专业理解与认识	1. 坚持学前教育的公益性、普惠性，充分认识学前教育对幼儿身心健康、习惯养成、智力发展具有重要意义。 2. 重视幼儿园发展规划的制定和实施，凝聚教职工智慧，建立共同发展愿景，明确发展目标，形成办园合力。 3. 尊重幼儿教育规律，继承优良办园传统，立足幼儿园实际，因地制宜办好幼儿园
	专业知识与方法	4. 掌握国家的教育方针和相关的法律法规，熟悉《幼儿园工作规程》《幼儿园教育指导纲要（试行）》《3-6岁儿童学习与发展指南》等学前教育的相关政策。 5. 了解国内外学前教育改革发展的基本趋势，学习优质幼儿园的成功经验。 6. 掌握幼儿园发展规划制定、实施与测评的理论、方法与技术
	专业能力与行为	7. 把握幼儿园发展现状，分析幼儿园发展面临的问题和挑战，形成幼儿园发展思路。 8. 组织专家、教职工、家长、社区人士等多方力量参与制定幼儿园发展规划。 9. 依据发展规划指导教职工制订并落实学年、学期工作计划，提供人、财、物等条件支持。 10. 监测幼儿园发展规划实施过程与成效，根据实施情况修正幼儿园发展规划，调整工作计划，完善行动方案
专业职责		专业要求
二 营造育人文化	专业理解与认识	11. 把文化育人作为办园的重要内容与途径，促进幼儿体、智、德、美各方面的协调发展。 12. 重视幼儿园文化潜移默化的教育功能，将中华优秀传统文化融入幼儿园文化建设。 13. 将尊重和关爱师幼、体现人格尊严、感受和谐快乐作为幼儿园育人文化建设的核心，陶冶幼儿情操、启迪幼儿智慧
	专业知识与方法	14. 具备一定的自然科学、人文社会科学知识，具有良好的品德和艺术修养。 15. 了解幼儿文化建设的基本理论，掌握促进优秀文化融入幼儿园教育的方法和途径。 16. 掌握幼儿身心发展特点，理解和欣赏幼儿的特有表达方式
	专业能力与行为	17. 营造体现办园理念的自然环境和人文环境，形成积极向上、宽容友善、充满爱心、健康活泼的园风园貌。 18. 营造陶冶教师和幼儿情操的育人氛围，向教师推荐优秀的精神文化作品和幼儿经典读物，防范不良文化的负面影响

专业职责		专业要求
		19. 根据幼儿身心发展特点和接受能力，将爱学习、爱劳动、爱祖国教育融入幼儿园一日生活和游戏活动之中。20.凝聚幼儿园文化建设力量，鼓励幼儿积极参与，发挥教师的主导作用，鼓励社会（社区）和家庭参与幼儿园文化建设
专业职责		专业要求
三 领导保育教育	专业理解与认识	21. 坚持保教结合的基本原则，把幼儿的安全与健康放在首位，对幼儿发展有合理期望。 22. 珍视游戏和生活的独特价值，尊重和保护幼儿的好奇心和学习兴趣，重视幼儿良好的学习品质培养。将人际交往和社会适应作为幼儿良好社会性发展的重要内容。不得以任何形式提前教授小学内容，防止和克服幼儿园教育"小学化"倾向。 23. 尊重教师的保育教育经验和智慧，积极推进保育教育改革
	专业知识与方法	24. 掌握国家关于幼儿不同年龄阶段的发展目标和幼儿园保育教育目标。 25. 熟悉幼儿园环境创设、幼儿园一日生活、游戏活动等教育活动组织与实施的知识和方法。 26. 了解国内外幼儿园保育教育的发展动态和改革经验，了解教育信息技术在幼儿园管理和保育教育活动中应用的一般原理和方法
	专业能力与行为	27. 落实国家关于保育教育的相关规定，立足本园实际，组织制定并科学实施保育教育活动方案。 28. 具备较强的课程领导和管理能力，指导幼儿园教师根据每个幼儿的发展需要，制定个性化的教育方案，组织开展灵活多样的教育活动。 29. 建立园长深入班级指导保育教育活动制度，利用日常观察、观摩活动等方式，及时了解、评价保育教育状况并给予建设性反馈。 30. 领导和保障保育教育研究活动的开展，提升保育教育水平
专业职责		专业要求
四 引领教师成长	专业理解与认识	31. 尊重、信任、团结和赏识每一位保教人员，促进保教人员的团结合作。 32. 重视园长在教师专业发展过程中的引领作用，积极创设条件，激励教师的专业发展。 33. 具有明确的建立教师专业发展共同体的意识
	专业知识与方法	34. 把握保教人员的职业素养要求，明确幼儿园教师的权利和义务。 35. 熟悉幼儿园教师专业发展各阶段的规律和特点，掌握指导教师开展保育教育实践与研究的方法。 36. 掌握园本教研、合作学习等学习型组织建设的方法以及激励教师主动发展的策略
	专业能力与行为	37. 了解教师专业发展的需求，鼓励支持教师积极参加在职能力提升培训，为教师创造并提供专业发展的条件和环境。 38. 建立健全教师专业发展激励和评价制度，构建教研训一体的机制，落实每位教师五年一周期不少于360学时的培训要求。 39. 培养优良的师德师风，落实教师职业道德规范要求和违反职业道德行为处理办法，引导支持教师坚定理想信念、提高道德情操、掌握扎实学识、秉持仁爱之心，不断提升教师的精神境界。增强保教人员法治意识，严禁歧视、虐待、体罚和变相体罚等损害幼儿身心健康的行为。 40. 维护和保障教职工合法权益和待遇，关爱教职工身心健康，建立优教优酬的激励制度

专业职责		专业要求
五、优化内部管理	专业理解与认识	41. 坚持依法办园，自觉接受教职工、家长和社会的监督。 42. 崇尚以德治园，注重园长榜样示范、人格魅力、专业引领在管理中的积极作用。 43. 尊重幼儿园管理规律，实行科学管理与民主管理
	专业知识与方法	44. 掌握国家对幼儿园管理的法律法规、政策要求和园长的职责定位。 45. 熟悉幼儿园管理的基本知识，了解国内外幼儿园管理的先进经验。 46. 掌握幼儿园园舍规划、卫生保健、安全保卫、教职工管理、财务资产等管理方法与实务
	专业能力与行为	47. 形成幼儿园领导班子的凝聚力，认真听取党组织对幼儿园重大决策的意见，充分发挥党组织的政治核心作用。 48. 建立健全幼儿园管理的各项规章制度，严格落实教师、保育员、保健医、保安、厨师等岗位职责，提高幼儿园管理规范化、科学化水平。 49. 建立教职工大会或教职工代表会议制度，推行园务公开，尊重和保障教职工参与幼儿园管理的民主权利，有条件具备的幼儿园可根据需要建立园务委员会。 50. 建立和完善幼儿园应急机制，制定相应预案，定期实施安全演练，指导教职工正确应对和妥善处置各类自然灾害、公共卫生、意外伤害等突发事件

专业职责		专业要求
六、调适外部环境	专业理解与认识	51. 充分认识家庭是幼儿园重要的合作伙伴，积极争取家长的理解、支持和主动参与，促进家园共育。 52. 重视利用自然环境和社会（社区）的教育资源，扩展幼儿生活和学习的空间。 53. 注重引导幼儿适当参与社会生活，丰富生活经验，发展社会性
	专业知识与方法	54. 掌握幼儿园与家长、相关社会机构及部门有效沟通的策略与方法。 55. 熟悉社会（社区）教育资源的功能与特点。 56. 指导教师了解幼儿家庭教育的基本情况，掌握家园共育的知识与方法
	专业能力与行为	57. 建立幼儿园对外合作与交流机制，开放办园，形成幼儿园与家庭、社会（社区）及园际间的良性互动。 58. 面向家庭和社会（社区）开展公益性科学育儿的指导和宣传，利用家长学校、家长会、家长开放日等形式，帮助家长了解幼儿园保教情况。开展家庭教育指导，注重通过多种途径，转变家长教育观念，提高家长科学育儿能力。 59. 加强幼儿园与社会（社区）的联系，利用文化、交通、消防等部门的社会教育资源，丰富幼儿园的教育活动。 60. 引导家长委员会及社会有关人士参与幼儿园教育、管理工作，吸纳合理建议

三、实施意见

（一）本标准适用于国家和社会力量举办的幼儿园正、副职园长。各省、自治区、直辖市教育行政部门可以依据本标准制定符合本地区实际情况的实施意见。

（二）各级教育行政部门要将本标准作为幼儿园园长队伍建设和管理的重要依据。根据学前教育改革发展的需要，充分发挥本标准的引领和导向作用，制订幼儿园园长队伍建设规划。严格幼儿园园长任职资格标准，完善幼儿园园长选拔任用制度。建立幼儿园园长培养培训质量保障体系，形成科学有效的幼儿园园长队伍建设与管理机制，为促进学前教育发展提供制度保障。

（三）幼儿园园长培训机构要将本标准作为园长培训的主要依据。重视园长职业特点，加强相关学科和专业建设。根据园长专业发展阶段的不同需求，完善培训方案，科学设置培训课程，改革培训模式和方法。加强园长培训的师资队伍建设，开展园长专业成长的科学研究，促进园长专业发展。

（四）幼儿园园长要将本标准作为自身专业发展的基本准则。制订自我专业发展规划，爱岗敬业，增强专业发展自觉性。主动参加园长培训和自主研修，不断提升专业发展水平，努力成为学前教育和幼儿园管理专家。

国务院办公厅关于印发乡村教师支持计划（2015—2020年）的通知

国办发〔2015〕43号

各省、自治区、直辖市人民政府，国务院各部委、各直属机构：

《乡村教师支持计划（2015—2020年）》已经国务院同意，现印发给你们，请结合实际认真贯彻执行。

国务院办公厅
2015年6月1日

（此件公开发布）

乡村教师支持计划（2015—2020年）

为深入推进全面建成小康社会、全面深化改革、全面依法治国、全面从严治党"四个全面"战略布局，认真贯彻党中央、国务院关于加强教师队伍建设的部署和要求，采取切实措施加强老少边穷岛等边远贫困地区乡村教师队伍建设，明显缩小城乡师资水平差距，让每个乡村孩子都能接受公平、有质量的教育，特制定乡村教师（包括全国乡中心区、村庄学校教师，下同）支持计划。

一、重要意义

到2020年全面建成小康社会、基本实现教育现代化，薄弱环节和短板在乡村，在中西部老少边穷岛等边远贫困地区。发展乡村教育，帮助乡村孩子学习成才，阻止贫困现象代际传递，是功在当代、利在千秋的大事。发展乡村教育，教师是关键，必须把乡村教师队伍建设摆在优先发展的战略地位。党和国家历来高度重视乡村教师队伍建设，在稳定和扩大规模、提高待遇水平、加强培养培训等方面采取了一系列政策举措，乡村教师队伍面貌发生了巨大变化，乡村教育质量得到了显著提高，广大乡村教师为中国乡村教育发展作出了历史性的贡献。但受城乡发展不平衡、交通地理条件不便、学校办学条件欠账多等因素影响，当前乡村教师队伍仍面临职业吸引力不强、补充渠道不畅、优质资源配置不足、结构不尽合理、整体素质不高等突出问题，制约了乡村教育持续健康发展。实施乡村教师支持计划，对于解决当前乡村教师队伍建设领域存在的突出问题，吸引优秀人才到乡村学校任教，稳定乡村教师队伍，带动和促进教师队伍整体水平提高，促进教育公平、推动城乡一体化建设、推进社会主义新农村建设、实现中华民族伟大复兴的中国梦具有十分重要的意义。

二、总体要求

（一）基本原则。

——师德为先，以德化人。着力提升乡村教师思想政治素质和职业道德水平，引导乡村教师带头践行社会主义核心价值观，加强乡村教师对中国特色社会主义的思想认同、理论认同和情感认同。重视发挥乡村教师以德化人、言传身教的作用，教育学生热爱祖国、热爱人民、热爱中国共产党，形成正确的世界观、人生观、价值观，确保乡村教育正确导向。

——规模适当，结构合理。合理规划乡村教师队伍规模，集中人财物资源，制定实施优惠倾斜政策，加大工作支持力度，加强乡村地区优质教师资源配置，有效解决乡村教师短缺问题，优化乡村教师队伍结构。

——提升质量，提高待遇。立足国情，聚焦乡村教师队伍建设最关键领域、最紧迫任务，打出组合拳，多措并举，定向施策，精准发力，标本兼治，加强培养补充，提升专业素质，提高地位待遇，不断改善乡村教师的工作生活条件。

——改革机制，激发活力。坚持问题导向，深化体制机制改革，拓宽乡村教师来源，鼓励有志青年投身乡村教育事业，畅通高校毕业生、城镇教师到乡村学校任教的通道，逐步形成"越往基层、越是艰苦，地位待遇越高"的激励机制，以及充满活力的乡村教师使用机制。通过实施乡村教师支持计划，带动建立相关制度，形成可持续发展的长效机制。

（二）工作目标。

到2017年，力争使乡村学校优质教师来源得到多渠道扩充，乡村教师资源配置得到改善，教育教学能力水平稳步提升，各方面合理待遇依法得到较好保障，职业吸引力明显增强，逐步形成"下得去、留得住、教得好"的局面。到2020年，努力造就一支素质优良、甘于奉献、扎根乡村的教师队伍，为基本实现教育现代化提供坚强有力的师资保障。

三、主要举措

（一）全面提高乡村教师思想政治素质和师德水平。坚持不懈地用中国特色社会主义理论体系武装乡村教师头脑，进一步建立健全乡村教师政治理论学习制度，增强思想政治工作的针对性和实效性，不断提高教师的理论素养和思想政治素质。切实加强乡村教师队伍党建工作，基层党组织要充分发挥政治核心作用，进一步关心教育乡村教师，适度加大发展党员力度。开展多种形式的师德教育，把教师职业理想、职业道德、法治教育、心理健康教育等融入职前培养、准入、职后培训和管理的全过程。落实教育、宣传、考核、监督与奖惩相结合的师德建设长效机制。

（二）拓展乡村教师补充渠道。鼓励省级人民政府建立统筹规划、统一选拔的乡村教师补充机制，为乡村学校持续输送大批优秀高校毕业生。扩大农村教师特岗计划实施规模，重点支持中西部老少边穷岛等贫困地区补充乡村教师，适时提高特岗教师工资性补助标准。鼓励地方政府和师范院校根据当地乡村教育实际需求加强本土化培养，采取多种方式定向培养"一专多能"的乡村教师。高校毕业生取得教师资格并到乡村学校任教一定期限，按有关规定享受学费补偿和国家助学贷款代偿政策。各地要采取有效措施鼓励城镇退休的特级教师、高级教师到乡村学校支教讲学，中央财政比照边远贫困地区、边疆民族地区和革命老区人才支持计划教师专项计划给予适当支持。

（三）提高乡村教师生活待遇。全面落实集中连片特困地区乡村教师生活补助政策，依据学校艰苦边远程度实行差别化的补助标准，中央财政继续给予综合奖补。各地要依法依规落实乡村教师工资待遇政策，依法为教师缴纳住房公积金和各项社会保险费。在现行制度架构内，做好乡村教师重大疾病救助工作。加快实施边远艰苦地区乡村学校教师周转宿舍建设。

各地要按规定将符合条件的乡村教师住房纳入当地住房保障范围，统筹予以解决。

（四）统一城乡教职工编制标准。乡村中小学教职工编制按照城市标准统一核定，其中村小学、教学点编制按照生师比和班师比相结合的方式核定。县级教育部门在核定的编制总额内，按照班额、生源等情况统筹分配各校教职工编制，并报同级机构编制部门和财政部门备案。通过调剂编制、加强人员配备等方式进一步向人口稀少的教学点、村小学倾斜，重点解决教师全覆盖问题，确保乡村学校开足开齐国家规定课程。严禁在有合格教师来源的情况下"有编不补"、长期使用临聘人员，严禁任何部门和单位以任何理由、任何形式占用或变相占用乡村中小学教职工编制。

（五）职称（职务）评聘向乡村学校倾斜。各地要研究完善乡村教师职称（职务）评聘条件和程序办法，实现县域内城乡学校教师岗位结构比例总体平衡，切实向乡村教师倾斜。乡村教师评聘职称（职务）时不作外语成绩（外语教师除外）、发表论文的刚性要求，坚持育人为本、德育为先，注重师德素养，注重教育教学工作业绩，注重教育教学方法，注重教育教学一线实践经历。城市中小学教师晋升高级教师职称（职务），应有在乡村学校或薄弱学校任教一年以上的经历。

（六）推动城镇优秀教师向乡村学校流动。全面推进义务教育教师队伍"县管校聘"管理体制改革，为组织城市教师到乡村学校任教提供制度保障。各地要采取定期交流、跨校竞聘、学区一体化管理、学校联盟、对口支援、乡镇中心学校教师走教等多种途径和方式，重点引导优秀校长和骨干教师向乡村学校流动。县域内重点推动县城学校教师到乡村学校交流轮岗，乡镇范围内重点推动中心学校教师到村小学、教学点交流轮岗。采取有效措施，保持乡村优秀教师相对稳定。

（七）全面提升乡村教师能力素质。到2020年前，对全体乡村教师校长进行360学时的培训。要把乡村教师培训纳入基本公共服务体系，保障经费投入，确保乡村教师培训时间和质量。省级人民政府要统筹规划和支持全员培训，市、县级人民政府要切实履行实施主体责任。整合高等学校、县级教师发展中心和中小学校优质资源，建立乡村教师校长专业发展支持服务体系。将师德教育作为乡村教师培训的首要内容，推动师德教育进教材、进课堂、进头脑，贯穿培训全过程。全面提升乡村教师信息技术应用能力，积极利用远程教学、数字化课程等信息技术手段，破解乡村优质教学资源不足的难题，同时建立支持学校、教师使用相关设备的激励机制并提供必要的保障经费。加强乡村学校音体美等师资紧缺学科教师和民族地区双语教师培训。按照乡村教师的实际需求改进培训方式，采取顶岗置换、网络研修、送教下乡、专家指导、校本研修等多种形式，增强培训的针对性和实效性。从2015年起，"国培计划"集中支持中西部地区乡村教师校长培训。鼓励乡村教师在职学习深造，提高学历层次。

（八）建立乡村教师荣誉制度。国家对在乡村学校从教30年以上的教师按照有关规定颁发荣誉证书。省（区、市）、县（市、区、旗）要分别对在乡村学校从教20年以上、10年以上的教师给予鼓励。各省级人民政府可按照国家有关规定对在乡村学校长期从教的教师予以表彰。鼓励和引导社会力量建立专项基金，对长期在乡村学校任教的优秀教师给予物质奖励。在评选表彰教育系统先进集体和先进个人等方面要向乡村教师倾斜。广泛宣传乡村教师坚守岗位、默默奉献的崇高精神，在全社会大力营造关心支持乡村教师和乡村教育的浓厚氛围。

四、组织实施

（一）明确责任主体。地方各级人民政府是实施乡村教师支持计划的责任主体。要加强组织领导，把实施工作列入重要议事日程，实行一把手负责制，细化任务分工，分解责任，推进各部门密切配合、形成合力，切实将计划落到实处。要将实施乡村教师支持计划情况纳入地方政府工作考核指标体系，加强考核和监督。教育行政部门要加强对乡村教师队伍建设的统筹管理、规划和指导。发展改革、财政、编制、人力资源社会保障部门要按照职责分工主动履职，切实承担责任。要着力改革体制，鼓励和引导社会力量参与支持乡村教师队伍建设。对在乡村教师队伍建设工作方面改革创新、积极推进、成绩突出的基层教育部门，有关部门要加强总结、及时推广经验做法并按照国家有关规定予以表彰。

（二）加强经费保障。中央财政通过相关政策和资金渠道，重点支持中西部乡村教师队伍建设。地方各级人民政府要积极调整财政支出结构，加大投入力度，大力支持乡村教师队伍建设。要把资金和投入用在乡村教师队伍建设最薄弱、最迫切需要的领域，切实用好每一笔经费，提高资金使用效益，促进教育资源均衡配置。要制定严格的经费监管制度，规范经费使用，加强经费管理，强化监督检查，坚决杜绝截留、克扣、虚报、冒领等违法违规行为的发生。

（三）开展督导检查。地方各级人民政府教育督导机构要会同有关部门，每年对乡村教师支持计划实施情况进行专项督导，及时通报督导情况并适时公布。国家有关部门要组织开展对乡村教师支持计划实施情况的专项督导检查。对实施不到位、成效不明显的，要追究相关负责人的领导责任。

省、市、县、乡各级人民政府要制订实施办法，把准支持重点，因地制宜提出符合乡村教育实际的支持政策和有效措施，将本计划的要求进一步明确化、具体化。请各省（区、市）于 2015 年底前，将本省（区、市）的实施办法报教育部备案，同时向社会公布，接受社会监督。

参考书目

[1] 袁贵仁，韩庆祥.论人的全面发展[M]. 南宁：广西人民出版社，2003.
[2] 史秋琴. 儿童参与与公民意识[M]. 上海：上海文化出版社，2007.
[3] 彭兵. 成就专业的幼儿教师——幼儿教师专业发展阶段研究[M]. 北京：北京师范大学出版社，2012.
[4] 程妍涛，徐鸿. 幼儿教师专业生活论[M]. 青岛：山东人民出版社，2010.
[5] 刘焱. 幼儿园游戏教学论[M]. 北京：中国社会出版社，2000.
[6] 虞伟庚，郑先如. 综合素质（幼儿园）[M]. 北京：北京大学出版社，2014.
[7] 洪秀敏. 综合素质（幼儿园）[M]. 武汉：华中师范大学出版社，2014.
[8] 陈恩伦. 教育法学[M]. 重庆：重庆出版社，2006.
[9] 申素平. 教育法学：原理、规范与应用[M]. 北京：教育科学出版社，2009.
[10] 孙绵涛. 教育政策学[M]. 北京：中国人民大学出版社，2010.
[11] 顾明远，石中英. 《国家中长期教育改革和发展规划纲要（2010—2020年）》解读[M]. 北京：北京师范大学出版社，2010.
[12] 段文阁，赵昆.教师职业道德[M]. 济南：山东人民出版社，2012.
[13] 钱焕琦. 教师职业道德[M]. 上海：华东师范大学出版社，2012.
[14] 关玫玫. 教师职业道德修养[M]. 长春：东北师范大学出版社，2010.
[15] 黄正平，刘守旗. 教师职业道德新编[M]. 南京：南京师范大学出版社，2010.
[16] 郭平. 教育公共基础知识学习指南[M]. 沈阳：万卷出版公司，2013.
[17] 于淑云，黄友安. 教师职业道德、心理健康和专业发展[M]. 北京：首都师范大学出版社，2012.
[18] 杨鼎家，李占舫，唐杨. 教师职业道德规范与素质修养[M]. 北京：中国言实出版社，2012.
[19] 洪秀敏，陈紫天，金芳. 综合素质（幼儿园版）[M].上海：华东师范大学出版社，2014.
[20] 教育部师范教育司，教育部考试中心.教师资格考试指定教材中小学和幼儿园教师资格考试标准及大纲——适用于幼儿园教师资格申请者（教师资格证考试用书）[M].北京：高等教育出版社，2011.
[21] 张杰，唐铁惠. 写作[M]. 武汉大学出版社，2005.
[22] 普慧，董新祥，王炳社，等.大学语文[M]. 西安：陕西人民出版社，2003.
[23] 朱成全，徐祥运. 形式逻辑学概论[M].长春：东北财经大学出版社，2012.
[24] 郑勇，高霞. 计算机应用基础[M]. 北京：清华大学出版社，2015.
[25] 朱旭东. 教师专业发展理论研究[M]. 北京：北京师范大学出版社，2012.

[26] 周艳. 教育社会学与教育研究[M]. 武汉：华中科技大学出版社，2008.
[27] 叶澜. 教师角色与教师发展新探[M]. 北京：教育科学出版社，2001.
[28] 张燕. 幼儿教师专业发展[M]. 北京：北京师范大学出版社，2006.
[29] 教育部师范教育司. 教师专业化的理论与实践[M]. 北京：人民教育出版社，2003.
[30] 傅道春. 教师的成长与发展[M]. 北京：北京教育科学出版社，2003.
[31] 顾荣芳，等. 从新手到专家——幼儿教师专业成长研究[M]. 北京：北京师范大学出版社，2007.
[32] 教育部教育工作司组.《幼儿园教师专业标准（试行）》解读[M]. 北京：北京师范大学出版社，2013.
[33] 尹坚勤，管旅华.《幼儿园教师专业标准（试行）》案例式解读[M]. 上海：华东师范大学出版社，2013.
[34] 教育部基础教育司组.《幼儿园教育指导纲要（试行）》解读[M]. 南京：江苏教育出版社，2001.
[35] 教育部师范教育司. 教师专业化的理论与实践[M]. 北京：人民教育出版社，2001.
[36] 张大均. 教育心理学. 北京：人民教育出版社，2005.
[37] 教育部师范教育司. 教师专业化的理论与实践[M]. 北京：人民教育出版社，2001.
[38] 卡罗尔·格斯特维奇. 发展适宜性实践[M]. 3版. 霍力岩，译. 北京：教育科学出版社，2011.
[39] 程振响. 教师职业生涯规划与发展设计[M]. 南京：南京师范大学出版社，2012.
[40] 刘素梅. 教师职业生涯规划策略[M]. 长春：东北师范大学出版社，2010.
[41] 王莉娅，李怀星. 幼师生职业规划与就业指导[M]. 上海：复旦大学出版社，2011.
[42] 毛杰，杨明春. 成长的阶梯：贫困山区教师专业发展的研究与实践[M]. 成都：四川大学出版社，2008.
[43] 申继亮. 教师人力资源开发与管理——教师发展之源[M]. 北京：北京师范大学出版社，2006.
[44] 刘捷. 专业化：挑战21世纪的教师[M]. 北京：教育科学出版社，2002.

后 记

我国开展中小学和幼儿园教师资格考试改革，完善并严格实施教师职业准入制度，是建设高素质专业化教师队伍的重要任务，是建立健全中国特色教师管理制度的重要内容，对于提升教师队伍整体素质，提高教师社会地位，吸引优秀人才从教，推动教育改革发展，具有重要意义。

中小学和幼儿园教师资格考试是贯彻落实《国家中长期教育改革和发展规划纲要（2010—2020年）》的重要举措，是依据《教育部关于开展中小学和幼儿园教师资格考试改革试点的指导意见》（教师函〔2011〕6号）和《教育部关于进一步扩大中小学教师资格考试改革与定期注册制度试点的通知》（教师函〔2013〕2号）文件开展实施的考试项目。

中小学和幼儿园教师资格考试是评价申请教师资格人员是否具备从事教师职业所必需的教育教学基本素质和能力的考试。教师资格考试实行全国统一考试。考试坚持育人导向、能力导向、实践导向和专业化导向，坚持科学、公平、安全、规范的原则。通过实施中小学和幼儿园教师资格考试，考查申请人是否具备教师职业道德、基本素养、教育教学能力和教师专业发展潜质。严把教师入口关，择优选拔乐教、适教人员取得教师资格。

中小学和幼儿园教师资格考试分为笔试和面试两部分。笔试主要考核申请人从事教师职业所应具备的教育理念、职业道德和教育法律法规知识；科学文化素养和阅读理解、语言表达、逻辑推理和信息处理等基本能力；教育教学、学生指导和班级管理的基本知识；拟任教学科（专业）领域的基本知识，教学设计、实施、评价的知识和方法，运用所学知识分析和解决教育教学实际问题的能力。面试主要考核申请人的职业认知、心理素质、仪表仪态、言语表达、思维品质等教师基本素养和教学设计、教学实施、教学评价等教学基本技能。

中小学和幼儿园教师资格考试包括幼儿园教师资格考试、小学教师资格考试、初级中学教师资格考试、高级中学教师资格考试。幼儿园教师资格考试科目为"综合素质"和"保教知识与能力"两科。

为了配合教师资格实行全国统一考试后教师教育课程设置和教学计划的调整，帮助师范院校学前教育专业学生提高综合素质，促进幼儿园教师专业发展，我们组织编写了《幼儿园教师综合素质与职业发展》一书。

本书充分体现《幼儿园教师专业标准（试行）》《教师教育课程标准（试行）》《中小学和幼儿园教师资格考试标准（试行）》对我国幼儿园教师职业的综合素质和专业发展要求，以教师教育课程标准、幼儿园教师资格考试标准、幼儿园教师资格考试大纲为编写依据，对幼儿园教师资格考试所要求的知识与能力进行科学阐述，旨在帮助学习者提高教育理念、职业道德、教育法律法规、科学文化素养以及相关保教能力。

本书突出地体现了理念先进性、内容系统性、能力拓展性、教学适用性、应试指导性等特色。理念先进性：反映教师教育课程标准、幼儿园教师资格考试标准、幼儿园教师资格考试大纲所要求的全新教育理念、教育思想、教育精神。内容系统性：教材体系清晰完整，知识严谨规范，突出教师教育课程标准、考试标准、考试大纲所要求的基础知识和基本技能。能力拓展性：突出教师教育课程标准、幼儿园教师资格考试标准、幼儿园教师资格考试大纲所要求的能力导向精神，注重学习者保教能力的启发与培养。教学适用性：根据教师教育课程标准和幼儿园教师资格考试的要求，本书内容包括幼儿园教师职业理念、教育法律法规、职业道德规范、文化素养、专业发展等内容。应试指导性：根据幼儿园教师资格考试标准、考试大纲的要求，有针对性地帮助学习者参加教师资格考试进行深入学习、强化训练和有效应考。

本书系教育咨询与质量监测评估研究四川省高等学校科研创新团队（项目编号：15TD0037）和四川省质量工程教改项目"学前教育本科专业应用型人才培养综合改革研究"（项目编号：SJG1402）成果之一。本书可作为幼儿园教师职前培养和在职培训用书。

本书由郭平主编，唐大章、肖素芬、程敏任副主编。各章编写分工为：第一章：张杰，第二章：郭璨、郭平，第三章：熊艳、王春燕，第四章：肖素芬、韩蕾蕾，第五章：程敏，第六章：罗小华，第七章：郭晓艳，第八章：高祥、唐大章，第九章：高祥、郭平。全书由主编和副主编确定编写框架，组织编写，统稿，审稿，定稿。

由于时间紧迫，水平有限，书中难免有疏漏之处，恳请批评指正。